# 한국법사와 법정책

金 相 容

publishing and culture
피앤씨 미디어

# 머 리 말

한국법사와 법정책을 출판하게 되어 기쁘기 그지없다. 본래 한국법사 중심의 법사와 법정책은 한국법제연구원에서 출판을 하였으나 저작권의 귀속기간이 지나서 가필(加筆)을 하고 재편집(再編輯)을 하여 다시 이 책으로 출판을 하게 되었다.

한국법사와 법정책은 서양법사와 법정책과 함께 법의 발전사(發展史)를 살펴보고, 법사의 교훈을 통하여 가장 생명력이 있고 인간의 법생활에 가장 유익하고 적절한 법은 어떠한 법이어야 하는가 하는 질문과 과제에 대한 탐구의 결실이다. 법의 역사를 단순히 과거의 사실로만 이해하고자 한 것이 아니라 법사관(法史觀)을 가지고서 과거의 법의 모습을 탐구하여 미래의 법의 발전을 가늠해 보고자 한 법학연구의 결과이다.

법이란 국가권력에 의하여 제정하였다고 법인 것이 아니다. 법은 그 내용이 인류보편의 가치를 담아서 이를 실천하고자할 때에 비로소 실효성이 있는 법이 되는 것이다. 전자(前者)와 같이 법실증주의적인 법사상에서 법을 살펴보고자 한 것이 아니라, 후자(後者)와 같이 자연법론에 입각하여 법을 살펴보고 발전시키고자 하는 법사관(法史觀)과 법사상에 입각하여 본서(本書)를 집필하였다.

이와 같이 법을 자연법론의 입각하여 살펴보게 된 것은, 2004년 홍콩에서 개최된 기독교와 아시아문화에 관한 연구모임에 참가하여 민중신학(民衆神學)을 접(接)함으로써 시작이 되었다. 그때까지는 법을 연구함에 있어서 법을 만든 사람, 법을 집행하는 사람의 입장에서 법을 살펴보았다. 그러나 민중신학을 접하고서는 법의 적용을 받고 법의 지배를 받는 사람의 입장에서 법을 살펴보게 되었다. 동일한 법임에도 불구하고 법을 만든 자의 입장에서 보느냐 그 법의 적용을 받는 자의 입장에서 보느냐에 따라서 법의 내용이 달라지고 법에 대한 태도가 달라지게 됨을 깨닫게 되었다. 그리하여 진정으로 법이 담아야 할 내용과 법이 나아가야 할 방향은 법의 지배를 받는 민중, 시민의 입장에서 살펴보아야 하고 민중, 시민을 위한 법으로 발전되어 나가야 한다는 결론에 도달하게 되었다.

민중과 시민을 위한 법이 어떠한 법일 것인가? 국가가 권력으로 제정하였다고 민중과 시민을 위한 법이 될 수 있을까? 그렇지는 않다. 그 법의 내용이 인류보편의 가치를 담고 그러한 가치들을 실현하고자 할 때에 그 법이 진정으로 민중과 시민을 위한 법이다. 그러한 법이 바로 자연법이다. 따라서 법은 자연법을 그 내용을 하여야 하며, 자연법의 방향으로 발전되어 나가야 한다.

이러한 자연법사상은 역사의 주인은 민중, 시민이라는 인식에서 출발한다. 그리고 역사상 발전되고 선진화된 문명국가, 문화국가는 그 사회사상을 자연법사상에 두었다. 오늘날 세계에서 문명국가, 문화국가로 칭송받는 국가는 모두가 민중, 시민이 결집하여 학정(虐政)을 한 절대군주를 제거하였거나 식민지 종주국을 패퇴(敗退)시킨 식민지국가들이었다. 그리고 그러한 국가들이 주창한 사상은 바로 자연법사상이었다. 그 자연법사상으로 민중, 시민이 결집하여 학정의 전제군주를 제거하거나 식민지종주국을 몰아낸 나라가 오늘날 가장 안정되고 평화로우며 문명국가, 문화국가로 칭송을 받는 선진국이다. 이와 같은 역사의 발전모습에서 한 나라의 사상 내지 철학은 그 나라의 주인인 민중, 시민을 역사발전의 주체로 인정하고, 민중과 시민을 인격적인 존재로 인정하며, 민중과 시민들이 인간답게 살 수 있도록 하며, 민중과 시민을 하나로 결집할 수 있는 인류보편의 가치를 그 내용으로 하고 있어야 함을 알 수 있다. 우리나라도 마찬가지이다. 자연법사상을 내용으로 하는 자연법론이 우리법의 기본사상이어야 하며 앞으로 추구하여야할 우리 법의 발전방향이어야 한다. 이러한 자연법론의 입장에서 우리의 한국법사(韓國法史)를 살펴보고 우리 법이 자연법적인 법으로 발전해 나가야 함을 강조하고자 하였다.

오늘 날 우리의 법학교육은 법이론, 법사상 중심보다는 법실무 중심으로 발전해 나가고 있다. 온정주의(溫情主義)가 지배하였던 우리의 전통사회에 법치주의 서양법이 계수되어 현재의 우리의 법으로 활용되고 있다. 온정주의의 우리 사회에서 계수된 서양법이 적용되고 있지만 그 계수한 서양의 법을 우리나라의 풍토에 이떻게 변용(變用)하여야 할 것인가에 대한 물음은 실무 법교육에 앞서 선행적(先行的)으로 가르쳐지고 논의되어야 할 과제이다. 본서(本書)가 부족하지만 이러한 우리의 법학교육의 현실문제에 다소라도 답(答)을 줄 수 있을 것을 기대한다.

법의 생명은 그 내용이 인류보편의 가치를 담아 그것을 실천함에 있다. 그러한 법이 바로 자연법이다. 본서(本書)는 자연법론의 입장에서 우리의 전통법을 탐구하여 엮었다. 자연법론을 너무 강조한 나머지 냉철한 이성적 분석보다는 감성에 치우진 표현도 없지 않을 것으로 생각된다. 그러나 법실증주의를 극복하고 자연법론으로 우리 법이 나아가야 한다는 점에는 변함이 없다. 법이 지킬 만한 가치를 담고 있기 때문에 국민들이 그 법을 지키는 그러한 법으로 우리 법의 내용을 지속적으로 자연법적으로 발전시켜 나가야 한다. 그것이 우리 법을 좋은 법으로 발전시키는 길이며, 우리나라를 품격 있는 문화국가로 만들어 나가는 길이며, 우리 국민들을 국가와 역사의 주인으로서 이성적이고 합리적이며 인격적인 사람으로 성숙케 하는 길이다. 한국법사와 법정책에 이어서 우리 법의 역사적 뿌리가 되어 있는 서양대륙법의 역사와 법정책에 관해서도 가필하고 재편집하여 출판할 계획이다. 그리고 자연법론과 법정책에 관하여는 새로 집필하여 자연법론을 집대성하고자 한다. 그리하여 서양대륙에서와 우리나라에서의 자연법적인 법의 발전을 민중과 시민의 입장에서 탐구하고 그러한 자연법적인 방향으로의 장래의 법의 발전방향을 제안하고자 한다.

본서(本書)의 출판을 흔쾌히 맡아 아담한 책으로 엮어 세상에 빛을 보게 해 주신 피앤씨미디어의 박노일 사장님께 무한한 감사를 드린다. 마음을 모아 피앤씨미디어의 번창과 발전을 기도하고 기원한다.

2014년 3월 3일

著 者 識

# 차 례

# 제 1 장
# 개　　설

## 제 1 절　한국법사의 구성

한국법사(韓國法史)는 한민족의 법의 역사를 거슬러 살펴보는 법학의 한 영역이면서 동시에 한국사의 한 부분이다. 한국법사의 주체를 한민족으로 설정한 것은, 한민족의 역사에서 정치적, 문화적, 종교적으로는 많은 왕조의 변천이 있었지만, 변함없이 이어져 온 역사는, 한반도와 만주일대를 지역중심으로 하여 살아온 역사의 주체가 한민족이었기 때문이다. 여기서의 한민족의 중심은 민중으로서의 한민족이다. 치자중심(治者中心)의 한민족의 역사는 중단과 변화가 있었지만, 한반도와 만주일대에서 중단 없이 삶을 이어온 한민족은 민중으로서의 한민족이었다.

역사학자 토인비(Arnold Joseph Toynbee: 1889-1975)는 역사를 왕조의 변천을 중심으로 하여 파악하지 아니하고, 문명을 중심으로 파악하였다. 토인비의 사관(史觀)에 의하면, 한반도에도 수많은 왕조의 변화가 있었지만, 한민족의 문명, 한민족의 문화는 변화를 거듭하면서 중단 없이 계속되어 왔다.

법은 문화의 한 부분이다. 문화는 일반적으로 치자(治者)와 식자중심(識者中心)으로 형성·발전되는 것이 일반적인 현상이다. 그리고 역사의 기록도 일반적으로 치자와 식자중심의 시각과 사관(史觀)에서 이루어지고 전해지고 있다. 법의 역사와 법의 역사의 기록도 역시 치자와 식자중심으로 이어져 왔다. 특히 계층사회를 이루고 있었던 시대에는 민중의 삶속에서 살아있었던 법과 그것에 대한 기록은 소홀히 다루어지고 치자와 식자중심의 법이 강행되고 기록되어 오늘에 전해지고 있다. 우리의 한민족의 법의 역사에 있어서도 치자, 식자중심의 법은 시행되고, 기록되고, 전해지고 있지만, 일반민중의 삶 속에서 살아있었던 민중법(民衆法)의 효력의 정도와 그것에 대한 기록이 많지 아니하며, 그것에 대한 연구도 극히 미진한 상태이다.

한반도에서 역사적으로 숱한 왕조의 변천에도 불구하고 민중의 삶 속에서 효력을 가졌었고 지금까지 전해져 오는 민중법은 그 내용이 인류보편적 가치를 지향하였기 때문에 왕조의 변천에도 불구하고 오늘날까지 전해지고 있다. 그러나 왕조가 제정하고 시행하였던 국가(제정)법은 중단 없이 계속 이어져 오지 못하고 왕조의 변천에 따라서 폐기되기도 하고, 왕조의 멸망과 함께 그 효력이 상실되기도 하고, 타의에 의해서 소멸되기도 하였다. 로마법은 로마제국이 멸망하고서도 계속 재생되어 오늘날 세계법의 역사적 기초가 되었다. 그것은 로마법이 인류보편적인 가치를 담고 있었고 인류보편적인 가치를 지향하였기 때문이었다. 한반도에서도 현재까지 전해지고 있는 우리 고유의 민중법은 그것이 인류보편적인 가치를 지향하고 있다. 그러한 민중법은 오늘날 현행법으로서의 효력은 갖지 못하고 있지만, 우리의 법의식 속에 여전히 살아있다. 그러나 치자, 식자중심의 왕조가 제정하고 시행하였던 국가법은 오늘날 현행 우리법의 기초로서는 기능하지 못하고 있다.

이러한 한국법사에서의 한국법은 크게 세 부분으로 나누어 볼 수 있다. 첫째는 근대 서양법 계수 이전의 우리 한국의 고유한 전통법이다. 한국의 전통법은 조선왕조 말의 서양 근대법 수용 이전의 고유법으로서, 동양전통의 가치창조의 기초이었던 샤머니즘, 불교, 유교에 바탕을 두고 생성·발전된 법이었다. 둘째는 근대 한국에서 기독교에 바탕을 둔 서양법을 계수하여 발전시킨 오늘날의 현행법이다. 현행법은 우리의 전통에 바탕을 둔 부분도 있지만, 근본적으로는 계수된 서양법을 기초로 하여 발전된 법이다. 우리나라에 서양법이 계수된 지도 이미 1세기가 넘었고, 서양법의 역사적 기초의 하나인 기독교의 한국전래의 역사는 이미 3세기 이상에 이르므로, 기독교와 기독교에 기초한 서양법이 이제는 타국의 법이 아니라 우리 고유법의 한 내용으로 자리잡아 가고 있다. 그리고 셋째는 북한의 사회주의법이다. 북한의 사회주의와 사회주의법은 인류보편적인 가치를 지닌 사상도 법학도 아니지만, 현실적으로 우리 한반도의 반(半)을 그리고 한민족의 한 부분을 지배하고 있다. 무엇보다도 북한에서 치자계층은 인간의 본성에 반하는 사회주의법을 제정·운용하고 있지만, 민중으로서의 북한주민에게 있어서는 한민족의 고유한 법의식과 법감정을 상당히 간직하고 있을 것으로 생각된다. 그러므로 북한의 사회주의법은 현실적으로 북한지역에 실효적으로 효력이 있지만, 한반도 전체와 한민족에게 있어서는 청산되어야 할 법으로서 한국법사에서 다루어져야할 법이다. 그리하여 본서에서는 한국법사의 구성을 한국의 전통법사, 근·현대의 한국법사, 그리고 북한의 사회주의법사의 3부분으로 나누어 살펴보기로 한다.

## 제 2 절 한국법사의 시대구분

한국법사의 시대구분을 어떻게 할 것인가에 대해서는 일반적으로는 왕조의 변천을 기준으로 하고 있다. 본서에서는 한국법사를 근대의 서양법 수용 이전까지를 한국의 전통법사로 구분하고, 근대의 서양법 수용 이후 지금까지의 기간을 우리의 전통법과는 거의 단절된 서양법에 기초한 근·현대의 한국법사로 분류하기로 한다. 그리고 북한에서의 사회주의법의 변천사를 사회주의법사로 구분하기로 한다.

한국의 전통법사는 한민족이 한반도에서 삶을 시작한 때로부터 조선왕조 말에 서양법을 수용하기 시작하여 서양법에 기초한 근·현대 한국법이 형성·발전하기 전까지의 오랜 기간을 포괄한다. 이러한 한국의 전통법사 중에서도 유교 중 주자학(朱子學)에 바탕을 둔 조선왕조시대의 법사를 중점적으로 다루지 아니할 수 없다. 왜냐하면 조선왕조 이전의 왕조시대의 법에 관한 자료가 그렇게 많이 남아있지 아니하여 보다 상세한 당시의 법의 내용을 파악하기가 어렵고, 오늘날까지 우리 한민족을 지배하고 있는 법의식은 조선왕조시기에 형성되어 전승되어 온 것이 대부분이기 때문이다.

전통사회에서 법의식과 법사고 및 법형성에 가장 크게 영향을 준 것은 종교사상과 종교규범이었다. 그러나 조선시대에는 그 때까지의 법규범, 그 중에서도 당시까지의 민중법의 근원이었던 불교를 배척하였기 때문에, 불교사상과 불교규범에 기초한 전통법의식 내지 전통법은 조선왕조에서는 근본적으로 주자학에 기초한 전통법의식 내지 전통법으로 대체되었다. 그리하여 불교사상과 불교규범에 기초한 당시까지의 전통적 법사고가 주자학에 기초한 법사고로 바뀌게 되고, 불교사상 및 불교규범에 기초한 전통법의 자료도 무관심과 방치로 일실(逸失)된 것으로 추론된다. 그러므로 한국의 전통법사에 대한 고찰은 조선왕조시대의 법에 중심을 둘 수밖에 없는 실정이다.

그리고 한국의 전통법은 왕조(국가)가 제정한 국가법과 민중의 삶 속에서 생성되고 발전된 민중법으로 나누어 이를 고찰하기로 한다. 한국의 전통법사에 있어서 국가법으로 인정될 수 있는 것은 고대 3국이 율령정치(律令政治)를 시작한 때로부터라고 이해하여야할 것이며,[1] 고대국가로서의 조직과 율령을 갖기 이전의 법은, “사회가 있는 곳에 법이 있다(Ubi societas ibi ius)”는 법언(法諺)에서와 같이 국가의 제정법이 아니라 민중의 삶 속에서 자연히 생성, 발전된 민중법으로 파악함이 타당하다.

이와 같은 민중법에 대한 이해는, 게르만법사에 있어서 AD 500년경 게르만인들이 민족대이동을 끝내고 프랑크 왕국을 건설하기 이전까지 기간 동안의 원시 게르만사회의 법을 민중법으로 개념정의하는 서양법사학에서의 견해에 비교해 보아도 큰 무리는 없을 것이다. 그리하여 한국전통법사에서는 율령정치를 시작하기 전까지는 민중법이 사회질서를 유지하고 있었으나, 율령정치를 시작한 때로부터 국가법이 생성되었다고 이해함이 타당할 것으로 판단된다. 그 결과로 율령정치 이후부터는 국가법과 민중법이 분리되어 그 각각이 달리 발전되어 왔다고 이해된다.

서양법은 조선왕조 말에 계수되기 시작하였다. 그러나 서양법의 기초인 기독교는 이미 그 보다도 200여년 앞서 한국에 소개되고 전래되었다. 그러므로 기독교가 우리나라에 전래된 지도 300년 이상이 지났으며, 이제는 기독교가 타국의 종교가 아니라 우리의 전통종교의 하나로 자리잡았으며, 조선 후기의 실학(實學)은 바로 서양의 기독교사상의 영향을 받아 진정한 민본사상(民本思想), 위민사상(爲民思想)을 주장하게 되었다. 실학의 법사상이 우리의 전통 법사상임을 의심하지 아니하듯, 실학사상의 전개에 영향을 주었던 기독교사상도 이제는 우리의 전통 법사상의 하나로 성장하였다.

이와 같이 한국법사는 전통법사, 근・현대 한국법사, 사회주의법사로 구분함이 적절하다. 그리고 한국의 전통법사는 2가지 기준으로 나누어 그 각각의 전통법사를 다시 세분할 수 있다. 그 첫째는 고대 3국의 율령정치의 시작을 기준으로 그 전시기는 민중법의 시대로 그 후부터는 국가법과 민중법의 2원화의

---

1) 삼국(三國)이 율령정치를 시작한 때는, 고구려는 서기 374년(小獸林王 3년), 신라는 고구려의 영향을 받아 서기 520년(法興王 7년)이다. 백제는 언제 율령정치를 시작하였지에 관하여 기록이 없지만 대체로 신라의 율령정치의 시작시기와 동일한 시기로 파악되고 있다(연정열, 한국법전사(학문사, 1997), 25면). 고구려는 중국의 前秦律의 영향을 받은 것으로 추론되며, 중국의 당률은 서기 637년에 제정되었기 때문에, 신라율은 당률보다 117년이 앞선다. 그러므로 신라는 당률을 수용하였다기보다는 고구려율을 모법(母法)으로 하여 제정되었다고 해석된다(상게서, 25면).

시대로 구분할 수 있다. 그리고 둘째로는 법사상과 법규범의 형성에는 종교가 주는 영향이 절대적이었으므로, 한국의 전통법사를 원시 샤머니즘의 영향을 받던 시대의 법사상과 법규범의 시대, 불교가 전래된 후의 불교사상의 영향을 강하게 받은 시대의 법사상과 법규범의 시대, 주자학이 전래되어 주자학이 강하게 영향을 주었던 시대의 법사상과 법규범의 시대, 그리고 기독교의 영향을 받아 주자학에 기초한 법사상과 법규범에 대한 반성의 시대로 나누어 살펴볼 수 있다.

이러한 2가지의 한국의 전통법사의 시대구분을 위한 기준 중에서도, 후자의 한민족의 삶에 가장 크게 영향을 미친 종교를 기준으로 하여 시대구분을 함이 가장 타당하다. 그리하여 한국의 전통법사는 상고시대부터 불교가 3국에 전래되기까지의 기간, 불교가 사상계를 지배하던 시대, 주자학의 시대, 그리고 기독교가 전래된 시대로 나누어 볼 수 있다. 그러므로 샤머니즘 시대는 상고시대(上古時代)부터 불교전래의 4세기까지, 불교시대는 4세기에서부터 주자학이 전래되어 불교를 배척하기 시작한 14세기까지의 약 1,000년의 기간이었으며, 주자학 시대는 14세기에서 조선왕조 말 서양법을 계수하기 시작한 19세기 말까지의 약 500년간의 기간이다.[2] 그리고 기독교가 전래된 18세기부터는 주자학에 대한 반성이 일기 시작하여 서양법이 계수되기 시작하였으며, 그 후 개화(開化)와 더불어 서양법의 계수가 가속화되었다.

## 제 3 절 한국법사 연구의 의의와 가치

한민족이 한반도에서 삶을 시작한 때로부터 한민족은 법을 가지고 있었다. 부분적으로 알려져 있기는 하지만, 고조선의 8조금법(8條禁法)[3]이라든가, 부여

---

2) 주자학은 고려 말에 한반도에 전해져서 조선왕조의 통치와 사상의 기초가 되었다. 그러나 朱子에 의한 朱子學 이전의 儒學이 고려 말 이전에 이미 한반도에 전래되었던 것으로 추론된다. 왜냐하면 律令, 世俗五戒 등에서 유학에 기초한 내용을 담고 있기 때문이다. 유학이 어느 때에 한반도에 전래되었는지는 정확히 알 수 없지만, 국가조직 및 통치원리로서 삼국, 통일신라 및 고려에 그 영향을 미쳤다.

3) 고조선의 8조의 금법 중 3개조만이 현재 전해지고 있다. 그 내용은, 첫째로 "사람을 죽인 자는 즉시 사형에 처한다", 둘째로 "남에게 상해를 입힌 자는 곡물로 배상한다", 셋째로 "남의 물건을 훔친 자는 데려다 노비로 삼는다"는 것이다. 여기서 해명하여야할 사항은, 사람을 사형에 처하는 주체는 민중 스스로인가 하는 문제와, 곡물로 배상한 것으로부터 이미 상고시대에 사유재산제가 시행이 되었는가 하는 점과, 노비로 삼았다는 점에서 상고사회가 노비제를 바탕으로 한 계급사

의 4조의 금법(4條의 禁法)[4] 이외에는 한민족의 상고시대의 법의 내용이 거의 전해지지 않고 있다. 그러나 분명히 상고시대부터 한민족의 삶속에서 자연히 생성된 민중법이 있었으며, 신라시대의 원광법사에 의하여 제시된 세속오계[5]도 역시 신라의 민중법이었다. 그리고 고려시대에는 보(寶)라는 공동체를 형성하여 민중이 공동체의 삶을 살았다는 증거가 있으며, 조선왕조시대에 와서는 국가법이 풍성히 제정되었지만 민중법으로서 향약, 계, 두레, 서원에 의한 민중법 등의 발전을 이루었다.

비록 극히 단편적이기는 하지만 이러한 전통법으로서의 민중법이 오늘날까지 전해지는 것은 그 내용이 인간의 본성과 사물의 본성에 부합하는 인류보편적인 가치를 지향하고 있었기 때문이다. 그러나 이러한 인류보편적인 가치를 담고 있는 민중법에 대한 학문적인 연구와 그 체계화 및 현대화가 이루어지지 못한 상태에 있다. 현재 우리의 현행법, 특히 성문민법은 우리의 일상의 삶속에서 기능하는 생활규범 내지 행위규범으로서는 충실히 기능하지 못하고, 소송과정에서의 재판규범으로서 강하게 기능하고 있다. 그것은 현행의 민법은 우리 고유의 전통법을 현대화한 것이 아니라 서양법을 계수하였기 때문이다.

그리하여 우리 한민족의 법의식은 전통법의 사고에 기초하고 있으나, 법소재로는 계수된 서양법을 갖게 되어, 민법전이 행위규범으로서 보다는 재판규범으로서의 기능이 강하게 나타난다고 판단된다. 현행의 민법전의 내용이 우리의 전통민중법과 조화를 이룰 수 있는 방안에 관하여 연구가 이루어지고, 그 연구결과가 현행민법전의 제정에 반영되었더라면, 현행민법전의 내용이 한민족의 생활규범 내지 행위규범으로서 보다 실효적으로 기능할 수 있었을 것이다.

바로 우리 한국의 전통법의 연구는 현행법, 그 중에서도 현행민법의 실효성을 높일 수 있는 방안이 되며, 비록 현행민법이 계수된 서양법이지만, 우리 민

---

회였는가 하는 점이다. 생각건대 상고사회는 홍익인간을 사상적 기반으로 하는 평화스러운 사회로 관념되는데, 그러한 평화로운 사회와 8조의 금법이 조화를 이룰 수 있었다고 할 수 있는 지에 대해서는 더 깊은 연구가 필요하다고 생각된다.

4) 부여(夫餘)의 4조의 금법은, 첫째로 "살인자는 사형에 처하고, 그 가족을 데려다가 노비로 삼는다", 둘째로 "절도한 자는 12배의 배상으로 갚는다", 셋째로 "간음한 자는 사형에 처한다", 넷째로 "투기한 부인은 사형에 처하되 그 시체를 남쪽산 위에 버린다. 그러나 여자의 집에서 시체를 가져가려고 하면 우마(牛馬)를 바쳐야 한다"는 것이다. 이 부여의 4개조의 금법도 그 내용에 있어서는 고조선의 8조의 금법의 계속으로 평가된다.

5) 원광법사(542-640: 진흥왕 3년-선덕여왕 9년)의 世俗五戒는, 事君以忠, 事親以孝, 交友以信, 臨戰無退, 殺生有擇이다. 이 세속오계는 신라인들의 윤리로 파악되며(최종고, 한국법사상사(서울대학교출판부, 1989), 39면) 또한 신라인의 민중법이었다고 해석된다.

법의 연속성과 계속성을 유지할 수 있게 하는 것이다. 현재의 우리 민법은 우리의 전통법과는 거의 단절된 상태이다. 이러한 역사의 단절을 극복하고, 계수된 민법을 우리의 고유한 민법으로 만드는 것은 바로 우리 전통법과의 관계를 이어주는 방법이다. 특히 우리의 전통민중법과의 관계의 계속성을 이어가는 것이 현행 민법전의 실효성을 제고하는 길이며, 우리 민법전이 인류보편적인 가치를 지향하고 실현하게 하는 것이다.

이러한 민중법과는 달리, 국가가 제정한 국가법은 많은 법전으로 제정되었으나, 그 내용은 거의 다 국가의 조직과 국가질서를 유지하기 위한 공법에 관한 내용으로 구성되어 있었다. 따라서 왕조의 변천에 따라서 국가가 제정한 국가법은 그 계속성이 유지되지 못하고 그 효력이 상실되고 말았다. 그리고 국가법은 인류보편적인 가치를 담고 있었다기보다는 왕조의 유지를 위한 내용으로 구성되어 있었다. 그러므로 국가법은 민중법과는 달리 왕조의 소멸과 함께 그 생명이 다하였다. 그러므로 계층사회였던 우리의 전통사회에서 기능하였던 국가법은 오늘날과 같은 평등사회에서는 그 계속성을 이어갈 수가 없는 것이다.

따라서 전통법으로서의 국가법의 연구는 그 전통국가법의 질서가 오늘날의 현행국가법에서 그 계속성이 유지될 수 있도록 함에 있다. 그러나 법의 계속성 유지의 목적과 취지에서는 국가제정법의 연구가치는 민중법의 그것보다는 떨어질 수밖에 없다. 그렇지만 전통의 국가법에 대한 연구도 깊이 있게 이루어져야 함은 다언(多言)을 요하지 아니한다.

이와 같이 한국전통법사의 연구는 법의 역사의 계속성의 유지와 우리법의 독자성과 정체성의 확립을 위하여, 그리고 보다 좋은 한국법의 형성을 위하여 필요하다. 특히 그러한 연구는 전통민중법에서 더욱 필요하다. 그러나 우리의 전통사회(특히 조선왕조)에서는 법을 예의 종(禮主刑從)으로 관념하여 법에 대한 연구가 거의 이루어지지 않았으며, 계층사회(계급사회)로 인하여 치자·식자계층에 의한 국가법은 그래도 발전하였으나, 민중의 삶속에서 생성·발전·유지되어온 민중법에 대한 관심은 거의 없었으며, 따라서 자료도 극히 희소한 상태이다.

## 제 4 절 한국법사 연구의 방법

한국의 전통법사에 대한 연구는 왕조를 중심으로 하여 치자・식자계층의 법, 즉 국가법을 주된 대상으로 하여 이루어져 왔다. 그 이유는 우선 치자, 식자계층은 전통사회의 중심계층을 이루고 있었고, 그들의 사상과 이익에 기초하여 국가법이 제정되었으며, 국가법에 관한 자료가 비교적 풍부하게 전하여져 오기 때문이다. 그러나 한국의 전통사회가 계층사회였기 때문에 치자・식자층이 한국 전통사회의 지도층(leading group)을 이루고 있었고, 국가법은 자연히 치자 및 식자계층의 지위와 이익을 옹호하는 내용으로 구성되어 있었다. 물론 민중의 가치와 이익을 보호하는 국가법이 전혀 없었던 것은 아니었지만, 한국의 전통사회에서는 소수의 지배계층, 즉 치자와 식자층이 역사의 주인으로 인정되었으며, 민중은 역사의 주인으로서 대접을 받지 못한 상태에서 삶을 이어왔다.

고조선의 8조의 금법이나 부여의 4조의 금법에 비추어 볼 때, 상고사회에서 이미 노비제가 실시되어 지배층과 피지배층으로의 구분이 있었던 것으로 추론되며, 조선시대에는 경국대전 등의 국가제정법전에서 노비제를 인정하고 노비의 매매, 임대, 전당(典當)을 인정하였으며, 노비제는 조선 말까지 계속되었다.[6] 그리하여 한국의 전통사회에서, 백성은 이념적으로는 그 존재가치가 인정되었지만, 현실적으로는 역사발전의 주인으로서의 가치를 인정받지 못한 채, 치자와 식자들에 의하여 운영된 국가의 통치의 객체에 불과하였다.

그러나 그러한 민중은 왕조의 교체에도 불구하고 계속해서 한민족의 역사를 이어왔으며, 그들 사이의 민중법은 비록 충분히 기록되어 전해지지는 않지만 민중법은 우리 한민족의 전통법의 한 부분을 이루고 있는 것이다. 그러한 민중법을 찾아 발굴하고 연구하여 그 결과를 체계화하여 현대화하는 것이 한국법사에서의 중요한 과제중의 하나이다. 그리고 한민족의 역사의 주체는 식자와 치자계층만이 아니라, 이름 없이 삶을 이어온 다수의 민중도 역사의 주인으로서 인정되고 민중의 존재가치도 평가되고 존중되어야 한다.

---

6) 노비제 소멸의 제도적 조치였던 노비해방은, 공노비에 관해서는 1801년(순조 1년)에 노비문서를 불태움으로써 이를 이루었고, 사노비(私奴婢)에 관해서는 1886년(고종 23년)에 노비의 세습제를 없애고, 1894(高宗 31년)년 갑오경장 때에 노비문서를 모두 불태움으로써 법제상 완전한 해방을 이루었다.

역사를 어떻게 볼 것인가에 관한 사관(史觀)에 있어서, 일반적으로는 역사의 주체를 식자와 치자로 관념하여 왔다. 그러므로 그들이 중심이 되어 조직한 국가체제와 그들의 사고로 만들어진 국가법을 우리 한국의 전통법의 전부로 관념해 왔다. 그러나 한국전통사에서의 계층적 사고, 즉 사농공상(士農工商)의 계급적 사고는 근본적으로 바뀌어져야 한다. 우리의 사회는 앞으로 모든 사람이 똑같이 역사 발전의 주체임을 인정하고, 그들의 존재가치가 존중되고, 그들의 삶속에서 형성된 민중법의 가치가 인정되는 사회로 발전해 나가야 한다. 인간 모두의 존재가치가 인정되고, 모두가 역사발전의 주인으로서 인정받는 사회, 즉 모든 국민이 서로 이웃으로서 인정하고 인정되며, 그들 이웃간에는 사랑이 오고 가는 사랑의 사회가 이상사회로 관념된다.

그러나 우리의 전통사회에서는 민중은 역사발전에 기여는 하였으나, 역사의 주체로서는 인정받지 못하였다. 민중의 삶속에서 형성, 발전된 민중법도 우리 전통법의 한 부분을 구성하면서 발전되어 왔으나, 그 존재가치를 인정받지 못하였다. 그러므로 오늘날의 사회에서도 자연히 알게 모르게 치자중심·식자중심의 가치관과 사관이 형성되어 있으며, 그러한 방향으로 사회가 발전되고 있는 것이 사실이다. 그러나 민중들도 역사의 주체로 인정받는 가치관과 사관의 정립이 필요하다. 이러한 민중중심의 가치관과 사관의 정립은 무정부주의, 민중이 치자·식자계급을 적대시하는 사회주의적 계급사관으로 발전할 소지가 있다. 그러한 무정부주의, 사회주의적 계급사관이 아닌, 진정으로 모두가 이웃으로 함께 참여하는 공동체를 이루면서, 그 공동체 구성원 각각의 존재가치가 인정되고 존중되는 대동사회(大同社會)를 이루는 방향이 정립되어야 한다. 그리고 그러한 공동체에서는 구성원인 모든 민중은 사랑으로 결합되어 있는 관계에 있다. 이러한 대동(大同)의 이상사회는 성서(聖書)에서 가르치고 있는 모든 사람이 하나님의 피조물로서 하나님 나라의 백성이며, 서로가 형제로서 사랑으로 맺어진 관계의 사회이다.

이와 같은 모든 사람이 이웃으로, 그리고 사랑으로 맺어진 이상사회의 관점에서 우리 한국의 전통사회를 살펴보고, 우리 전통사회를 조직화하였던 치자·식자 중심의 국가법에 대해서는 좀 비판적 시각으로 살펴보고, 역사발전에서 소외된 민중의 삶과 그 삶속에서 형성·발전된 민중법의 발굴과 체계화와 현대화의 안목에서 우리의 전통법사를 고찰할 필요가 있다.

그리하여 본서에서는 한국의 전통법사를 고찰함에 있어서 국가법에 대해서는 좀 비판적 시각에서, 그리고 국가법의 운용주체였던 치자와 식자층에 대해서는 그들의 이념과 현실생활과의 2중적인 모습과 그러한 모습의 국가법에서의 투영을 살펴보기로 한다. 그리고 역사의 주체로서 인정받지 못한 민중과 그들의 의식과 삶속에서 면면히 이어져온 민중법을 어떻게 이해할 것인가와 민중법의 발굴, 체계화와 현대화에 대한 과제를 제시해 보기로 한다.

그리고 본서를 집필함에 있어서는 우리의 한국법사와 서양법사와의 비교법제사적 방법으로 진행하였다. 서양전통법 중, 로마법에서는 법학자들이 학설법으로 형성한 로마법을 황제가 이를 모아 입법을 하고, 다시 후세의 법학자들이 입법된 학자법을 학문적으로 연구하여 발전시키고, 법학자들이 연구한 로마법이 교회법과 결합하여 더욱 인류보편적인 가치를 담게 되고 대륙에 계수되어 보통법이 되고, 그 보통법은 국가에 의하여 다시 근대민법전으로 입법이 되었다. 그리고 게르만법은 오랫동안 관습법으로서 그리고 민중법으로서 발전되어 왔으나, 그 게르만 민중법도 역시 학문적으로 연구되고 체계화되어 그 결과가 대륙의 근대민법전에 침전되었으며, 오늘날도 계속해서 민법전의 개정을 통하여 민법전에 편입되고 있다. 그러므로 서양대륙에서는 민법의 계속성이 유지되고 각국 민법전의 독자성과 정체성이 확립되어 있다.

그러나 우리의 현행 민법전은 우리의 전통법에 기초한 내용이 다소 담겨져 있기는 하지만, 우리의 전통법을 현대화하여 제정되지 못하고, 계수된 서양법으로 구성되어 있다. 그러므로 우리의 전통법은 현행의 민법전과의 계속성이 유지되지 아니한다. 그것은 민중법으로서의 전통법은 물론, 국가법인 전통법도 역시 마찬가지이다. 역사적 존재로서의 전통의 국가법을 연구하여 왔을 뿐이며, 오늘날 현행법과의 계속성을 이어가기 위한 연구는 이루어지지 못하였다. 그리하여 서양대륙에서의 전통법과 현행법과의 역사적 계속성을 이어온 과정에 비교하여 우리의 전통법과 서양계수법의 역사적 발전과정을 살펴보기로 한다.

한민족의 역사는, 그 역사발전의 주체였던 민중은 계속되어 왔으나, 문화적으로는 계속성이 유지되지 못하고 역사의 단절을 보여주고 있다. 그것은 무엇보다도 한민족의 사상적 뿌리가 될 수 있었던 종교가 그 계속성을 이어오지 못하고 단절되는 역사를 가지고 있는 데서 찾을 수 있다. 불교가 한반도에 전래되고서[7] 불교문화를 꽃피운 후에 조선의 개국과 함께 불교가 배척되고 주자학

---

7) 불교전래(佛敎傳來)의 역사를 살펴보면, 고구려에는 서기 373년(소수림왕 2년)에, 신라에는 5세기에 전래되었으나 서기 527년(법흥왕 14년)에 와서 공인(公認)되었으며, 백제에는 384년(枕

이 자리를 잡았다. 그리고 오늘날에는 다시 유교가 비판을 받으면서 기독교가 그 자리를 대신해 가고 있다. 그리하여 기독교사상이 한국인의 사상적 근원으로 확실한 위치를 점해 나가고 있다. 그러나 서양의 대륙은 물론 영미에서도 기독교가 공인되고 전래된 후로 서양인의 사상적 기초에는 변함이 없다. 따라서 한국의 전통법, 특히 전통의 국가법인 국가제정법은 단절의 역사를 보여주고 있다. 그러나 한국의 전통의 민중법은 그 계속성이 이어져 오고 있다.

---

流王 元年)에 전래되었다. 고구려와 백제에는 치자계급에 의하여 불교가 받아들여졌으며, 신라에는 민중이 처음으로 불교를 받아들이고 치자계층이 받아들이게 되었다. 그로 인하여 신라에서는 異次頓(506-527: 지증왕 7년-법흥왕 14년)의 순교의 과정을 겪게 되었다.

# 제 2 장
# 한국의 전통법사

## 제 1 절 개 설: 한국전통법의 이해를 위한 전제들

### Ⅰ. 한국전통법의 개념

한국의 전통법은 서양의 기독교사상에 터잡아 형성, 발전된 서양법의 영향을 받지 않은 한국의 고유의 법을 말한다. 왜냐하면 현행의 우리법, 특히 우리의 민법은 기본적으로는 계수한 서양법에 그 역사적 뿌리를 두고 있으며, 그 기초사상은 기독교에 바탕을 두고 있기 때문이다. 그러므로 우리 한국의 전통법은 우리 고유의 토속신앙 내지 토속사상과 불교 및 중국의 유학의 영향을 받아 그 사상적 기초위에 형성 · 발전된 전래의 법을 말한다.

이러한 전통법은 국가가 제정한 국가법은 물론 관습법으로 존재하여 전해져 오는 한민족의 삶속에서 생성, 발전된 민중법도 포함된다. 국가법은 국가의 조직과 국가의 통치에 관련된 주로 국가가 제정한 법으로서 공법중심으로 구성되어 있다. 이러한 국가공법은 율령정치를 시작한 때로부터 형성, 발전되어 왔으며, 왕조의 멸망과 함께 소멸되었던 법이다. 그러나 백성의 삶속에서 형성되어 면면히 이어져 온 전통의 민중법은 당시의 지배적인 종교의 영향을 크게 받았으며, 평화로운 공동체의 삶을 영위하기 위한 생존에 관련된 법이었다.

그리고 시대적으로 한국의 전통법은 상고시대부터 구한말 서양법을 계수하기 이전까지의 기간 동안에 형성, 발전, 소멸한 모든 법을 포괄한다. 그 기간 동안에 왕조의 변천도 있었고, 종교의 변천도 있었지만, 토속적인 샤머니즘, 불교, 유교의 영향을 받아 형성, 발전된 모든 전래의 법을 포괄한다.

그리고 한국의 전통법에서는 법과 윤리, 도덕, 예(禮)가 엄격히 구분되지 않은 채 발전되어 왔다. 이는 중국에서도 마찬가지였다. 법보다는 윤리, 도덕, 종교에서의 가르침, 예가 법규범보다는 더 존중되었기 때문에 윤리, 도덕, 예가 백성들의 행위규범으로서의 강력한 효력을 가졌다. 그러므로 한국의 전통법을 논함에 있어서는 법규범 이외에 윤리, 도덕, 종교규범, 예를 법규범과 분리하여 논할 수 없다. 따라서 한국의 전통법에서는 전통의 윤리, 도덕, 종교규범, 예도 포함하여 이해하여야 한다. 특히 조선시대에는 성리학의 영향으로 법은 예를 실천하기 위한 수단으로 기능하였다. 다시 말하면 법은 도덕의 강제장치로 관념되고 또한 그렇게 활용되었다.[1] 그리하여 법은 도덕이나 예의 실천을 담보하고 보장하는 강제장치였던 것이다.[2]

이와 같은 한국의 전통법은 그 역사의 계속성이 단절되어 현행법의 내용으로는 거의 이어지지 못한 상태이다. 이러한 전통법에 대한 연구에 의하여 전통법을 체계화하고 현대화하여 그 역사의 계속성을 이어가는 것이 한국전통법 연구의 목적이자 과제이다. 전통법의 체계화와 현대화는 바로 한국법의 독자성과 정체성을 이루어가는 길이다. 계수법의 고수(固守)만으로는 한국법의 독자성과 정체성을 이룩할 수 없다. 도덕, 윤리, 종교규범, 예와 어울려 있는 우리의 전통법, 특히 전통민중법에는 인류보편적인 자연법적인 요소가 풍부히 내재되어 있다. 그러한 인류보편적인 전통법의 체계화와 현대화를 통하여 한국법의 독자성과 정체성을 확립할 수 있을 것이다.

## Ⅱ. 한국전통법사의 시대구분

### 1. 상고(上古)시대: 토속신앙의 시대

한국의 전통법사의 시대구분은 법의 형성과 발전에 가장 강하게 영향을 주었던 종교의 변천을 기준으로 나눔이 타당하다. 국가법을 중심으로 고찰할 때에는 왕조를 기준으로 시대구분함이 타당하겠지만, 민중법을 중심으로 전통법사를 고찰할 때에는 백성들의 사고와 삶에 가장 영향을 크게 미친 사상과 철학이 종교였으므로 종교를 기준으로 살펴봄이 적절하다. 이와 같이 우리의 전통법사를 종교의 변천을 따라서 시대구분하는 것은, 헨리 메인(Henry Maine)이

1) 전봉덕, 한국근대법사상사(박영사, 1981), 50면.

2) 이와 같이 법이 도덕, 예의 실천을 강제하는 장치로서의 기능은 국가법에서는 물론 민중법인 향약에서도 나타난다. 향약 중 과실상규에서 예에 어긋난 행위를 한 자에 대해서는 사적(私的)인 처벌(즉, 사적인 벌)로써 대처하였다.

그의 저서 고대법(The Ancient Law: 1861)에서 말하였듯이, 전통의 법사상은 기본적으로 종교적 기초위에서 성장하였기 때문이다.[3]

한국의 전통법사에서는 상고시대부터 불교가 전래되기 전까지는 토속신앙인 샤머니즘이 백성들의 삶을 지배하였다고 추론된다. 이러한 샤머니즘이 지배하고 있던 시대에는 중앙집권적인 국가가 형성되기 전의 씨족사회, 부족사회 내지 부족연합체를 이루어 공동체의 삶을 이어온 것으로 이해된다. 그러면 우리의 상고사회가 게르만의 원시사회와 같이 씨족이 권리주체인 씨족사회 내지 여러 씨족이 연합한 부족사회를 이루었다고 할 수 있는가는 의문이다. 그렇지는 아니하였던 것으로 이해된다. 왜냐하면 고조선의 8조금법에서 씨족 내지 부족이 책임의 주체가 아니라 개인이 책임의 주체가 되어있는 면을 발견할 수 있기 때문이다. 그리고 신라의 건국초기에 6촌의 장이 모여 화백회의(和白會議)를 연 기록에 비추어보면 공동체적 삶의 흔적을 발견할 수는 있지만, 씨족이나 부족의 단체가 권리와 책임의 주체가 되었다고는 파악되지 아니한다.

이러한 고조선의 8조의 금법(禁法)과 당시의 사고의 원천으로 이해되는 홍익인간(弘益人間)의 사상에 비추어 보면, 상고사회는 매우 평화로운 사회이었던 것으로 관념된다. 그리고 8조의 금법은 고대 원시법으로서 응보형주의에 입각한 법규범이며, 자연법이며 민중법으로 파악된다. 이와 같은 8조의 금법은 관습법으로서 3국시대에도 전통으로 계승되어 왔다고 이해된다.[4] 그리고 이러한 8조의 금법은 어느 민족에게나 일반적으로 찾아볼 수 있는 원시법이다.[5][6]

그리고 이러한 상고사회에서는 우리 고유의 혼인제도[7]가 발전하였다. 그러나 상고사회에 상속제도가 어떠하였는지에 관하여는 기록이 전해지고 있지 않다. 개인주의적 성격이 강한 로마법에서는 일찍부터 상속제도가 발달하였다. 그러나 단체주의적 성격이 강한 게르만법에서는 재산의 주체가 씨족(Sippe)이었기 때문에 원시게르만법에서는 상속제도가 발달하지 못하였다. 우리의 상고사회에서는 과연 상속제도가 어떠하였는지를 파악할 수 있다면, 상고사회의 성

3) Chongko Choi, Law and Justice in Korea: South and North(Seoul National University Press, 2005), p. 76.

4) 연정열, 전게 한국법전사, 9면.

5) 상게서, 9면.

6) 고조선의 8조의 금법은 중국의 영향으로 이루어진 것이 아니라 우리 민족 고유의 순박성에서 이룩된 것이라는 견해도 있다(이종항, "고대법사상", 한국사상대계 III: 정치, 법제사상 편(성균관대학교 대동문화연구원, 1979), 480면).

7) 고구려의 대릴사위제도(預壻制)가 형성 발전되었다.

격과 상고시대의 법을 구명하는 데에 크게 도움이 될 것이다.

## 2. 불교사상의 영향시대

불교가 전래되고서는 불교에서의 가르침, 그 기초사상이 우리 전통법의 형성에 영향을 주었다고 이해된다. 물론 한국에 전래된 불교도 샤머니즘의 영향을 받아 한국 특유의 불교의 모습으로 변화된 면이 없지 아니하였을 것으로 짐작된다. 이는 게르만인들이 서로마지역에 침투해 들어온 후에 그 지역의 로마법이 게르만화되어 비속로마법으로 발전된 역사적 사실에 비교해 보아도 충분히 짐작할 수 있다.

불교가 한국의 전통법의 형성에 어떠한 영향을 주었는지에 관해서는 자료의 부재로 정확히는 알 수 없다. 그러나 불교는 인간영혼의 구원에 치중하면서, 동시에 국교로서 국가의 안녕과 국가의 수호를 위한 공도덕(公道德)에 관한 사상과 법제도의 형성에 기여하였을 것으로 추론된다. 그러나 국가의 조직이나 통치제도에 관해서는 불교가 크게 영향을 주지 못하였던 것으로 파악된다. 국가의 조직이나 통치제도 및 그것의 법제도화는 율령정치의 시작과 함께 중국에서 전래된 유학에 터잡고 있었다. 그러므로 한국에 유학이 전래된 것은 불교의 전래 및 중국율령의 전수와 거의 동시적으로 이루어진 것으로 이해된다.

이와 같이 불교가 전래되고 중국의 율령이 삼국시대에 전수된 후에 불교의 가르침이 민중의 삶의 지표가 되었으며, 불교사상에 기초한 민중법이 생성 발전되어 왔다. 물론 그 전시대부터의 토속신앙인 샤머니즘에 기초한 민중법도 역시 그 내용이 불교사상으로 수정된 내용으로 발전하여 왔다. 구체적으로 세속오계 중의 살생유택(殺生有擇)의 가르침에서 보듯이 불교의 가르침이 민중법의 내용으로 전환되었으며, 고려왕조에 와서는 각종의 불교행사를 위한 보(寶)가 만들어졌다.[8] 고려시대의 보는 조선시대의 계(契)와 함께 한국전통법에서의 공동체 내지 법인제도의 한 모습이었다.[9]

---

8) 고려시대의 보(寶)에 관하여 살펴보면, 고려시대의 궁중경제와 사원경제(寺院經濟)가 지배계급의 모든 활동을 이루고 있었을 당시에 궁중에서 占察寶, 功德寶 등의 조직을 만들어 경영하였다. 그러한 보는 기부받은 금전, 공동갹출한 재원 및 기본재산인 토지 등을 운용하여 그 이익으로 사회사업이나 대부 등을 하는 조직이었다. 이러한 보는 이익사회적인(gesellschaftlich) 조직이어서 공동사회적인(genossenschaftlich) 계와는 성격이 달랐다. 그 외에도 學寶, 濟危寶, 金鐘寶, 八關寶, 廣學寶, 經寶 등 종교적, 경제적인 성격을 띤 보가 있었다.

9) Chongko Choi, op. cit., p. 116. 보, 계는 권리능력 없는 사단으로서의 성격을 가졌으며, 한국전통법에서의 법인이었다고 평가된다. 그리고 한국전통법에서는 향교, 서원도 권리주체로서 특히 토지를 소유하였다.

구체적으로 불교의 가르침이 민중의 삶속에서 서로간에 관용이 미덕으로 숭상되었을 것으로 생각되며, 그러한 관대하고 관용적인 태도는 민중법에도 작용하였을 것으로 짐작된다.

이렇게 불교가 사상계를 지배하던 시대에 유학도 전래된 것으로 생각되며, 치자계층의 정치사상, 정치조직과 정치행위는 유학에 기초하여 발전되었다. 비록 불교승려가 왕사(王師), 국사(國師)의 자리에서 왕의 정신적 지도자이었기는 하였으나, 국가조직이나 국가치리(國家治理)는 불교에 의해서 이루어지기보다는 유학에 기초하여 이루어졌다. 그것은 고대국가의 율령이 유학에 기초하여 발전된 법이며, 고려에서는 신라율(新羅律)과 당률(唐律)을 모범으로 하여 고려율(高麗律)을 만들어 운용한 점에서 나타난다. 그리고 고려시대의 과거제의 실시[10], 문관의 무관에 대한 우월적 지위 등은 불교에 기초한 제도가 아니라 유교에 기초한 제도이다.

### 3. 유교, 특히 성리학의 지배시대

고려 말 이성계에 의한 역성혁명(易姓革命)을 시작으로 하여 당시의 지배적인 사상적 기반이었던 불교를 배척하기 시작하여, 조선왕조에서는 유학 중, 주자학이 중심사상이 되어, 주자학에 바탕을 둔 사상, 윤리와 법제도가 생성되었다. 조선왕조에서 주자학이 중심사상으로 발전할 수 있었던 것은, 한편으로는 불교가 지속적으로 개혁과 변모를 하지 아니하여 시대의 변화에 따른 사회문제들은 적절히 해결하지 못하였기 때문이며, 다른 한편으로는 이미 삼국시대이래로 전래된 유학이 점점 성숙하여 새로운 시대의 중심사상으로 수용될 수 있을 정도로 발전과 체계화를 이룩하였기 때문이었다. 어느 사상도 시대의 변화를 설명하고 시대의 문제를 해결할 수 있도록 지속적인 변화를 하지 아니하면 도태되기 마련이다. 고려 불교는 국교로서 현실에 안주한 나머지 변화를 수용하여 자기개혁을 하지 못함으로 인하여 결국 배척되기에 이른 것으로 해석된다. 불교를 배척할 수 있었던 것은 유학이 한반도에 전래되어 발전을 거듭하고, 또한 중국에서 발전과 변화를 거듭한 주자학이 전래되어 불교에서 제시하는 이상사회보다는 더 나은 사회의 모습을 주자학이 제시하였기 때문이었다. 그리하여 주자학이 시대의 사상으로 받아들여지게 되고, 불교를 배척하기에 이른 것이다.

---

10) 한국에서의 과거제는 958년(고려 광종 9년)에 처음으로 실시되기 시작되어, 조선왕조의 마지막 시기인 1894년 갑오경장 전까지 계속되었다.

어느 역사에 있어서나, 기존의 사상이 발전하지 못하고 정체되고 자기모순에 빠지게 되었을 때에, 그것에 대한 대안(代案)의 사상이 출현하여 기존의 사상을 비판하게 되고, 그 대안의 사상은 새 시대의 지도사상으로 발전하게 되는 것이다. 고려의 불교에서 조선의 유교로 전환되는 과정도 어느 사상의 변천의 경우와 마찬가지의 변천과정을 보여주고 있다.

주자학은 덕치주의를 이상으로 하면서, 그 덕치주의는 우주만물의 조화형상과 같이 인간사회의 질서도 정연하게 모두가 각자의 위치에서 자기의 소임을 다하는 내용으로 구성되어 있었다. 그러나 그 조화로운 인간질서는 상하관계로 맺어지는 수직적이고 계층적인 계급질서로 구성되어 있었다. 삼강오륜(三綱五倫)[11]으로 대표되는 덕치주의의 윤리강령은 상하질서로 조직되어 있었으며, 위의 계층의 이익을 더 존중하는 치자중심의 사상이자 윤리이었다. 그리한 삼강오륜은 사농공상의 계급주의와 결합되어 치자·식자계층을 위한 윤리로 강화·발전되고, 따라서 일반 백성은 피지배계층으로서 인간으로서의 인격을 존중받지 못하였다.

이러한 주자학은 송대(宋代)에 발달한 성리학(性理學)으로서 이(理)와 기(氣)를 중심으로 인간과 우주의 근원을 규명하려는 철리적(哲理的)인 학문이며 사상이었다. 특히 인간의 윤리와 군신의 도리 및 명분을 강조한 성리학은 여말(麗末)의 불교타락과 정치경제의 혼탁 속에서 전개되고 발전되었으며, 따라서 신흥사대부의 정신적 지주가 되었다.[12]

이와 같이 여말(麗末)에 전래되어 조선왕조에서 번성한 주자학에서는 덕치주의를 이상사회로 추구하였으므로, 법은 덕을 이루기 위한 수단으로서의 기능만이 인정되었다. 그리하여 주자학에서는 법이 없는 사회가 이상사회로 관념되었다.[13] 따라서 주자학이 지배한 조선왕조에서는 법학이 발전할 수 없었으며,

---

11) 삼강오륜(三綱五倫)에서의 삼강(三綱)은 인간사회구성의 원리로서 君爲臣綱, 父爲子綱, 夫爲婦綱으로 구성되어 있으며, 오륜(五倫)은 인간 상호간의 관계의 실천원리로서 父子有親, 君臣有義, 夫婦有別, 長幼有序, 朋友有信으로 구성되어 있다. 이 삼강오륜에서 삼강은 상하의 인간의 계층질서가 인간질서의 원리로 제시되고 있으며, 오륜에서는 개인과 개인간의 사적인 관계에서의 질서유지 원리, 즉 사덕(私德)의 실천원리를 제시하고 있을 뿐, 개인과 공중, 일반백성 모두와의 관계, 즉 공도덕(公道德)의 실천원리를 제시하고 있지는 못하다. 그러므로 유교의 가르침은 계급주의에 입각한 상층부의 지위와 이익을 강조하고 옹호하는 방향으로 발전할 가능성을 내재하고 있기 때문에, 결과적으로는 상층부의 이기주의, 그것도 집단적 이기주의로 발전할 소지를 내재하고 있었던 것이다(전봉덕, 전게 한국근대법사상사, 37면).

12) 변태섭, 한국사요론(삼영사, 1986), 286면.

13) 전봉덕, 전게 한국근대법사상사, 54면.

법학, 즉 율학(律學)은 학문으로 인정되지 못하고 단순한 기술학에 불과하였다. 그리고 법은 그 자체 목적규범이 아니고 예나 도덕의 실천을 위한 강제장치로서 수단규범으로 천시될 수밖에 없었다.

그리고 주자학에서는, 조화로운 자연의 운행에서 보듯이, 각기 자기의 위치에서 소임을 다하는 것을 덕으로 또한 본분으로 인정하였다. 이러한 사고가 인간사회에서는 명분을 강조하는 방향으로 발전하여 사회의 변화를 수용하지 못하는 경화현상(硬化現象)을 빚게 되었다. 그리하여 주자학은 실용적이지 못한 관념적인 명분에 얽매어 변화를 거부하는 사상으로 발전하게 되었다. 이러한 명분론은 예론문제(禮論問題)를 둘러싸고 그것이 당쟁으로 발전되었으며, 천주교가 전래되었을 때에는 위정척사론(衛正斥邪論)으로 나타났다. 어떠한 사상이든 중단없이 인류보편적인 내용으로 변화를 계속하여야 한다. 그러나 주자학은 조선후기에 들어와서는 이러한 변화를 거부한 완고한 사상이 되었다. 그 결과로 기독교사상의 영향을 받은 실학사상에 의하여 비판을 받기에 이른 것이다.

한편 조선시대에는 주자학의 지배로 국가통치가 주자학의 가르침에 기초하여 이루어졌을 뿐만 아니라, 일반 백성의 삶도 주자학의 가르침대로 조화롭게 이루어질 수 있도록 하는 자치운동이 일어났다. 그것이 바로 향약과 서원을 통한 주자학의 가르침의 실천이었다. 향약은 백성들간의 주자학의 가르침의 구체적인 실천운동이었으며, 서원은 백성들에 대한 주자학의 교육이었다.

이렇게 백성들간에 주자학의 가르침의 실천운동이 일어났으나, 치자계층은 주자학의 명분에 사로잡혀 관념적인 사변(思辨)에만 치중하고 사회현실의 실용적인 것을 등한시 한 나머지, 국론은 분열되고, 국력은 쇠약해지고, 민생을 도탄에 빠지게 된 것이다. 국가의 치자계층이 분열되고, 민생에 관심을 쏟지 않아 국력이 쇠약하였을 때에 외침(外侵)이 있었다.[14] 그리고 민생이 어려울 때에 민중은 스스로의 삶을 이어가기 위하여 서로 결속하게 된다. 그 예가 바로 조선후기에 삼정(三政)이 문란(紊亂)[15]하였을 때에 백성들은 계를 조직하여 스스로

14) 임진왜란(1592)은 조선왕조가 사화(士禍)의 계속으로 인하여 국력이 쇠약하였을 때에 일어났으며, 구한말 일본에 의한 조선침탈과 식민지화도 조선후기의 세도정치와 3정의 문란 등으로 국력이 점점 쇠약해짐으로써 일어난 것이었다. 이러한 국력쇠약의 원인은 주자학의 계급주의, 명분론, 이에 기초한 치자·식자계층의 이기적 행위 등으로 분석된다.

15) 삼정의 문란은 田政, 軍政, 還穀의 문란이며, 전정의 문란은 田稅의 문란으로서 경작하지 않거나 황폐된 땅, 아예 존재하지도 않는 空地에 대해서도 세를 징수하였으며, 정액(定額)이상의 세를 받는 것 등이었다. 군정의 문란은 도망자, 사망자의 체납군포(滯納軍布)를 친족, 이웃사람에게 징수하였으며, 유아를 장정(壯丁)으로 만들어 군포(軍布)를 징수하였으며, 죽은 사람을 산 사람으로 하여 군포를 징수하는 등의 방법으로 저질러졌다. 그리고 환곡의 문란은 높은 이자를 받거나,

의 삶을 이어가기 위한 자구적인 조치를 취하였다. 삼정의 문란에 따라서 농민을 중심으로 한 백성들의 부담은 가혹하였던 것이었다. 이러한 양반관리들의 압박과 횡포 속에서 농민들은 그들의 삶을 이어가기 위해서 계를 조직하였다.[16)]

이와 같이 주자학은 조선왕조의 지배사상으로서 덕치주의를 이상으로 하면서 국가조직과 국가통치의 이념이 되었지만, 그 사상의 구체적인 내용에 있어서는 상하의 계급질서를 옹호하고, 명분에 너무 매여 있었으며, 치자·식자계층의 지위와 이익을 강조하는 방향으로 흘러왔다.[17)] 주자학이 성리학으로 크게 발전을 하기도 하였지만, 사회의 변화에 따라서 보다 발전적, 인류보편적인 방향으로 변화를 하지 못하여, 주자학 지배의 조선시대의 민중들은 어려운 삶을 이어와야만 하였다. 주자학의 구체적인 운용과정에 있어서의 문제점은 너무 치자·식자중심으로 실행이 되었다는 점이다. 피치자계층인 민중의 삶에 대한 지속적인 배려가 부족하였던 것이었다. 결국 조선시대의 치자·식자계층은 명분으로는 천지조화(天地調和)를 논하였지만, 사회현실의 민중들의 삶에 대한 관심과 배려가 부족하였던 2중적인 삶을 살아왔다고 평가해 볼 수 있다. 이러한 주자학의 계급주의에 기초한 명분과 사변적(辭辨的)인 경향은 기독교의 전래로 민중의 인격과 삶을 중시하는 사상에 의하여 반성하는 계기가 마련되었다.

### 4. 기독교의 전래와 민본사상의 생성

조선왕조는 중국 이외의 국가와는 제한적인 교류를 하였다. 중국 이외의 나라와의 교류도 왜(倭)와 북방 야인(野人)과의 그것이 전부였다. 그리고 해금정책(海禁政策)으로 바다를 통하여 대외적으로 뻗어나가는 것을 억제하였다. 그로 인하여 중국을 통해서만 새로운 문물을 받아들이게 되어, 그것은 결국 세계의 발전에 조선왕조가 탄력적으로 대응할 수 있는 방책을 강구하지 못하였던 것이

---

흉년에도 빌려준 양곡을 강제로 회수하거나, 쌀에 겨를 섞어 대여한 후에 이자를 사취하거나, 재고가 없는 데도 있는 것으로 장부를 꾸미거나, 저장분을 대여하여 사취하거나, 허위문서를 만들어 회수량을 늘리는 방법 등으로 이루어졌다.

16) 이기백, 한국사신론(제9판, 일조각, 1971), 281면.

17) 주자학의 가르침으로부터는 서양에서 발전된 신사도(紳士道)라든가, 공리주의(utilitarianism)와 같은 공도덕(公道德) 내지 다수의 행복을 정의로 파악하고자 하는 민본위(民本爲)의 사상이 배태하기 어렵다고 생각된다. 그러나 주자학으로부터는 집단적인 상하간의 결속을 강화하고, 위의 사람을 위한 아랫 사람의 헌신을 도출하는 것은 용이하다. 그리고 주자학은 이성에 기한 합리주의를 추구하기 보다는 인정에 기초한 온정주의를 추구하고 있다. 또한 주자학에서는 인간을 자주적인 독자적인 인격체(Person)로 파악하지 아니하고, 개인과 개인의 사적인 관계에서만 그 가치가 있는 존재로 파악하였다(전봉덕, 전게 한국근대법사상사, 35면). 그러므로 주자학에서는 오늘날의 주도적인 사회사상 내지 사회철학인 개인주의, 자유주의, 합리주의가 배태하기 어려웠다.

었다. 그러므로 인하여 주자학이 시대의 변화와 세계정세의 변화에 대응할 수 있는 내용으로 성숙해 나가지 못하였다.

그러나 세계정세의 변화, 특히 서양에서의 사회변화가 조선왕조에도 변화를 가져오게 되었다. 조선왕조의 지배사상인 주자학, 성리학에 대한 반성과 변화는, 여러 가지의 원인이 있었지만, 그 중에서도 서양의 기독교와의 만남을 통해서 일어나기 시작하였다. 서양에서는 1492년 콜럼버스가 신대륙을 발견하고, 1517년 루터가 종교개혁을 하여 종래와는 전혀 다른 사고체계를 구축하기 시작하였다. 신(神)중심의 사회에서 인간중심의 사회로의 전환이 이루어지고 있었다. 그리고 모든 인간이 독자적인 인격주체로 인정되는 방향으로의 사상의 전환이 일어났다.

종교개혁의 원인을 제공하였던 가톨릭교회에서는 종교개혁 후에 성서의 말씀에 기초한 순수한 기독교 신앙으로 되돌아가고자 하는 자정운동(自淨運動)이 일어나고, 종교개혁 후 위축된 가톨릭의 교세의 회복과 확장을 추구하였다. 그러한 가톨릭교회의 노력은 예수회(Jesuitenorden: Society of Jesus)의 조직으로 발전하고, 예수회는 교세확장을 위해 동방으로의 선교에 힘쓰게 되었다. 그 결과로 중국에 야소회(耶蘇會)의 신부들이 들어오게 되고, 조선에는 연경사신(燕京使臣)의 왕래로 그들을 통하여 중국에 파송되어 와 있던 신부(神父)들로부터 서양에 관한 서적과 성서가 전해지게 되고, 이를 연구하게 되었다. 그러한 서양문물과 기독교의 성서(天主實義)을 접함으로써 실학이 형성되고 주자학에 대한 비판적 의식이 싹트게 되었다.

조선이 서양과의 접촉, 그 중에서도 기독교의 한국전래의 과정을 살펴보면, 가장 먼저 실학자이었던 지봉 이수광이 1614년(광해군 6년) 중국에 사신으로 갖다가 성서인 천주실의(天主實義)[18]를 가져왔으며 그 천주실의를 그의 문집인 지봉유설(芝峰類說)에서 소개하였다. 그 후 1631년에는 예수회의 신부가 서양의 문물을 한문으로 소개한 서학범(西學凡, 1623년 출판)과 직방외기(職方外記, 1623년 출판)가 조선에 전해짐으로써 기독교사상과 서양문물을 좀 더 넓게 접하게 되었다.[19] 그 다음에는 실학자 성호 이익(1681-1763), 안정복(1712-1791), 다산 정약용(1759-1836)에 의하여 성서에 대한 탐구가 이루어졌으며 민중을 중심으

---

18) 천주실의는 Matteo Ricci가 한문으로 번역한 성서였다.

19) 서학범(西學凡)과 직방외기(職方外記)는 예수회 신부 알레니(Julius Aleni: 1582-1649)가 저술하였으며, 이를 정두원(1581-)이 중국에 와 있던 Rodriquez 신부로부터 얻어 조선으로 가져왔다.

로 기독교가 신앙으로 받아들여지게 되었다. 이와 같이 기독교는, 초기에는 새로운 학문으로 관심을 갖게 되고 탐구되었으며, 그 다음에는 신앙으로 믿게 되었다.[20]

조선에 있어서 기독교는 당시의 역사와 사회의 선도그룹에 속하지 않은 지식층에서 탐구되고 민중에 의해서 신앙으로 받아들여 믿게 되었다. 소외된 지식인 계층과 민중에 의한 기독교의 수용은 자연히 치자층에 의한 박해가 수반될 수밖에 없었다.[21] 조선에서도 예외가 아니었다. 그러나 그러한 박해 속에서 기독교는 초기 기독교도들의 순수한 신앙열정에 의한 순교(殉敎)를 통하여 더욱 확산되고, 오늘날은 한국의 전통사상의 한 부분을 형성해 나가고 있다. 성서는 치자들과 부자들보다는 피지배층을 이루고 있는 민중의 해방에 더 관심을 두고 있다. 그리고 성서에서는 치자나 피치자가 모두 이웃이며 형제로서, 기본적인 윤리규범은 치자의 지배와 피치자의 복종이 아니라, 서로간의 순수한 사랑이다. 이러한 성서가 가르쳐주고 있는 사람과 사람과의 이웃으로의 평등관계는 주자학이 가르쳐주고 있는 삼강(三綱)에 의한 상하의 수직관계에 대한 반성을 촉구하게 되었으며, 인간본성에서 우러나오는 사랑의 실천의 기독교윤리는 오륜에 의한 인간 상호간의 지배복종의 윤리에 대한 비판의식을 키워주었다. 그리하여 실학자들은 민중의 삶의 개선과 향상에 관하여 관심을 갖고 주자학에 기초를 둔 기성제도의 개혁을 주장하였던 것이다. 물론 성리학자 중에서도 민

---

20) 기독교가 본격적으로 신앙으로 받아들이게 된 것은, 1784년(정조 8년)에 이승훈이 중국에 파송되어 와 있던 예수회 신부로부터 세례를 받고 입국한 후부터였다. 이를 계기로 하여 기독교인들이 명도회(明道會)를 조직하여 기독교를 믿고, 선교를 하였다.

21) 한국기독교사에서의 박해의 역사는, 먼저 1785년(정조 9년)에 이벽, 이승훈, 정약용, 권철신 등의 기독교인들이 김범우의 집에서 예배를 보다 적발된 추조적발사건(秋曹摘發事件)이 발생하여 김범우는 사형을 당하였으며, 1787년(정조 11년)에는 이승훈, 정약용, 강이원 등이 성균관 부속의 반촌 김석대의 집에서 성경을 강습하다가 적발된 반회사건(伴會事件)이 발생하여, 이로써 기독교에 대한 서적이 소각되고 기독교에 대한 금압령이 내려졌다. 이러한 사건이 있은 후 기독교도들에 대한 박해는 더욱 심해져서, 1791년(정조 15년)에는 진산의 윤지충이 모친상을 기독교의식에 따라서 치룬 것에 대해 전례문제(典禮問題)를 내세워 무부무군(無父無君)의 신앙을 가졌다는 이유로 윤지충을 사형에 처한 신해사옥(辛亥邪獄)이 일어났다. 1801년(순조 1년)에는 이승훈, 정약종, 이가환, 권철신 등의 명도회원(明道會員) 거의와 청의 신부 주문모가 사형되고, 정약용이 귀양을 가게 된 신유사옥(辛酉邪獄)의 박해가 있었다. 이 사건을 계기로 하여 기독교도들의 보호를 위하여 중국에 파송되어 있던 프랑스 신부들에게 중국에 파견되어 있던 프랑스함대의 조선파견을 요청하는 황사영백서사건(黃嗣永帛書事件)이 일어났다. 다시 1839년(헌종 5년)에는 조선에 입국하여 활동 중이던 프랑스 신부, Imbert, Chastan, Maubant 등을 살해하고, 조신철, 정하상, 유진길 등의 많은 교인을 학살한 기해사옥(己亥邪獄)이 일어났다. 이 기해사옥이 있는 후, 1845년(헌종 11년)에 김대건이 신부의 서품(敍品)을 받고 입국을 하였다. 또다시 1866년(고종 3년)에는 대원군에 의해 Berneux 등 프랑스 신부 9명과 남종삼 등 기독교인 8천여명을 학살한 병인사옥(丙寅邪獄)이 일어났다. 이 병인사옥이 원인이 되어 병인양요 사건(丙寅洋擾 事件)이 일어났다.

중의 삶의 향상을 주장하였다. 율곡 이이는 향약을 실시하고자 청주지역에 시행할 서원향약(西原鄕約)을 만들었으나, 백성의 삶이 비참함으로, 향약의 의한 교민(敎民)보다는 백성들의 삶의 개선을 위한 양민(養民)이 우선되어야 함을 판단하고, 향약의 시행을 연기할 것을 주장하였다.[22)]

이와 같이 기독교의 전래로 인하여 주자학에 대한 반성과 비판이 일어나고, 민중에 대한 관심을 갖게 되었다. 그리고 기독교의 영향에 의하여 실학자들은 민본사상(民本思想)을 주장하고 백성(민중)을 위한 제도개혁을 주장하게 되었다. 그러나 실학자들의 백성의 삶을 위한 제도의 개혁주장은 당시의 주자학 사회에서는 치자들에 의해 쉽게 받아들여지지 않았다. 그러나 모든 사람을 서로 이웃으로 받아들일 것과 이웃이 서로 사랑하면서 더불어 살 것을 가르친 기독교는 이방종교(異邦宗敎)로서 한국에 전래되었으나, 기독교가 소개되어 전래된 지 거의 400년이 지난 지금에는 기독교도 우리의 전통종교의 하나로 자리잡았다고 해석함이 타당하다. 그리고 기독교사상에 기초하여 서양에서 확립된 법이지만 우리나라에 계수되어 현행의 한국법의 내용으로 정착된 서양법[23)]도 역시 우리의 전통법의 한 부분으로 그 위치를 차지하게 되었다고 평가함이 마땅하다.[24)]

## Ⅲ. 한국전통사회의 구조: 계급사회

한국의 전통사회는 그 사상적 기반은 샤머니즘에서 불교로, 다시 불교에서 유교로 변천이 되었으며, 지금은 기독교에 바탕을 둔 서양사상이 우리 사회의 기초사상이 되어가고 있다. 물론 한국전통사상이 한국인의 삶과 생활 속에 살아있지만, 기독교에 바탕을 두고 배태되어 발전된 인류보편적인 사상이 한국사

---

22) 김삼수, 한국사회경제사연구: 계의 연구(개정 3판, 박영사, 1966), 89면; 박경하, "18세기 주현향약의 성격: 김홍득의 향약조목을 중심으로", 조선후기 향약연구(대우학술총서 공동연구, 향촌사회사연구회 편, 민음사, 1990), 175면.

23) 서양법이 한국에 수용되기 시작한 것은 1870년대부터이다(최종고, 한국법학사(박영사, 1990), 50면).

24) 기독교사상을 우리의 전통사상으로 받아들임으로써 서양의 로마법과 게르만법에 터잡고 기독교사상에 의하여 승화·발전된 서양대륙법의 우리나라로의 계수를 충실히 설명할 수 있고, 서양대륙법이 우리나라 현행법의 역사적 기초가 될 수 있음을 설명할 수 있다고 판단된다. 그렇지 않으면 현재의 우리법의 역사적 뿌리가 일제(日帝)에 의한 타율적인 일본법의 의용(依用)에 있었다고 설명하게 된다. 그러한 설명은 서양법의 계수에 우리나라가 지극히 수동적인 입장이었다고 보게 된다. 그러나 우리는 적극적으로 기독교와 함께 서양법을 받아들였다고 생각된다.

회의 중심사상으로 기능하고 있다고 평가된다.

그러면 한국사회에서는 한국의 전통사상이 현대화하여 한국사회의 중심사상이 되지 못하고, 기독교를 바탕으로 하여 서양에서 발전된 사상이 오늘날의 한국사회의 지도사상으로 기능하고 있는 것일까? 오늘날 우리 사회를 지배하고 있는 개인주의, 자유주의 사상은 서양에서 배태되어 발전된 사상이며, 한국고유의 전통사상은 아니다. 북한의 사회주의도 역시 서양의 산업자본주의의 모순현상이었던 자본가가 근로자들을 합법적으로 지배한 사회모순을 해결하기 위한 대안의 사상으로 배태된 것이지 한국전통의 고유한 사상은 아니다. 그리고 오늘날의 삼권분립, 대의민주제 등도 역시 서양에서 발전된 정치원리이었지 한국전통의 정치원리는 아니었다.

그러면 왜 이와 같이 한국전통사상은 현대화되어 계승되지 못하고, 서양의 기독교에 바탕을 둔 사상들로 전환이 되었을까? 그리고 민법의 영역에서도 우리의 전통법을 현대화하지 못하고 서양대륙의 민법이 계수되어 우리의 현행법으로 전환되었을까? 조선왕조시대에 수많은 법률들이 제정, 시행되었는데 왜 그러한 수많은 조선왕조의 법률들이 현대화되어 오늘날에까지 계승되지 못하고, 조선왕조의 멸망과 함께 전부 소멸하고 말았는가? 이러한 의문은 로마법이, 그것을 제정하였던 로마제국은 멸망하였지만 오늘날 세계법으로 발전할 수 있었던 역사적 사실에 비교해 보면, 어떠한 원인에 기하여 한국의 전통법은 사라지고 로마법은 발전을 거듭하여 세계법으로 발전할 수 있었는가에 관하여 의문을 가지지 않을 수 없다. 또한 게르만법은 그것에 대한 학문적 연구의 시작이 늦긴 하였지만 체계화와 현대화가 이루어져 독일민법전의 제정 당시는 물론 제정 후의 독일민법전의 개정을 통하여 중단 없이 독일의 현행민법으로 재생되고 있다.[25]

이와 같이 한국의 전통법이 오늘날 현행법의 역사적 기초로서 기능하지 못하고 있는 가장 근본적인 이유는 한국의 전통사회가 계급사회이었으며, 따라서 한국전통법의 내용은 자연히 위에 있는 계층의 지위와 이익을 더 강하게 보호하는 내용으로 구성될 수밖에 없었으며, 민중의 존재가치와 그들의 삶에 대해

---

25) 한국만을 넘어 좀 더 넓게 동북아에로 관심을 확대해 보면, 한국은 중국으로부터 불교와 유교, 그리고 율령을 전수하여 중국과 전통한국간에는 공유문화가 풍성함에도 불구하고, 중국과 우리, 넓게는 일본도 포함하여, 동북아에는 평화적인 공동체가 형성되기 보다는 경계심과 대립과 충돌이 계속되고 있는 것일까? 서양대륙에서는 중세에 유럽통합의 한 사례이었던 신성로마제국이 오늘날 유럽 각국이 결합된 유럽연합(EU: Europäische Union)으로의 발전의 본보기로 기능하고 있다.

서는 법의 보호가 미약할 수밖에 없었던 것이었다고 생각된다. 그러한 전통법의 내용은 결국 인류보편적인 가치와는 상반되어, 오늘날의 현행법으로 성숙되어 오지 못하였다고 생각된다. 물론 예가 중시되고 법은 예를 실천하기 위한 수단으로 기능하였으며, 법학을 학문으로 연구하지 않은 것도 중요한 원인이었지만, 한국의 전통법의 현대화를 이루지 못한 가장 중요한 원인은 한국의 전통사회가 전기간을 통하여 계급사회를 이루어 왔다는 데서 찾을 수 있을 것으로 생각된다.

계급사회로서의 한국전통사회의 특징은, 가장 대표적으로 고조선시대부터 조선왕조의 말까지 노비제(즉, 노예제)가 인정되었다는 점에서 찾을 수 있다. 즉, 노비제가 한국전통사회의 전기간을 통하여 인정되었다는 점이다. 고조선의 8조금법과 부여의 4조의 금법에서 이미 노비제가 실시되고 있었음을 알 수 있다. 그리고 조선왕조에서는 노비를 공노비와 사노비로 나누고, 노비의 매매, 대차(貸借), 전당(典當)을 인정하고, 노비는 상속되었으며, 이를 국가의 제정법인 경국대전에서 규정을 하였다.[26][27] 이러한 노비제는, 공노비는 1801년에 해방되고, 사노비는 1894년에 와서야 비로소 공식적으로 폐지되게 되었다. 그러나 그 후에도 현실적으로는 상당한 기간 동안 노비제가 존속하였을 것으로 추론된다. 조선시대에 노비는 인격적 존재로서의 사람으로 인정받지 못하고 물건처럼 거래의 대상으로 다루어졌다.

이와 같은 한국전통의 노비제를 서양의 고대사회에서의 노예제와 중세의 농노제와를 비교해 보면, 노비는 농노가 아니라 노예였다. 조선시대에 노비의 매매, 대차, 전당, 상속이 국가법으로 인정되었던 것은 서양고대의 노예에 대한 법적처우와 마찬가지였다. 그리고 조선왕조에서의 농민층과 서양의 중세 장원경제사회에서의 농노와를 비교해 보면, 농노는 주군인 영주로부터 Lehen재(財)를 수여받고, 농노는 주군에 대하여 충성을 맹서하는 수수탁신(授受託身)의 관계를 맺었다.[28] 그러나 조선시대의 농민은 지주(地主)로부터 그러한 Lehen수

---

26) 조선시대의 노비제도에 관하여는, 연정열, 조선초기노비법제고(경희대학교대학원 법학박사 학위논문, 1982. 2); 연정열, "조선 초기 노비상속과 증여에 관한 일연구", 한국법사학논총: 박병호교수환갑기념(II)(박영사, 1991), 167-179면; 김재문, "조선왕조의 거래법", 한국법사학논총: 박병호교수환갑기념(II)(박영사, 1991), 201-226면 참조.

27) 노비의 매매에 관해서는 경국대전(1485년(성종 16년) 반포, 시행) 戶典 買賣限條에서, 노비의 상속에 대해서는 경국대전 刑典 私賤條에서 규정하였다. 그리고 토지, 가옥의 매매에 관해서는 경국대전 戶典 買賣限條에서 규정하였다. 그리고 토지가옥의 상속은 경국대전 刑典 私賤條에서 규정하였다.

28) 서양중세의 Lehen제와 Lehen재에 관하여는, 김상용, 법사와 법정책: 게르만법사, 교회법사

여와 같은 생존에 대한 배려를 받은 것으로는 파악되지 아니한다.

이처럼 서양에서도 노예제는 인정되었으며, 로마법에서도 노예제가 인정되었다. 그러나 기독교 성서에서의 인간은 모두 하나님의 피조물이며 하나님의 형상을 따라서 창조되었다는 하나님 앞의 만민평등사상의 영향으로 노예제는 폐지되게 되었으며, 하나님 앞에서의 만인평등사상은 법 앞의 평등사상으로 세속의 법원리가 됨으로써 세속법에서도 만인평등이 실현되었다.

그리고 한국전통사회에서는 사람의 신분에 따라서 이를 구분하는 사람의 계층을 인정하였다. 신라시대에는 골품제도를 유지하여, 왕족에는 성골과 진골이 있고, 백성들은 6두품, 5두품, 4두품으로 나누어 신분이 상승할 수 있는 한계를 설정하였다. 고려시대에는 지배계급인 귀족계급과 잡직에 종사하는 중류계급이 있었고, 피지배계급으로 평민과 천민계급이 있었다. 특히 천민계급에 속하였던 노비는 세습이 되는 살아있는 도구로 이해되고 취급되었다. 귀족에 대해서는 관직에 있지 않더라도 국가에서 녹봉(祿俸)으로 토지가 사급(賜給)되었다. 고려에서는 다같이 치자계층(治者階層)에 속하였지만, 문반이 무반을 경시하고 무시하는 계층적 질서를 이루었다. 그리하여 무신의 난을 겪게 되고, 그 무신의 난으로 인한 국력의 쇠퇴는 80여년간 몽고의 간섭을 받게 되는 원인이 되었다.[29] 또한 고려의 태조 왕건은 지역적으로 사람을 차별하여 차령이남(車嶺以南)의 사람을 관리로 채용하지 말도록 그의 정치지침서인 훈요십조(訓要十條)에서 밝히고 있다.

조선왕조에 와서는 사람을 사농공상의 계층으로 나누어 이를 합법인 것으로 인정하였다. 그리고 천민들은 향(鄕), 소(所), 부곡(部曲) 등의 이름의 마을

---

및 독일민법학사 중심(한국법제연구원, 2005), 47면 이하 참조.

29) 몽고의 징기스칸(鐵木眞)이 1206년(고려 희종 2년)에 원나라를 세우고, 1231년(고려 고종 18년)에 고려를 침입하였다. 당시의 최씨 무신정권은 항몽(抗蒙)을 하기 위하여 1232년(고려 고종 19년)에 강화도로 천도(遷都)를 하였다. 그 후 몽고는 1254년(고려 고종 41년)까지 수차례에 걸쳐 고려침공을 단행하였으며, 최씨정권의 사병(私兵)이었던 삼별초는 항몽세력의 선봉장으로서 몽고에 대항하였다. 1270년(고려 원종 11년)에 삼별초에 대해서 환도령(還都令)을 내렸으나 이를 거절하고 반란을 일으킨 것이 삼별초난(三別抄亂)이다. 여몽연합군은 삼별초군를 토벌하자 삼별초군은 제주도로 밀려가서 저항하였지만 그곳에서 최후를 맞게 되었다. 몽고는 1274년(고려 원종 15년)에 고려군과 연합하여 일본정벌을 떠났으나 실패하였으며, 1280년에는 일본정벌을 계속하기 위한 기관으로 정동행성(征東行省)을 설치하였으나, 그 정동행성은 고려의 내정간섭기관으로 변질되었다. 1258년(고려 고종 45년)에는 철령이북(鐵嶺以北)의 땅을 직접 통치를 하였다. 이렇게 몽고(원)의 지배를 받던 고려는 1351년(공민왕 1년)에 몽고의 풍습을 폐지하고, 1356년(공민왕 5년)에는 관제(官制)를 환원하여 3성 6부로 복구하고 친원파를 축출하였다. 동년에 철령이북의 땅을 회복하고, 정동행성도 폐지하였다. 이러한 과정을 거쳐 고려는 몽고족의 정권인 원(元)으로부터 해방이 되었으나, 80여년간 몽고의 간섭을 받았다.

에서 그들만이 집단적으로 살도록 하였다. 조선왕조의 사상적 기반이었던 주자학, 즉 성리학은 엄격한 신분계층제를 옹호하였다. 성리학에서는 모든 인간은 종적으로 절대평등한 것이 아니라 반드시 상하, 존비, 귀천으로 구분되며, 이들 각계층은 각각 자기 계층에 합당한 지위를 가지고 있고, 그것이 곧 명분이라고 하였다. 그리고 그러한 명분을 잘 지키는 것이 정명(正命)이라고 하였다. 따라서 성리학에서의 신분계층사상은 명분론을 기저로 하였다. 사회도 이와 같은 명분을 바르게 하여 계층제도를 확립하게 되었는데, 그 계층질서로서 가족, 국가, 세계질서가 세워진다고 본 것이었다.[30] 이처럼 조선의 주자학은 신분계급사회를 학문적으로 옹호하였으며, 조선왕조는 이를 제도적으로 실천하였다.[31] 또한 유학, 특히 주자학은 권위주의적 논리로써 지배질서의 윤리를 제공하였다.[32]

그리고 특히 조선왕조사회에서는 치자·식자계층은 양반계급으로서 요역(徭役), 군역(軍役)의 의무가 면제되었으며, 면세의 특권이 부여되었다. 그리하여 그들은 사대부계급, 관료계급, 지식계급, 유산계급, 면세계급이었다.[33] 그리고 민중의 대부분을 구성하였던 농민들은 조세, 부역, 군역의 의무는 지고, 직업선택이나 이주의 자유가 없었으며, 무식하고 빈궁하였다.[34]

이와 같이 한국전통법사에서는 전기간을 통하여 사람을 계층으로 나누고, 지배계층의 사람들만이 인간으로서의 존재가치가 인정되고 그들의 이익이 보호되는 사회를 이루어왔다.[35] 피지배계층은 인간으로서의 존재가치, 즉 그들의

---

30) 한영우, "조선전기 성리학파의 사회경제사상", 한국사상대계 II: 사회, 경제사상 편 (성균관대학교 대동문화연구원, 1976), 92면.

31) 성리학에 의한 신분계층사회에서는, 그러한 신분적 계층구조 내에서 인간관계를 규제하는 구체적인 윤리덕목이 바로 삼강과 오륜이었다. 삼강오륜은 성리학자들이 공통적으로 강조한 인륜의 핵이었으며, 그것을 가르치는 교과서가 바로 주자의 소학(小學)이었다. 소학은 조선전기에 아동교육 및 초등교육의 필수교재였다(한영우, 상게논문, 95면).

32) 최완기, "조선조 서원성립의 제문제", 한국사론 8: 조선전기 서원과 향약(국사편찬위원회, 1983), 2면.

33) 변태섭, 한국사요론(삼영사, 1973), 264면.

34) 상게서, 264면.

35) 조선왕조에서는 재판기관과 재판절차에 있어서도 양반계층과 민중을 구분하였다. 즉, 양반의 형사재판에는 왕의 특명을 필요로 하였으며, 의금부에서 재판을 담당하였으며, 민중이었던 常賤(7품이하의 관인포함)은 비록 군공(軍功)이 있거나 納粟(獻金)한 자라 할지라도 모두 범법의 경우에는 수령이나 관찰사가 임의로 囚禁하고 재판하였던 것이었다(전봉덕, 전게 한국근대법사상사, 49면).

조선의 사법기관에는 형조, 사헌부, 의금부, 한성부, 포도청 및 감영 등이 있었다. 형조는 사법행정의 감독과 복심기관(覆審機關)이었으며 행정적 관할기관이었다. 사헌부는 백관의 규찰과 감독기관이었으며, 동시에 서경(書經), 간쟁(諫諍)을 하였으며, 의금부는 왕명에 따라서 귀족, 고관의 국사범을 처리하였다. 포도청은 양민의 범죄를 다스리는 곳이었으며, 한성부도 사법권을 갖고 있었다. 지방은 관찰사가 최고의 사법기관이었으며, 수령, 진영장도 토포사(討捕使)가 되어 사법권을

인격을 인정받지 못하였으며, 그들은 치자계층을 위하여 희생을 강요받으면서 삶을 이어왔다.[36] 특히 노비는 인간이었지만 인간으로서의 대접을 거의 받지 못하였다. 그런데 한국의 전통법은 이러한 계층적인 사회구조를 합법적인 것으로 인정하는 바탕위에서 형성, 발전하여 왔다. 이러한 사회적 계층을 합법적인 것으로 인정하는 제정법을 만들고 발전시킨 사람들도 역시 한국전통사에서 치자와 식자계층들이었다. 이러한 계층적인 사회구조를 합법적인 것으로 인정하는 한에서의 법의 내용은 인류보편적인 가치를 갖기에는 한계가 있을 수밖에 없었고 치자·식자중심으로 그 내용이 구성될 수밖에 없었다. 또한 법의 내용도 지배계층의 피지배계층에 대한 지배의 정당성을 위한 이데올로기의 구체화로 엮여질 수밖에 없었다.[37][38]

이러한 사관과 이러한 사관에 기초한 국가법은, 치자계층의 입장에서는 보편적인 내용이었지만, 피지배계층이었던 민중의 입장에서는 보편적이지 못한 내용이었다. 또한 말할 것도 없이 한국의 전통사에서 치자층(治者層)과 피치자층(被治者層)이 하나로 결합할 수 있는 사상과 운동이 일어났을 때에는 국력이 신장되어 국가적인 대업(大業)을 이루었으나, 서로 간에 계층질서를 이루고 그러한 계층질서를 정당화하는 이데올로기가 정립되어 그것이 고착되었을 때에는 국론이 분열되고 쇠약해져 외세의 침입을 받게 되었다. 신라가 3국을 통일할 당시의 사회모습을 거슬러 살펴보면, 성골도 진골도 아닌 가야(伽倻)출신인 김유신(595년-673년: 진평왕 17년-문무왕 13년)을 신라의 장수로 받아들이고, 성골이 아니고 진골출신인 김춘추(604년-661년: 진평왕 26년-무열왕 8년)를 왕으로

---

행사할 수 있었으며, 그들을 위하여 각 감영에 검률(檢律)이 있었다.

36) 민중을 의미하는 용어도 조선왕조에서는 일반적으로 백성(百姓)이라고 하였다. 백성이라는 말은 일반 민중을 치자계층의 입장에서는 본 용어였다. 민중이 자기 스스로를 보고 자기를 지칭하는 용어인 민(民)이라는 용어는 조선후기 실학에서 비로소 사용되기 시작하였다. 민중을 백성이라는 용어로 표현한 시대에는 민본사상이 배태될 수 없었으며, 민중은 치자의 지배대상이었을 뿐이었다. 실학에서 민중이 스스로의 입장에서 자기를 보고 자기존재가 인정되고서야 민본사상, 위민사상이 배태될 수 있었다.

37) 역사의 기록도 치자·식자계층에 의하여 이루어짐으로 인하여 치자·식자계층 중심의 사관에 입각하여 이루어지고, 피지배계층의 일상적인 삶에 대해서는 기록이 제대로 이루어지지 않았다. 또한 피지배층도 치자계층이 정립한 이데올로기에 순종하여 왔던 것도 사실이다. 피치배계층은 그들의 존재의 인정과 삶의 곤경으로부터 해방되고 싶었으나, 해방운동을 점진적, 순리적으로 추진할 만한 지식의 부족, 힘의 부족으로 민란이나 반란을 그들의 최후의 방법으로 선택하곤 하였다.

38) 시야를 확대하여 전지구적으로 관찰해 보면, 국가간의 관계에 있어서도 강대국과 약소국, 발전된 국가와 미개발국가 등으로 국제적인 불평등관계에 있는 것이 현실이다. 국제법은 이러한 국제적인 불평등관계를 인정하고, 따라서 그 내용이 강국, 발전된 국가중심으로 구성되어 있는 것도 사실이다. 국제적으로도 이러한 불평등관계를 완전히 해소하는 것이 전인류의 과제라 생각된다.

추대하고, 출신신분에 구애됨이 없이 남녀의 젊은이들로 화랑도를 조직하여 양성하고, 원광법사(진평왕 대)가 그들에게 세속오계를 줌으로써 그들의 기상(氣相)을 높일 수 있는 이념과 이상을 갖게 하였으며, 원효(617년-686년: 진평왕 39년-신문왕 6년)에 의한 민중불교(즉, 불교의 대중화)는 백성들의 마음을 하나로 결집하게 할 수 있었다. 이러한 계층간의 간극을 없애고 온 민중이 지도층과 하나로 될 수 있었을 때에 국력이 가장 신장되었다.[39] 또한 이렇게 국력이 신장되었을 때에 외세였던 당나라도 활용할 수가 있었다.[40]

그러나 고려에서의 계층적인 신분질서와 문반의 무반에 대한 경멸과 무시는 결국 몽고의 간섭이라는 결과를 초래하였고, 무반집권과 몽고의 간섭에 의한 국력쇠미(國力衰微)는 결국 역성혁명의 원인이 되었다고 해석된다. 그리고 조선시대의 극심한 계급질서는 국력의 쇠미를 가져왔으며, 그로 인한 국력의 쇠미는 결국 임진왜란과 조선말의 일본제국주의의 조선침략의 원인이 되었다고 해석된다.

이와 같이 민중이 역사의 주체로 인정되고 받아들여졌을 때에는 민중의 생각과 힘이 결집되어 국가의 대업을 이룰 수 있었지만, 민중이 역사에서 소외되었을 때에는 국력의 쇠미와 그로 인한 외세의 간섭과 침입을 받게 되었다.

그러므로 이러한 계급사회를 정당화한 우리의 전통사관에 기초한 전통법은 만인평등의 인류보편적인 내용으로 승화되어야 한다. 이러한 계층주의적인 전통법에 대한 비판은 사회주의로 발전되거나 무정부주의로 발전될 가능성이 있다. 그러나 치자·식자와 피치자가 서로 대립하는 관계의 정립이 아니라, 치자·식자계층이나 민중이 모두가 서로 이웃으로서 역사의 주인으로 인정하고 활동하는 역사관의 정립이 필요하고, 치자·식자계층은 전체사회를 위하여 그만큼 더 기여하고, 민중들도 역사발전을 위하여 치자·식자계층과 더불어 그들의 능력을 최대한 발휘하는 사회로 발전하여야 한다는 것이며, 법도 이와 같이 모두가 서로 이웃으로서 인간의 선한 본성에 기한 사랑을 베풀 수 있도록 하는 제도적인 틀로 그 내용이 구성되어야 한다는 것이다. 이러한 사고와 사관과 법사상은 성서의 가르침에서 얻을 수 있다. 성서는, 사람은 계층이 없는 서로가 모두 서로에게 이웃이며, 이웃간에는 사랑으로 맺어지는 사회를 인류보편적인

39) 신라의 3국통일의 과정은, 660년에 백제를 멸망시키고, 668년에 고구려를 멸망시키고, 676년에 당나라 세력을 완전히 물리침으로써, 676년에 3국통일의 대업을 이루었다.

40) 따라서 가장 훌륭한 사상과 철학은 민중을 설득할 수 있고, 민중의 힘을 결집시킬 수 있는 가치를 내용으로 하는 사상과 철학이다. 그러나 그 가치는 인류보편의 가치이어야 한다.

이상적인 사회로 제시하고 있다. 이러한 성서에서의 이상사회에 비추어 보면 우리의 전통사회는 계급사회였다고 진단된다. 따라서 우리의 전통법, 특히 국가(제정)법도 이러한 계층사회의 구조를 정당한 것으로 인정하고, 그 사회를 유지할 수 있는 규범으로 구성되었다고 할 수 있다.

## Ⅳ. 한국전통법에서의 종교규범과 법규범의 관계에 관한 이해

한국의 전통법의 사상적 기초는 종교이었으며, 법규범은 종교규범으로부터 파생된 것으로 이해된다. 종교규범의 실천을 위한 수단으로서 법규법이 기능을 하였다. 특히 조선시대의 법은 주자학의 가르침의 실천수단으로 이해되고 또한 그렇게 기능하였다. 이와 같이 한국의 전통법사(傳統法史)에서는 법이 그 자체가 독자적으로 발전하지 못하고, 그 시대의 종교규범의 실천수단으로 기능하여 왔다. 그러므로 한국의 전통법사에서는 법은 기술로서 이해되고 활용되었으나, 학문으로서의 법 내지 법학은 발전하지 못하였다. 또한 법학은 당시의 최고의 지식인 계층의 학문이 아니라 중인(中人)들이 하는 기술학에 불과하였다. 그리고 과거시험으로 율과(律科)가 있었으나 그 율과는 양반계층이 응시하는 과거가 아니라 중인계층이 응시하는 과거였다.[41] 기술학으로서의 법학도 사람을 처벌하는 내용의 형법인 율(律)을 주된 내용으로 하고 있었다. 따라서 법학인 율학은 형법학이 중심내용이었으며, 그것은 자연히 국가질서의 유지를 위한 처벌이 주된 내용이었다. 그러나 조선왕조에서의 국가질서의 지표는 주자학에 바탕을 둔 덕치주의였다.

그러나 로마법은 기독교가 전래되기 전에는 그리스 철학, 그 중에서도 자연법적 사상에 입각한 스토아 철학의 영향을 받아 생성, 발전된 후에, 기독교의 공인과 국교로의 인정 후에는 기독교사상의 영향을 받아 그 내용이 인류보편적인 방향으로 발전되었다. 법에서의 정의가 기독교의 박애와 자비와 결합하여 법의 원리가 기독교사상의 영향으로 인간의 본성에 부합하는 방향으로 발전하였다. 이와 같이 로마법이 기독교의 영향을 받고 이를 수용함으로써 세계법으로 발전할 수 있게 되었다.

따라서 로마법의 발전과정은, 먼저 법이 생성되고 나중에 기독교에 의해서 그 내용이 인류보편적인 내용으로 계속 수정, 발전하여 왔다. 그러므로 서양에

---

41) 律科는 譯科, 醫科, 陰陽科와 함께 雜科에 속하였으며, 주로 양반의 서자(庶子)나 중인계급이 응시하였으며, 형조에서 이를 관장하였다.

서는 로마법을 중심한 법학과 기독교사상과 성서의 가르침을 학문대상으로 하는 신학이 서로 영향을 주고 받으면서, 서양법학이 발전되어 왔다. 그리고 학문으로서의 법학이 신학보다 먼저 생성되었기 때문에, 지식인들이 법학자들이 되었으며, 따라서 법학자들이 로마사회의 지도층이 되었다. 그리고 법학도 우리의 전통법에서와 같은 기술학이 아니라 덕(德)의 학문인 덕목(德目)으로 이해되고 받아들여졌다. 그리하여 로마법에서는 법을 "선과 형평의 기술"(ars boni et aequi)로, 정의를 "각자에게 그의 권리를 주고자 하는 항구불변의 의지"로, 법학을 "신의 일과 인간의 일을 분별하는 인식, 옳은 것과 옳지 않은 것을 아는 지식"으로 이해하고 받아들였다.[42)]

이러한 로마법의 생성과 발전에 비교해서 우리의 전통법의 생성과 발전과정을 살펴보면, 우리 전통법에 가장 영향을 크게 미친 가르침은 바로 유학이었다. 유학은 중국의 춘추전국시대[43)]의 유가의 가르침으로부터 시작되어 시대의 변천에 따라서 학문적 가공이 계속 이어져 왔다. 중국 고대의 춘추전국시대는 혼란의 시대로서 그러한 혼란을 극복하고 평화를 이루기 위한 갖가지의 의견이 주장된 백가쟁명(百家爭鳴)의 시대였다. 그 중에서도 덕으로 평화를 이룩하자는 유가(儒家)와 강한 물리적인 법적 규제로 평화를 이룩하자는 법가(法家)의 주장이 서로 상반되게 주장되었다. 그러나 혼란하였던 춘추전국시대는 진시황에 의하여 평정(平靜)이 되었으나, 그 후대는 유가의 사상을 국가통치의 기본사상으로 받아들임으로써 유학이 중국의 통치철학이 되고, 그 유학이 한반도에 전해지고, 조선왕조에 와서는 송나라의 주자학이 전해지고, 그 주자학이 조선왕조의 국가철학이 되었다.

결국은 유가의 덕치주의가 중국에서 계속적으로 국가질서의 지도사상으로 받아들여지고, 중국의 영향으로 우리의 전통사회, 특히 조선왕조에서는 덕치주의가 정치, 사회 모든 국가질서의 기본이 되었다. 그러므로 인하여 유학은 학문적으로 발전할 수 있었으나, 법학은 학문으로 발전할 수 없었다.

서양의 역사를 살펴보면, 세속법으로서의 로마법이 먼저 발달하였으나, 그 로마법은 교회에 의하여 받아들여져 세속의 로마법이 교회법의 기초가 되어 기

---

42) 로마법과 로마법학의 이해에 관해서는, 김상용, 법사와 법정책: 로마민법학사 중심(한국법제연구원, 2004), 9-10면 참조.

43) 춘추전국시대는 BC 8세기에서 BC 3세기에 이르는 중국고대의 변혁시대였다. 공자(BC 552-479)는 이 춘추전국시대에 노나라에서 출생하여 덕으로 그 당시의 혼란을 극복할 것을 주장한 유가의 조종(祖宗)이다.

독교사상으로 재구성되었다. 그리하여 서양중세에는 신학이 학문으로서 가르쳐지면서, 동시에 대학에서는 로마법과 교회법이 함께 가르쳐져, 신학의 발전에도 불구하고 법학이 신학과 함께 발전하였다. 그러나 중국과 우리나라에서는 유학만이 발전하고 법학은 발전하지 못하였다. 그것은 유학이 국가의 이념이 되고 국가에 의해서 유학의 가르침이 강행되었기 때문이었다.

사실, 종교규범과 법규범은 다 같이 사회의 질서유지 규범이지만, 종교에서는 이성에 기초한 인간 및 사회에 대한 냉철한 분석과 과학정신이 결여되어 있다. 종교로부터는 인간사회의 조화를 이루고 특정의 이데올로기는 도출될 수 있지만, 그것으로부터 구체적인 실천규범의 정립은 어렵다. 특히 유교에서는 인간과 인간의 관계를 기초로 하여 윤리규범과 예를 발전시켰다. 그러므로 인간 개인 그 자체의 독자적인 인격과 의사에 기초한 행위규범을 발전시키지 못하였다.

종교와 인간의 이성이 공존할 수 있어야 하는데도 불구하고, 한국전래의 샤머니즘, 불교, 유교는 인간의 이성과 공존하기보다는 종교적 감성에 치중한 면이 강하였다. 그러나 서양의 기독교에서는 신중심에서 인간중심으로의 역사적인 근본적인 변화의 경험을 갖고 있다. 그리하여 서양법에서는 인간이성에 기초한 자연법론이 주장되고, 자연과학이 발달할 수 있었다. 따라서 서양에서는 기독교와 인간이성이 공존할 수 있었으나, 중국과 우리나라에서는 종교의 가르침이 우선이고 인간이성의 판단은 등한시되었다. 그 결과로 인간행동의 기준은 이성에 의한 새로운 발전적, 진보적인 것이 되지 못하고, 과거의 성현의 가르침에 바탕을 둔 복고주의적이고 보수적이었다.

그리고 법의 운용에 있어서도 유학에서는 인간관계를 중시하였기 때문에, 특정인에 대한 법적인 책임을 일정한 친족, 마을 사람들에게까지 확대하여 지우는 결과를 초래하였다. 특정개인의 군포(軍布)의 책임을 족징, 인징의 방법으로 가족과 친족들에게 지우고 동민들에게까지 부담시켰다. 연좌제(連坐制)도 역시 이러한 유학에 그 사상적 기반을 둔 공동책임의 한 형태로 이해된다. 그리고 개인채무에 대해서도 부모가 책임을 지는 것이 조선왕조 시대에 법적으로 인정되었다. 그리하여 친부모는 자(子)의 사채(私債)에 대한 책임을 져야만 하였다.[44][45]

---

44) 김재문, "조선왕조의 거래법", 한국법사학논총: 박병호교수환갑기념(Ⅱ)(박영사, 1991), 219면.

45) 조선왕조에서 법학이 발달하여, 유학에서의 인간관계의 중시와 인간관계의 구성원리인 삼강오륜의 실천규범을 보다 상세히 세분화하고 구체화하여 실행을 하였더라면, 우리의 전통법은 신의성실의 원칙에 기초한 법으로 발전할 수 있었을 것으로 미루어 짐작된다. 지금부터라도 인간관계

이와 같이 한국전통법사에서는 유학이 우선이고, 법은 유학의 가르침의 실천수단으로의 수단규범으로 기능하였다. 그리하여 법학이 발전하지 못하고 등한시되었다. 그리고 법의 집행에 있어서도 인간관계를 중시하는 유학의 인간관에 의하여 개인책임을 넘어 공동책임을 지우는 방향으로 실현되었다.

## V. 중국전통법의 한국전통법에의 영향

한국의 전통사회는 중국의 전통사회의 영향을 많이 받았다. 일찍부터 유학이 전래되어 유학이 국가조직과 국가통치에 영향을 주었으며, 주자학은 조선의 국가철학 내지 국가사상이 되었다. 그리고 불교도 중국을 통하여 전래되었으며, 근대의 기독교의 전래도 역시 중국을 통해서 먼저 이루어졌다.

법의 분야에서는 중국의 율령이 전통한국에 전하여져 고구려율의 바탕이 되었으며, 고구려율은 신라율의 모범이 되었으며, 통일신라는 당률(唐律)을 수용하여 신라율(新羅律)을 더욱더 발전시켰다. 그러므로 고구려율이 한민족에게는 최초의 한국전통의 성문법률이었다.[46] 그리고 고려시대에는 신라율을 바탕으로 하면서, 중국의 당률을 참고하여 고려율을 만들어 시행하였다. 그러나 고려가 몽고의 지배를 받던 동안은 고려율은 그 효력이 상실되고 몽고의 법인 원율의 영향을 받게 되었다.[47] 원율(元律)은 당률과 송률(宋律)을 모법으로 하여 제정된 성문법률로서 이것이 지정조격(至正條格)[48]이었다. 고려는 100년 가까이의 기간 동안 원율을 의용해 왔다. 고려 말에는 포은 정몽주가 대명률(大明律)과 원나라의 지정조격을 참고로 하여 고려에 시행할 신율(新律)을 만들었으나, 고려국력의 쇠미로 시행을 하지 못하였다. 이와 같이 불교가 국가종교이었던 한국전통법의 시대에도 국가법인 율령은 중국 역대의 율령의 영향을 받았다.

---

의 구성원리를 시대의 변화에 맞게 구체화한다면, 학설과 판례를 통하여 윤리규범의 법규범화를 실현할 수 있을 것이다. 성서, 특히 구약성서의 가르침을 구체화한 것이 탈무드(Talmud)이다. 성서는 원리적인 내용으로 구성되어 있지만, 탈무드는 성서의 원리를 구체적인 삶속에서 구체적으로 실천할 수 있도록 세부적인 내용으로 구체화해 놓은 것이다. 우리 전통의 유교윤리, 예도 구체적으로 법에서의 실천방법을 세분화하여 정립한다면, 유교의 가르침을 법에서 실천할 수 있을 것이다. 향약에서는 구체적인 유학의 가르침을 상당한 정도로 법에서의 실천규범으로 세분화하고 체계화하였다고 평가해 볼 수 있다. 이러한 방법으로 우리의 전통법의 연구와 체계화 및 현대화의 가능성을 발견할 수 있을 것이다.

46) 연정열, 전게 한국법전사, 24면.

47) 상게서, 77면.

48) 지정조격의 일부가 경주, 양동에서 근자에 발견되었다.

그러한 율령들은 그 내용이 현재 전해지고 있지 아니하지만, 유학의 가르침에 기초한 내용으로 구성되어 있었던 것으로 이해된다.

조선왕조에서는 명률을 의용하여 사용하였으며, 경국대전에서는 형전(刑典)에서 대명률을 의용(依用)하여 명률이 조선의 일반형법전이었으며, 경국대전 형조에서의 형법은 특별형법전이 되었다. 대명률의 조선에서의 의용은 조선왕조의 전기간 동안 계속되었다. 그리고 조선에서의 대표적인 민중법으로 분류, 평가될 수 있는 향약도 중국 송나라의 여씨향약을 가감한 주자의 주자증손여씨향약(朱子增損呂氏鄕約)을 수용하여 이를 기초로 만들었다.

향약은 중국 송나라 말엽의 여대조(呂大鈞) 형제가 향리의 주민을 교화시키고 선도할 목적으로 덕업상권, 과실상규, 예속상교, 환란상휼의 4강령을 토대로 하여 자세한 규약을 정한 것이다. 이 여씨향약을 여대조 형제가 중국 섬서성(陝西省)의 남전현에서 실시하였기 때문에 남전향약(藍田鄕約)이라고도 한다. 이 여씨향학을 송대의 주희(주자)가 가감하여 보다 발전된 향약을 만들었는데, 이 향약을 주자증손향약이라 한다.

주자는 전래의 유학을 더욱 심오한 성리학으로 발전시켰으며, 성리학을 주자학이라고도 하였다. 주자학을 집대성하여 수록한 주자대전(朱子大全)에 주자증손향약이 함께 수록되어 있었다. 이 주자대전이 고려 말 내지 조선왕조 초기에 조선에 전해짐으로써, 주자증손향약도 주자학과 함께 조선에 알려지게 되었다.[49] 그러나 조선에서의 향약의 구체적 실시의 시작은 1517년(중종 12년)에 와서야 이루어졌다. 퇴계 이황과 율곡 이이는 여씨향약을 당시 조선의 실정에 맞게 손질하여 조선적 향약으로 간소화하여 보급에 힘썼다.[50]

이와 같이 한국전통법사에 있어서는 국가사상 내지 국가철학이었던 유학은 물론 유학에 기초한 율령, 그리고 민중법이었던 향약에까지 중국의 영향을 받았다.[51] 중국의 명률은 조선왕조의 기본형법전으로 의용이 되었다. 그러므로 한국의 전통법과 그 사상적 기초는 중국의 전통법과 그 사상적 기초와 공통적인

---

49) 최종고, 전게 한국법사상사, 120면; 김용덕, "총서: 향약신론", 조선후기 향약연구: 대우학술총서, 공동연구(향촌사회사연구회 편, 민음사, 1990), 13면.

50) 김용덕, 상게 논문, 13면.

51) 조선에서의 향약의 실시는 여씨향약의 전래에 의하여 여씨향약을 수용함으로써 이루어진 것이라기보다는, 여씨향약을 전수받기 이전에 이미 조선에서 자생적으로 상부상조의 마을의 관습이 있었고, 그 관습이 향약실시의 뿌리가 되었다고 보고자 하기도 한다. 그리하여 조선에서는 향약이란 이름은 없었어도 향약의 실(實)은 여씨향약의 전수이전에 이미 있었다고도 한다(김용덕, 상게논문, 11면).

부분이 대단히 넓었을 것으로 파악된다.

이처럼 한국의 전통법사는 중국의 유학과 중국의 율령, 그리고 중국의 향약의 영향을 받았다. 그리고 중국을 통하여 불교, 기독교도 우리나라에 전해졌다. 이와 같이 중국의 영향을 다대하게 받았지만, 한국이 중국의 문물을 받아들일 수 있었던 것은 중국의 새로운 문물을 받아들이기 전에 한국 내에서 중국의 것을 받아들일 만한 내적 조건을 갖추었기 때문이었다. 그러한 내적 조건의 성숙이 있었기 때문에 중국의 문물을 받아들여서 우리의 사정에 부합되게 변용할 수 있었던 것이었다.

중국으로부터 불교를 받아들여 원효는 신라의 상황에 부합하는 민중불교로 승화시켰으며, 주자학도 이를 받아들여 우리의 독자적인 성리학으로 발전시켰다. 향약도 한국전래의 공동체 사상으로 신라의 가배(嘉俳), 고려의 보(寶), 조선시대의 두레[52] 등이 생성・발전되어 왔기 때문에 중국의 향약을 받아 우리의 사정에 맞게 가감할 수 있었던 것이었다. 그러므로 한국전통법사에 있어서 유학과 중국의 전통법의 영향을 부인할 필요는 없지만, 한국의 전통법이 중국의 전통법을 전적으로 의용함으로써 생성・발전된 것은 아니었다. 물론 조선이 경국대전에서 대명률을 그대로 의용하도록 한 것은 법제정의 방법에 있어서나 적용에 있어서 우리의 독자성, 정체성의 확립면에서 문제가 있다고 평가된다.

중국전통법으로부터 영향을 받은 법은 주로 국가법이라 생각된다. 한민족의 삶속에서 자연히 생성된 한국전통의 민중법은 한민족의 고유한 삶의 방식을 규율한 한국 독자의 법이었다. 그러나 민중의 삶과 민중의 평화로운 삶을 이어가기 위한 규범의 내용에 관해서는, 그것에 관한 기록이 충분히 전해져 오고 있지 아니하기 때문에, 그 자세한 내용을 파악하기가 어렵다. 무엇보다도 한국전통의 계급사회에서는 지배계층이 역사의 주인으로 인정되고, 전통한국사는 주로 그들에 의하여 그들의 삶과 그들 중심의 질서를 기록하여 전해져 왔기 때문에 민중법의 모습을 충분히 알 수가 없다.

그러나 치자・식자계층에 의하여 만들어진 국가법은 중단 없이 이어져 오지 못하고 왕조의 멸망과 함께 그 효력이 상실되었다. 그러나 민중법은 민중의 생존을 위한 삶속에서 생성되어 발전되어 왔기 때문에 가장 인간적인 내용이었다. 그리하여 민중법은 그 모습은 변화를 하였어도 그 정신은 계속 이어져 왔

52) 두레는 한국의 전통사회에서 농촌에서 농사일을 서로 협력하여 공동작업을 하기 위해 부락이나 리(里)단위로 조직된 단체였다.

다. 왜냐하면 민중법은 인간의 본성에 부합되고 인류보편적인 가치를 지향하고 있었기 때문이었다. 가배, 보, 두레, 향약, 계 등의 민중법은 민중들이 삶을 이어가기 위한 인간의 가장 순수한 마음에서부터 생성, 발전된 삶의 방식이었다고 평가된다. 그러한 민중법으로부터 한국전통법의 독자성과 정체성을 찾을 수 있다고 생각된다.

이와 같이 한국전통법사에서는 상층부에 속하였던 치자·식자계층에서는 중국의 문물을 받아들여 우리의 것으로 변용하고자 하였으며, 하층부의 민중들을 한국고유의 삶을 이어왔으며, 그들의 민중법은 한국고유법의 독자성과 정체성을 가장 잘 표현하고 있었다고 이해된다.

그러한 예로서는 조선의 계는 민중의 공동체로서 공동으로 작업하고 공동으로 삶을 이어가고자 하였지만, 공동체인 계가 토지를 소유하지는 않았다는 점이다.[53] 서양에서의 공동체인 마르크공동체(Markgenossenschaft), 또는 장원은 토지를 소유하였으나, 조선의 계는 토지를 소유하지 아니하고, 계원들의 자발적인 참여와 공동의 작업으로 서로의 삶에 서로가 보탬을 주었던 것이었다.

## 제 2 절 한국전통법의 구성과 특징

### Ⅰ. 한국전통법의 구성

#### 1. 윤리, 도덕, 예

한국의 전통법은 크게 3분야로 나누어 볼 수 있다. 그 첫째는 법의 이념과 사상적 기초이면서 동시에 인간행위의 규범이 되었던 도덕, 윤리, 예, 종교상의 가르침이며, 둘째는 국가를 조직하고 통치를 하기 위한 국가법이며, 셋째로는 민중인 백성들이 삶을 이어가기 위하여 일상의 삶 속에서 자연히 생성, 발전된 민중법이다. 법의 이념으로서의 윤리, 도덕, 예 등은 그 시대의 지도사상이었던 종교의 가르침으로부터 배태되었다. 특히 유교가 지배적인 사회사상이었던 조선시대에는 유학, 그 중에서도 주자학(즉 성리학)에서의 가르침인 삼강오륜을 구체화한 예가 바로 조선왕조의 통치의 이념이고 법의 이념이자 동시에 구체적

53) 김삼수, 전게 한국사회경제사연구, 58면.

인 행위규범이었다. 물론 민중법에 있어서도 그 이념적 기초는 주자학의 가르침인 예이었다. 민중의 삶을 직시하고 민중을 위한 사상을 전개한 실학의 완성자이었던 다산 정약용도 백성을 다스림에 있어서는 예에 그 근본을 두어야 하며, 법으로 다스림은 차선책일 뿐이라고 하였다. 예란 종교적, 윤리적 규범들을 정치적, 사회적 의식과 제도로 합리화한 것이다. 그리하여 다산은 이러한 예로써 백성을 다스리면 백성들은 진심으로 그리고 기쁜 마음으로 따르지만, 법으로 다스리면 백성들은 두려운 마음에서 마지못해 따를 뿐이라고 하였다.[54][55] 이와 같이 한국전통법 중 조선왕조의 법의 사상적 기초는 그것이 국가법이든 민중법이든 유학의 가르침이었으며, 그것은 예로 표현되었다. 법은 바로 이러한 예를 실천하는 보조수단이었다. 이와 같이 실학자들은 자연질서 내지 천도(天道)와 부합하는 인간의 행위규범을 예라고 하고, 인간의 행위가 예에 부합하도록 하는 보조수단이 법이라고 하였다.[56] 이와 같이 자연질서가 사회에서의 인간의 행동으로 나타날 때, 그것을 예라고 하였으므로, 반대로 예는 자연질서와 조화로운 행동규범이었다. 그리고 예가 실천되지 아니할 때에 법, 즉 형(刑)이 개입하여 예를 복원하도록 하였다.

이처럼 예는 실정법의 근거가 되는 자연법의 기본적인 성격을 지니는 동시에 사회규범으로서의 객관적인 성격을 지녔다. 그러나 예는 실정법으로서의 강제적 특성을 지니지는 못하였다. 이런 점에서 볼 때 유가(儒家)의 법사상은 실정법으로서의 강제적 규범보다는 자연법으로서의 도덕적, 이상적, 비강제적 규범을 중시하였다고 해석된다.[57]

불교가 국교(國敎)이었던 신라와 고려에서는 국가의 이념은 불교이었으나, 국가의 조직과 통치는 유학에 기초하여 이루어진 것으로 이해된다. 왜냐하면 불교는 국가조직 및 국가통치의 궁극을 추구한 종교가 아니라 개인의 삶과 영혼의 구원을 추구한 종교이었기 때문이었다. 그리하여 불교시대의 법은, 국가법은 유학의 가르침에, 민중법은 불교의 가르침을 사상적 기초로 하여 형성, 발전된 것으로 이해된다.

샤머니즘 시대에는 국가법과 민중법의 구분이 확실하게 이루어지지 않은

---

54) 윤동한 역, 정약용 저, 목민심서(사단법인 다산기념사업회, 2004), 9면.

55) 다산저작의 일관된 정신은 경세제민(經世濟民)에 있었다. 즉, 나라를 잘 다스리고, 백성을 편하게 하는 데에 관심이 집중되어 있었다(상게 목민심서, 10면).

56) 정옥태, "실학의 법사상", 한국법사학논총: 박병호교수환갑기념(II)(박영사, 1991), 94면.

57) 지교헌, "조선왕조의 법사상", 한국법사학논총: 박병호교수환갑기념(II)(박영사, 1991), 45면.

상태이었으며, 거의 모든 법이 민중법으로 분류된다. 이와 같은 상고시대의 민중법은 원시법으로서 자연발생적이었다.[58] 그러나 8조의 금법과 부여의 4조의 금법에 비추어 보면, 한국상고시대의 법은 게르만법에서와 같은 단체주의적인 법이 아니라 매우 개인주의적인 법이었음을 발견할 수 있다. 노예제의 인정, 상해(傷害)시의 곡물로의 배상 인정 등을 미루어 보면, 씨족 등의 단체가 법주체가 아니라 개인이 법주체인 것이었던 것으로 해석된다. 해석에 따라서는 8조의 금법에서 볼 때, 한국의 상고사회에서는 사유재산이 인정되었다고도 한다.[59]

한국의 전통법에서는 윤리, 도덕, 예, 종교규범과 법이 모두 인간의 행위규범이었으나, 그것이 구별되지 않는 채 유지되어 왔다. 그러므로 한국의 전통법의 범주에는 법의 기초사상 및 이념도 함께 포함하여 파악하여야 한다. 그리고 법은 규제법과 형벌법을 주된 내용으로 하여, 법을 율이라고, 법학을 율학(律學)이라 이름하였다. 또한 예와 법의 관계에 관하여는 예주형종의 위계질서에 따라서 법을 예의 하위에 두었다. 따라서 한국전통법에서는 유학이 법의 절대적인 사상적인 기초이었다.

이와 같이 한국의 전통법은 전역사를 통하여 그 이상을 유학의 가르침에 두었다. 법철학자 Radbruch(Gustav: 1878-1949)는 "법은 법이념에 봉사하는 의미있는 존재"(die Gegebenheit, die den Sinn hat, die Rechtsidee zu dienen)라고 정의한 바와 같이,[60] 한국의 전통법은 유학에서의 가르침의 실천에 봉사한 것이라는 관념이 이어져 왔다.

### 2. 국가(제정)법

한국전통법에서 국가제정법의 시초는 고구려율이었다. 고구려율은 서기 374년(소수림왕 3년)에 처음으로 제정되었으며, 그 고구려율이 신라율에 영향을 주고, 신라율은 다시 고려율에 영향을 주었다. 이와 같은 율은 국가에서 제정한 법률이었다. 그리고 왕의 하교[61], 교지[62]와 같은 왕령의 구체적인 명령을 령이

58) 연정열, 전게 한국법전사, 9면.

59) 상게서, 12면.

60) Gustav Radbruch, Rechtsphilosophie (hrsg. von Erik Wolf und Hans-Peter Schneider, Stuttgart, K. F. Koehler Verlag, 1973), S. 91.

61) 하교(下教)는 왕이 그의 판단과 결정에 따라서 관청에 내린 명령을 말한다. 이러한 왕의 명령을 관청이 수령하는 것을 수교(受教)라고 하였다.

62) 왕이 관청으로부터 의견을 받아 이에 대하여 왕이 판단하여 내린 답을 교지(教旨) 또는 판지(判旨)라 하였다.

라 하였으며, 이 영도 국가제정법의 범주에 속한다. 그리하여 율령정치를 하였다는 것은 국가가 편제를 갖추어 제정한 율과 그때 그때의 필요에 따라서 왕의 명령인 영(令)으로 국가를 통치하였음을 말한다.

이러한 한국전통법인 율은 제정법이었으며, 중국률의 영향을 받았다. 율의 주된 내용은 왕조의 조직과 왕조의 치리(治理), 왕조의 질서유지를 위한 형벌법에 관한 내용으로 구성되어 있었을 것으로 미루어 짐작된다. 그러므로 오늘날의 법분류체계에 따르면, 율령은 공법과 형법이었다. 그러므로 사법은 국가질서와 관련된 한에 있어서만 국가법에서 규율하고, 대부분의 사법은 종교규범에 맡겨 두었다. 그리하여 사법은 민중법으로 존재하였다. 그러나 이러한 한국전통의 국가법이었던 율령 중 고려 말까지의 율령에 관하여는 그 자료가 전해지지 않아서 그 내용을 상세히 알 수가 없다.

조선시대에는 수많은 국가법이 제정되었다. 조선 태조는 1392년에 즉위하자 먼저 대명률을 의용할 것을 명령하였다. 그리하여 국가질서의 유지를 위한 형벌법으로서 대명률을 조선의 형법으로 사용하게 되었다. 그리고 1394년에는 정도전이 사찬법서(私撰法書)인 조선경국전(朝鮮經國典)을 집필하여, 그 내용이 조선왕조의 조직과 치국의 지침으로 되었다. 그 후 1397년(태조 6년)에는 국가법으로서 경제육전(經濟六典)이 편찬되었다. 이 경제육전이 조선왕조의 기틀을 규정한 조선왕조의 최초의 국가 성문법전이었다.

그 후, 1408년(태종 8년)에는 경제육전 간행 후의 수교, 조례[63] 등으로 속전(續典)이, 1426년(세종 8년)에는 다시 속전 이후의 수교, 조례등을 추가하여 등록(謄錄)을 편찬하였다. 그리고 1455년(세조 원년)에 시작하여 1485년(성종 16년)까지의 30년간의 장기간에 걸쳐 조선왕조의 기본법전인 경국대전(經國大典)을 편찬하였다.

경국대전의 편찬 후에도 중단 없이 국가법을 제정하였다. 1492년(성종 23년)에는 대전속록(大典續錄)을, 1543년(중종 38년)에는 대전후속록(大典後續錄)을, 1698년(숙종 24년)에는 수교집록(受敎輯錄)을, 1706년(숙종 32년)에는 전록통고(典錄通考)를, 1743년(영조 19년)에는 신보수교집록(新補受敎輯錄)을, 1744년(영조 20년)에는 속대전(續大典)을, 1785년(정조 9년)에는 대전통편(大典通編)을, 1865년(고종 2년)에는 대전회통(大典會通), 1866(고종 3년)에는 육전조례(六典條例)를

63) 왕의 명령을 조례라고도 하였다.

편찬하였다.

이와 같이 조선왕조에서는 국가법을 수없이 많이 편찬하였다. 이러한 국가법은 주로 왕으로 부터의 수교와 판지들을 모아 정리하여 편찬한 것이었다. 그리고 대명률은 의용된 조선의 형법으로서, 그 대명률이 조선형법의 일반법이었으며, 경국대전 형전은 특별형법이었다.

이와 같이 조선왕조의 제정법의 기본을 이루었던 것은 국왕의 명령이었다.[64] 중국황제의 명령을 제조(制詔), 성지(聖旨), 칙지(勅旨)라고 한 데 반하여, 조선국왕의 명령은 교(敎)라고 하였다. 그리고 교를 문서로 형식화한 것을 왕지(王旨) 또는 교지(敎旨)라 하였으며, 각 관청이 하달받은 교지를 수교라 하였다. 또한 국왕의 명령은 그 내용에 따라서 일반적인 사항에 대한 명령을 교지라 하고, 개별적 구체적인 사항에 대한 국왕의 명령을 전지(傳旨)라 하였다. 그리고 조선왕조의 국가법의 입법은 국왕의 자발적인 명령을 해당 관청이 하달받는 수교형식으로도 이루어졌으나, 대부분의 국가입법은 해당 관청의 상신(上申)에 대해 국왕이 판단·결정하여 이를 당해 관청에 내려주는 방법의 판지형식으로 이루어졌다.

이와 같이 수교를 정리하여 편찬한 조선의 국가법도 역시 왕조의 조직과 통치에 관한 법이었으며, 덕치주의의 이상을 달성하기 위한 수단으로서의 법이었다. 사법관계에 관해서는 강상(綱常)과 관련되어 있는 한에서만 규율하고, 나머지는 모두 성리학의 가르침에 맡겨 두었으며, 예에 의하여 규율되도록 하였다.

이러한 조선의 국가법의 수령자는 민중인 백성이 아니라 관청이었다.[65] 조선왕조에서 법은 원칙적으로 민중을 일반적 대상자로 하지 않고, 당해 관청을 주된 대상으로 하였기 때문에 수교나 법전의 규정은 대부분 국가행정기구와 그 운용에 관한 행정법이며, 제관청(諸官廳), 관리에 대한 직무상 준칙이었다. 물론 민사에 관한 법령이나 규정이 없지는 않았으나, 그것을 오늘날과 같이 사인상호간의 법률관계를 규율하여 장려하는 순수한 사법이 아니고, 민중에 대해서 작위, 부작위를 명령하는 강제적인 점에서 관리가 준행해야할 행정법규로서의 민사법에 지나지 않았다.[66] 결국 법전을 제정·공포하더라도 법전 그 자체도 그것을 필요로 하는 각 관청, 관리에게만 배포하였으며, 수교도 당해 관리에게

64) 박병호, 한국법제사고: 근세의 법과 사회(법문사, 1974), 406면.
65) 상게서, 407면.
66) 상게서, 407면.

만 하달하였다. 따라서 민중이 법을 알지 못한 것은 당연하였다.

또한 조선왕조에서의 국가법은 창조적, 발전적인 법이 아니라 왕의 명령인 수교로써 이루어졌다. 그러므로 조선왕조에서의 법의 제정은 신법(新法)의 정립이 아니라 기존의 법의 기록이었다.[67] 그리고 수교는 백성을 위하여 백성에 대하여 공포된 것이 아니라, 관청의 사무지침을 내용으로 하여 제정된 것이고, 관인(官人)을 위하여 관청에 하달된 것이었다. 이와 같이 법률이 관청에만 하달되었다는 것은 법률의 수령인이 관청이고, 치자만이 법률적용의 주체이고 백성은 법률적용의 객체에 불과하였다는 의미이다.[68]

그리고 조선왕조에서는, 이념적으로는 "백성은 임금의 하늘이다", "백성은 나라의 하늘이다", "백성은 나라의 근본이다", "백성은 동포이다"라고 하여 민중을 받들면서, 동시에 "백성은 임금의 갓난 아이이다", "임금은 백성의 부모요, 백성은 임금의 적자이다"라고 하여[69] 민중에 대한 국왕의 관계를 부모자식간으로 보아 민중에 대한 국왕의 절대적인 지배를 정당화하였다. 이처럼 조선왕조에서는, 이념적으로는 주자학에 기초한 덕치주의에 입각하여 민중을 최고도로 받들 것을 선언하고 있었으나, 현실적으로는 치자・식자중심으로 운영되었다. 이와 같이 조선왕조에서의 국가법은 민중을 위한 법이라기보다는 왕실과 치자계층을 위한 법이 주된 내용을 이루었다고 평가된다.

### 3. 민 중 법

민중법은 민중인 백성들의 일상적인 삶속에서 자연히 생성, 발전된 법을 말한다. 민중법은 국가제정법도 아니고, 종교적인 신정법(神定法)도 아니며, 민중이 삶을 평화롭게 이어가기 위하여 민중의 삶속에서 자생한 법이다. 이러한 민중법은 국가를 형성하지 못하고, 씨족, 부족단위의 생활을 계속한 게르만인들의 원시사회에서 많이 발견된다.[70] 그러나 국가권력이 강력하였던 로마제국에서도 로마법은 법학자들의 학설에 의하여 발전되고, 그 학설이 원수의 권위를 받게 되고, 끝내는 국가가 법학자들의 학설을 수집・정리하여 그것으로 법전을 편찬함으로써 국가제정법으로 전환이 되었다. 그러므로 로마법에 있어서도 고전시

67) 박병호, 한국의 전통사회와 법(서울대학교 출판부, 1985), 17면.
68) 전봉덕, 전게 한국근대법사상사, 48면.
69) 김재문, "한국전통법의 정신과 법체계(3)", 사법행정(한국사법행정학회, 1999. 9), 34-43면.
70) 게르만 사회에서의 민중법에 관하여는, 김상용, 전게 법사와 법정책: 게르만법사, 교회법사 및 독일민법학사 중심, 8면 이하 참조.

대(BC 27-AD 284)의 법학자들의 학설도 역시 넓은 의미에서는 민중법으로 분류될 수 있다.[71] 따라서 로마법은 민중법을 성문화한 법이었다고 말할 수 있다.

이와 같은 민중법은 민중들이 삶의 어려움을 극복하면서 스스로 평화로운 삶의 질서를 이루기 위하여 민중의 생활 속에서 자생한 규율이기 때문에 선한 인간의 본성에 기하여 생성된다. 그러므로 민중법은 역사의 흐름에 따라서 보편성이 없는 내용은 제거되고, 가장 인류보편적인 내용을 담고 있는 내용이 후세에 전수되게 된다. 그러므로 민중법의 발굴과 연구와 체계화 및 현대화는 당해 국가의 법의 고유성, 독자성 및 정체성을 확립할 수 있는 방법의 하나이다. 따라서 자국법의 발전을 위해서는 그 나라의 민중법을 발굴, 연구, 체계화 및 현대화가 그 하나의 조건이 된다.

한국전통법의 하나로서의 민중법은 고조선의 8조의 금법, 부여의 4개조의 금법, 신라시대의 화랑도의 세속오계, 민중불교에서의 가르침, 고려시대의 보 등을 그 예로 들 수 있으며, 조선시대에는 향약, 계, 서원에서의 가르침,[72] 종중의 규약 및 규율 등을 그 예로 들 수 있다. 이러한 민중법 중에서 향약, 서원, 종중은 식자계층에 의하여 주도되었으며, 주자학의 가르침에 기초하고 있었다. 그러나 계는 피지배계층이었던 민중에 의하여 생존을 이어가기 위한 자발적인 조직체였다.[73][74]

그런데 한국의 전통사회에서는 개인과 국가사이에 가족을 제외하고는 개인

71) 로마제국 고전시대의 법학자들에 의한 법생성 및 법발전에 관하여는, 김상용, 법사와 법정책: 로마민법학사 중심, 65면 이하 참조.

72) 조선 성리학의 융성은 서원을 터전으로 하여 이루어졌으며(최완기, "조선조 서원성립의 제문제", 한국사론 8: 조선전기 서원과 향약(국사편찬위원회 편, 1983), 서원은 특정 학자를 모시고 그 학자를 따를 것을 권장하는 모방교육의 방법을 취한 조선시대의 사립학교였다. 그러나 이와 같은 특정학자를 우월시하여 숭모하도록 하는 방법의 연구방법은 영웅주의 사관에 의한 교육방법이라 평가해 볼 수 있다.

73) 역사의 진행과 함께, 향약은 민중의 교화를 위하여 시작이 되었으나 점차 사림(士林)의 민중지배의 방향으로 발전되었으며, 서원은 사림들의 세력기지로 발전하고 서원경제의 문란으로 민중의 삶을 어렵게 하였다. 그리하여 향약과 서원은 점차 소멸의 과정을 겪게 되었다. 그리고 종중은 주자학이 전래된 후 조선 초에 생성되기 시작한 것으로 파악된다.

74) 조선시대의 공동체였던 종중은 일제시대에도 존속하였으며, 오늘날도 권리능력이 인정되어 계속 그 생명을 이어가고 있으며, 실정법에서 일반적으로 금지되는 명의신탁이 종중재산에 대해서는 유효하게 인정되고 있다(부동산실권리자명의등기에 관한 법률 제8조). 그러나 계는 일제시대에 탄압을 받았으며, 해방 후에도 계속해서 해체조치(解體措置)에 의하여 쇠퇴하게 되었다. 특히 계 쇠퇴의 내재적인 원인은, 계의 중심적 기능이 인보상조(隣保相助)의 정신에 기한 공동사업의 정신에서 자금조달의 수단으로 바뀐 데에 있었다. 이와 같은 계에 대한 탄압과 해체조치 등에 관한 보다 상세한 내용은, 김상용, "계에 관한 약간의 고찰", 법학연구 제6권 (연세대학교 법학연구소, 1996. 6) 참조.

의 주체성을 공동체속에 매몰시키는 것과 같은 공동체의 조직에는 친하지 않았다. 그리하여 한국의 전통사회에서는 가족과 종중과 같은 혈연공동체만이 강한 공동체였다.[75] 이와 같은 한민족사회가 개인주의적 성향이 강한 것은 개인간의 관계를 중시하는 유교의 강한 영향 때문으로 해석되며, 위에 있는 자의 밑에 있는 자에 대한 지배논리가 강하였던 것으로 파악된다. 민중법에서도 역시 지배자들의 민중에 대한 지배를 강화할 목적으로 생성되고, 그리고 그러한 목적으로 발전된 민중법이 없지 아니하다.

이러한 민중법에 관해서, 향약과 서원에 관해서는 많은 연구가 이루어져 있다. 그리고 종중에 관해서도 비교적 많은 연구가 이루어져 있고, 관련된 판례도 비교적 풍부한 편이다. 그러나 이러한 한국전통법의 현대화를 통한 재생에 관한 연구는 극히 부진한 편이다.[76] 그리고 계에 관한 연구는 극히 부족한 상태에 있다. 계에 관한 연구의 부족은 무엇보다도 관련사료의 부족에 있다. 그 이유는, 민중의 역사는 기록이 안 되었으며, 왕의 역사에도 정부의 역사에도, 전쟁의 역사에도 정복의 역사에도 기록되지 않았기 때문이었다.[77] 민중의 역사는 억압되고 통제받고 단순한 소문만으로 낙인찍히기도 하였다. 그러나 민중의 역사는 실재의 역사이다.[78] 민중법이 기록되어 전해져 내려오는 사료가 많지 않다하더라도[79] 민중법은 민중의 삶속에서 실재하였고, 민중의 역사를 통하여 계속 이어져 왔다.

## Ⅱ. 한국전통법의 특징: 특히 조선왕조의 국가법을 중심으로

### 1. 법과 도덕, 윤리, 예와의 미분리와 예주형종(禮主刑從)

한국전통법 중, 특히 조선왕조의 법은 국가통치의 최고이념을 덕치주의에 두고서, 그 실천은 삼강오륜에서 파생된 구체적인 실천규범인 도덕, 윤리, 주자학에서의 예에 의하여 이루고자 하였으며, 법(즉, 형)은 이러한 도덕, 윤리, 예

---

75) 박병호, 전게 한국의 전통사회와 법, 14면.

76) 그러나 향약을 교육분야에서 현대화하고자 시도한 연구로, 박재석, "한국인의 인보정신에 관한 연구: 계와 향약을 중심으로", 교육학석사학위논문(연세대학교 교육대학원, 1982. 6)이 있다.

77) David Kwang-sun Suh, The Korean Minjung in Christ(Hong Kong, The Christian Conference of Asia(CCA), 2002), p. 1.

78) Ibid., p. 1.

79) 조선왕조실록도 왕실중심의 서술이고 정치중심의 내용으로 구성되어 있기 때문에 민중의 풍습, 지방 및 하층민의 사정은 자연히 소홀하게 처리되었다(변태섭, 전게 한국사요론, 285면).

가 자발적으로 행하여지 않았을 때에 이를 강제하기 위한 실천수단으로 기능하였다. 그러므로 법보다는 도덕, 윤리, 예가 우선하였으며, 법은 이러한 도덕, 윤리, 예를 실천하기 위한 수단으로 이해되었으며, 그것도 최후의 강제수단으로 받아들여졌다. 따라서 조선왕조에서는 법은 필요악으로 파악되었으며, 가장 이상적인 덕치사회는 법이 없는 사회였다.

사실 조선왕조에서는 국가사무와 왕실사무의 구별이 없었으며, 백성들의 권리, 의무에 관한 법규는 없었고, 관청에 대한 훈령 기타 행정명령과의 구별이 없었음은 물론, 실체법규와 절차법규가 구별되지 않은 채 혼재해 있었으며, 법과 도덕, 예 등이 모두 함께 규정되어 있어서 오늘날의 법학방법론에 의하여 도덕과 법률을 분리하여 정리하는 것이 지극히 어렵다.[80] 또한 법은 도덕이나 예의 실천을 위한 보조물로 관념되었다. 그리하여 법은 도덕이나 예규범의 위반에 대해 처벌하는 기능, 즉 도덕이나 예의 실천을 담보하고 보장하는 강제장치였던 것이었다.[81]

그리고 조선왕조는 유교를 이념으로 하는 군주전제정치의 사회였으며, 동시에 양반관인사회였다. 그리고 가부장제원리에 기한 가족주의사회였다. 이와 같이 조선왕조사회는 가부장제원리가 유교주의와 결합하여 가정과 사회와 국가가 조직되어 있었다. 또한 조선왕조사회는 신분계급적 사회였다. 이러한 조선왕조사회에서는 법이 도덕, 윤리, 예로부터 분리되지 않았을 뿐만 아니라, 예가 우선이고 법이 하위인 예와 법과의 계층질서 및 조선왕조사회의 계급주의적 사회구조에 따라서, 법의 지배를 받는 계층과 도덕, 윤리, 예의 규율을 받는 계층으로 구분되어 있었다. 유교에 기초한 도덕이나 예는 양반계층에 적용되고, 민중인 백성은 법, 특히 형률에 의하여 다스리도록 되었다. 예기(禮記)[82]에서 刑不上大夫하고 禮不下庶人이라고한 것과 같이, 양반은 예의염치(禮儀廉恥)의 도덕생활을 하고, 민중인 백성, 즉 서인(庶人)은 형벌로 다스리도록 하였다.[83] 이와 같이 조선왕조사회에서는 법을 예의 실천수단으로 하면서도 동시에 법을 천시하는 관념을 보여주고 있다. 또한 법률, 특히 형률이 군자나 사대부를 향하여 양반계층을 다스리기 위하여 제정된 것이 아니라, 백성을 다스리고 처벌하기 위하여 제정되었다는 것을 의미한다.[84] 그러므로 백성에게 있어서 법은 무서운

80) 전봉덕, 전게 한국근대법사상사, 18면.
81) 상게서, 50면.
82) 예기(禮記)는 중국 고대 유가의 경전으로서 5經의 하나이다.
83) 전봉덕, 전게 한국근대법사상사, 37면.

것이었으며, 법을 집행하는 양반관인들도 역시 무서운 존재로 보일 수밖에 없었다.[85]

이와 같은 도덕, 예와 법의 구별이 이루어지지 않은 것은 국가법뿐만 아니라 민중법인 향약에서도 마찬가지였다. 향약도 역시 유학의 가르침의 실천을 그 내용으로 하고, 향약에서의 규율, 즉 향규를 지키지 아니한 자에 대해서는 벌을 주는 방법으로 이를 실천하고자 하였다.

이처럼 조선시대에는, 법규범은 도덕이나 예규범이 그 핵심을 이루고 있었으며, 법은 도덕의 실천을 위한 수단으로 이해되고 또한 그렇게 기능하였다. 그리고 조선왕조의 덕치주의는 사회질서와 국가질서의 유지를 위한 근본수단을 법에 두는 것이 아니라 도덕에 두고 있었던 것이었다. 그러므로 조선왕조의 전통사회에서의 법률은 도덕의 실천수단이었으며, 또한 덕치주의의 법률이었지 법치주의의 법률이 아니었다.[86] 따라서 조선왕조의 법은, 법고유의 목적인 정의를 실현하기 위한 규범체계라는 서양에서의 법치주의의 법과는 다른 기능의 존재였다.

### 2. 경학(經學)은 발달, 법학은 부진

조선왕조의 주자학에 기초한 덕치주의는 자연히 경학(經學)의 발전을 가져올 수밖에 없었다. 덕치주의에 의한 경학의 발달은 자연히 법의 천시와 법학의 부진을 초래할 수밖에 없었다. 그러므로 경학은 학문으로서 숭상되고 그 깊이를 더해 갔으나, 법학은 학문으로 인정되지 못하고, 기술학으로서 역학(譯學), 의학, 음양학 등과 함께 잡학의 범주에 속하였다. 따라서 법은 정의의 규범이 아니라 예에 반하는 행위자를 처벌하기 위한 기술 내지 수단으로 관념되었다.

이러한 법에 대한 몰이해와 법학의 경시로 법은 양반들의 학문이 아니라 중인들의 기술이었다. 일반백성들은 법을 다루는 법주체가 아니라 법의 집행의 대상 내지 객체로 관념되었기 때문에, 법이 비록 기술이었다 하더라도 하층민들이 법기술을 다룰 기회는 주어지지 않았다. 따라서 법의 이론이 발달할 수가 없었다.

그리고 과거시험도 양반자제들이 응시하는 문과가 주(主)이었으며, 양반의

---

84) 상게서, 49면.
85) 상게서, 49면.
86) 상게서, 53면.

서자나 중인계층은 잡과에 응시하였다. 문과는 1단계 시험인 소과(즉, 생진과[87])와 2단계 시험인 대과로 구분되어 치루어졌으나, 잡과는 1차 예비시험도 왕 앞에서의 전시도 거치지 아니하였다.[88] 대과는 다시 예조가 관장하는 초시(初試), 복시(覆試)와 왕 앞에서의 전시(殿試)의 3단계의 과정을 거쳤으나, 잡과는 왕 앞에서의 전시가 없이 해당 관아의 초시, 복시만으로 끝이 났다. 율과는 형조에서의 초시, 복시만으로 이루어졌다.

이와 같이 경학을 숭상하고 법학을 경시하는 상황에서는 법학이 발전할 수 없었다. 더욱이 경학만이 학문으로 인정되고 다른 학문을 경시하였기 때문에 경학 그 자체도 고도로 발전해 오지 못하고 명분론과 사장(詞章)과 사변적인 방향으로 흐르게 되었다. 학문이란 다른 학문분야와의 교류 속에서 더욱더 발전할 수 있는 것이다. 그럼에도 불구하고 조선시대에는 경학만이 학문으로 인정되었으나, 경학 그 자체도 시대의 변화에 따라서 새롭게 발생하는 사회문제를 해결할 수 있는 학문으로 더욱 고도로 발전하지 못하였다.

서양에서는 기독교의 영향으로 신학이 발달하였지만 법학도 신학과 나란히 학문으로서 발전하여 왔다. 오히려 신학과 법학이 상호영향을 주고받으면서 병행적으로 발전을 하여왔다. 그리하여 법에서의 정의가 도덕신학에서의 박애와 자비와 결합하여 법학을 더욱더 인류보편적인 가치를 실현하는 방향으로 발전할 수 있도록 하였다.

### 3. 조종성헌주의(祖宗成憲主義)와 양법미의(良法美意): 구법존중(우선)의 원칙

조선왕조에서는 태조의 수교가 가장 존중되고, 그 후의 왕들은 태조의 수교를 폐기하고 새로운 수교를 할 수 있었던 것이 아니라, 태조의 수교에 보충해 나가는 방법의 수교를 하였으며, 국가법에 있어서도 먼저 편찬된 법이 나중 편찬된 법에 우선하는 조종성헌주의를 유지하였다. 따라서 새로운 법전의 편찬은 법의 창조가 아니라 전왕들의 수교의 발견, 정리였을 뿐이었다. 그리하여 법전을 편찬함에 있어서도, 기존법전의 조문을 본위로 하고, 기존법전의 내용을 개정하는 내용을 추가하고, 추가의 취지를 표시하는 방법으로 이루어졌다.[89] 이와

87) 생진과(生進科)는 사서오경(四書五經)으로 보는 생원과(生員科)와 詩, 賦, 頌, 策 등의 문예로 보는 진사과(進士科)로 나누어지고, 이 시험에 합격한 자를 생원, 진사라 하였다. 이러한 생원, 진사와 성균관 유생이 대과에 응시할 수 있었다.

88) 무관시험인 무과(武科)는 양반자제나 양인, 향리의 자제들이 응시할 수 있었으며, 소과가 없이 초시, 복시, 전시만으로 이루어졌다.

같은 조종성헌의 법전편찬의 방법은, 조선왕조 말기에 제정된 대전회통(大典會通)의 편찬에 있어서도 그대로 유지되어 경국대전, 속대전, 대전통편의 법규정을 전부 존치·수록하고 그 모두를 실정법으로 통용하였던 것이다.

이처럼 조선왕조의 역대법전은 만세불역(萬世不易)의 조종성헌(祖宗成憲)이요, 일구일자도 폐지할 수 없는 금과옥조로 일관되고 있다. 그리하여 조선왕조에서는 구법우선의 원칙을 취하여 오늘날과 같은 신법우선의 원칙에 반하는 법원칙을 유지하였다. 그 결과는, 법이 사회변화에 적절히 적응하지 못하고, 영원히 작일적(昨日的)인 것(das ewige Gestrige)에 집착하는 강한 보수주의적 성격과 전통주의적 경향을 띨 수밖에 없었다.[90]

이와 같은 조종성헌주의의 법원칙은, 역사적 경험에 기초하기도 하지만, 법을 경솔하게 개정하게 되면 민중인 백성이 법에 대한 신뢰감을 잃게 되어 안정된 사회를 가질 수 없으며, 또한 입법은 용이하나 법답게 시행하기는 어려움으로 법의 안정성을 기하려는 데에 그 근거를 두었다.[91] 따라서 이러한 조종선헌주의는 법의 개정을 어렵게 하는 이데올로기가 되었다. 한편 조선시대의 인간사회관계가 삼강오륜에 의하여 상하관계로 맺어져 있었으므로, 왕들 상호간에도 역시 전왕(前王)이 후왕(後王)에 우월하는 관념과 질서가 법전편찬에 있어서는 조종성헌주의로 나타난 것으로 해석된다.

그리하여 조선왕조에서도 게르만법사에서와 같은 과거의 오래된 법이 좋은 법(altes gutes Recht)이라는 양법미의(良法美意)의 관념이 지배하고 있었다. 그리하여 조선왕조에서는 고법(古法)은 조종성헌이며, 그것이 고래의 법이며, 양법미의라고 찬양하고, 불가경변성(不可輕變性)을 부여하였다[92] 따라서 구법의 효력이 강하고 신법은 구법에 저촉되지 않는 한에서만 유효하였다.[93] 그러나 양법미의의 법경향은 가치가 있으나, 구법의 내용이 인류보편적인 가치를 지향할 때에만 그것을 지킬 가치가 있는 것이다.

그리고 조선왕조에서는 법을 많이 만드는 것을 삼가야 한다고 하였다. 그리고 법이 많으면 나라가 위태롭고 망한다고 하였다.[94] 그리하여 신법의 제정을

89) 박병호, 전게 한국법제사고, 400면.
90) 전봉덕, 전게 한국근대법사상사, 48면.
91) 상게서, 420면.
92) 박병호, 전게 한국의 전통사회와 법, 17면.
93) 전봉덕, 전게 한국근대법사상사, 48면.
94) 김재문, "한국전통법의 정신과 법체계(8)", 사법행정(2002. 2), 53면.

많이 하지 말 것을 주장하였다 그러나 실제로는 조선왕조가 법전왕조라고 할 정도로 국가법을 많이 제정하였다.[95]

### 4. 육분주의(六分主義) 입법체계

조선왕조에서의 국가제정법의 입법방식은 육분주의를 취하였다. 육분주의(六分主義)는 법전의 내용을 이, 호, 예, 병, 형, 공의 6부문으로 나누는 편별방법으로서, 이러한 6분주의는 중국고대 주나라(BC 1200년경 건국)의 주례[96]를 본받은 것으로서[97] 중국도 조선도 이러한 편찬체계를 따랐다. 이와 같은 6분주의는 법전편찬에 있어서 뿐만 아니라 중앙관청의 조직구성도 역시 그러하였다.

고려시대에는 중앙관청으로 3성6부를 두었다. 6부는 이부, 호부, 예부, 병부, 형부, 공부으로 나누어졌으며, 이 6부를 상서성이 지휘하였다.[98] 조선왕조에서는 의정부와 6조로 중앙관청을 조직하였다. 의정부는 영의정과 좌・우의정으로 구성되는 최고의 합의기관이었으며, 의정부 아래의 중앙행정담당기관을 이조, 호조, 예조, 병조, 형조, 공조로 나누었다.

법전편찬에 있어서의 6분은 중앙행정관청인 6조의 분류체계에 따라서 그 각각의 관청의 담당업무내용을 각각의 편(즉, 典)으로 나누어 규정하였다. 단순히 6조의 업무내용을 6전으로 구분하여 규정하였을 뿐이었기 때문에, 오늘날과 같은 공법, 사법으로 구분하여 규정한 것도 아니며, 왕실사무와 국가사무로 나누어 규정한 것도 아니며, 행정법규와 훈령으로 구분을 하여 규정한 것도 아니고, 실체법규와 절차법규로 나누어 규정한 것도 아니었다. 그러므로 법규의 상하질서와 내용에 따른 구별입법의 체계가 아니었다. 그리고 내용이 서로 혼재되어 있고, 법규범과 도덕, 예의(禮儀) 등이 구별되지 않은 채 함께 규정되어 있었다.

이와 같은 관청의 업무를 기준으로 하여 법전을 편찬하는 6분주의의 입법체계는 법체계적, 이론적 분류라고 할 수 없다. 서양에서는 2세기 중엽에 이미 로마의 법학자 Gaius(AD 150-180 활동)가 법을 인법, 물법, 소송법으로 나누어 법

---

95) 박병호, 전게 한국의 전통사회와 법, 16면.

96) 주례(周禮)는 중국 주나라 시대의 관제(官制)를 기술한 책이다.

97) 박병호, 전게 한국법제사고, 404면.

98) 중국에서는 3성을 조칙(詔勅)을 작성하는 중서성, 조칙을 심의・선포하는 문하성, 6부를 관장하는 상서성으로 나누었으나, 고려에서는 중서성과 문하성을 합하여 중서문하성으로 통합하고, 6부를 관장하는 상서성으로 나누었다.

학제요(Institutiones)를 편찬하였으며, 3세기 초에는 역시 로마의 법학자 Ulpianus (AD 190-223 활동)가 법을 공법과 사법으로 나누었다. 그리고 1807년 로마법학자 Heise(Georg Arnold: 1778-1851)는 민법을 총칙, 채권, 물권, 친족, 상속의 5편으로 나누는 판덱텐시스템 체계에 따라서 그의 저작을 출판하였다.

그러나 조선왕조에서는 왕조가 끝날 때까지 공법과 사법의 분류를 알지 못하였다. 다만 소송사건에 관하여 형사소송을 결옥(決獄), 민사소송을 사송(詞訟)으로 분류하기는 하였다. 그리하여 조선전기에 이미 민사소송이 형사소송과 개념상으로는 물론 실제적으로도 나누어져 있었으며, 민사소송에서는 노비소송이 주로 문제가 되었다는 견해[99]가 있다.

### 5. 공법·형벌법은 발달, 사법은 부진

한국전통법으로서의 국가법은 국가의 조직과 통치 및 행정에 관한 사항을 주된 내용으로 하고, 그 내용을 실천할 수 있는 최후적인 수단은 형벌에 의하고 있었으므로 형벌법은 발달하였다고 할 수 있다. 특히 대명률을 그대로 의용함으로써 형사처벌법은 방대하고 또한 엄하였다. 그러나 사법분야의 입법은 국가의 조직과 행정 및 사회질서와 관련된 제한된 부분에 한해서만 규정을 하였다. 그러므로 백성들의 사법적 생활에 관해서는 주자가례[100] 등의 주자학의 가르침과 민중법에 맡겨져 있었다. 따라서 조선왕조의 국가법은 행정법, 형벌법을 주된 내용으로 하고 있었고, 그 분야의 법은 발달하였다고 평가할 수 있다.

그러나 국가법으로서의 사법은 입법적 관심의 대상이 되지 못하였으며, 주자학의 가르침과 민중의 삶속에서의 자생적인 규범에 맡겨져 있었다. 그러므로 조선왕조에서는 주자학의 관념적인 철학이 사회를 지배한 관계로 현실생활에 관한 경제부문의 법이 미진하였다고 평가된다. 주자학에서의 자연조화와 우주운행의 원리를 경제부문에도 실현할 수 있는 구체적인 강령과 행동준칙이었을 경제질서를 위한 예[101]를 마련하였더라면, 오늘날의 경제법의 전통법으로서 그

---

99) 임상혁, "조선전기 민사소송과 소송이론의 전개", 서울대학교대학원 법학박사학위논문(2000. 2), 10면.

100) 주자가례(朱子家禮)는 명나라의 丘濬(구준)이 가례에 관한 주자의 학설을 수집하여 만든 책으로서 관혼상제의 사례에 관한 예서이다. 우리나라에는 고려말엽에 주자학에 뒤따라 수입된 것으로 알려져 있다.

101) 여기서는 예(禮)를 경제질서규범의 의미로 사용하였다. 왜냐하면 조선왕조에서는 예가 사회질서규범이었기 때문에, 경제부문의 질서를 유지하기 위한 규범으로서도 예라는 용어를 사용할 수 있을 것으로 판단되기 때문이다.

현대화의 가치가 높았을 것이다. 조선왕조에서의 경제부문은 노비와 토지경제가 주된 내용이었으며, 사농공상의 계층질서에 의하여 사(士)를 위한 관념적인 철학과 사를 위한 경제부문의 예는 발달할 수 있었으나, 민을 위한 경제부문의 예는 발전할 수가 없었다. 그러나 사의 민에 대한 수취경제(收取經濟)의 예(禮)는 발전하였다.

서양의 대륙법은 그것이 로마법이거나 게르만법이거나 공법보다는 사법이 먼저 그리고 더 고도로 발달하였다. 로마법은 사법으로 구성되어 있었으며, 게르만법도 역시 사법을 중심으로 발전되어 왔다. 서양대륙에서는 1532년에 와서야 비로소 체계적인 성문형법전인 카롤리나 형법전(Constitutio Criminalis Carolina)를 제정하였음에 반하여, 중국에서는 그 보다 먼저 형법전을 제정하였을 뿐만 아니라, 조선왕조에서는 1392년 왕조의 시작과 함께 대명률을 의용하였다. 이와 같이 한국의 전통법사에서는 서양에서와는 달리 공법과 형사법이 발달하고 사법은 발달하지 못하였다.

조선왕조의 조종성헌인 경국대전을 기초로 하여 조선왕조의 국가법을 살펴보면, 경국대전은 국가조직과 국가행정에 관한 헌법법규와 행정법규를 중심으로 규정되어 있고,[102] 형사법은 형전에서 대명률을 의용하여 대명률이 일반형사법이고 형전의 규정은 특별형사법이었다. 그리고 형전이외에도 형사처벌의 법규가 각 전(典)에 산재해 있었다.

경국대전에서의 형사법의 골간을 살펴보면, 형사와 민사, 검찰과 재판의 구별이 없었다. 형사소송의 원칙은, 당사자로서는 수사기관과 재판기관이 동일하였으며, 피고인이 있었을 뿐이고 변호인제도는 금지되었다.[103] 증거는 규문절차(糾問節次)에 의하여 확보하였다. 형사책임의 개별화가 확립되지 아니하여 형벌이 피고인에게만 제한되지 아니하고, 특정한 범죄의 경우에는 그의 일족에 까지 미치는 연좌제와 관리의 범죄에 있어서는 동직관리(同職官吏)로서 연대책임을 지거나, 임명추천자로서 연대책임을 지는 연좌의 제도를 가지고 있었다.[104] 그리고 사대부의 가벼운 범죄에는 차지수금(次知囚禁)이라 하여 그의 노복을

102) 경국대전을 조선왕조의 헌법전(憲法典)이라고도 한다(김재문, "한국전통법의 정신과 법체계", 사법행정 통권 제33호(한국사법행정학회, 2002. 4), 12면).

103) 변호인을 외지부(外知部)라 하였으며, 이를 불법적인 소송대리인으로, 그리고 소송교사자로 이해하여 이를 금지하였다(김재문, "한국전통법의 정신과 법체계", 사법행정, 통권 제62호(한국사법행정학회, 2004. 9), 26면).

104) 전봉덕, 전게 한국근대법사상사, 26면.

대리로 가두는 경우가 있었고, 범죄자가 도망한 경우에는 그 가족을 대신 가두는 제도가 있었다.[105)]

경국대전에서 민사관계도 규정하고 있었으며 민사소송에 관해서도 규정하였으나, 그것은 국가조직과 국가질서를 유지하는 한에서 그러하였다. 민사소송의 주된 대상은 노비와 토지였다. 그리고 상속에 관해서도 역시 제사상속과 재산상속을 규정하였으며, 제사상속은 적자우월의 원칙이 인정되었으며, 재산상속은 남녀의 구별 없이 균분상속주의를 인정하였으며, 상속순위와 상속분의 분쟁을 불허하는 법정상속주의였다.[106)][107)] 그러나 민사생활의 대부분은 주자학의 예와 민중법에 의하여 규율되었다. 그리하여 민사생활에 관한 국가법은 공법과 형사법에 비해서는 그 발달이 부진하였다.

### 6. 민사책임과 형사책임의 미분리

한국의 전통법에서는 민사책임과 형사책임이 분리되지 않은 채, 조선왕조말까지 계속되었다. 고조선의 8조금법에서는 채무노예제를 인정하였으며, 부여의 4조의 금법에서는 타인의 물건을 훔친 자는 12배를 배상하도록 하였다. 그리고 경국대전에서도 역시 형사와 민사의 분명한 구별을 하지 아니하고 있었으며, 신분상의 질서위반에 대해서 형사처벌을 할 수 있도록 허용하고 있었다. 조선시대의 민중법이었던 향약에서도 과실상규의 세부적인 실천사항의 위반자를 형사적으로 처벌함으로써 이를 확보하고자 하였다.

그러나 민사소송절차와 형사소송절차를 구별하여, 원칙적으로 민사소송절차는 당사자주의를 취하고 형사소송절차는 규문주의를 취한 차이점은 있었다. 그리고 조선왕조에서는 실체법과 절차법을 구별하지 아니하고 하나의 법전에서 혼합적으로 규정하였다. 소송절차위반에 대한 제재도 형사처벌로 달성하고자 하였다.

### 7. 이념과 현실의 괴리, 명분중시 및 실리경시(實利輕視)

주자학의 덕치주의와 예치주의는 그 근본을 자연만물의 조화에 두고 있기 때문에, 이념으로서는 매우 고상하였다. 이러한 주자학의 덕치주의 이념이 법

105) 상게서, 27면.

106) 상게서, 30면.

107) 그러나 조상을 모시고 가문의 대를 이어가는 제사상속인인 장자에 한하여 그의 상속분에 5분의 1의 가급(加給)을 인정하였다.

의 이념이 되어 있었다. 그리하여 덕치주의, 예치주의가 법의 이념이 되고, 그 행동강령이 삼강오륜이었다. 그 삼강오륜의 강제적인 실천수단이 법이었다. 이와 같이 법의 이념은 아주 고상하고, 더없이 이상적이었다. 그리하여 법은 권선징악의 실천수단이었다.

그러나 현실적인 삶에 있어서 백성에 대한 구체적인 배려를 위한 법규정의 마련은 미진하였다. 즉 민중의 삶에 대한 배려가 미진하였다. 조선왕조에서는 백성을 임금의 하늘로 생각하고 애민(愛民)을 표방하였지만[108], 현실은 그 반대였다. 조선왕조시대의 가장 중요한 재산은 노비였으며, 그 다음이 토지였다. 인간인 노비를 매매, 대차, 전당, 상속할 수 있도록 하였을 뿐만 아니라, 그것에 관한 법을 국가법으로 입법하였던 것이었다. 노비제의 입법은 상층부 사람들을 위한 입법이었지 민중의 삶을 위한 입법이 아니었다. 토지제도도 시대의 흐름에 따라서 항상 권세가들이 토지를 독점함으로써 문란해진 과거의 토지사를 갖고 있다. 토지경제에 의존하였던 민중들에게 지배층에 의한 토지독점으로 인한 폐해는 민중들의 삶의 고통으로 나타날 수밖에 없었다. 실학자들이 민중의 삶을 위한 토지경제의 개혁을 주장하였지만, 입법에 의하여 현실화되지는 못하였다. 이와 같이 조선왕조에서는 법의 이념은 매우 높고 이상적이었으나, 법현실에 있어서는 세분화, 구체화가 이루어지지 못하고, 아래층의 백성의 인격과 삶이 충분히 배려되지 못하였다. 따라서 유교주의적 애민이나 위민은 어디까지나 신분적 계급질서를 전제로 한 것이므로, 근대적 민주주의적 위민사상과는 성질을 달리하고 있었다.[109]

그리고 주자학에서는 명분을 강조하여 현재의 위치에서 고착된 삶을 이어가도록 하는 이데올로기를 발전시켰다. 그리하여 실용적이고 실리적이고 발전적인 삶에 대한 고려와 사상창조가 미진하였다. 명분과 실리는 서로 조화를 이루어나가야 할 것임에도 불구하고, 명분을 너무 강조한 나머지 삶의 변화의 추구에 대한 관심과 대안제시가 미진하였다. 주자학에서도 민생의 현실문제를 고려하는 학풍보다는 고상한 천리(天理)를 중시하는 학풍이 강하였다. 이(理)와 기(氣)의 상호관계에 관해서도 이를 강조하는 학풍이 기도 고려하는 학풍보다는 강하였다. 백성의 현실적인 삶을 향상시킬 수 있는 실리와 실용의 추구가

---

108) 김재문, "한국전통법의 정신과 법체계", 사법행정, 통권 제21호(한국사법행정학회, 2001. 3), 27면; 제52호(2003. 11), 13면 이하.

109) 전봉덕, 전게 한국근대법사상사, 52면.

미약하였다. 그리고 구법을 양법으로 받아들임으로써 변화를 수용하기가 극히 어려웠다.

이상과 현실, 명분과 실리는 서로 대립하면서도 조화를 이루어야할 법에서의 영원한 과제이다. 그러나 조선왕조에서는 현실보다는 이상을, 실리와 실용보다는 명분을 너무 강조하였던 시대였다. 그것은 유학의 가르침의 본질적인 특성에 기인한 것이었다.

이와 같이 조선왕조에서의 덕치주의와 예치주의의 추구는 법에서는 자연법사상으로 발전할 수 있었다. 그러면 조선왕조시대를 자연법의 시대로 진단할 수 있을 것인가가 문제로 될 수 있다. 서양근세에서의 자연법론은 신중심의 사고에서 인간중심의 사고로 전환하고, 인간의 이성이 발견되고 존중되기 시작한 후에 나타난 법이론(Rechtstheorie)으로서, 인간의 이성의 판단에 의한 영구불변의 질서를 자연법으로 이해하였다.[110] 그러므로 자연법은 인간의 이성에 기한 이성법(Vernunftsrecht)이었다. 그러므로 서양에서의 자연법에서는 천부인권의 자연권을 인정하였으며, 자연사회와 국가성립에 관한 사회계약론에 의하여 혁명권을 주장하였다.

그러나 조선왕조에서의 덕치주의의 추구와 그것을 이념으로 하는 국가법은 서양에서의 자연법과는 달랐다. 조선왕조에서는 인간의 이성에 대한 이해가 부재하였으며, 신분적 계층질서를 전제로 한 유학의 가르침을 자연법으로 이해하였으며, 백성에 의한 혁명권은 인정될 수가 없었다.

그리고 대외관계에서도 오로지 중국만을 상대국가로 인정하였으며, 다른 외국과의 관계정립에 소홀하였으며, 특히 대외적인 진출, 해양에로의 진출에 극히 소극적이었다. 이러한 소극적인 대외관계의 정립과 유지도 주자학의 명분론에 기인한 것으로 판단된다.

### 8. 온정주의: 합리주의의 부족

유학의 가르침은 관계를 중시하는 기초 위에 서 있다. 삼강오륜의 행동강령은 사람을 그 자체 독자적인 존재로서 그 인격의 독자성을 인정하는 것이 아니라, 사람과 사람간의 관계에서 각 개인의 존재가치를 인정하고 있다.[111] 각 인

---

110) 서양에서의 자연법론의 역사적 전개에 관해서는, 김상용, 전게 법사와 법정책: 로마민법학사 중심, 199면 이하 참조.

111) 사회주의의 실천원리인 집단주의에서는 인간에 대하여 단체의 구성원으로서의 인간의 존재가치를 인정할 뿐이다.

간의 이성이 인정되고, 각 인간의 독자적 가치가 인정되고 존중될 때에 비로소 개인주의와 자유주의가 발달할 수 있으며, 각 개인이 합리적인 사고와 행동을 하게 되는 합리주의 내지 이성주의가 발달할 수 있다.

그러나 관계 속에서의 개인의 존재가치가 인정되는 이론체계 하에서는, 각 인간은 독자적으로 존재할 수 없고, 관계에 있는 사람의 의사와 행동에 영향을 받아가면서, 또한 자기도 관계에 있는 사람에게 영향을 주면서 존재하게 된다. 그러한 관계 속에서의 인간존재의 의의를 인정하는 사상체계에서는 개인주의, 자유주의, 합리주의가 성숙할 수가 없고, 인정주의 내지 온정주의가 지배할 수밖에 없다. 이러한 온정주의 하에서는 서로간의 관계를 투명하게 밝히기 보다는, 덮어두는 상태가 발생하지 아니할 수 없다. 그리고 속의 내심과는 다른 겉 행위를 현출해 내지 않을 수 없고, 그러한 행위가 정당화되기도 한다.

유학으로부터는 온정주의가 배태될 수 있다. 이성에 기한 냉철한 분석과 과학적인 합리적 사고가 유교로부터 배태되기가 어렵다. 온정주의로부터는 경제생활의 활성을 기하기가 어렵다. 온정주의는 약자의 보호를 위한 사회부조의 미풍은 살릴 수 있지만, 대규모의 산업의 발전을 도모하기는 어렵다. 조선시대의 사창제도(社倉制度)는 온정주의의 표현으로 이해된다. 그러나 조선시대에는 산업을 일으킬 수 있는 사상이 배태되지 못하고, 실학에서 이용후생(利用厚生), 실사구시(實事求是)의 새로운 경제사상이 제시되었지만, 유학이 강하게 지배하고 있던 당시로서는 산업을 일으킬 만한 사상의 변화를 가져오지 못하였다. 유교에서의 합리주의의 부족은 산업부흥과 경제생활의 향상을 가져오지 못한 가장 중요한 원인중의 하나라고 생각된다.

항산(恒産)이 없으면 항심(恒心)이 없다는 말이나, 이이(李珥)가 향약시행과 관련하여 선양민(先養民) 후교민(後敎民)의 주장은 합리주의를 배태할 수 있는 계기로 삼을 수도 있었으나, 그렇게 발전하지는 못하였다.

### 9. 전통법 개혁을 위한 시도들

조선왕조에서도 주자학에 기초한 전통법의 개혁을 위한 시도가 없지 아니하였다. 그러나 사상이나 사고의 전환이 있기 위해서는 다른 문화, 다른 문명과의 만남이 필요하다. 조선왕조는 중국으로부터만 사상과 사고의 체계의 영향을 받았다. 중국과 조선과의 관계도 역시 유학에서의 관계중시의 사상체계에 기초하고 있었다. 그리하여 중국이외의 외국과는 문화의 교류를 하지 않음으로써 유학 내부에서의 사상체계의 변화를 기대하기도 어려웠다. 그리고 해금정책(海禁政策)에 의하여 동양의 유교사회 이외의 다른 나라와의 문화적 접촉과 교류가 일어날 수가 없었다. 또한 과거의 것을 가장 아름다운 것으로 보는 유학의 전통주의 내지 보수주의의 사상에 의하여 새로운 미지의 세계에 대한 강한 호기심을 가지기가 어려웠다. 오히려 새로운 미지의 것에 대한 저항이 강하였다.

그러나 조선의 주자학에서도 전통법을 개혁하려는 움직임이 일어났다. 그것은 유학과는 전혀 다른 서양의 기독교사상이 조선에 전해져 조선의 지식인 계층이 이를 접함으로써 비로소 가능하였다. 물론 기독교사상 이외에도 변화의 여러 원인들이 있었지만, 가장 중요한 변화의 원인은 기독교 서적이 전해지고, 기독교를 신앙으로 받아들임으로써 일어났다. 너무 사변적, 관념적인 사상으로 발전되어 백성들의 현실적, 경제적인 삶이 극히 어려워진 상황을 극복할 수 있는 대안을 실학자들이 제시한 것이었다. 그것과 함께 주자학에 기초한 전통법의 개혁을 위한 시도들이 실학자들에 의하여 주장되었다. 가장 먼저 백성들의 경제생활의 어려움을 해결하기 위하여, 토지제도의 개혁을 주장하고, 상업을 일으키고, 수공업을 일으킬 것을 주장하였다. 그리고 계급사회에서 소외되고 천시되었던, 민중의 존재가치를 인정하고자 하는 사상이 기독교의 만인의 천주[112]앞에서의 형제사상에 의하여 배태되기 시작하였다.

이와 같은 사고와 사상의 전환은 유학과는 전혀 다른 기독교가 전래됨으로써 배태될 수가 있었다. 문화는 접촉하고 교류하여야 자신의 고유문화를 발전시킬 수 있다. 우리의 전통사에서는, 조선 초의 유교는 불교를 배척하였고, 또한 조선중기 이후의 유교는 기독교를 배척하였을 뿐만 아니라 탄압하였다. 그러나 한민족의 문화발전의 과정은 다른 문화와의 접촉을 통하여 고유문화를 인류보편적인 방향으로의 변화를 용납하지 아니하였다.

변화를 거부한 조선주자학은 점차 기독교에 의해 대체되어 가고 있으며, 유학에 기초한 전통법은 서양법에 의하여 거의 완전히 대체된 상태에 있다. 그러므로 한국의 전통법과 현재의 현행법과는 역사의 계속성이 단절되어 있는 상태이다. 한국전통법의 연구와 체계화와 현대화를 통하여 한국전통법을 재생시켜 한국법의 역사의 계속성을 이어나가는 것이 뜻있는 법학자와 법사학자의 과제이다.

---

112) 초기 기독교인들은 천주(天主)를 대군대부(大君大父)라고 하였다.

# 제 3 절 한국전통법으로서의 국가제정법의 발전

## Ⅰ. 국가제정의 법전들

한국의 전통법은 국가가 제정한 국가법과 민중의 삶속에서 자연히 생성된 민중법으로 나눌 수 있다. 국가가 제정한 국가법은 공법과 형사법이 주된 내용을 이루었으며, 민중법은 민중들이 삶을 이어가기 위한 상부상조의 내용을 담은 자치법규이거나 관습법이었다.

한국전통법으로서의 국가제정법은 서기 374년 고구려의 율령으로부터 시작되었다. 율령은 고대의 국가형성과 함께 국가의 조직과 행정을 위하여 필요한 법령을 내용으로 하는 법이었으며, 오늘날의 법분류 체계에 의하면 행정법 및 형사법의 범주에 속한다. 이러한 율령은 고구려를 시작으로 하여 신라를 거쳐 고려 말까지 계속 이어져 왔다. 그러나 고려 말까지의 율령의 내용에 관해서는 율령에 관한 자료가 전해져오지 아니하기 때문에 알 수가 없다.

그러므로 전통법으로서의 국가제정법은 자연히 조선왕조시대의 그것을 중심으로 살펴볼 밖에 없다. 조선왕조는 주자학에 기초한 덕치, 예치가 국가통치 및 국가철학이었지만, 국가가 법전을 많이 편찬하였다. 이와 같이 조선왕조에서는 법률을 많이 제정하였지만, 학문으로서의 법학은 거의 연구되지 아니하였다. 오로지 주자학만이 학문으로 숭상되고 깊이 연구가 이루어졌다. 법은 예의 실천을 위한 수단으로 이해되었기 때문에, 법은 단순한 기술이었으며 법은 학문의 대상으로 인식되지 아니하였다. 그리고 국가의 최고이상의 상태는 법이 없는 상태로 관념되었기 때문에, 법에 대한 연구는 지식계층의 관심대상이 될 수가 없었다. 또한 법은 양반이 다룰 대상이 아니었으며, 중인(中人)이 맡아서 이를 적용하였을 뿐이다. 양반은 오로지 주자학의 연구에 몰두하였을 뿐이었다.

조선왕조는 1392년 개국을 함과 동시에 대명률을 의용하였다. 대명률을 의용한 것은, 개국하는 조선의 국가사회질서를 확립하기 위하여 개국의 신질서에 반하는 행위를 억제하기 위한 위하적(危嚇的)인 조치로 해석된다. 그리고 1394년에는 정도전이 조선경국전을 편찬하여 신왕조 치국의 지침을 제공하였다. 조선경국전은 조선왕조가 제정한 공식적인 법전이 아닌 사찬(私撰)의 통치방향을 제시한 법서에 불과하였으나, 조선왕조의 국가의 문무조직과 통치방향에 결정적인 영향을 주었다.

1397년에는 드디어 조선왕조 최초의 성문법전인 경제육전이 편찬되었다. 경제육전은 정도전의 조선경국전을 모범으로 하고, 태조가 내린 명령인 수교를 모아 편찬한 조선왕조의 공식적인 최초의 국가제정법이었다. 경제육전은 주례(周禮)를 본받아 육조의 행정업무를 기준으로 하여 이전, 호전, 예전, 병전, 형전, 공전의 6전으로 나누어 엮었다. 이와 같은 육전주의의 법전편별방식은 그 후의 조선왕조 법전편찬의 모델이 되었다.[113][114]

그 후 조선왕조는 1408년(태종 8년)에 경제육전 간행 후의 새로운 수교, 조례 등으로 속전[115]을 편찬하고, 1426년(세종 8년)에는 다시 속전 이후의 수교, 조례 등으로 새로운 법전인 등록(謄錄)을 편찬하였다.

그리고 1455년(세조 원년)에 시작하여 1485년(성종 16년)까지 30년간에 걸쳐 조선왕조의 치국의 기본이 된 경국대전을 편찬하였다. 경국대전은 경제육전, 속전, 등록과 조선개국 후 약 100년간의 선왕들의 왕명인 수교, 조례 중에서 영구히 준수해야 할 것들 모아 엮은 조선왕조의 기본법전이었다. 경국대전은 6조(曹)의 담당업무를 바탕으로 하여 6전(典)으로 나누어 편찬되었으며, 국가의 기본방침과 백성들의 일상생활의 각 분야에 걸친 법규범으로 구성된 치국의 근본을 규정한 법전이다. 그리하여 경국대전은 조선왕조의 통치이념을 밝힌 법전으로서 그 후의 조선왕조의 제입법의 모법(母法)이 되었다. 이러한 경국대전은 새로운 내용으로 창조된 신전이 아니라, 선왕들인 조종의 명령인 수교(受教), 조례와 경제육전, 속전, 등록의 내용을 집대성한 것이다.[116] 조선후기의 대법전들이었던 속대전, 대전통편, 대전회통 등은 경국대전을 그대로 이어받아 계승하였다.

경국대전의 편찬이후에도 계속해서 새로운 법전이 편찬되었다. 1492년(성종 23년)에는 경국대전 반포 후에 영구법이 될 수 있는 교령[117]을 모아 대전속록을 편찬하고, 1543년(중종 38년)에는 대전속록 후의 교령을 모아 대전후속록을,

113) 연정열, 전게 한국법전사, 102면.

114) 경제육전은 조선왕조실록에 편편(片片)이 기록되어 전해질 뿐, 그 법전이 전해지지 않고 있기 때문에, 그 세부조문들을 모두 알 수는 없다.

115) 경제육전이 원전(元典)이고, 그것에 이은 법전이기 때문에 속전(續典)이라 이름 붙여졌다.

116) 전봉덕, 전게 한국근대법사상사, 16면, 29면.

117) 임금의 명령을 교령(敎令)이라 하였다.

1555년(명종 10년)에는 경국대전 법문중 난해한 조항을 뽑아 해석한 경국대전주해를 편찬하였다. 그리고 1576년(선조 9년)에는, 1546년(명종 1년)에서부터 선조 9년까지 30년간의 각사(各司)의 수교를 모아 각사수교(各司受教)를 편찬하였다. 각사수교의 편찬은 1592년 임진왜란이 일어나기 전의 혼란하였던 국가상황에서 충효의 이상정치와 백성의 교화가 그 입법배경이 되었던 것이었다.[118]

1698년(숙종 24년)에는 임진왜란(1592년)과 병자호란(1636년)으로 조선사회가 극심한 변화를 겪은 후에 영구법이 될 수 있는 전교[119]를 모아 수교집록(受教輯錄)을 편찬하고, 1706년(숙종 32년)에는 경국대전과 대전속록, 대전후속록, 수교집록 등이 충돌되는 내용이 있어서, 경국대전의 입법정신을 기본으로 삼고 서로 충돌되는 내용을 정비, 보충하기 위하여 전록통고(典錄通考)를 편찬하였다. 그리고 1743년(영조 19년)에는 수교집록 편찬시에 빠졌던 전교를 보충, 수록한 보완입법전인 신보수교집록(新補受教輯錄)을 편찬하였다.

1744년(영조 20년)에는 경국대전이 제정된 지가 300년이 가까이 되어 그 동안의 시대변화에 따른 입법이 필요하여 속대전(續大典)을 편찬하였다. 속대전에서는 조선왕조의 건국정신을 지켜나가면서 삼강오륜에 입각하여 제정되었다. 그리고 속대전에서는 그 서문에서 신구법간에 충돌이 있을 경우에는 신법이 구법에 우선함을 밝히고 있다.[120] 1785년(정조 9년)에는 경국대전을 모법으로 삼고 속대전을 바탕으로 하여 정조의 새로운 수교로써 증감보완한 대전통편(大典通編)을 편찬하였다.[121] 그리고 1865년(고종 2년)에는 대전통편이후 시대의 변천을 반영하고, 사회개혁을 위한 전교(傳敎)를 보완하기 위하여 대전회통을 편하였다. 그러나 이 대전회통은 대원군이 외척들의 집권으로 문란해진 폐습을 바로잡고, 새로운 질서를 확립하고자 함이 주된 편찬의 배경이었다.[122] 그리고 1866(고종 3년)에는 대전회통의 운용에 있어서 미진한 점을 보완하기 위하여 육전조례(六典條例)를 편찬하였다. 이 육전조례가 조선왕조의 마지막 행정법규집인 법전이었다.[123]

그리고 조선왕조의 국가법은 이를 제정한 다음에 관청에 하달함으로써 반

118) 연정열, 전게 한국법전사, 186-187면.

119) 전교(傳敎)는 임금의 명령 또는 임금의 의사의 전달을 의미하였다.

120) 연정열, 전게 한국법전사, 261면.

121) 대전통편에서는 각조문의 앞머리에 경국대전의 규정은 "原"으로, 속대전의 규정은 "續"으로, 정조의 수교로 보충한 규정은 "增"으로 표시하였다.

122) 연정열, 전게 한국법전사, 312면.

123) 상게서, 331면.

포하고 시행을 하였으나, 제정만 하고 관청에 하달하지 아니한 채로 왕이 하명을 함에 지침으로만 삼은 독특한 법전도 있었다. 그 대표적인 법전이 1808년의 만기요람(萬機要覽, 순조 8년)이었다. 만기요람은 국정운영의 지침서로서 조선왕조의 대표적인 재정법전(財政法典)이면서 동시에 경제법전(經濟法典)이었다.[124] 만기요람에서는 국가통치의 중심점이 재정과 국방에 있음을 강조하고, 재정조달과 경비사용의 공정성을 강조하였다. 왕은 이 만기요람의 내용을 지침으로 하여 하교를 함으로써 이 만기요람이 실질적으로는 법전으로서 기능하였던 것이었다.

## Ⅱ. 경국대전

### 1. 편찬의 배경과 과정

경국대전은 조선왕조의 근본법전이다. 경국대전은 세조의 명에 의하여 1455년에 편찬에 착수한 후 1485년에 반포하여 시행한 조선왕조의 기본이 되는 법전이다. 경국대전은 경제육전, 속전, 등록을 기간(基幹)으로 하면서, 태조 이성계의 즉위로 부터 1484년 성종 15년까지의 약 100년간에 이르는 동안의 왕명인 교지, 조례 중에서 영세준수(永世遵守)의 것을 모아 편찬한 법전이다. 그러므로 경국대전은 신법으로 창조된 것이 아니라, 원전, 속전, 등록과 선왕들의 수교를 수록, 집성한 것이다.

경국대전은 조선왕조의 6조의 중앙관청의 행정에 바탕을 둔 치국의 지침과 백성들의 가정생활 및 사회생활의 기준이 되는 규범을 정하여 국가조직을 공고히 하고 국가행정과 사회질서를 유지하기 위함에 그 목적이 있었다. 그리하여 경국대전은 국가의 통치와 행정에 기강을 세워 치국의 근본으로 삼고, 백성들의 생활규범을 바로 세워 사회질서를 유지하고자 함이 입법의 목적이자 배경이었다.

이와 같은 목적으로 경국대전의 편찬은 1455년에 시작되었다. 그리하여 1460년(세조 6년)에 먼저 호전이 완성되었다. 그 다음 해인 1461년(세조 7년)에는 형전을 완성하였다. 이 형전에서는 대명률을 의용할 것을 규정하여, 개국과 동시에 의용해 오던 대명률을 조선의 형사법으로서의 시행근거를 법적으로 확

124) 상게서, 297면.

인하였다. 그리고 1467년(세조 13년)에는 전편(全篇)을 완성하였으나 검토와 교정을 거듭하는 동안 세조의 사망으로 편찬을 완료하지 못하였다. 그 후 1469년(예종 원년)에 편찬을 완료하고 그 다음 해부터 시행을 하고자 하였으나, 동년 예종의 사망으로 시행치 못하였다. 1470년(성종 원년)에는 다시 완성을 하여 그 다음 해부터 시행할 예정이었다. 그러나 수정할 내용이 있음이 주장되어 수정과 교정을 거쳐 드디어 1484년(성종 15년)에 최종적으로 완성을 하여, 1485년에 반포, 시행하였다.

그러므로 30년간에 걸쳐서 신중에 신중을 거쳐 비로소 경국대전이 편찬되었던 것이었다. 그리하여 경국대전은 조선왕조의 조종성헌(祖宗成憲)이 되었다.

### 2. 편제(編制)와 내용

경국대전은 전통적인 법전편찬 방법이었던 육분주의에 따라서 이전, 호전, 예전, 병전, 형전, 공전의 6전으로 편별되어 있다. 이러한 6전으로의 편별은 왕조의 중앙관청의 조직이 6조로 구성되어 있었으므로 이러한 6조의 구별에 따라 각 조(曹)의 행정업무를 각 전(典)의 내용으로 규정하였다. 그러므로 경국대전은 법분류 체계에 따라서 편별된 것이 아니라, 관청의 업무를 따라서 편별되어 있다.

그리고 경국대전의 내용은, 오늘날의 법분류체계에 따라 살펴보면, 국가사무와 왕실사무의 구별이 없으며, 헌법법규, 행정법규, 형사법규의 구분도 없으며, 실체법규와 절차법규의 구별도 없으며, 도덕, 예와 법규와의 구별도 없다. 그리고 백성들의 권리와 의무에 관한 법규도 없다. 경국대전은 모두 203개 항목으로 구성되어 있으며,[125] 주로 국가행정에 관한 행정법규와 형사처벌법규가 중심된 내용을 이루고 있다. 그러므로 경국대전은 공법과 형사법을 주된 내용으로 하는 법전이다.[126] 그러나 또 한편으로 민사·형사의 실체법적 규정, 민사·형사의 절차법적 규정, 친족·상속의 신분법적 내용도 규정하고 있다.

이러한 경국대전의 각전의 중요한 내용을 살펴보면, 이전에서는 관직을 경

---

125) 경국대전의 203개 항목은, 吏典 29개 항목, 戶典 29개 항목, 禮典 62개 항목, 兵典 51개 항목, 刑典 28개 항목, 工典 14개 항목으로 나누어져 있다(김재문, "한국전통법의 정신과 법체계", 사법행정, 통권 제33호(한국사법행정학회, 2002. 4), 30면).

126) 경국대전의 내용을 오늘날의 법체계를 따라 분류해 보면, 헌법, 민법 19개조, 민사특별법 10개조, 민사소송법 6개조, 상법 2-3개조, 형법 51개조, 형사소송법 12개조, 행정법 대략 250개조, 종교법(불교관계법) 22개조, 산업법 14개조, 기타 사회법, 노동법, 문화관계법 등으로 구성되어 있다(김재문, 상게 논문, 30면).

관직(京官職)과 외관직(外官職)으로 나누고, 중앙에 6조를 두도록 하였다. 그리고 상피조(相避條)를 두어 가까운 친족끼리는 동일관아에 복무하는 것을 금하였다. 조선사회는 계층적 신분사회이었기 때문에, 부가 양반이라도 천모출신(賤母出身)의 자는 관리등용의 기회를 제한받았을 뿐만 아니라, 임관이 되어도 승진에 제한을 받았다.[127]

호전에서는 국가의 세입세출에 대한 기본방침을 밝혀 국가재정의 합리적인 운영을 꾀하도록 규정하였다. 호조에서는 매년 세출예산표를 작성하고,[128] 국가재정을 위한 백성들에게의 세, 역(役), 공물의 부과는 각도의 인구 및 산출물의 양을 기준으로 하여 부과하도록 하였다.

백성들에게는 납세의 의무를 부과하고, 납세자가 사망한 때에는 납세의 능력이 있는 처자가 대납(代納)하도록 하였다.[129] 그리고 경작지 1결(結)에 부역 1인을 출역하도록 하였으며, 그 기간은 1년에 6일을 넘기지 않도록 하였다. 조정에서는 백성들의 탈역(脫役)을 방지하기 위하여 전국을 대상으로 하여 매 3년마다 호적을 고쳐 만들도록 하였다.[130] 그리고 전지(田地)는 6등급으로 나누어 매 20년마다 측량을 실시하고 지적부를 만들도록 하여 과세와 부역의 자료로 삼도록 하였다. 또한 노비적도, 매 3년마다 도망간 노비를 찾아내어 본고장으로 돌려보내고(즉, 推刷) 속안(續案)을 작성하며, 매 20년마다 정안을 작성하도록 규정하였다.[131]

그리고 토지, 가옥 등의 부동산과 노비의 매매도 이를 호전에서 규정하였다.[132] 전지와 가옥의 매매는 15일이 경과하면 이를 취소할 수 없고, 100일 이내에 해당 관아에 신고(즉, 所持)하여 증서(즉, 立案)을 받도록 규정하였다.[133] 그리고 채무변제에 관하여도 규정하고 있다. 이와 같이 호전에는 민사법적 규정이 다소 포함되어 있다.

예전에서는 외교와 문과과거시험에 관하여 규정하고, 혼인과 부부생활을 보호하는 규정을 두었다. 남자는 15세, 여자는 14세가 되면 혼인할 수 있도록 하고,[134] 만 40세가 되도록 무자(無子)일 경우에만 재취할 수 있도록 하였다.[135]

---

127) 경국대전 吏典 限品敍用條
128) 경국대전 戶典 經費條
129) 경국대전 戶典 徵債條
130) 경국대전 戶典 徭役條
131) 경국대전 刑典 公賤條
132) 경국대전 戶典 買賣限條
133) 경국대전 戶典 買賣限條

병전에서는 국방조직을 규정하고,[136] 성곽 및 봉화대에 관한 규정을 두어[137] 유사시에 대비하였다.

형전은 대명률[138]에 대한 특별형법으로서 형벌, 재판, 공사노비에 관한 규정들이 수록되어 있다. 특히 재판에 관한 규정과 사노비에 관한 규정 중에는 재산상속규정이 포함되어 있다. 재산상속규정이 형전에 들어있는 이유는 당시에 노비가 재산의 중요한 부분을 차지하고 있었으며, 노비에 관한 분쟁이 상속분쟁의 주를 이루었기 때문이었다.[139] 이와 같이 형전에서는 재판, 노비에 관한 규정과 함께, 5가지 종류의 형벌을 규정하였다. 5형(刑)은 사형(死刑), 유형(流刑), 도형(徒刑), 장형(杖刑), 태형(笞刑)으로 구분하였다.[140] 그리고 신분질서의 유지를 위하여 자손과 처첩, 노비가 그 부모나 가장, 상전의 비행을 관아에 고발한 자는 참형(斬刑)에 처하도록 규정하였다.[141] 또한 형전에서는 형사소송(즉, 決獄)과 민사소송(즉, 詞訟)에 관하여서도 규정하여, 형관은 사건이 관아에 접수되면, 대사(大事)는 30일, 중사(中事)는 20일, 소사는 10일내에 심리와 판결을 하도록 결옥일한(決獄日限)을 규정하였다. 여기서의 대사란 사형에 해당하는 사건을 말하며, 중사는 도형과 유형에 해당하는 사건이며, 소사는 장형과 태형에 해당하는 사건이었다.[142]

공전에서는 교량의 축조와 관리, 관청건물의 건축과 관리, 도량형의 관리에 관하여 규정하였다.

### 3. 영향과 평가

경국대전은 조선왕조의 조종성헌(祖宗成憲)으로서, 속대전, 대전통편, 대전회통의 입법정신의 기본이 되었으며, 조선말까지 그 효력이 계속되었다. 물론 시행해 오는 과정에서 신법의 제정에 의하여 그 효력이 상실된 내용이 없지 않

134) 경국대전 禮典 婚嫁條
135) 경국대전 禮典 婚嫁條
136) 경국대전 兵典 外官職條
137) 경국대전 兵典 城堡條, 烽燧條
138) 대명률은 조선왕조 건국 초부터 1905년(광무 9년) 형법대전(刑法大全)이 공포시행될 때까지 5백여년 동안 보통형벌법으로서 의용되었다. 형전이 특별형벌법으로서 형전에 규정이 있는 경우에는 그 규정이 대명률 규정에 우선하여 적용되는 것이었지만, 형전의 규정은 조문수도 적었기 때문에 대부분의 경우에는 대명률이 적용되었다(박병호, 전게 한국법제사고, 418면).
139) 박병호, 전게 한국법제사고, 415면.
140) 경국대전 刑典 濫刑條
141) 경국대전 刑典 古尊長條
142) 연정열, 전게 한국법전사, 150면.

았으나 공식적으로 폐지된 일이 없이 조선말까지 형식적 효력이 계속 유지되어 왔으며, 그 입법의 정신과 이념은 그대로 계승 유지되었다. 조선왕조실록에 의하면 1877년(고종 14년) 경국대전의 서얼(庶孼)의 등용금지 조항에 대한 폐지상소가 있었다는 기록을 끝으로 실록에서는 더 이상 언급되지 않았다. 그러므로 경국대전은 1485년에 시행되어 1877년까지 최소한 417년간 그 효력이 유지되었다고 할 수 있다.[143]

또한 경국대전은 조선시대의 과거시험의 시험과목이었다.[144] 율과는 물론 문과의 소과인 생원시 및 무과의 시험과목이었다.

이와 같이 경국대전은 조선왕조의 기본이념과 국가조직, 국가의 행정, 형사, 그리고 백성들의 생활까지 규율하였던 조선왕조의 모든 면을 규정한 법전이었다. 따라서 경국대전은 조선시대 국가행정과 백성들의 사회생활의 거울이었다고 평가된다. 그러나 조선왕조가 주자학의 가르침을 국가이념으로 하여 덕치와 예치에 바탕을 둔 도덕국가를 지향하고 법으로써 이를 실현하고자 하였으나, 경국대전에서는 주자학에서의 계급적 신분질서와 조종성헌주의에 의하여, 조선왕조사회와 그 후의 사회발전에 적극적인 기여를 하였는 지에 관하여서는 부정적 평가가 가능할 수도 있다. 특히 민중사관의 입장에서 볼 때에는, 민중의 인격과 가치와 삶에 대한 배려보다는 치자·식자들의 이익을 중심으로 규정되고, 운영되어 왔다고 비판할 수도 있는 것이다.

## Ⅲ. 국가에 의한 국가제정법의 주석서: 경국대전주해

경국대전주해는 1555년(명종 10년)에 경국대전의 법문중 난해한 조항을 뽑아 해석하고 주해(註解)한 법전이다. 특히 조선왕조에서 의용된 대명률과 경국대전의 내용이 충돌되는 부분도 나타났다. 경국대전주해는 대명률과 경국대전의 충돌시에 어떻게 법을 적용하여야할 것인 가에 대한 준칙도 다루었다.

그리하여 경국대전주해는 조선왕조에서 제정한 법전이다. 그러나 그 법전의

143) 김재문, "한국전통법의 정신과 법체계(33)", 사법행정, 통권 제34호(한국사법행정학회, 2002. 4), 12면.

144) 상게논문, 30면. 구체적으로 살펴보면, 율과는 대명률, 경국대전, 무원록(無冤錄)을 시험과목으로 하였다. 무원록은 법서로서 원나라의 왕여가 송대의 세원록, 평원록과 결안정식을 가감하여 1308년에 만든 법의학(法醫學)에 관한 법전이자 법의학 저서로서 원통함을 없애기 위한 목적에서 만들었다(김재문, 상게논문, 11면). 문과의 소과인 생원시의 시험과목으로는 경국대전과 함께 주자가례가 이에 속하였다.

내용은 경국대전 법규의 해석이다. 그러므로 경국대전주해는 국가입법에 의한 법의 해석이다.

## Ⅳ. 국가에 의한 중국대명률의 번역서: 대명률직해

조선 태조는 개국과 동시에 대명률을 의용하였다. 그러나 그 대명률을 중국의 실정에 맞게 제정된 형사법전이었기 때문에 조선사회의 실정에는 맞지 않는 내용이 적지 아니하여 조선에서의 시행에 문제점이 많았다. 그리하여 1395년(태조 4년)에 대명률을 알기 쉽게 이두문(吏讀文)으로 번역하고 조선실정에 맞게 수정한 것이 대명률직해(大明律直解)이다.

그리하여 조선왕조가 대명률을 의용하겼지만, 대명률을 그대로 조선에 시행한 것이 아니라, 대명률직해에서 대명률을 이두문으로 번역하고 조선실정에 맞게 수정한 대명률직해를 시행하였다. 그러므로 대명률은 조선왕조의 형사법의 모법이 되고, 대명률직해가 조선왕조의 형사법이었다.[145] 따라서 경국대전 형전 용율조(用律條)에서 "용대명률(用大明律)"이라고 규정하였지만, 조선왕조에서 시행한 형사법은 대명률 그 자체가 아니라 대명률직해였다. 그러므로 대명률직해가 공식명칭으로는 대명률이라 일컬어졌다.[146] 결국 이 대명률직해는 번역서이기는 하지만 역시 조선왕조의 국가제정법전이었다.

## Ⅴ. 법 서

### 1. 조선경국전

국가가 제정한 제정법으로서의 법전(法典)은 아니지만 법자료(즉, 法源)를 담아 엮어 편찬한 책을 법서(Rechtsbücher)라 한다. 이러한 법서(法書)는 법전은 아니지만 재판과정에 준거가 되어 법원(法源)으로 인정되기도 하였다. 이와 같은 법서로서는 중세에 게르만 관습법을 모아 편찬한 Sachsenspiegel이 가장 대표적이며, 그것은 사찬(私撰)의 법서였지만 오랫동안 법원(法源)으로서 재판규범으로 기능하였다.[147] 이러한 법서는 국가가 법률을 제정할 강력한 권력을

145) 연정열, 전게 한국법전사, 119면.

146) 상게서, 122면.

147) Sachsenspiegel에 관하여는, 김상용, 전게 법사와 법정책: 게르만법사, 교회법사 및 독일민

행사할 수 없을 때에 사인이 법자료를 모아 책으로 엮어 펴내는 것이 일반적인 법서출현의 모습이었다.

한국전통법사에서도 법서로 분류될 수 있는 법자료를 담고 있는 사인의 저작들이 없지 아니하다. 그러나 그 법서가 사인에 의하여 편찬이 되었지만, 국가조직, 국가통치, 국가행정, 국가형벌에 관한 법의 내용을 담고 있는 법서일 때에는 국가공법의 범주로 분류하지 아니할 수 없다.

조선왕조는 국가법전을 많이 편찬하였지만, 그러한 법전편찬의 동인(動因)을 제공하였거나, 국가제정법의 실효성있는 집행을 위한 세부적인 내용을 담고 있는 사찬의 법률저작이 없지 아니하다. 그러한 국가제정법과 관련된 사인에 의한 법률저작을 여기서 법서로 분류하여 그 주요내용을 살펴보기로 한다.

조선왕조의 가장 중요한 법서는 정도전의 조선경국전이었다. 조선경국전은 1394년(태조 3년)에 정도전이 조선왕조 치국의 지침을 제시한 법서였다. 정도전은 이 조선경국전을 엮어 태조에게 바쳤다. 1392년 조선이 개국하고, 동년에 대명률을 의용하여 왕조의 안보와 사회질서 확보를 도모하였지만, 조선왕조 치국의 지침이나 방향을 설정한 법규나 지침서가 없었다. 바로 이러한 조선왕조의 치국의 지침과 방향을 제시한 법서가 바로 정도전의 조선경국전이었다.

조선경국전은 상·하부로 나누어져 있으며, 상부에서는 正寶位, 國號, 安國本, 世系, 敎書 등을 다루어 이성계의 조선왕조 개국의 정당성을 논하고, 국호를 조선으로 할 것과 군왕의 명령은 교서(敎書)로서 그것은 곧 법적 성질을 가짐을 기술하였다.[148] 하부에서는 중국의 주례(周禮)를 따라서 관제(官制)를 治, 賦, 禮, 政, 憲, 工의 6전으로 나누고 그 각 전(典)이 관장할 관할사무를 기술하였다.

조선경국전에서의 6전으로의 관제의 구성은 이조, 호조, 예조, 병조, 형조, 공조의 6조로 현실화되었으며, 법전편찬에서는 경제육전에서 6전주의를 취하였다. 그리고 조선경국전에서는 국가안위와 인륜을 해치는 범죄를 가장 극악범으로 인정하고, 사형, 유형, 도형, 장형, 태형의 5형을 정형(正刑)으로 규정하였다.[149]

정도전은 조선경국전을 저술한 후 다시 1395년(태조 4년)에는 조선경국전의

---

법학사 중심, 70면 이하 참조.

148) 연정열, 전게 한국법전사, 140면.

149) 상게서, 141면.

정신에 기초하여 법전의 일종인 사찬(私撰)의 경제문감(經濟文鑑)을 편찬하였다.

### 2. 사송유취(詞訟類聚) 등

조선왕조에서는 신법을 제정하였다고 하더라도 조종성헌주의에 의하여 구법이 여전히 효력이 유지되고 있었으며, 또한 조선왕조에서는 국가에서 법전을 많이 편찬하였다. 그러므로 구체적으로 법을 적용하여 집행하는 형관(刑官)들은 구체적인 사건에 어느 법을 적용할 것인가가 중요한 과제였다. 왜냐하면 어느 법을 적용하느냐에 따라서 법적용의 결과가 달라지기 때문이었다.

이러한 법적용의 불편을 극복하기 위하여, 전라도 관내의 수령(안산군수)이었던 김백간(1516-1582)이 조선왕조 개국 후 선조 때까지 편찬된 법전과 왕의 명령인 교지를 비교 검토하여 어느 사건에는 어떤 법을 적용할 것인가에 관한 詞訟(즉, 민사소송)에 있어서의 통일적인 법적용의 준칙을 마련한 저술로서, 그의 사후 1585년(선조 18년)에 출판된 법서가 바로 사송유취(詞訟類聚)이다.[150]

조선왕조는 14대 선조대에 이르기까지 경국대전, 대명률직해, 대전속록, 대전후속록, 경국대전주해, 각사수교(各司受敎) 등과 제왕(諸王)의 교령이 법전으로 제정・시행되어 왔다. 이와 같이 법전과 교령이 많았을 뿐만 아니라 서로 다른 내용이 있어서 재판을 맡은 형관들에게 치죄(治罪)의 공정성과 재판기준의 통일성에 큰 불편이 되었다. 그리하여 사송유취는 조선중엽 형관들에게 국가법 적용에 있어서 그 적용준칙을 제공하여 법적용의 통일에 기여하였다. 숙종(1675-1720) 때에는 사송유취를 보완, 수정한 법률실무서가 편찬되었다. 그것을 사송유취보(詞訟類聚補) 또는 결송유취보(決訟類聚補)라 한다.[151]

사송유취 이외에도 16세기의 소송법서로서 청송제강(聽訟提綱), 사송유초(詞訟類抄), 대전사송유취(大典詞訟類聚) 등이 있다.[152][153]

### 3. 추관지(秋官志)

조선 후기에 이르러서는, 의용형법인 대명률과 경국대전 등 기타의 제법전과 제왕의 전교, 교지들의 내용이 각각 차이가 있어서 추관(秋官)들이 재판을

---

150) 연정열, 전게 한국법전사, 200면.

151) 상게서, 213면.

152) 임상혁, 전게논문 "조선전기 민사소송과 소송이론의 전개", ii면.

153) 이러한 소송법서들은 현재 일본에 소장되어 있으며, 아마도 임진왜란 때에 일본으로 건너간 것으로 여겨진다(임상혁, 상게논문, 103면).

함에 있어서 통일적이고 체계있는 판결을 하기가 어려웠다. 이러한 형사법 적용의 통일성과 체계적인 법적용을 위하여, 1781년(정조 5년)에 형조판서의 위촉으로 박일명(朴一命)이 편찬한 법서가 바로 추관지(秋官志)이다.[154]

추관(秋官)은 형조와 형관을 뜻하는 것이었으며, 춘관(春官)은 예조와 그 관리를 뜻하였다.[155] 그러므로 추관지는 형사와 형사소송에 관한 실체법과 절차법에 걸친 형사법 운용서였다.

#### 4. 기타 법서: 무원록(無冤錄)

무원록이 율과의 시험과목이었던 점에 비추어 보면, 중국에서의 법서가 조선에서도 법운용의 지침서로서 활용되었음을 알 수 있다. 따라서 조선내에서 편찬된 법서만이 아니라 중국에서 편찬된 법서도 조선에서 이용되었다고 해석된다.

## 제 4 절 한국전통법으로서의 민중법의 발전

### Ⅰ. 자연법적인 평화의 법으로서의 민중법

인간은 사회를 이루는 그 때부터 그 인간사회에는 법이 있었다. 이와 같이 인간이 서로 더불어 공동사회를 이루어 살아감으로써 자연히 생성된 법이 바로 민중법이다. 민중법은 인간이 더불어 함께 평화롭게 살기 위한 스스로의 규율이므로 자연법적이다. 민중법은 신이 인간에게 준 신정법(神定法)도 아니며, 국가에 의하여 제정된 국가제정법도 아니다. 이러한 자연법적인 민중법은 국가라는 조직체가 형성되기 전에는 가장 일반적인 법의 존재형태였다. 국가조직체가 형성된 후에도 민중법은 민중의 삶속에서 국가법과는 달리 생성되고 유지되어 왔다. 국가제정법이 형성된 후에는, 민중법은 지배계급의 지배를 받는 피지배계급인 민중들의 삶의 평화를 유지하기 위한 법으로 존속하여 왔다. 민중법은 지배계급의 지배가 혹독하면 할수록 민중들이 그들의 삶을 이어가기 위한 인간생존을 위한 법으로서 생성되었다. 이러한 민중법은 바로 인간의 본성에 기하

154) 연정열, 전게 한국법전사, 282면.
155) 상게서, 281면.

여 생성된 법으로서, 가장 인간적이며 가장 자연법적이다. 국가제정법은 위로부터의 아래로 향한 법인데 반하여 민중법은 아래로부터의 아래를 위한 법이다.

이러한 민중법은 우리의 한국전통법사에서도 가장 먼저 생성되고, 가장 인간적인 법으로 내려왔다. 한국의 전통사회에서 최초의 국가제정법인 율령을 시행하기 전까지의 전통법은 바로 민중법이었다. 율령정치를 시작한 후에도 역시 민중법은 계속 이어져 왔다. 민중법은 당시의 지배적인 종교로부터 가장 큰 영향을 받았다. 상고사회에서는 샤머니즘의 영향을 받았으며, 불교전래 후에는 불교사상과 불교정신에 기초한 민중법이 생성되고, 유교가 지배적인 사상이었을 때에는 유교의 가르침에 기초한 민중법이 생성되었다.

이와 같은 민중법은 민중을 지배하기 위한 수단으로서의 법이 아니다. 민중법은 민중들이 함께 더불어 평화롭게 살기 위한 평화의 법이다. 그리고 민중법은 선한 인간의 본성에서부터 생성된 법이기 때문에 자연법적이다. 또한 그 반대로 민중법은 인간의 본성에 호소하는 법이다. 그러므로 민중법은 인간의 이기심을 유발하는 법이 아니다. 민중법은 이기주의에 입각한 법이 아니라, 공동체주의(communitarianism)에 입각한 법이다. 그렇게 때문에 국가제정법은 국가의 멸망과 함께 소멸하지만, 민중법은 국가(즉, 왕조)의 멸망에도 불구하고 지속된다.

이처럼 민중법은 민중의 삶 속에서 인간의 선한 본심에 기초하여 자연히 생성된 법으로서 민중의 평화로운 삶을 지향하는 가장 자연법적인 법이다. 민중법은 지배를 지향하지 아니하고, 민중의 자발적인 참여와 기여를 통한 공동의 삶을 지향한다. 민중법은 바로 서로가 서로에게 이웃이 되어 함께 더불어 살아가는 사랑의 공동체를 지향하고 유지하는 법이다.

## Ⅱ. 상고사회에서의 민중법

한국의 전통법사에서 있어서의 상고사회에는 민중법이 풍성하게 생성되었을 것으로 추론된다. 먼저 고조선 시대의 8조금법, 부여의 4조의 금법은 대표적인 민중법으로 파악된다. 8조금법은 중국으로부터의 귀화인인 기자(箕子)가 전하였다고 하기도 하지만,[156] 어느 민족에서나 공통적으로 발견되는 자연발생적

156) 중국 은나라의 기자가 BC 1122년에 시(詩), 서(書), 예(禮), 악(樂)을 가지고 조선에 들어왔다고 한다(한국문화사대계 13(고려대학교민족문화연구소 편, 1981), 240면).

으로 형성된 원시법이며,[157] 민중법이라고 함이 타당하다. 기자가 동래(東來)한 것이 아니라, 오히려 그 시기에 조선에 중국으로부터 철기문화가 유입되었다고 봄이 타당하다. 이와 같은 철기문화의 유입에 따른 조선의 사회변화에 따라서 계급의 구분이 생기고, 사유재산의 관념이 이미 조선에 형성되었다고 봄이 타당하다. 그리하여 남을 상해한 자는 곡물로 배상을 하고, 남의 물건을 훔친 자는 노비로 삼는다는 8조금법의 내용이 형성된 것으로 해석된다. 그리고 농업이 성행하고, 가부장적 사회와 부족장의 권한이 인정되는 사회로 발전했다고 해석된다. 왜냐하면 8조금법에서의, 사람을 죽인 자를 사형에 처한다는 규정은 부족장의 질서유지권이 인정되었음을 반증하는 것이라고 해석되기 때문이다. 부여의 4조의 금법도 역시 고조선의 8조금법과 같은 사회상을 반영한 민중법이라 해석된다. 특히 부여에서의, 남의 물건을 훔친 자는 12배를 물어야 하는 "일책십이법(一責十二法)"은 사유재산이 인정되었음을 반증해 주고 있다.

그리고 상고사회에서의 민중법은 이러한 금법이외에도 혼인법에서도 나타나고 있다. 옥저에서는 예부제(預婦制, 민며느리제)가, 고구려에서는 예서제(預壻制, 데릴사위제)가 시행되었다. 특히 고구려의 예서제는 모계풍의 혼인제도였다.

그리고 상고사회는 농경사회로의 발전에 따라서 공동으로 농사를 짓는 두레가 형성되었다. 두레는 공동으로 농사를 짓기 위한 상부상조의 공동체였다. 이러한 두레공동체는 농경사회의 계속과 함께 지속되었다. 이러한 두레공동체는 한국전통법사에서 민중법의 중요한 한 부분을 차지한다고 판단된다. 그리고 삼한시대에는 농업을 위한 관개저수지로서 벽골지(김제), 의림지(제천), 수산제(밀양)가 건설된 역사적 사실에 비추어보면, 농경을 위한 두레공동체가 널리 형성되었을 것으로 추론된다. 그리고 물의 이용에 관한 민중법도 형성되었을 것으로 이해된다.

또한 상고사회에서는 샤머니즘의 영향으로 제천행사(祭天行事)가 행하여졌다. 동예에서의 무천(舞天), 고구려에서의 동맹(東盟)의 제천행사가 행하여졌으며, 이러한 제천행사와 관련된 부족민들의 민중법이 생성되었을 것이다.

그리고 3한 중 진한(辰韓)에서의 소도(蘇塗)는 신성한 곳으로서 이곳에 들어간 사람에 대해서는 그가 비록 범죄인이라 하더라도 잡아갈 수 없었으므로, 소도는 일종의 비호제도(庇護制度)의 원시적 형태로 해석된다.

157) 연정열, 전게 한국법전사, 9면.

이와 같이 상고사회에서의 민중법은 그 내용에 관하여 전해지는 기록이 많지는 아니하나, 민중들의 평화스런 삶을 이어가기 위하여 자연스럽게 형성되어 왔다고 파악된다.

## Ⅲ. 고대 · 중세사회에서의 민중법

신라에서 고려, 그리고 조선으로 이어지는 고대 및 중세사회에서도 민중법의 모습이 많이 발견되고 있다. 먼저 신라에서는 6촌의 장이 모여 화백회의(和白會議)를 열었다는 기록에 미루어보면, 그 화백회의의 논의결정이 바로 민중법이었다.

그리고 화랑도의 조직내용도 바로 민중법으로 이해되며, 특히 세속오계(世俗五戒)는 신라 민중법의 최상의 존재형태로 파악된다. 세속오계는 사군이충(事君以忠), 사친이효(事親以孝), 교우이신(交友以信), 임전무퇴(臨戰無退), 살생유택(殺生有擇)으로서 화랑도가 지켜야할 규범이었을 뿐만 아니라, 신라민의 일반규범으로도 이해된다. 사군이충, 사친이효, 교우이신은 유교의 영향을 받은 민중규범이었으며, 살생유택은 불교로부터 영향을 받은 민중규범이었다고 파악된다. 임전무퇴는 당시 신라의 나라와 민중이 혼연일체가 되어 있는 사회상을 보여주고 있는 민중규범이다.

또한 신라에서부터 시작된 가배(嘉俳)도 신라의 공동체의 하나로서, 가배를 통한 단결과 상부상조는 바로 신라민의 민중법이었다. 이러한 민중법의 체계화와 현대화로 현행법과의 연속성을 맺을 수 있다면, 우리 현행법의 독자성과 정체성이 더욱 확연해질 수 있을 것이다.

고려시대에도 민중법이 널리 존재하였을 것으로 생각되며, 특히 보(寶)가 고려시대의 공동체로서 생성되었다. 보는 불교행사와 사원운영을 위해서 생성된 공동체였다. 이러한 보의 조직과 운영에 관한 내용은 모두 고려의 민중법으로 파악된다. 그러나 구체적인 조직과 운영에 관한 기록이 없어 그 구체적인 규범내용을 알 수가 없다.

# Ⅳ. 조선시대의 민중법

## 1. 조선민중법의 생성배경

조선왕조는 전제군주적인 사회였다. 그러므로 국가가 민중을 강력하게 지배한 사회였다. 그러므로 상고시대에 크게 번성하였던 민중법은 국가가 조직되고 국가권력(즉, 왕조권력)이 강화됨으로써 국가법에 의하여 위축되지 아니할 수가 없었다. 조선시대에는 강력한 국가제정법에 의하여 국가가 백성을 통치하였기 때문에 민중의 자발적이고 자생적인 민중법의 형성이 쉽지 아니하였다. 그러나 국가권력이 강력하였으나 혼란하였을 때에 민중들은 그들 스스로 국가의 도움 없이도 삶을 이어가고 민중들간의 평화를 유지하기 위한 민중법이 형성되었다. 조선시대의 민중법의 대표적인 사례로 들 수 있는 향약과 계는 국가권력이 강력은 하였으나 혼란하여 민중의 삶이 고달플 때에 생성되었다. 향약(鄕約)은 임진왜란 전의 사화(士禍)로 인한 국가질서가 혼란스러웠을 때에 사림(士林)들을 중심으로 하여 생성되었으며, 계(契)는 조선후기 세도정치와 삼정(三政)의 문란으로 인하여 민중의 삶이 극히 피폐되었을 때에 일반백성들이 삶을 이어가기 위해 민중에 의해 조직되었다. 그러므로 이렇게 민중의 삶이 어려웠을 때에 생성된 민중법은 인간의 본성에 기초한 법이었으며, 어려운 삶을 극복하기 위한 자구법(自救法)이었다.

이러한 민중법 이외에도 조선시대의 사립학교였던 서원(書院)도 유학을 교육하면서 주자학에서의 예를 보급하는 기능을 담당하여 예를 민중들 사이의 민중법으로 자리잡게 하였다. 그러나 서원에서는 특정 유학자를 모시고 그를 숭모하는 교육방법의 소위 모방교육을 하였다.[158]

이러한 민중법은 식자계층에 의하여 주도된 것도 있고, 하층 백성들에 의하여 형성된 것도 있다. 향약과 서원은 전자의 민중법에 속하며, 계, 두레는 후자의 민중법에 속한다. 전자의 민중법은 치자·식자계급들이 그들의 이익을 확보하기 위하여 이를 이용하기도 하였다.

---

158) 이러한 교육방법은 소위 영웅주의에 입각한 교육방법이었다고 해석된다.

## 2. 향 약

### (1) 향약의 의의와 도입배경 및 시행과정

향약은 유학에서의 이상사회인 대동사회(大同社會)를 이룩하기 위한 향리주민들의 약속으로 이루어진 조선시대의 향리주민들의 공동체 조직이면서 동시에 향리주민들이 실천하기로 약정한 자치규약이었다. 즉, 향약은 유학(儒學)에 기초한 향리주민들의 교화 및 선도를 통하여 유학에서 추구하는 이상사회인 향리주민들이 평화롭게 함께 더불어 조화롭게 살아가는 대동사회를 실현하고자 하는 자발적인 공동체 조직이면서, 동시에 그러한 대동사회를 실현하기 위하여 향리주민들이 실천하기로 약정한 그들의 자치법규이었다. 따라서 향약은 두 가지의 의미를 지니고 있다. 그 하나는, 향약은 향리주민들의 약속으로 이루어지고 조직된 공동체였으며, 다른 하나는 향리주민들이 지키고 실천하기로 약정한 자치규약, 즉 자치법규이었다.

이러한 조선시대의 향약의 목적은 유학의 가르침의 구체적인 삶에서의 실천을 통한 유학에서 제시하고 있는 이상사회인 대동사회의 건설에 있었다. 그러므로 향약은 대동사회를 실현하기 위한 제도적 장치인 것이었다.[159] 유학에서의 이상사회인 대동사회는 예기(禮記)에서 이에 관하여 밝히고 있는 사회로서 요・순치세(堯舜治世)의 사회와 같은 사회를 말한다. 이러한 대동사회는, 대도(大道)가 행하여져 천하가 모두 공평한 사회로서, 사람들은 자기의 부모만을 부모로 여기지 아니하고, 자기의 자식만을 자식으로 여기지 아니하며, 늙은이는 여생을 평안히 보낼 수 있고, 젊은이는 쓰일 곳이 있으며, 어린이는 자랄 곳이 있고, 홀아비・과부・고아・자식없는 사람・병든 자가 모두 혜택을 받으며, 남자는 때에 맞추어 장가가고 여자는 시집가며, 재화는 남아돌아 쓰지 않는 안타까움이 있을 지언정 자기의 몸을 위해 쓰지 않는 풍요로운 사회이다. 그리고 모략이 없으며, 도적이나 반란이 일어나지 않는 평화로운 사회이다. 그러므로 대문을 닫지 않아도 되는 평화롭고 풍요로운 사회를 대동사회라 하였다.[160] 이러한 대동사회를 이룩하기 위하여는 어진 사람과 능력있는 사람을 선발하여 신의(信義)를 가르치고 화목을 닦게 하여야 한다는 것이었다.

---

159) 박균섭, "율곡의 향약과 사회교육사상: 조선조향약연구 제3편", 조선조향약연구(민속원, 1991), 183면.

160) 상게논문, 180-181면.

이와 같은 대동사회는 신의를 가르치고 화목을 촉구하는 사회인 학습사회이며, 남녀노소 모두로 하여금 각자의 생업에 종사케 하여 안정을 누리는 사회인 복지사회이며, 자기이익을 구(救)치 않고 양심을 가지고 살 수 있는 사회인 도덕사회이다.[161] 바로 이러한 대동사회가 유학에서의 이상사회이었다.

이러한 유학에서의 이상사회인 대동사회의 건설을 위한 향약은 중국에서 시작이 되었다. 중국 송대(960-1277)의 북송(960-1126) 섬서성 남전현의 여씨형제[162]가 11세기 초에 덕업상권, 과실상규, 예속상교, 환란상휼의 4강목으로 구성된 여씨향약(呂氏鄕約)을 만들었다. 이 여씨향약을 남송(1127-1277)의 주자(1130-1200)가 가감을 하였다. 이를 주자증손여씨향약이라 한다. 이 주자증손여씨향약이 고려 말에서 조선 초에 걸쳐 주자학과 함께 조선에 전래됨으로써, 여씨향약이 조선에 알려지게 되었다.

조선에서는 1517년(중종 12년)에 처음으로 향약이 시행되었다. 이러한 조선에서의 향약의 실시는 사림출신의 조광조 등 신진사류들이 당시까지 향리의 질서유지의 중심이었던 향소[163]가 그 기능을 제대로 발휘하지 못하므로, 그 대신에 향약을 실시할 것을 주장하여 이루어지게 되었다. 물론 조선에서의 향약의 시행은 1517년 여씨향약의 시행이전에도 향약이라는 표현은 사용하지 않았지만, 향약에 비교될 수 있는 향리의 전통이 이어져 오고 있었다. 그렇게 때문에 중종대에 향약을 조선에서 실시할 수 있었다.

중종대에 시행되기 시작한 향약은 명종대에 이황이 여씨향약을 수정하여 예안향약을 만들어 시행하고, 선조대에는 이이가 서원향약과 그것에 뒤이어 파주향약, 1577년에 해주향약을 만들어 시행함으로써 조선에 향약이 널리 도입되어 정착하게 되었다.[164] 그리하여 16세기의 10년대에서 70년대에 향약이 조선에 도입되어 정착하게 되었다. 이렇게 도입된 향약은 1894년(고종 31년)의 갑오경장 때까지 시행이 되었다.[165]

---

161) 상게논문, 182면.

162) 呂大忠, 呂大防, 呂大鈞, 呂大臨 4형제였다.

163) 조선의 향촌사회의 치리는 법적으로는 수령이 이를 담당하였지만, 현실적으로는 지방의 이족층(吏族層), 즉 향반(鄕班)이 수령을 보좌하면서 수령과 함께 치리하였다. 이러한 향반들의 향촌사회 치리와 지배의 장소가 유향소, 향청이었으며, 이를 또한 향소라고도 하였다. 그러므로 향소는 재지사족(在地士族)의 향촌치리 장소이었다.

164) 고승제, "향약도입의 역사적 배경", 한국사론 8: 조선전기 서원과 향약(국사편찬위원회 편, 1983), 175면.

165) 상게논문, 175면.

향약이 조선에 도입된 16세기는 연산군(7년간 재위), 중종(39년간 재위), 인종(1년간 재위), 명종(22년간 재위), 선조(32년간 재위)에 이르는 기간의 100여년으로서 사화(士禍)[166]의 계속으로 국가권력이 쇠약해지고, 이에 따라서 치안질서유지력이 상실되어간 과정이었다. 그리하여 조선왕조의 촌락사회의 지배력이 상실되어 갔다.[167] 조선왕조가 사화로 인하여 국력이 쇠약해지고 치안질서능력이 상실되었을 때에 임진왜란(1592-1598)이 일어나게 되었다. 또한 이러한 조선왕조의 치안질서능력이 상실되었을 때에 임꺽정난(林巨正亂): 1559-1562(명종 14-17년)) 등의 도적봉기가 일어났던 것이다. 바로 이와 같은 조선왕조의 국력의 쇠약과 이로 인한 왕조의 향촌사회에 대한 치안유지능력이 상실되었을 때에 이를 극복하기 위한 방안으로 향약의 실시가 구상되고 시행이 되었던 것이었다.[168]

이와 같이 조선에서의 향약은 상층부를 이루었던 치자・식자계층이 사화로 국력이 쇠약해져 민중들의 향촌사회에 대한 왕조의 지배력이 상실되었을 때에, 유학의 이상사회인 대동사회를 표방하고 유학의 실천규범으로써 민중의 교화를 통한 결집과 향촌사회의 질서유지를 위하여 만들어 시행된 자치법규이었다. 그러므로 자연히 향약은 사류계층에서 만들어 시행하게 되었으며, 향약의 시행을 주도한 사류(士流)는 사림출신의 신진사류들이었다. 그러나 지방의 수령이 주도하여 관할지역의 모든 주민을 의무적으로 참여시켜 향약을 실시하기도 하였다. 특히 이러한 관주도형의 향약을 주현향약(州縣鄕約)이라 한다.[169]

(2) 향약의 강목

여씨향약의 내용은 4강목(綱目)으로 구성되어 있었다. 이를 4헌목(憲目)이라고도 한다. 그 첫째는 덕업상권(德業相勸)으로서, 이는 유교도덕의 근원인 부

---

166) 조선은 개국이후에 이성계의 역성혁명(易姓革命)을 지지하고 관계로 진출한 개국공신들을 중심으로 하는 훈구파와 이성계의 역성혁명을 반대하고 향리에 묻혀 학문에 정진한 사림파간의 대립은 결국 사화(士禍)로 발전하였다. 사림파는 훈구파의 관학과는 달리 경학에 치중하고 성리학에 대한 신봉이 깊었다. 그리고 성리학이외의 사상과 학문을 이단으로 배격하고 기술학을 천시하였다. 사림파는 도덕과 의리를 숭상하고 학술과 언론을 바탕으로 하는 왕도정치를 희구하였다. 이러한 훈구파와 사림파의 대립이 격화되어 선비들이 화를 입게 된 사화는 1498년에서 1545년에 이르기는 약 반세기에 걸쳐서 처참하게 진행되었다. 구체적으로는 1498년(연산군 4)의 무오사화, 1504년(연산군 10년)의 갑자사화(甲子士禍), 1519년(중종 14년)의 기묘사화(己卯士禍), 1545년(명종 원년)의 을사사화(乙巳士禍)로 이어졌다.

167) 고승제, 전게 논문, 178면.

168) 상게논문, 184면.

169) 김용덕, "향약신론", 조선후기 향약연구: 대우학술총서 공동연구(향촌사회사연구회 편, 민음사, 1990), 17면.

모에게 효하며, 군에게 충하고, 형제간에 우애가 있어야 하며, 장상(長上)을 존경하고, 남녀간에 예의가 있으며, 언행이 충신하고, 동족이 서로 화목하며, 인근간에 잘 교제하며, 부하를 접함에 법도가 있고, 빈곤하여도 염치를 알며, 부하여도 예절을 좋아하며, 자기의 업무에 충실하며, 약조를 잘 지켜야 하는 것들이었다.

둘째는 과실상규(過失相規)로서, 이는 향원 중 행동이 불신하며, 장상(長上)에 대한 예를 결하며, 아랫 사람에게 횡포하며, 향약을 위반하며, 불미한 행동을 하는 자가 있으면, 서로 충고, 경계하며, 이것들을 크게 범하면 약(約)에 의하여 벌하는 것들이었다.

셋째는 예속상교(禮俗相交)로서, 이는 향약원 상호간 연시(年始)에 예(禮)를 서로 교환하며, 혼가를 경축하며, 연령이 80에 달하면 약원(約員)이 모여 이를 축하하고, 상을 당하면 조위를 하는 것들이었다.

넷째는 환란상휼(患亂相恤)로서, 약원 중 수재, 화재, 도난, 그 밖의 재난을 당하였을 경우에는 협조부액하며, 고아로서 의지할 곳이 없는 자는 이를 부양하며, 빈곤하여 혼인에 지장이 있는 자는 응분의 부조를 하며, 사장(死葬)이 있으면 금품을 증하여 후히 조위하는 것들이었다.

조선조의 향약은 이러한 여씨향약의 4강목을 기본으로 하여 여기에 조선사회의 실정에 맞게 다소 가감을 하고 세분화하여 이를 시행하였다. 그리고 조선조의 향약은 향촌사회의 안정과 교화를 주된 목적으로 하고, 각 향촌마다 향약을 실시하였기 때문에, 기본적으로는 4강목으로 구성되어 있었으나, 그 세부적인 내용은 서로 달랐다. 특히 퇴계에 의한 예안향약(1556년(명종 11년))은 과실상규 강목의 내용을 강화하고 세분화하였으며, 그 향규를 위반자에 대한 처벌규정도 위반의 경중에 따라서 달리하였다. 이와 같이 퇴계가 과실상규의 강목에 특별한 관심을 갖고 그 강화와 세분화를 한 것은, 향약을 인간행동의 윤리규범을 넘어 법규범으로 발전시켰다고 평가된다.[170]

특히 향약의 강목 중 과실상규와 관련하여 주목할 사실은 향약을 통하여 소송을 너무 좋아하는 행위를 규제하였다는 것이다.[171] 소송이란 본질상 양당사자의 대립적 이해관계의 투쟁인 것이며, 다만 합리적인 절차를 밟는다는 점에서

170) 최종고, 전게 한국법사상사, 107-108면.

171) 지교헌, "조선조향약의 이념과 실천": 조선조향약연구 제1편, 조선조향약연구(민속원, 1991), 58면.

완력에 의한 물리적인 투쟁과 다를 뿐이다. 따라서 흔히 발생하기 쉬운 승소자에 대한 패소자의 적개심과 패소자에 대한 승소자의 우월감을 소송종결 후의 인간관계에도 좋지 않은 영향을 주기 쉬운 것이다. 이러한 대립과 투쟁보다는 호양정신(互讓精神)을 바탕으로 한 소송외적인 방법에 의하여 화해함으로써 분쟁을 해결하려는 노력이 과실상규중의 한 조목으로 반영되었던 것이었다.[172] 이와 같이 향약을 통하여 소송을 억제하고자 하였다는 것은 조선에서는 소송이 많이 행하여졌으며, 사람들은 소송하기를 좋아하였다는 것을 반증하는 것이다.

조선왕조는 덕치주의, 예치주의에 기초하여 소송이 없는 무송(無訟)의 사회를 이상사회로 표방하였다. 그리하여 조선왕조는 이념적으로 소송 없는 사회를 표방하였다.[173] 그러나 실제로는 소송이 많이 행하여졌다. 즉, 조선 초에는 노비소송을 많이 하였으며, 조선후기에는 토지를 중심한 재산소송이 많이 행해졌다.[174] 그리하여 조선왕조에서는 소송을 억제하기 위한 제도로서 과한법과 삼도득신법을 경국대전에서 규정을 하였다. 과한법(過限法)은 사유가 발생한지 일정한 기간이 지나면 제소할 수 없는 법이었으며, 삼도득신법(三度得伸法)은 동일사건에 관하여 세 번 판결이 난 경우에는 더 이상 제소를 받아들이지 않는 법이었다.

향약은 4개의 강목을 통하여 유학에 바탕을 둔 도덕으로 민중의 도덕교화를 도모하였지만, 한편으로는 경제적 기능도 담당하였다. 그것이 바로 사창제(社倉制)였다. 향약의 강목에서는 빈곤한 백성의 민생을 해결하기 위하여 서로 경제적으로 돕도록 하고 있었다. 그러한 경제적인 상부상조를 실천할 수 있는 제도로서 사창제를 실시하였다. 사창은 부락을 단위로 한 비황시설(備荒施設)로서 풍년과 추수기에 여곡(餘穀)을 저장하여 흉년과 필요시에 대비하는 경제적인 기능을 갖는 제도였다.[175] 이러한 사창제는 향리의 주민들이 향약의 강목(綱目)을 실천하는 방법으로 조직된 것이며, 따라서 향원이 계원이 되어 계의 형태로 운영이 되었다. 그러므로 사창은 향약과 계가 결합된 형태이며, 그 형태는 사창계로 운영이 되었다.

또한 향약은 향촌의 권위있는 유학자였던 사림(士林)에 의하여 만들어지고

---

172) 상게논문, 58면.

173) 임상혁, "소송기피의 문화전통에 대한 재고와 한국사회", 법과 사회 제25호(법과 사회이론연구회 편, 2003년 하반기), 152면.

174) 임상혁, 전게논문,

175) 문정창, 한국농촌단체사(일조각, 1961), 179면.

운영이 되었기 때문에 지방유림들이 출입을 하던 향교와 서원과도 결합이 되어 발전되었다. 때로는 향교와 서원이 향약의 시행을 주관하기도 하였다.[176]

이와 같이 향약은 유학의 가르침으로써 향촌민중을 교화하여 향촌의 질서를 유지하고자 한 사림중심의 자치법규이었다. 그러나 향약은 계와 결합하여 민중의 경제적 어려움을 해결하기 위한 사창의 기능도 담당하였으며, 향교, 서원과도 결합되어 운영이 되었다. 그것은 향약이 향촌의 지식인 계층에 의하여 주도되었기 때문에 당시의 지식인 계층이었던 사림들의 활동무대였던 향교, 서원과 향약이 결합될 수가 있었다. 따라서 향약은 민중의 교화를 위하여 국가, 즉 조선왕조의 권장에 의해 지방의 수령 또는 사림들에 의하여 만들어지고 운영되었다.[177] 그러나 그 궁극적인 목적은 유교의 가르침에 의한 민중의 교화를 통하여 향촌사회의 질서를 유지하고자 함에 있었다.

그리하여 향약의 덕목에 비추어 향약의 사회적 기능을 살펴보면, 향약은 민중의 인격도야에 기여하고, 민중의 예속(禮俗)의 정신을 함양하고, 그리고 민중의 협동정신과 공동체 의식을 앙양하는 데에 그 사회적 기능이 있었다.[178]

(3) 조직과 운영

향약의 조직과 운영방식은 획일적이지 아니하고 각 향약 마다 약간씩의 차이가 있었다. 그러나 일반적으로 향약은 그 인적조직으로 대표자를 도약정(都約正), 부대표자를 부약정(副約正), 실무담당자를 직월(直月), 재무당당자를 사화(司貨)로 하고, 향약에 참여하는 자를 참약인(參約人)이라 하였다. 관주도형의 주현향약에서는 도약정, 부약정, 직월, 사화 등의 향약운영책임자를 관이 임명하는 형식을 취하기도 하였지만, 지방사림이 주도한 향약은 운영책임자를 참약인 전체가 스스로 선발하기도 하였다. 이이가 주도한 해주향약의 경우는 이이가 도약정이 되어 참약인들의 자치로 향약을 조직하고 운영하였다.[179][180]

---

176) 김용덕, 한국제도사연구(일조각, 1983), 247면.

177) 조선왕조에서는 중앙의 권력이 중앙에서 파견한 수령을 통하여 그대로 지방에 미치지는 못하였다고 판단된다. 그리하여 선초부터 지방세력가의 도움을 필요하였다. 이와 같이 조선왕조에서 지방세력가의 도움을 필요로 하여 생긴 제도가 유향소, 향청, 향소 등이다. 이러한 제도는 지방의 세력가들(즉, 지방양반인 향반)이 중앙에서 파견된 수령을 도와 향촌을 치리하는 조직이었다. 그러나 이러한 조직들은 국가법으로 규정하여 인정된 기관은 아니었다.

178) 지교헌, 전게논문, 41면.

179) 박균섭, "율곡의 향약과 사회교육사상": 조선조향약연구 제3편(민속원, 1991), 201면.

180) 율곡철학의 특성은 이와 기는 분리되지 않는다는 것이며, 이러한 기본적인 사고에서부터 율곡 이이는 이상과 현실의 조화, 즉 현실이해를 바탕으로 하여 이상을 추구하였으며, 정의와 실리의 무리 없는 조화를 추구하였다(최문형, "율곡향약의 사회윤리적 기능", 조선조향약연구(지교헌, 최문형, 박균섭 공저, 민속원, 1991), 106, 117, 142면).

향약의 운영은 일정한 기간마다 정기적으로 향회를 열어 그 간의 교화상황를 보고하고 논의하며, 향촌사회의 제반문제를 해결하는 방법으로 이루어졌다. 그리고 향원간에 분쟁이 발생하였을 때에, 경미한 사건의 경우에는 화해를 권고하는 방법으로 재판기능도 담당하였을 것으로 미루어 짐작된다.

(4) 향약의 발전: 계, 향교, 서원과의 결합

향약은 민중의 교화를 위하여 유학의 가르침의 실천을 목적으로 하였다. 그러나 향약도입 당시의 조선민중의 삶은 극히 어려운 상태에 있었다. "항산(恒産)이 없으면 항심(恒心)이 없다"는 격언에서와 같이, 당시의 피폐한 민중의 삶의 상태에서 고상한 내용의 향약을 실천한다는 것은 현실에 부합하지 않는 것이기도 하였다. 그리하여 이이는 서원향약을 만들었으나, 향약시행을 연기할 것을 주장하였다. 그러면서도 이이는 그 후에 파주향약과 행주향약을 만들어 시행을 하였다. 이와 같이 이황과 이이가 향약을 보급하면서부터 향약이 널리 시행되어 갔다.[181] 향약의 시행으로 향촌사회에 있어서는 사림들이 중앙에서 임명한 지방관들보다도 더 강한 지배력을 가지고 그들의 사회적 기반을 굳히게 되었다.[182]

민중의 교화를 위하여 시작된 향약은 점차 지방의 관립교육기관인 향교와 사립교육기관인 서원과 결합되게 되었다. 왜냐하면 향약의 시행은 수령이나 혹은 지방의 사림이 주도를 하였기 때문에, 유학에 관하여 학식을 가진 자가 주도적으로 향약을 이끌어 갈 수 밖에 없었으며, 그러한 학식 있는 자들은 자연스럽게 향교에 출입을 하고, 서원을 세우거나 서원에 출입하였기 때문이었다. 그리하여 이러한 인적관계에 의하여 향약의 시행이 향교 또는 서원과 결합되는 현상을 빚게 되었다.

이와 같은 향교, 특히 서원과 향약의 결합은 향약의 주도를 향촌의 양반계급이 담당하는 방법으로 일어났지만, 특히 향약계의 모습으로 나타났다. 향약계는 향촌의 사림들이 문묘(文廟)의 향사비(享祀費)의 지변(支辨)과 향교, 서원의 유지경영등을 위하여 결성된 단체로서, 향약에 가맹한 가문으로서 조직이 되었다.[183]

그리고 향약이 계와도 결합하여 동계, 동약 등의 모습으로 나타났다. 특히

---

181) 최완기, "조선조의 서원성립의 제문제", 한국사론 8: 조선전기 서원과 향약(국사편찬위원회, 1983), 10-11면.

182) 상게논문, 11면.

183) 문정창, 전게 한국농촌단체사, 180면.

주현향약은 읍을 기본단위로 하여 기존의 자연촌에서의 동계, 촌계들을 하부조직으로 편입시키고, 향교조직을 이용하였으며, 전지역주민이 의무적으로 참여하도록 하였다.[184)]

이와 같이 향약이 향교, 서원, 계와 결합되어 발전해 나갔다는 것은 지배계층이었던 지방향반세력에 의하여 향약이 주도되고, 따라서 그들의 세력유지를 위하여 향약이 이용될 수 있었음을 보여주는 것이다.

이와 같은 향약과 향교, 서원, 계와의 결합에 의하여, 향약을 통한 수령이나 지방의 양반에 의한 향촌주민의 지배현상에 관하여, 실학자 정약용은 무능한 수령일수록 향약을 향촌통치의 대행기구로 이용하며, 도약정에서 직월에 이르는 향약의 임원직은 토호나 향족들에 의하여 점유되어 있으며, 토호나 향족들은 애잔한 양민들을 각종의 방법으로 수탈하고 있었다고 지적하였다.[185)] 그리하여 다산 정약용은, 향약의 해는 도적보다 더한 것이라고 목민심서에 밝히고 있다.[186)]

이와 같이 향약은 민중들에게 유학의 가르침을 교육하고 민중을 교화하여 향촌사회의 평화를 유지할 의도로 시작이 되었으나, 수령이나 양반들의 이기심으로 인하여 민중을 지배하고 수탈하는 제도로 운영이 되었음을 알 수 있다. 조선사회의 사상적 기반이 된 유학은 그 이념은 모두 고상하였으나, 그 구체적인 실천과정에 있어서는 지배계층의 이기심으로 인하여 민중을 지배하고 수탈하는 방법으로 이용이 되었다. 그것은 근본적으로 유학은 계급질서에 기초하고 있으며, 인간에 관하여 추상적인 인간(Person)만을 보았지, 구체적인 인간(Mensch)을 파악하고자 하는 성찰이 부족하였다. 추상적인 인간은 선한 존재이나 구체적인 인간은 이기적일 수 있다는 사실을 간과한 것이었다. 인간을 선한 존재로 파악한 인간관에 기초한 향약은 이기적인 인간에 의해서는 그들의 이익을 위하여 악용될 수 있었던 것이었다.

그러나 이러한 폐단에도 불구하고 향약은 유교적 예속의 정착, 미풍량속의 생활화에 크게 공헌하였다고 평가된다. 그리하여 향약은 국가법이 아니면서도 국가질서에 기여하면서 향촌사회의 평화를 위한 윤리규범, 도덕규범을 위주로 하는 자치규범으로서 조선사회의 독특한 법의 존재형태였다. 그러나 향반사회

184) 박경하, "18세기 주현향약의 성격: 김홍득의 향약조목을 중심으로", 조선후기향약연구: 대우학술총서 공동연구(향촌사회사연구회 편, 민음사, 1990), 184면.

185) 고승제, 전게논문, 192면.

186) 김용덕, "향약과 향규", 한국사론 8: 조선전기 서원과 향약(국사편찬위원회, 1983), 218면.

의 몰락와 함께 향약도 약화되고 쇠퇴하게 되었다.[187]

## 3. 계

### (1) 민중들의 생존을 위한 공동체로서의 계

인간은 혼자의 힘만으로써는 살아갈 수가 없다. 인간은 공동체를 이루어 함께 힘을 합하여야 살아갈 수 있는 존재이다. 인간은 스스로의 생존을 위해서는 스스로 힘을 합하여 함께 살아갈 방법을 찾게 마련이다.

역사적으로 오랫동안 국가조직을 이루지 못한 게르만민족은 씨족과 부족을 중심으로 하여 공동체적인 삶을 살아왔다. 그러나 일찍부터 강성한 대제국(大帝國)을 건설하였던 로마제국에서의 로마인들은 그들의 국가가 그들 로마인들을 보호해 주었기 때문에 로마인들은 공동체를 조직하지 아니하고 국가의 구성원으로서 살았다. 그리하여 게르만사회의 게르만법은 단체주의적 성격을 띠게 되고, 로마제국에서의 로마법은 개인주의적 성격을 띠게 되었다. 그리고 게르만사회에서는 단체가 많이 성립되고, 따라서 게르만법에서는 법인제도(法人制度)가 발달하였다. 그러나 로마법에서는 법인제도가 발달하지 못하였다.

우리의 전통사회에서는 일찍부터 계급적인 사회를 이루어 매우 개인주의적인 삶을 살았다. 그리하여 일찍부터 사유재산제도가 인정되었다. 그것은 8조의 금법과 부여의 4조의 금법으로부터 추론해 볼 수 있다. 또한 전제군주국가였던 조선시대에도 역시 공동체주의였다기보다는 개인주의적인 성격이 강한 사회였다고 판단된다. 조선시대의 공동체로서는 혈연단체인 가족과 종중이 강한 공동체였다.[188] 그리하여 조선시대에는 서양에서와 같이 개인의 독립존재성이 인정된 것은 아니었지만, 인간관계속에서 개인이 주체성을 유지하여 왔다.

이러한 개인주의적 성격의 우리의 전통사회는, 계급주의와 결합되어, 지배층에게는 피지배층인 민중을 지배하여 지배층의 이익을 유지할 수 있는 이기주의로 발전하고, 따라서 피지배층인 민중은 개인의 인격과 이익을 보호받기 보다는 지배층의 수탈의 대상이 되었을 뿐이었다. 따라서 개인주의적인 성격의 사회구조가 계급주의와 결합할 때에는, 진정으로 개인의 인격을 신장하고 재산을 보호하기 위한 사상 내지 원리로서보다는 지배층의 이기주의로 발전할 수 밖에 없다. 향약이 그러한 사실을 반증하고 있다.

---

187) 이기백, 전게 한국사신론, 281면.
188) 박병호, 전게 한국의 전통사회와 법, 14면.

이와 같이 스스로의 인격과 자신의 이익을 지켜나가기 힘들었던 피지배층의 민중들은 그들 스스로의 생존을 이어가기 위하여 공동체를 형성하지 않을 수 없었다. 이러한 민중의 생존을 위한 민중 스스로의 공동체가 바로 계(契)였다. 계는 바로 민중들이 그들의 생존을 이어가기 위하여 그들 스스로 조직한 공동체이었다.

민중들이 스스로 조직한 공동체의 형태는 조선이전에도 있었다. 그러나 "계"라는 명칭의 민중들의 공동체는 조선시대에 비로소 형성되고 존재하였다. 계는 특히 사회가 혼란하였을 때에 더욱 왕성하게 생성되었다. 조선왕조에서 그 후기의 세도정치와 삼정의 문란으로 사회가 혼란하고 민중의 삶이 극히 어려웠을 때에 민중들이 삶을 이어가기 위해서 계를 더욱더 조직하였던 것이었다. 그러므로 조선말에 민중들의 계의 조직은 양반들의 착취속에서 그들의 삶을 유지하기 위한 자구수단이었다.[189]

계는 향약과 비교해 볼 때에 여러 가지의 특징을 가진 공동체이었다. 먼저 계는 그 조직주체가 민중인 경우가 대부분인데 반하여, 향약은 수령이나 향반이었다. 계는 계원들의 합의에 의하여 성립된 공동체였다. 그러나 향약은 의무적, 강제적으로 향원이 되는 경우가 없지 아니하였다. 계는 민중들이 삶, 즉 생존을 위하여 조직한 공동체였다. 그러나 향약은 유교의 가르침을 통한 교화에 그 목적을 두었다. 계는 토지를 소유하지 아니하였다.[190] 향약도 향약 그 자체가 토지를 소유하지는 않았지만, 향교, 서원과 결합됨으로써, 향교와 서원은 농장을 이룰 정도로 대토지를 소유하기도 하였다.[191] 계원들간의 약속인 계규(契規)는 불문법으로 이루어져 있었다. 그러나 향약은 성문법이었다.

(2) 계의 조직목적과 계의 유형

조를 조직한 목적은 매우 다양하였으며, 그러한 계의 목적에 따라서 계의 유형이 결정되고 계의 유형은 매우 다양하였다. 계의 조직목적으로는 납세, 보험, 식리(殖利), 공동생산, 공동구매, 사행(射倖), 학교경영, 사교, 친목, 풍교유지(風敎維持) 등 그 목적에 특별한 제한이 없이 사람에 필요한 모든 범위에 걸쳐서 매우 다양하였다. 이를 분류해 보면, 납세를 목적으로는 호포계(戶布契)와 군포계(軍布契)가 있었다. 호포계는 요역(徭役)을 면하기 위하여 공동으로 포

189) 변태섭, 전게 한국사신론, 378면.
190) 김삼수, 전게 한국사회경제사연구, 58면.
191) 혈연단체인 종중도 역시 토지를 소유하였다.

(布)를 마련하여 납부하기 위한 계이었으며, 군포계는 군역을 면하기 위하여 공동으로 포를 마련하여 납부하기 위한 계이었다.

공익사업을 목적으로 하는 계로서는 스승을 모시기 위한 제자들로 조직된 학계(學契) 및 서당계(書堂契), 공동으로 산에 나무를 심고 이를 지키고 보호하고 이용하기 위한 송계(松契)[192] 또는 식림계(殖林契), 농사용 물을 확보함에 필요한 공동의 시설을 위한 보계(洑契), 공동으로 수리시설을 축조, 관리하기 위한 제언계(堤堰契) 등이 있었다.

상호부조를 목적으로 한 계로서는 공동으로 혼사를 준비하기 위한 혼인계(婚姻契), 명절 때에 어른들을 모시기 위한 세찬계(歲饌契) 또는 위친계(爲親契), 장사를 위한 상여계(喪輿契) 또는 장계(葬契), 특정의 종중사업을 위하여 종중원으로 구성된 종계(宗契) 및 문계(門契), 종원들의 공동의 놀이를 위한 화수계(花樹契) 등이 있었으며, 산업을 목적으로 하는 계로서는 공동으로 경작에 필요한 소를 구입하여 이용하기 위한 우계(牛契), 말을 구입하여 이용하기 위한 마계(馬契), 공동으로 어구를 구입하고 이용하기 위한 어망계(漁網契), 보부상들로 조직된 보부상계(褓負商契),[193] 소작인들로 구성된 공동으로 경작(즉, 일)하기 위한 소작계(小作契),[194] 공동으로 경작과 누에치기를 하기 위한 농상계(農桑契) 등이 있었다.

그리고 사교를 목적으로 하는 계로서는 사정계(射亭契), 시계(詩契), 유산계(游山契), 동갑계(同甲契), 노인계(老人契),[195] 궁술계(弓術契) 등이 있었다. 또한 금융목적의 계도 있었다. 금융목적의 계로서는 저축계(貯蓄契), 이자계(利子契), 산계(算契), 제용계(濟用契), 흥복계(興福契), 식산계(殖産契) 등의 금융계(金融契)[196]가 있었다.

그리고 때로는 동리의 하층민들로 구성된 지역단위의 촌계(村契), 상하층민 모두의 동리주민들로 조직된 동계(洞契)도 있었으며, 문묘의 성현을 제사지내기 위한 경비조달을 목적으로 하여 개인이 계원이 아니라 가문이 계원이 된 향약계(鄕約契) 등도 있었다.

---

192) 송계는 공리지였던 임야를 토호양반들이 분할하여 사유화함으로써 동리주민들이 공동으로 임야를 공리지(共利地)로 관리하기 위한 계이었다(심희기, 전게논문, 199면).

193) 이 보부상계는 보부상들로 구성된 일종의 길드(guild: gild)적 기능을 하였던 상인단체였다(문정창, 전게 한국농촌단체사, 171면).

194) 이 소작계는 두레와 같은 공동작업을 위한 공동체였다.

195) 동갑계, 노인계 등은 일종의 사교클럽이었다.

196) 비교적 근자의 금융계로는 계금을 타는 방법에 따라서 순번계, 낙찰계 등이 이용되고 있다.

이와 같이 계는 그 목적에 특별한 제한이 없었으며, 삶에 필요한 일이면 어느 것이나 그 일을 위한 계가 조직되었다. 그리고 계는 계원의 자발적이고 자치적인 참여에 의하여 계가 조직 구성되었다. 하층민들 사이의 촌계와 상하층민 모두가 참여한 동계도 역시 동의에 의하여 조직된 계였다.[197)198)] 촌계와 동계의 주요한 소관사는 촌제(村祭)와 두레, 촌회의 조직 운영 및 제언, 교량, 동사 등의 동리의 공공시설의 보수, 유지, 촌회(즉, 동회)에서의 임원의 선출, 공금의 출납보고, 축제의 조직, 혼상에 있어서의 상호부조, 농사의 지도, 감독 등이었다.[199)]

(3) 계의 조직과 운영

계는 계원들간의 계약(契約)에 의하여 성립되었다. 그리고 계원은 다수인 경우가 대부분이지만 때로는 2인만으로도 계가 성립되었다. 그러므로 계는 공동체이긴 하지만, 그 법적성격은 계의 구성원의 수와 조직구성에 따라서 권리능력없는 사단인 경우도 있었고, 조합인 경우도 있고, 때로는 단순한 계약관계인 경우도 있었다. 그러나 모든 계는 공동의 사업을 할 것을 약정한 인적공동체였다. 계를 구성하는 계원들 상호간에 있어서는 서로가 알고 있는 경우도 있었지만, 서로 알지를 못하는 경우도 없지 아니하였다. 계주아래에 중간계주가 있는 경우에는 자기를 지휘하지 아니하는 다른 중간계주 아래의 계원들을 알지 못하는 경우가 없지 아니하였다.

계원의 자격은 계의 유형에 따라서 지역적으로 한정되는 경우도 있었고, 일정한 친족의 범위로 제한되는 경우도 있었고, 일정한 연령으로 제한되는 경우도 있었고, 일정한 직업으로 제한되는 경우도 있었다. 그리하여 계원의 구성방법도 매우 다양하였다.

계의 조직구성에 있어서도 계원이 많아 권리능력 없는 사단으로 운영되는 경우에는 계의 대표자와 실무담당자와 계원으로 구성되어 있었고, 조합의 경우에는 업무담당자와 계원으로 구성되어 있었으며, 극히 소수인 경우에는 계원만으로 구성되어 계약관계로 상시 협의에 의하여 계업무를 수행하였다. 그리하여 계의 조직과 운영도 계의 유형의 다양성만큼 다양하였다. 지금까지 그 생명을

---

197) 촌계는 하층민들로 구성된 지역단위의 계이었으나, 왜란 후 전후복구를 위하여 상층민도 참여한 계가 동계이다(김용덕, 전게 향약신론, 15면, 21면).

198) 때로는 비밀결사의 목적으로 조직된 계도 있었다. 조선중기의 정여립(-1589(선조 22년))의 대동계(大同契), 이몽학의 동갑계(同甲契) 등은 비밀결사를 위한 계였다.

199) 김용덕, 전게논문 "향약신론" 23-24면.

이어오고 있는 식리계(殖利契)의 경우에는 계주가 있고, 계원이 있는 방식으로 운영되며, 때로는 계주 아래에 중간계주를 두어서 계를 운영하는 경우도 있었다.

계의 운영은 일정한 날짜에 계회를 열어서 계업무를 다루는 방식으로도 이루어졌으며, 계원이 소수인 경우에는 상시 계원들간의 협의로 계무(契務)를 수행하는 방식으로도 이루어졌다. 계회는 계원들의 만남의 기회였다. 이와 같이 계는 계원들의 참여에 의하여 운영되었다.

그러나 이러한 계의 조직과 운영에 관하여는 그 기록이 전해지지 않고 있다. 그것은 문자를 해독하지 못하였던 민중들이 계원이 되어 계를 조직하였고, 민중들의 사회적 신분이 낮았기 때문에 계첩(契帖)을 만들기도 하였지만, 민중들 스스로 계에 관하여 그 역사를 자세히 기록하여 전수해 줄 만한 지적 능력과 의식을 갖추지 못하였기 때문인 것으로 추론해 볼 수 있다.

(4) 계의 발전과 영향

삶을 위한 공동체 조직인 계의 기원에 관해서는 학설이 대립되고 있다. 계라는 명칭의 인적공동체는 조선시대에 생성이 되었다. 그러나 삶을 이어가기 위한 상부상조의 인적결합체는 상고시대에도 형성되어 있었다. 계의 명칭 여하를 불문하고 민중의 인적결합체로서의 계는 한국역사에 있어서 가장 긴 생명을 가졌을 뿐만 아니라, 가장 광범위하게 민중 속에서 생활화되어 민중을 결합시킨 사회유기체였다.[200] 왜냐하면 계는 어려운 삶을 살아오면서 민중들이 그들의 생존을 이어가기 위한 방법이었기 때문이었다. 그러므로 계는 특정한 인물이 창조한 것이 아니며, 외국으로부터 전래된 것도 아니며, 한국사에서 자연발생적으로 생성된 것이다.[201]

계의 기원에 관하여는 조선시대의 호포계, 군포계가 그 시초라는 설, 신라시대의 가배(嘉俳)가 그 시작이라는 설, 상고시대에 공동생산을 위하여 여러 사람이 협동결합하게 된 것이 그 시작이라는 설 등이 대립되고 있다.[202] 계의 기원에 있어서는 그 명칭에 관계없이 인류발전의 시원적 단계에서 생성된 원시공산체에 있어서의 상호부조적인 관념과 관행이 발달하여 생성된 유물이라 이해함이 타당하다. 이와 같이 계는 민중들의 상부상조의 원시공산체로부터 생성되었다고 이해함이 타당하다.

200) 김삼수, 전게 한국사회사상사연구, 36면.

201) 상게서, 108면.

202) 김상용, "계에 관한 약간의 고찰", 법학연구 제6권(연세대학교 법학연구소, 1996. 6), 290면.

이러한 원시공산체로서의 민중의 상호부조적인 삶에서는 공동생산 이외에도 공동유흥, 공동회음(共同會飮) 등이 수반되었을 것이다. 이러한 공동적인 생산, 유흥, 회음 등이 바로 계의 원시적 형태였다고 할 수 있다. 이렇게 생성된 계는, 역사의 진행에 따라서 치자계급과 피치자계급으로의 계급의 분화가 일어나고, 치자계급의 가렴주구(苛斂誅求)에 대해서 민중이 스스로 상호부조적으로 자신들의 삶을 이어가기 위한 방법으로서 계가 발전하게 되었다. 그리하여 사회가 혼란하여 민중들의 삶이 어려웠을 때에 계가 더욱 발전하였다.

계의 기원은 상고사회에서의 원시공산체로 이해될 수 있으나, 기록으로 나타나는 구체적인 민중들의 공동체로서의 활동으로는 신라의 가배가 그 효시인 것으로 파악된다.[203] 고려시대에는 보(寶)가 공동체로서, 이 보가 계의 전신 내지 선행형태였다.[204] 보는 불교가 성행하였을 때에 법회, 공양, 연등회, 팔관회 등의 불교의 행사나 사원(寺院)경영을 위한 재정조달 목적의 식리(殖利)로 출발하였다.

조선시대에는 계가 크게 발달하고 번성하였다. 특히 조선말에 세도정치와 삼정의 문란으로 사회가 혼란하고 경제가 어려웠을 때에 민중들이 공동의 노력으로 삶을 이어가기 위해서 계가 크게 번성을 하였다. 그러나 조선말에 사회가 개인주의적인 자본주의 사회로 발전하면서, 금융계는 크게 번성하였으나 다른 계들은 점차 약화되었다.

이와 같은 계는 한민족의 고유한 공동체이었으며, 바로 민중들의 협동정신에서부터 생성되고 발전된 것이다. 그러므로 계는 한민족의 협동정신의 표현형태, 즉 협동정신체였다고 할 수 있다.[205] 그런데 일제는 계를 탄압하였다. 식민지 초기의 조선총독부는 계에 대하여 방임주의를 취하였으나, 일부지방의 금융에 관한 계가 자금을 둘러싼 부정사건이 속출하여 피해가 많았기 때문에 1923년에 "계의 취체(取締)에 관한 규칙"을 반포하여 금융에 관한 계의 조직에는 경찰서장의 허가를 얻도록 단속하였다.[206] 그리하여 일제는 비제도금융인 금융계를 무진(無盡)이라는 제도금융으로 흡수하고자 하였다. 일제는 단순히 금융계만을 탄압하고자 한 것은 아니었으며, 일제에 저항할 수 있는 조선의 협동단체인 공동체를 없애려는 목적하에서 계를 해산하고 탄압하였던 것이었다. 근본

203) 김삼수, 전게 한국사회사상사연구, 108면.
204) 상게서, 289면.
205) 상게서, 112면.
206) 문정창, 전게 한국농촌단체사, 174면.

적으로 일제는 식민지 지배를 위하여 우리의 모든 전통에 대한 부정적 태도를 가졌다.[207)]

그리고 해방 후에는 제도금융기관에 의한 금융의 경색(梗塞)과 인플레이션 때문에 고리(高利)의 투기적인 영리목적의 계가 부흥을 하였다. 그러나 비제도 금융이었던 금융계(金融契)가 소위 계파동이라는 사회문제를 야기함에 따라서, 비제도금융인 금융계를 제도금융인 상호부금으로 전환하고자 하였다. 그리하여 점차 제도금융의 확충에 따라서 금융계는 그 생명이 약화되었다.

### 4. 서 원

#### (1) 서원의 의의와 설립배경

서원은 조선시대의 사립의 교육기관이었다. 조선시대의 관립의 교육기관으로는 최고의 교육기관인 성균관과 한성의 사학[208)] 및 지방의 향교가 있었으며, 사립의 서원과 서당[209)]이 있었다. 향교나 서원은 다같이 유학, 그 중에서도 주자학을 가르치는 교육기관이었다. 그러나 그 설립주체와 설립배경을 각각 달랐다.

성균관과 사학은 선초(鮮初)에 이미 설립이 되었다. 그러나 선초부터 시작된 이성계의 역성혁명에 찬성하고 관계(官界)에 진출한 유학자도 있었지만, 많은 유학자들이 역성혁명에 반대하고 향리로 돌아가 주자학과 서당, 서재 등을 통한 학문과 후진양성에 몰두하였다. 그리고 훈구파와 사림파의 대립으로 발생한 사화로 인하여 뜻있는 유학자들이 관직을 물러나 초야에 묻히고자 하는 경향이 나타났다.[210)] 특히 연산군 시절에는 유생들이 경서(經書)를 인용하여 연산군의 실정(失政)을 폭로하였기 때문에, 연산군은 경서를 불사르고, 성균관을 연락(宴樂)의 장소로 만들고, 학자들의 독서를 금하기조차 하였다.[211)]

이러한 사회사정으로 인하여 관학이 부진하게 되고, 따라서 향교가 그 본래의 교육적 기능을 제대로 수행하지 못하였다. 이러한 상황을 타개하기 위하여 중종, 명종대에는 흥학정책(興學政策)을 펴게 되었다. 이와 같이 관학(官學)이 부진한

---

207) 김용덕, 전게논문 "향약신론", 27면.

208) 사학(四學)은 한성(漢城)에 설립한 東學, 西學, 中學, 南學의 4개 관립학교였다.

209) 서당(書堂)은 사숙(私塾)으로서 훈장이라는 선생에 의해서 천자문, 통감, 소학 등을 익히고 습자를 배우는 방법으로 이루어지는 기초적인 소양을 갖추는 교육기관이었다.

210) 이와 같이 사화(士禍)는 학문의 지방분산화를 촉진하였던 것이었다(정순목, "서원의 교육문화적 성격", 한국사론 8: 조선전기 서원과 향약(국사편찬위원회 편, 1983), 121면.)

211) 최완기, "조선조 서원성립의 제문제", 한국사론 8: 조선전기 서원과 향약(국사편찬위원회, 1983), 16면.

상태에서 사학이 일어나게 되고, 국왕의 흥학정책에 힘입어 초야(草野)에 머물러 있던 사림들이 중심이 되어 사학(私學)으로서 서원이 설립될 수 있게 되었다.[212]

조선왕조의 최초의 서원은 1543년(중종 38년)에 설립된 백운동서원이었다. 백운동서원은 그 후 사액서원(賜額書院)이 되어[213] 그 이름을 소수서원이라 하고, 국가로부터 서적과 토지 및 노비를 수여받았다. 백운동서원으로 시작된 조선의 서원은 퇴계의 서원장려에 힘입어 선조대에는 150여개에 달하였다.[214] 서원은 성현을 모시고 주자학을 교육하는 방식의 모범교육 내지 모방교육을 하였다.[215] 그리고 서원에서의 교육내용은 예교(禮敎)와 정교(政敎)였다. 예교(禮敎)는 염치와 절의(節義)를 궁리함을 말하며, 정교(政敎)는 명성학(明聖學)하여 왕도를 옳게 행함을 말한다.[216] 그리하여 서원교육은 인간교육을 바탕으로 하여 국가사회를 천리(天理)에 따라서 건설하고자 하는 것이 그 궁극적인 목적이었다. 그리하여 서원은 조선사회에 있어서 사림들에 의한 문화적 길드였다고 할 수 있다.[217]

이와 같이 서원은 사림을 중심으로 하여 건설되었기 때문에 사림들의 향촌기지가 되었다.[218] 그리고 사림을 중심으로 향약이 시행되고, 향약의 모임을 서원에서도 갖게 되었기 때문에 서원은 향약의 시행에도 관계를 갖게 되었으며, 서원에 출입하는 향반들이 학계 등을 조직함으로써 계와도 결합되었다. 또한 서원에서는 예교(禮敎)를 하였으므로 예교의 내용이 향약의 작성에 기여하였을 것이며, 계의 운영에도 영향을 주었을 것으로 이해된다. 그리고 서원은 사론(士論)이나 공론(公論)의 중심지로서 지방수령은 물론 중앙관아에서의 공무수행에 영향을 주기도 하였다. 그리하여 서원도 조선시대에 민중법의 형성에 직·간접적으로 기여하였을 것으로 미루어 짐작된다.

(2) 서원의 발전, 그리고 폐해와 해체

서원은 중종대에 시작이 되어 급속도로 성장·발전해 나갔다. 왜냐하면 사

212) 서원, 향교, 종중은 토지를 소유하였다. 그리하여 서원, 향교, 종중은 조선시대의 법인이었다. 이러한 법인이외에도 조선시대의 법인으로는 사원(寺院), 왕실도 토지를 소유하여 그들도 법인으로서의 성격이 인정된다(Chongko Choi, Law and Justice in Korea, p. 114).

213) 사액(賜額)이란 왕의 인정을 받는다는 것으로서 서원의 사회적 지위를 높이는 것일 뿐만 아니라, 면세, 면역의 특전을 향유한다는 실질적인 이득이 따랐다.

214) 민병하, "서원의 농장", 한국사론 8: 조선전기 서원과 향약(국사편찬위원회 편, 1983), 137면.

215) 박균섭, 전게논문, 194면.

216) 강주진, "서원과 그 사회적 기능", 한국사론 8: 조선전기 서원과 향약(국사편찬위원회 편, 1983), 64면.

217) 정순목, 전게논문, 133면.

218) 최완기, 전게 논문, 22면.

화로 인하여 사림들이 관계에 진출하기 보다는 향촌에 은거하여 생활하였기 때문이었다. 따라서 서원의 발전은 관립학교인 향교의 부진을 더욱 가속화시켰다. 서원은 지방의 교육기관이었지만 토지와 노비를 소유하고, 면세, 면역의 특전을 누렸으며, 향촌 사림들의 세력기지가 되어갔다. 그리하여 점차 이러한 서원의 역기능이 나타나게 되었다. 즉, 향교가 황폐화하고, 한민(閑民)을 보노(保奴)로서 서원에서 일하게 함으로써 군역을 피하게 하고, 서원의 춘추제물의 조달에 관을 동원하여 부정이 생기고, 향사자(享祀者)에 대한 논의가 분분하여 서원 출입자 서로간에 적대적인 관계가 형성되었다.[219]

그리고 서원을 기지(基地)로 하여 당쟁이 일어나게 되고 당쟁이 격화되어 갔다. 결국 서원은 당쟁의 후방기지 역할을 하였다.[220] 또한 주자학의 명분론에 기초한 공허한 예에 관한 다툼인 예송(禮訟)의 중심지가 되었다.

또한 서원은 그 수도 더해만 갔다. 숙종조(1675-1720년) 때에는 서원이 1읍에 7-8개, 1도에 80-90개가 있었으며, 넓은 전토(田土)를 소유하여 서원이 농장을 운영하였으며, 한정(閑丁)을 모입(募入)하여 무위도식케 하였으며, 무가치한 폐습만을 만들어 내어 그 폐해가 막심하였다.

그리하여 영조(1725-1776년)이후에는 서원정리의 문제가 제기되어 서원설립을 극도로 제한하였다. 드디어 1857년(고종 8년) 대원군은 서원의 역기능을 일소하기 위해 서원철폐 조치를 단행하여, 전국의 600여개의 서원을 철폐하고, 47개의 서원만을 존치케 하였다.

### 5. 종　　중

#### (1) 종중의 생성과 발전

종중(宗中)도 조선의 민중법의 형성에 기여하였을 것으로 추론된다. 종중은 혈연공동체이면서 제사공동체로서 조선시대의 강한 종족집단으로서의 공동체였다. 조선시대는 주자학이 사회적 가치를 결정하는 기준이 된 사회였고, 사농공상의 계급적 사회였으며, 문(文)을 중히 여긴 사회였으며, 출신가문을 중시하였다. 그리고 조선사회는 사화와 당쟁이 계속적으로 이어진 어쩌면 불안의 사회였다.

그러므로 조선사회에서 삶을 이어가기 위해서는 서로 공동체를 조직하여

219) 강주진, 전게논문, 87면.
220) 상게논문, 3면.

서로 결속하여야할 필요성이 강하였다. 그러한 공동체로서의 최고의 지위에는 왕조인 국가가 있었다. 그러나 국가는 백성을 지배하는 것이 중대사였다. 국가가 백성을 충분히 보호하고 생을 보장해 주지 아니하므로,[221] 백성들은 그들의 삶을 이어가기 위하여 자연발생적으로 또는 인위적으로 국가하위의 공동체를 결성해 나갔던 것이다. 사림들은 서원을 중심으로 결속을 하고, 민중은 계를 통해서 결속을 하고, 수령과 향반은 향약을 통하여 민중을 자기의 지배하에 두고자 하였다.

이러한 공동체외에도 혈연으로 맺어진 종족집단간에는 종중이라는 공동체를 형성하여 가문의 위상을 지키고 혈연상호간의 결속을 다지고자 하였다.[222] 특히 종중은 양반계층을 중심으로 하여 결성되었으며, 사화와 당쟁의 혼란시대에 더욱 강하게 결성되었던 것이었다. 그리고 종중은 족보를 만들어 혈연상호간의 혈통관계와 동족관계를 문서로 확인하였다. 이러한 족보(族譜)는 당쟁이 심하였을 때에 더욱 성행하였다.[223]

종중은 족보를 통하여 종중구성원간의 동족관계를 알려주었으며, 종중은 종중구성원으로 하여금 동족관계에 따르는 상장제례[224]의 윤리규범인 예(禮)를 실천하도록 하는 매개역할을 하였다. 그리고 종중은 재산을 소유하였다. 그러므로 종중재산에 관한 규범도 형성되었을 것이다. 이러한 종중을 통한 예의 실천과 종중재산의 형성과 관리는 조선시대의 민중법 형성의 또 하나의 모습이었다고 평가할 수 있을 것이다.

(2) 종중관련 법제도들의 변천

종중에 관하여 이를 법사학적 견지에서 보다 상세히 살펴보면, 먼저 종중은 한국에만 특이한 친족단체이다.[225] 그리고 종중의 생성에 관하여 종중이 자연발생적이었는가, 아니면 인위적으로 생성되었느냐에 관하여는 견해가 대립된다.

---

221) "가난은 나라도 구하지 못한다"는 격언이 있다. 이는 바로 국가가 백성들의 삶을 보호, 보장해 주지 못했다는 표현으로 해석된다.

222) 종중의 구성원의 자격에 관하여 종래에는 공동선조와 성(姓)과 본(本)을 같이 하는 후손으로서 성년 남자만에 한정된다고 이해되었으며 판례도 그러한 입장에 있었으나, 근자에는 성별의 구분없이 여자도 성년이 되면 당연히 종중구성원이 된다고 한다(대법원(전원합의체), 2005. 7. 21 선고 2002다1178 판결).

223) 이기백, 전게 한국사신론, 254면.

224) 상장제례(喪葬祭禮)의 예를 가례(家禮)라 하며, 이러한 가례는 주자학이 들어온 이래 주자가례에 따라서 행하여졌다. 양반들에게 이 주자가례는 강제성을 띠고 있었으며, 무의식적으로 행하여져 왔다(이기백, 상게서, 255면).

225) 정긍식, 한국근대법사고(박영사, 2002), 279면.

일반적으로 종중이라는 단체는 자연발생적인 단체로 이해되고 있으나, 종중은 그 설립을 위하여 종약을 정하는 것에 미루어보면 종중은 인위적인 단체로 볼 수 있다는 견해가 있다.[226]

그리고 종중과 관련된 법제도로서는 종중의 법적성질, 종중의 구성원의 자격, 종손권의 인정여부, 종중재산의 소유형태 등이 주로 문제된다. 이러한 종중과 관련된 법적문제는 후세의 관습조사와 판례를 통하여 점진적으로 명백히 밝혀지고 있다. 그러나 지금까지의 관습조사는 일제(日帝)에 의하여 이루어진 것이며,[227] 판례도 주로 일제시대의 조선고등법원 판결에 의하여 형성되었기 때문에 식민지 정책의 실천을 위하여 그 본질이 왜곡된 면이 없지 아니하다. 지금까지의 관습조사와 판례를 중심으로 종중에 관련된 법적 문제를 살펴보면, 종중원의 자격에 관하여 조선고등법원은 가(家)의 장(長)인 가장(즉, 호주)만이 종중원이 된다고 판결하였다.[228] 그러나 해방 후에는 대법원에서 종중원은 호주만이 아니라 성년남자가 된다고 종중원의 자격을 확대 인정하였다.[229] 지금은 종중원의 자격을 더욱 확대하여 성년의 여자도 역시 종중원이 된다고 판결하고 있다.[230]

그리고 종중의 대표자에 관해서, 종중의 제사에 있어서는 종손이 대표자가 되지만, 제사 이외의 종중재산의 관리 등의 종무(宗務)에 관하여는 종손이 반드시 종중을 대표하는 것은 아니었다고 한다.[231] 그리고 종중대표자의 선임은 성년남자로 구성되는 종중회의에서 과반수로 결정하여야 한다고 하였다.[232] 이 회의에는 대리가 허용되지 않으며, 출석한 종중원들의 결의는 결석한 종중원에게도 효력이 있다.[233]

종손권(宗孫權)을 인정할 수 있느냐에 관해서 조선고등법원의 판례는 초기에는 이를 인정하였으나 점차 부인하는 방향으로 발전하였다. 즉, 초기에는 종

226) 상게서, 285-286면.

227) 관습조사는 1908년 5월에서 1910년 9월까지에 걸쳐 통감부의 부동산법조사회와 법전조사국에 의하여 이루어지고, 그 조사결과를 토대로 하여 조선총독부가 1910년과 1912년 그리고 1913년에 관습조사보고서로 간행하였다.

228) 조선고등법원 판결 1916. 12. 19. 1916민상169; 1917. 10. 19. 1917민상48; 1919. 10. 21. 1919민상230; 1930. 6. 24. 1930민상223.

229) 대판 1973. 7. 10. 72다 1918.

230) 대판(전원합의체) 2005. 7. 21. 2002다1178.

231) 정긍식, 전게 한국근대법사고, 289면.

232) 앞으로는 성년의 여자도 참석하는 종회에서 대표자를 선임하여야 한다.

233) 정긍식, 전게 한국근대법사고, 290면.

손권은 호주권, 재산권, 제사권 등을 통칭하는 것으로 일문(一門)의 종손이 본계(本系)를 상속하면 호주권, 재산권뿐만 아니라 문조(門祖)의 제사권까지 상속한다고 하였으나,[234] 점차 종손권의 법적존재를 부인하고 제사권은 단지 조상을 제사할 도덕상의 의무에 불과하다고 판결하였다.[235] 이와 같이 일제시대에는 제사권을 법적인 권리로 인정하다가 점차 도덕상의 권리 내지 의무로 약화시켰다.

그리고 종중재산에 대한 소유형태에 관해서는 많은 변천을 거쳤다. 조선시대에는 종중도 토지를 소유하였다. 그런데 일제에 의한 토지사업과 사정(査定)에 의한 토지소유권자의 확정 및 소유자명의로의 등기시에, 당시의 토지조사령(1912), 조선임야조사령(1918) 및 조선민사령(1912)에 의하여 의용된 일본의 부동산등기법에서는 비법인사단에 대해서는 사정능력(査定能力) 및 등기능력이 인정되지 아니하였기 때문에 종중명의로 사정 및 등기할 수 없었으며, 따라서 종중의 대표자명의로 사정받고 등기할 수밖에 없었다. 그리하여 종중재산의 대표자 명의로의 사정과 등기가 허용됨으로써 명의신탁이론이 형성되어 발전하게 되었다.

그리고 종중의 토지소유의 법적 형태에 관해서 초기에는 종중재산의 형성과정과 관련하여 누가 종중재산을 형성하였느냐에 따라서 결정하였다. 즉, 종손이 형성하였으면 그 종중재산을 종손의 단독소유라고 하고[236] 종중원이 공동으로 형성하였으면 종중소유라고 하였다.[237] 그리고 종중소유로 인정될 때의 공동소유의 형태에 관해서는, 초기에는 공유라고 이해하고 판결하였으나,[238] 점차 합유로 판결하다가,[239] 오늘날은 총유로 판결하고 있다.[240] 이와 같이 종중재산의 공동소유의 형태에 대한 판결의 변천은, 일본민법에서는 공동소유로서 공유만을 규정하였으나, 점차 공유와는 다른 합유가 존재한다는 것이 독일의 게르만법학자들의 연구결과와 독일민법상의 합유에 관한 내용이 일본에 알려지고

234) 조선고등법원 판결 1913. 10. 21. 大正2 민상258; 1917. 12. 11. 大正6 민상223.

235) 조선고등법원 판결 1933. 3. 3. 昭和7 민상626

236) 조선고등법원 판결 1912. 12. 3. 大正1 민상44; 1917. 7. 9. 大正6 민상58.

237) 조선고등법원 판결 1913. 9. 12. 大正2 민상216; 1916. 12. 28. 大正5 민상293; 1925. 11. 17. 大正14 민상255.

238) 조선고등법원 판결 1916. 1. 21. 大正5 민상251; 1916. 10. 27. 大正5 민상113; 1917. 7. 9. 大正6 민상58.

239) 조선고등법원 판결 1927. 9. 23. 昭和2 민상223; 1934. 10. 2. 昭和9 민상304.

240) 대판 1966. 9. 27. 66다1343; 대판 1972. 2. 22. 71다2476; 대판 1985. 10. 22. 83다카2396, 2397.

연구됨으로써 종중재산을 합유로 판결하였다. 그러나 우리의 현행민법에서는 공동소유의 형태로 공유, 합유 이외에 총유까지 규정하게 되자, 그 이후로부터는 종중재산을 총유로 판결하고 있다.

종중에 관하여는 이와 같이 독특한 법제도가 발전하였을 뿐만 아니라, 오늘날에도 종중은 보호받고 또한 숭상되고 있다. 이는 계에 대해서 억압하는 태도와는 크게 다른 것이다. 오늘날의 실정법상 권리 능력 없는 사단으로서의 종중을 보호하는 법규정들은, 먼저 민사소송법에서 종중에 당사자능력을 인정하며(동법 제52조), 부동산등기법에서는 종중에 등기능력을 인정하고(동법 제26조), 부동산실권리자명의등기에 관한 법률에서는 종중재산에 대하여는 명의신탁을 허용하고(동법 제8조, 제11조 제1항 단서) 있다.

## 제 5 절 한국전통법사에서의 토지법과 노비법

### Ⅰ. 개　　설

한국전통사회에서는 토지와 노비가 가장 중요한 재산이었다. 한국의 전통사회는 오랫동안 농경사회를 유지하여 왔기 때문에, 토지는 가장 중요한 생산수단이자 가장 중요한 재산이었으며, 노비는 기계가 사용되기 이전에는 농경을 위한 가장 중요한 수단이었다. 그리고 일찍부터 노비제가 시행이 되었으며, 사유재산도 인정되었던 것으로 고조선의 8조금법으로부터도 부여의 4조금법으로부터도 알 수 있다. 또한 한국의 전통사회는 계급주의사회를 유지하여왔기 때문에 치자계층의 가장 중요한 재산이 노비와 토지였으며, 노비와 토지의 소유가 치자계급의 상징이기도 하였으며, 치자들의 계급유지를 위한 수단이기도 하였다. 그러므로 피치자계급에게는 노비의 소유가 가능할 수가 없었으며, 토지를 경작은 하였지만 토지의 소유는 극히 어려웠을 것으로 판단된다.

이와 같은 토지와 노비에 관한 토지법과 노비법은 자연히 치자들의 지위와 이익을 확보하고 유지할 수 있는 방향과 내용으로 토지와 노비를 지배할 수 있는 제도와 법으로 구성되어 왔을 것임은 자명하다 할 것이다. 그리고 한국의 전통사회가 단체주의적이라기보다는 개인주의적인 성격이 강하였던 것으로 진단이 되므로, 토지법과 노비법도 역시 개인주의적 성향이 강하게 전개되었을 것으로 이해된다. 이러한 개인주의적 성향의 한국의 전통사회의 성격은 토지법과 노비법에서는 치자·식자들의 이기적 방향과 내용으로 발전되고, 국가법도 개인주의적, 이기주의적 방향과 내용으로 토지법과 노비법을 규정하였을 것으로 생각된다.

국가의 성립과 사유재산제의 성립에 관하여 서양에서의 사회계약설과 인간성설을 한국의 전통사회에서의 국가성립과 토지에 대한 사유재산의 성립에 그대로 적용하기는 어려울 것으로 판단된다. 서양에서는 국가가 성립한 것은 평화롭고 목가적인 자연상태의 유지를 위하여[241] 또는 만인에 대한 만인의 투쟁상태인 자연상태를 극복하기 위하여[242] 인민이 사회계약에 의하여 국가를 조직하였다고 보는 것이 주된 학설이다. 그리고 인간은 자유로운 인격적 존재로서 자기의 인격을 자유롭게 전개하기 위한 재산적 기초로서 자유재산제가 인정되었다고 하는 인간성설이 사유재산제 인정의 가장 일반적인 근거로 받아들여지고 있다.[243] 그런데 이러한 사회계약설 및 인격권설은 인간 개인을 인격적 존재로 인정하며, 시민의식의 성장에 의하여 위로부터 통치되던 구(舊)체제를 아래로부터의 시민혁명에 의하여 완전히 전복한 역사적 경험을 겪은 나라에서의 국가조직 및 사유재산제의 인정근거이다.

그러나 시민의식의 성장도 시민혁명의 경험도 없는 우리의 전통사회에서의 국가(즉, 왕조)성립의 근거와 사유재산제의 성립은 사회계약설 및 인간성설로 설명하는 것은 적절하다고 할 수 없다. 오히려 국가성립은 정복설로, 사유재산제의 성립은 선점설(先占說)로 설명함이 더 적절하다고 생각된다. 국가는 실력자가 경쟁자를 물리치고 지배영역을 확대함으로써 성립되었다고 봄이 타당하며, 사유재산제는 실력자가 자연상태의 토지를 먼저 선점하여 그의 점유를 독점적 지배로 강화하고, 그러한 독점적 점유지배를 법적으로도 보호하게 되어 성립되었다고 설명함이 적절할 것으로 해석된다. 이러한 토지의 점유와 지배를 강화할 수 있는 자는 지배계층일 수밖에 없었다고 이해된다.

이와 같이 한국의 전통사회에서는 토지와 노비가 가장 중요한 재산이었으며, 조선시대에는 이에 관한 토지법과 노비법이 국가제정법으로 입법이 되어 있었기 때문에, 본서(本書)에서도 조선시대의 토지법과 노비법을 중심으로 한

---

241) 이는 John Locke의 주장이다.
242) 이는 Thomas Hobbes의 주장이다.
243) 김상용, 물권법(전정판 증보, 법문사, 2006), 312면.

국전통사회의 토지제도와 노비제도를 살펴보기로 한다.

## Ⅱ. 토 지 법

### 1. 왕토사상과 토지사유제와의 긴장관계

중국과 한국의 전통사회에서는 토지에 관한 기본적인 사상으로 왕토사상(王土思想)이 지배하고 있었다. 왕토사상의 근원은 시경(詩經) 소아편(小雅篇)의 시구(詩句)로서, "하늘아래에 왕의 땅이 아님이 없고, 온 땅끝까지에 왕의 신하가 아닌 이가 없다"(溥天之下, 莫非王土, 率土之濱, 莫非王臣)는 글로부터 유래하였다. 이 시경의 시구로부터 토지에 관한 사상인 왕토사상이 배태되고 발전, 유지되어 왔다.

이러한 왕토사상이 토지에 관한 기본사상 내지 기본철학이었지만, 구체적으로 왕토사상이 어떠한 토지제도의 기초사상을 내포하고 있는 가에 관하여는 학설이 대립되어 왔다. 종래에는, 왕토사상은 토지국유제를 표방하고 있는 토지사상이라고 이해하여 왔다. 그리하여 왕토사상으로부터 토지국유설을 도출하였다.

그러나 근자에는 왕토사상은 토지가 국유에 속한다는 토지국유설을 표방한 것이 아니라, 토지에 대해서는 국가(즉, 왕)가 규제와 통제를 할 수 있다는 정도의 토지에 대한 국가간섭의 가능성을 표방하는 사상 내지 토지는 국가법의 적용을 받는다는 뜻에 불과하며, 토지는 사유에 속하였다고 하는 토지사유설이 설득력을 얻고 있다.[244] 또한 모든 국토가 왕토라는 왕토사상은 극히 관념적인 것이어서 모든 토지가 국유였다는 것을 뜻하지는 않는다고 한다.[245]

특히 조선왕조에서의 국가제정법에서는 토지의 매매, 대차, 전당을 인정하고 토지의 상속을 인정하였다. 그리고 조선왕조에서는 민전주(民田主)의 법적 지위를 강하게 보호하여, 민전주의 토지지배의 상태가 그 유례를 찾아보기 어려울 정도로 절대성과 관념성을 구비한 자유소유권이었다.[246] 그러므로 조선왕조에서의 토지는 사적 지배의 대상이었으며, 토지에 대한 사소유권이 인정되었다고 할 수 있다.

그러나 다른 한편으로 조선시대에 조선의 토지는 중국황제가 준 것이라는

---

244) 박병호, 한국법제사고(법문사, 1974), 124면 이하; 심희기, "조선시대의 토지법과 토지소유관계", 한국법사학논총: 박병호교수환갑기념(Ⅱ)(박영사, 1991), 197면.

245) 이기백, 한국사신론 제9판(일조각, 1971), 142면.

246) 심희기, 상게논문, 197면.

국토천자사여론(國土天子賜與論)이 주장되기도 하였으며, 조선후기에 토지질서가 문란하여 이를 해결하기 위하여 실학자들이 토지개혁을 주장하였을 때에는 왕토사상을 그 토지개혁의 근거로 내세웠다. 이러한 경우의 왕토사상은 토지국유설에 입각하고 있었다고 해석된다. 그리고 왕능을 축조할 때에는 비록 사인의 토지라 하더라도 국가에서 임의로 사용하였으며, 산림과 천택(川澤)은 이를 공리지(共利地)라 하여 백성들의 공용지였다.[247] 이와 같은 측면에서는 토지에 대한 국가지배가 강하게 인정되어 토지국유설이 보다 타당한 견해로 이해된다.

조선시대에 토지에 대한 자유거래와 상속이 국가제정법으로 인정되어 토지가 사유였다고 하지만, 대부분의 토지는 왕실과 치자계층의 소유이었으며, 향교, 서원, 종중 등의 조선사회의 치자·식자계층에 의하여 소유되었다고 함이 타당하다. 비록 양민이나 노비가 토지를 소유하기는 하였지만, 그 비중을 극히 미미하였던 것으로 짐작된다. 민중들도 충분한 양의 토지를 소유하고 그 소유토지를 자유로이 거래할 수 있었다면 민중의 삶이 그렇게 어려웠겠는가 하는 의문을 가져볼 수 있다. 그러므로 대부분의 토지는 왕실과 치자·식자계층에서 소유되었고, 그들의 소유토지에 대한 자유로운 거래가 인정된 것으로 해석된다.

그리고 한국전통사회의 사유재산, 특히 토지사소유의 인정은 바로 세력가들의 토지선점에 의하여 시작되고, 그들이 당시 사회의 치자·식자계층이었기 때문에 그들의 지위와 이익을 보호할 수 있도록 자유로운 거래가 용인되었을 것이다. 또한 국가의 제정법도 역시 치자·식자계층들에 의하여 만들어짐으로써 그들의 선점에 의한 토지지배를 강하게 보호하는 입법을 하였을 것으로 이해된다. 왕조(즉, 국가)는 토지가 이념적으로는 국유에 속하지만, 현실적으로는 치자·식자계층의 토지지배를 배제할 수 없었으므로 치자·식자계층의 토지지배를 그대로 인정할 수밖에 없었을 것이다. 그리하여 토지의 사적지배가 강하게 인정되어, 그러한 지배가 토지사유로 굳어진 것으로 해석된다. 그리고 토지의 사적소유는 치자·식자계층에 집중되어 있었다고 이해된다.

이와 같이 왕토사상과 토지의 사적 소유간에는 긴장관계에 있었다고 해석된다. 그러나 기본적, 이념적으로는 토지는 국유에 속하였다고 이해된다. 그것은 공리지의 관념과 제도에서도 찾아볼 수 있다. 따라서 모든 토지는 공리지로서 백성들 모두의 것이었다. 그러나 세력가들에 의한 선점에 의하여 그 지배가

247) 상게논문, 198면.

굳어져 사소유로 발전하고, 국가제정법도 그러한 사적 지배를 법적으로 용인하였다고 해석된다. 역사의 흐름에 따라 경작지였던 전답(田畓)에 대해서는 사적 소유가 확립되고, 조선시대에는 공리지가 임야에만 그 관념과 제도가 남게 되었다고 보여진다.

이처럼 선점으로 시작된 토지에 대한 사적소유는, 토지의 경작자들이었던 민중의 삶을 윤택하게 하는 방향으로 보다는 민중을 수탈하는 방향으로, 즉 이기적인 방향으로 행사되었다. 그리하여 이기적인 사적인 토지소유권의 행사는, 사적 토지소유제도를 문란케 하고, 토지제도의 문란은 민중의 삶의 어려움으로 이어지고, 그러한 어려운 삶으로부터 민중을 구하기 위하여 실학자들은 왕토사상에 의한 토지국유제에 근거하여 토지개혁을 주장하였다.

### 2. 조선왕조 이전의 한국전통사회에서의 토지제도

상고시대의 전통한국에서의 토지제도가 어떠한 모습이었을 가에 관하여는 정확히는 알 수가 없다. 그러나 삼국시대에 와서는 국가가 조직되고, 점차 중앙집권적인 국가로의 발전과 함께 토지는 국유가 되었을 것으로 이해된다.[248] 그리고 왕은 전쟁이나 기타 국가의 공훈에 따라서 사전(賜田)과 식읍(食邑)을 하사하였다. 또한 3국이 중앙집권적인 국가로 발전하였다고 하더라도, 지방의 세력가들이 그 지방에 강한 지배력을 갖고 있었을 것이며, 중앙에서는 그들 지방세력의 견제와 유화를 위하여 그 지방 전체의 토지와 백성 모두에 대해 그 지방세력가의 지배를 인정하는 조치를 취하였을 것으로 추론된다. 신라의 녹읍(綠邑)이라는 것은 바로 이러한 신라를 구성하고 있던 부족장들이 지배한 토지였다. 따라서 삼국시대에 일반 백성은 토지를 소유하지 못하고, 경작의무와 조세 및 요역의 부담을 지고 있었다고 이해된다.

고려시대에도 역시 토지는 국유가 원칙이었으며, 당(唐)의 균전제를 모방하여 전시과(田柴科)를 실시하였다. 전시과는 토지를 공전과 사전으로 나누고, 현직의 관리는 물론 물러나 있는 관리와 기타의 기관에 사전으로 전지(田地)와 시지(柴地)를 급여한 토지배분방법이었다. 고려시대의 공전과 사전의 구별은 토지소유권이 국가인가 관리나 기타 기관인가에 따른 구분이 아니고, 토지세 및 토지사용료의 성질을 가진 수조권(收租權)이 국가에 귀속된 토지는 공전이

248) 변태섭, 한국사요론(삼영사, 1973), 80면.

었으며, 관리나 기타 기관에 귀속되어 있는 토지는 사전이었다. 사전(私田)에는 시산(時散)을 막론하고 관리에게 지급된 과전(科田), 5품 이상의 관리에게 지급된 공음전,[249] 중앙 및 지방의 국가기관에 준 공해전,[250] 군인에게 지급된 군인전, 지방의 향리들에게 지급된 외역전 등이 있었다. 이러한 사전 중 과전은 세습이 인정되지 아니하였으나, 공음전, 외역전, 군인전은 세습이 허용되었다. 그러나 사실상에 있어서는 과전도 많은 경우에 세습이 되어갔다.[251]

이러한 토지국유제에 기초한 고려의 전시과제는 귀족사회의 발달에 따라서 점차 사전이 확대되었다. 그리고 영업전[252]이 확대되고, 과전을 세습하고, 세력가들은 권력으로 토지를 겸병하고, 사원도 많은 토지를 차지하게 되었다. 무신란[253]과 몽고지배 이후에는 전시과제의 토지제도는 붕괴되어 사전은 무한히 확대되었으며, 세습되어 갔다. 그리하여 권력으로 확대, 병탈한 토지를 농장으로 만들어 장사(莊舍)를 짓고, 전호(佃戶)와 노비를 혹사하여 토지와 백성에 대한 완전한 지배권을 행사하였다. 그러므로 사전주(私田主)의 토지에 대한 지배는 수조권만이 아니라 그것을 넘어 토지 그 자체에 대한 강력하고도 완전한 지배권으로 발전되었다.

이와 같은 사전의 확대, 병탈, 세습에 의한 전시과제의 붕괴로 인한 고려의 토지제도의 문란은 결국 사전주가 토지를 소유한 것과 같은 상태로 발전하였던 것으로 해석된다. 그리하여 고려시대의 토지국유제는 사실상 무너지게 되고,

---

249) 고려시대에는 지방호족들의 세력이 강하였기 때문에, 공음전(功蔭田)과 함께 관리의 채용을 위해 과거제가 실시되었지만, 음서제도(蔭敍制度)에 의하여 토호들의 자제를 관리로 채용하였다.

250) 고려시대에 국가기관에 준 토지를 살펴보면, 왕실에 준 내장전(內庄田), 비빈·왕자·공주에게 준 궁원전 등과 같은 중앙공해전과 지방관청의 유지를 위하여 지급된 公須田, 紙田, 長田 등의 지방공해전(地方公廨田)으로 나눌 수 있다.

251) 변태섭, 전게 한국사요론, 168-170면.

252) 세습이 허용된 공음전, 외역전, 군인전을 영업전(永業田)이라 하였다.

253) 고려시대의 무신란에 의한 무신정권 계속의 과정을 살펴보면, 1054년(현종 5년)에 군인에 대한 녹봉부족을 이유로 한 영업전 박탈이 원인이 되어 최질, 김훈 등이 처음으로 반란을 일으켰으나 실패로 끝나고, 1170년(의종 24년)에는 문신의 무신에 대한 천대가 원인이 되어 정중부란이 일어나 무인독재정치가 시작되었다. 정중부의 중방정치에 의한 무인독재정권은 다시 1179년(명종 9년)에 정중부가 경대승에 의하여 피살됨으로써 경대승으로 대체되었다. 경대승은 도방이라는 사병을 두어 권력을 장악하였으나 사망함으로써 그의 무인정권도 끝이나고, 경대승이 사망한 후에는 이의민이 발호하였으나 1196년(명종 26년)에 최충헌에 의해 피살됨으로써 최씨무단정치가 시작되었다. 최씨무단정치는 1258년(고종 45년)까지 4대에 걸쳐 60여년간 계속되었다. 그러므로 고려의 무단정치는 거의 1세기가 가깝게 지속되었다. 그리고 몽고의 고려지배는 1270년(원종 11년)에서 1356년(공민왕 5년)까지 계속되었다. 따라서 무인정권과 몽고지배는 1170년대부터 근 200년간 계속되었기 때문에, 고려의 전시과제는 거의 완전히 무너지게 되고, 토지국유제도 역시 완전히 붕괴되었으며, 세력가들에 의하여 완전한 사적인 토지지배, 즉 사소유권적인 토지지배가 굳어졌다고 이해된다.

조선왕조에 와서는 고려시대의 사전주의 수조권을 넘은 사실상 및 실제적인 강력하고도 완전한 토지지배를 그대로 법적으로 인정하여 토지의 매매, 대차, 전당, 상속을 허용하게 된 것으로 판단된다.

이와 같이 한국전통사회의 토지제도는 왕토사상에 입각하여 국유제이었으나, 고려시대의 전시과의 붕괴로 발생한 사전주의 완전한 토지지배를 조선왕조에서는 이를 국가제정법에 의하여 그대로 인정하여, 조선시대에는 매우 개인주의적인 사적 토지소유권이 형성, 인정되었다고 이해된다. 따라서 조선왕조시대의 사적 토지소유제도의 이해를 위해서는 고려시대의 정치의 변천과 토지국유제도의 붕괴과정과 토지에 대한 사적지배의 강화와 공고화에 대한 이해가 선행되어야 한다.

### 3. 조선왕조의 토지제도

#### (1) 과전법에서의 공전과 사전

고려시대의 토지국유제가 거의 완전히 붕괴된 상태에서 고려 말에는 토지제도의 개혁으로 1391년(공양왕 3년)에 과전법(科田法)을 공포하였다. 고려왕조의 몰락으로 과전법은 조선왕조의 토지제도가 되었다. 과전법은 수조권의 귀속에 따라서 토지를 공전과 사전으로 나누었다. 공전(公田)은 국가가 직접 조(租)를 받는 토지이었으며, 사전은 경기의 토지에 한정하여 개인이나 관청에 그 수조권이 있는 토지였다. 따라서 공전・사전으로의 토지의 구분은 수조권의 귀속자에 따른 구분이었으며, 토지의 소유권의 귀속에 따른 구분이 아니었다.

사전(私田)에는 시산(현직과 퇴관)을 막론하고 관계(官階)에 따라서 차등적으로 전 관리에게 지급된 과전, 개국공신에 준 공신전, 관청에 지급된 공해전 등이 있었다. 그 외에도 사전으로는 군인에게 지급된 군인전, 사원에 지급된 사원전, 기타 내장전, 학전 등이 있었다.

과전법에 의한 사전 중에 공신전은 세습이 인정되었으나, 과전은 세습이 인정되지 않았다. 그러나 과전도 세습이 되어 갔으며, 관리와 공신의 증가로 경기 사전의 부족현상을 초래하여 1417년(태종 17년)에는 과전, 공신전을 하삼도(下三道)로 이급(移給)하였다. 1431년(세종 13년)에는 다시 사전의 경기환급을 단행하고, 1466년(세조 12년)에는 현직관리에게만 과전을 지급하고 지급규모도 감축하는 직전법을 실시하였다. 1470년(성종 원년)에는 관수관급제(官需官給制)인 직전세가 실시되어 곧 현물녹봉제가 실시되었다.[254]

이러한 직전법과 직전세의 실시에도 불구하고 토지제도의 근본적인 모순은 해결되지 않았다. 특히 사화, 당쟁의 사회혼란을 겪으면서 통치조직은 이완되고, 따라서 사전은 확대되었다. 사전은 대토지소유의 농장으로 확대·발전되기도 하였다.

(2) 민전과 사적 토지소유

공전과 사전으로의 토지의 구분은 그 소유권의 귀속을 기준으로 한 것이 아니라, 국가에 바칠 토지세 수입의 귀속에 따라서 국가가 수조권을 가진 토지를 공전, 관리나 국가기관이 수조권(收租權)을 가진 토지를 사전이라 하였다. 종래까지는, 공전은 국유지, 사전을 사유지로 이해하였으나 그러하지 아니하였다.

공전과 사전으로의 토지구분과는 달리 그 소유권의 귀속에 따라서 국가(즉, 왕조)가 아닌 사인이나 국가기관이 소유권을 가진 토지를 민전(民田)이라 하고 그 민전의 소유자를 민전주(民田主) 또는 단순히 전주(田主)라 하였으며, 그 민전을 전주와의 소작계약에 의하여 경작한 농민을 전민(佃民) 또는 전호(佃戶)라 하였다.[255] 그러므로 조선왕조에서의 토지지배관계는, 전주와 민호간의 소작계약에 의한 병작반수제(竝作半收制)에 의하여 민호가 경작은 하지만 소작료로 수확량의 반을 전주에게 지급하였던 것이다. 그리고 소작료를 받은 전주는 그

---

254) 변태섭, 전게 한국사요론, 262면 이하.

255) 민전에 관하여 이와 달리 이해하는 견해도 있다. 민전은 공리지나 황무지를 개간하여 유주지(有主地)로 전환된 토지이었으며, 국유지를 국가나 사전주로부터 분여받거나 수여받은 토지가 아니었다고 한다. 그리고 국유지의 대부분을 점하고 있던 국둔전, 관둔전, 궁둔전도 주인이 없는 빈 땅을 국가나 관사, 궁방이 개간주체가 되어 개간한 토지로 창설되는 것이 원칙이었다고 한다. 또한 민전은 사전과 구별되며, 민전은 개간하여 사인이 소유하는 토지인데 반하여, 사전은 수조권이 사인에게 부여되어 있는 토지일 뿐이었다고 한다. 그리하여 수조권을 위양받은 주체를 전주라 하고, 민전에 대하여 전세를 징수하는 국가를 전주로 표현하는 예는 없었다고 한다. 그러므로 사전에서의 전주와 경작자(즉, 소작인)간의 관계를 전주전호제라 하고, 민전의 소유주와 경작자와의 관계를 지주전호제라 하여 양자를 구별하고 있다. 그리고 민전의 소유주는 민전주이었으며, 민전에 대한 민전주의 소유권은 사적소유권이었고, 전근대적 소유권으로서는 세계사에 유례를 찾아보기 어려울 정도의 절대성과 관념성을 구비한 자유소유권이었다고 한다(심희기, "조선시대의 토지법과 토지소유관계", 한국법사학논총: 박병호교수환갑기념(Ⅱ)(박영사, 1991), 182면 이하).

이 견해에 의하면 조선시대에는, 개간지가 아닌 기존의 대부분의 농지는 국유지였다는 것이며, 그 경작자었던 소작농민은 국가로부터 경작권을 부여받은 것으로 해석되는데, 병작반수제는 결국 국가가 지주로서 농민으로부터 수확량의 반을 수취하였다는 것이다. 그리고 국가의 과도한 수취로 농민들의 삶이 어려웠다는 것이며, 국가가 결국 토지제도 문란의 주된 주체였다는 해석이 가능해진다. 덕치주의, 예치주의를 국가이념으로 한 조선왕조에서 치자·식자계층에서 이러한 일을 저지르지 아니하고, 국가가 과연 직접 그러한 일을 하였는가에 대해서는 의문이 제기된다.

또 한편으로 전주는 토지의 주인이 아니라 수조(收租)의 주인에 지나지 않으나, 수조의 주인인 전주가 사실상 토지의 주인이 되어 경작자를 전객으로 하여 경작지를 탈취하였다고 보는 견해도 있다(김삼수, "왕토사상의 한국적 전개: 왕토사상의 유형과 사적소유의 전개", 한국사상대계 Ⅲ: 정치, 법제사상 편(성균관대학교 대동문화연구원, 1979), 779면).

받은 소작료로써 국가에 세를 받쳤던 것이었다. 그러나 실제로는 전주의 국가에 대한 세도 민호에게 전가되어 민호가 부담하였을 것으로 파악된다.

전국의 토지 중에서 민전이 아닌 토지는 모두 국가의 소유에 속하였던 진정한 의미의 국유지였으며, 그것은 바로 공리지였다고 이해된다. 그리고 민전에 대한 수조권자가 국가인 토지는 공전이었으며, 사인인 토지는 사전이었다. 그러므로 공전의 경우에도 민전의 경우가 대부분이었을 것으로 이해되며, 사전의 경우도 역시 대부분 민전이었을 것으로 이해된다.

좀더 상세히 살펴보면, 공전에 있어서는 수조권자인 국가와 경작자의 중간에 따로 민전의 소유주인 전주가 있어서 그 전주들이 경작농민들로부터 병작제의 원칙에 의하여 수확량의 반을 받아냈던 것이었다. 그리고 전주는 그 중에서 수확량의 10분의 1을 국가에 조로 바쳤던 것이었다.[256] 사전도 역시 병작제가 적용되고, 사전 그 자체가 민전으로 전환되어, 사전주가 전주가 되는 현상이 나타나게 되었을 것으로 추론된다. 이렇게 하여 조선 초기부터 양반들의 토지사유가 널리 인정되고 발전하여 그것을 보통 농장이라 불리었다.[257]

이와 같이 만약에 공전이 국유지를 의미하였더라면, 국가소유의 공전의 경작은 결국 민중인 백성들과 소작계약을 통하여 경작하였을 것이나, 백성의 인격주체성을 인정하지 않은 계급주의 사회였던 조선왕조사회에서 국가와 백성이 소작계약을 체결한다는 것은 상상을 할 수 없으며, 국가와 경작을 하였던 백성들 중간에 전주들이 있어서 국가는 전주들로부터 세를 받고, 전주들은 경작자들이었던 백성(즉, 민호)들로부터 병작반수에 의하여 수확량의 반을 차지하였던 것이었다. 이러한 토지를 둘러싼 상하의 질서에서 전주들이 지배한 토지가 민전이었다. 그리고 사전의 경우에는 전주가 수조권자인 경우도 있을 수 있었다. 그리하여 사전주는 소작경작자인 민호로부터 수확량의 반을 받고, 그것으로 국가에 바칠 세금을 스스로 취하였다.

이러한 민전주는 양반관료층이었거나, 향교, 서원, 종중, 왕실, 국가기관 등이 대부분이었을 것이며, 농민과 노비도 민전을 가질 수는 있었지만 그 량은 극히 미미하였을 것으로 이해된다.[258] 따라서 양안(量案, 즉 토지대장)에 주인이 있는 토지로 등재되어 있는 토지 중에서 거의 대부분의 토지는 민전이었다.[259]

256) 이기백, 한국사신론(일조각, 1971), 215면.

257) 상게서, 235면.

258) 일제에 의한 토지조사사업과 토지소유권 인정의 방법으로서의 사정에서 이러한 민전주를 소유자로 확인하고 인정하였던 것이었다.

그리고 이러한 민전을 매매하고, 대차(貸借)하고, 전당하고, 상속할 수 있었던 것이었다. 따라서 이 민전에 대한 지배상태가 바로 사적 토지소유였으며, 이러한 사적인 토지소유제도가 경작자들이었던 민호들의 삶을 위해 기능하기 보다는 전주들이었던 치자·식자계층의 이익을 위하여 기능하였던 것이었다. 그리하여 조선시대의 토지는 사유이었으며, 매우 이기적으로 민중들을 수탈하는 방향으로 기능하고 행사되었다고 이해된다. 경국대전에서는 戶典 買賣限條에서 바로 이러한 민전의 거래를 법적으로 인정하였던 것이었다.[260]

이와 같은 민전의 법적성격을 토지사유제로 파악하였던 것이었다. 이러한 민전은 사화와 당쟁, 그리고 외침으로 국가의 토지관리가 충분치 않으므로 인하여 치자·식자계층에 의하여 확대되고, 그러한 사적소유토지인 민전의 행사는 사소유권의 본질상 소유자 이익중심의 이기적인 방향으로 나타났던 것이었다. 그리하여 조선왕조에서의 토지소유권에 관한 국가법 체계는 이기적이라 할 만큼 철저히 권리본위로 구성되어 있었다.[261] 그러므로 경작자들이었던 민중(즉, 민호)의 삶은 더욱 어려워지게 되었던 것이었다.

결국 조선왕조시대에도 이념적으로는 여전히 왕토사상에 의하여 토지는 국유가 원칙이었다. 그러나 현실적으로는 민전주들이 조선왕조의 지배세력이었던 치자·식자계층이었으므로, 그들의 민전지배를 사적인 토지소유로 인정하여 이를 그들의 이익에 충실하게 법적으로 인정하였던 것으로 해석된다. 그리하여 조선왕조의 토지제도는 국유제가 아닌 사유제였다고 하고 있다.

(3) 농민의 토지에 대한 경작권, 개간권, 도지권 및 입회권

조선왕조시대에는 대부분의 농지의 경작이 소작제도에 의하여 이루어졌지만, 농민들의 소작농지와 기타의 토지에 대한 여러 가지의 권리가 인정되었다. 그러한 권리들은 법적으로 인정되어 보호받은 권리도 있었지만, 관습상의 권리로서만 인정된 권리도 있었다. 농민들의 이러한 권리들은 조선왕조의 시대변천에 따라서 점진적으로 강화되는 방향으로 발전되어 왔다. 이러한 농민들의 권리로서는 소작지의 경작권, 무주한광지(無主閑曠地)의 개간권, 지주가 있는 개간농지의 도지권(賭地權) 및 무주한광지의 입회권 등이었다.

259) 심희기, "조선시대의 토지법과 토지소유관계", 한국법사학논총: 박병호교수환갑기념(Ⅱ)(박영사, 1991), 184면.

260) 그러나 경국대전에서는 민전이라는 용어를 사용하지 아니하고 단순이 "전지가사(田地家舍)"라고만 하였다.

261) 박병호, 전게 한국법제사고, 222면.

고려 말, 즉 1391년에 시행된 과전법에서는 소작인들이었던 농민들의 경작농지에 대한 경작권이 법적으로 보호를 받았다. 고려사[262]에 의하면 전주(즉, 지주)가 전객(즉, 소작인)의 경작권을 빼앗으면 처벌하였으며, 전객이 사망, 이사, 호절(戶絕)하거나 여전(餘田)을 많이 점(占)하였기 때문에 경작하지 아니하여 농지가 황무(荒蕪)하게 된 경우에는 그 토지를 전주의 의견에 따라서 관(官)이 임의로 처분할 수 있도록 하였다.[263] 이와 같이 조선에서는 과전법을 시행할 때에 소작인의 경작권을 명문으로 확고하게 보호하였다. 즉, 과전법에서는 소작농민의 농지경작권을 매우 강하게 법적으로 이를 보호하였다.

이와 같은 소작농의 경작권은 과전법에서는 법적인 권리로 인정되었으며, 그 경작권은 소작농이 토지에 긴박(緊縛)당하는 권리가 아니었다.[264] 왜냐하면 소작농이기 때문에 소작지에 긴박되어 소작농지를 떠나 이사를 할 수 없는 일은 없었기 때문이었다.[265] 따라서 과전법에서의 소작농의 경작권은 토지에 긴박당하지 않는 소작권으로서 소작농의 중요한 권리로 인정되어 보호받았다. 그러나 소작농이 양인이 아니고 노비인 경우에는 신분적으로 주인에게 긴박되어 있었으므로 이사하여 소작지를 떠나려면 신분적 주인의 허가를 얻어야 했지만, 이것은 토지에의 긴박과는 별개의 문제였다.[266]

과전법에서는 이러한 소작농의 경작권을 소작농이 자의로 타인에게 매각하거나 양여할 수 없도록 하였다. 그러나 상속은 인정하였다.[267] 그리고 경작권은 소작인 당대(當代)를 원칙으로 하여 소작인이 사망하면 경작권의 계속여부를 검토하고, 상속자가 있는 경우에는 소작인의 호구상의 상속인에게 상속을 하게 하였다. 이와 같이 과전법에서의 소작농의 경작권은 자기의 호구상의 상속인에게 상속시킬 수는 있었으나, 타인에게 매각하거나 양여할 수는 없는 권리였다.

그러나 이러한 내용의 과전법에서의 소작농의 경작권에 관하여 조선왕조의

262) 고려사는 고려의 역사에 관하여 世家(本紀), 志, 表, 列傳으로 구성된 기전체(紀傳體)로 쓰여진 역사서로서, 조선왕조의 세종 때에 정인지, 김종서 등에 의하여 시작되어 문종 원년(1451)에 완성되었다. 고려사는 전조(前朝)인 고려의 역사를 새 왕조인 조선의 입장에서 정리한 사서(史書)이다. 즉, 고려사는 관찬의 성격을 띤 역사서로서 조선건국을 정당화하려는 의도로 쓰여졌다. 그러므로 여말(麗末)의 사실은 왜곡되어 쓰여져 있다. 그리고 고려시대의 불교에 대한 기록이 전혀 서술되어 있지 않다.

263) 신용하, 조선토지조사사업연구(지식산업사, 1982), 248면.

264) 상게서, 249면.

265) 상게서, 249면.

266) 상게서, 249면.

267) 상게서, 250면.

경국대전을 위시한 국가법전에서는 이를 전혀 규정하지 않았다. 그러므로 과전법에서의 소작농의 경작권은 조선왕조의 국가법에 의하여 법적인 권리로는 인정, 보호받지 못하고, 단순히 관습상의 권리로 인정되어 왔을 뿐이었다. 조선왕조에서 국가법에 의하여 소작농의 경작권을 입법하여 보호하지 아니한 것은, 지주가 소작농의 경작권을 침학(侵虐)하였을 때의 벌칙규정이 양반지주의 입장에서는 과엄하여 그들에게 매우 불리하였기 때문인 것으로 보인다.[268] 이는 바로 양반계급이 이념적으로는 덕치, 예치를 주장하였음에도 불구하고, 현실적인 경제생활에 있어서는 극히 이기적이었다는 것을 반증하는 것이라 해석된다. 그러므로 소작농의 경작권을 법제화하지 않았기 때문에, 지주가 소작농의 경작권을 침해하더라도 법률상의 제재를 가할 수 없었다.

그리고 조선왕조에서는 그 말기까지 농민들이 무주한광지를 개간한 경우에 그 개간지의 소유주가 되는 권리인 개간권을 갖고 있었다.[269] 그러나 소유주가 있는 진전(陳田)을 개간한 경우에는, 제1년에는 소출을 모두 개간자에게 급여하고, 제2년부터는 전주와 반씩 나누었다.[270] 대전통편과 대전회통에서는, 한광지(閒曠地)를 자력으로 개간하지 않고 입안(立案)을 미리 받아 타인을 고용하여 개간한 다음에 타인에게 소작을 주어 소작료를 징수한 경우에는 침점전택률(侵占田宅律)에 의거하여 엄벌에 처할 것을 규정하였다.[271] 이와 같이 조선왕조시대에는, 무주의 한광지를 개간한 경우에는 개간자인 농민의 소유권을 인정하고, 소유주가 있는 진전(陳田)을 개간한 경우에는 그 소유권은 전주에게 돌려주고, 개간농민은 당해 개간지에 대한 강력한 이용권인 후술할 도지권을 취득하였다. 특히 임진왜란 후 황폐된 농지를 입안절수(立案折收)(즉, 강제수용)하여 여기에 유랑민을 모집해서 개발, 경작시키고 이에 대한 개발대가로 경작권이 주어졌다. 이것이 도지권 발생의 역사적 배경이 되었으며, 국가 또는 지주계급의 개간, 간척, 관개개발에 참여하였던 농민들이 노동력을 제공한 대가로 영구소작권을 얻게 된 것이 바로 도지권(賭地權)이었다.[272]

이러한 도지권은 조선왕조 말에 와서 왕성하게 생성되기 시작하였다. 이와 같은 도지권은 소작인의 소작지에 대한 강력한 물권적인 이용권으로서 지주와

268) 상게서, 252면.
269) 상게서, 254면.
270) 상게서, 255면.
271) 상게서, 259면.
272) 농지개혁사연구(한국농촌경제연구원, 1989), 74면.

제 3 자에게 대항할 수 있었고, 소작인이 자유로이 이를 매매, 양여, 저당, 상속할 수 있는 권리였다.[273] 그리고 도지권을 가진 소작농이 아무리 장기간 소작료를 태납(怠納)하여도 지주는 이를 이유로 도지권을 소멸시킬 수 없었다.[274] 그러므로 도지권은 소작농지에 대한 소작인의 소유권의 일부분으로서, 도지권이 형성된 토지를 완전히 취득하려면, 매수자는 지주에게 문기(文記)(즉, 토지매매문서)를 작성하여 대가를 지급하여야 할 뿐만 아니라, 소작인에게도 문기를 작성하여 대가를 지급하고 도지권을 매수하지 않으면 아니 되었다.[275]

그런데 이러한 도지권이 소작농지에 대하여 일반적으로 인정된 소작인의 권리이었는지, 아니면 지주가 있는 진전(陳田)을 개간한 경우, 포락지(浦落地)를 성토(成土)한 경우와 같은 특수한 경우의 농민에게만 인정되었는지에 관하여는 의견이 일치되지 않고 있다. 후자의 지주가 있는 진전을 개간한 농민에게 도지권이 인정되었던 것은 확실하나,[276] 전자의 모든 소작인에게 일반적으로 도지권이 인정되었지에 관하여는 더 검토되어야할 과제라 생각된다.[277]

그리고 조선왕조시대에는 농민들이 무주한광지(無主閒曠地), 무주임야에의 입회권을 갖고 있었다. 입회권은 무주한광지 또는 무주임야에서 자유롭게 가축의 방목, 연료채취, 비료채취, 채초(採草), 토석채취, 수렵, 어획 등을 할 수 있는 조선농민의 권리였다. 이러한 농민들의 입회권에 관하여는 과전법에서 이를 규정하고 있었다.[278][279]

이와 같이 조선왕조시대에는 소작농민들에게 소작농지에 대한 권리가 인정되고, 성장・발전되어 왔다. 그러나 일제에 의한 토지조사사업시에 이러한 농민들의 권리를 전적으로 부인해버리고, 지주들의 소유권만을 인정하는 조치를 취하였다.[280]

---

273) 전게 조선토지조사사업연구, 261면.
274) 상게서, 261면.
275) 상게서, 263면.
276) 박병호, 전게 한국법제사고, 239면.
277) 신용하 교수는 소작농민에게 일반적으로 도지권이 인정되었던 것으로 파악하고 있는 듯하다(신용하, 전게 조선토지조사업연구, 260면 이하).
278) 상게서, 265면.
279) 현행민법에서는 이러한 관습상의 입회권을 특수지역권으로 규정하고 있다(민법 제302조).
280) 신용하, 전게 조선토지조사사업연구, 89면 이하.

(4) 토지거래

(가) 토지매매

사적 소유의 대상으로 인정되었던 민전은 이를 매매, 대차, 전당, 상속할 수 있었다. 조선왕조의 개국 초에는 과전법에 의한 전제개혁(田制改革)의 실시 초이었기 때문에 상속을 제외한 일체의 토지처분행위가 금지되었다.[281] 그러나 1424년(세종 6년)부터는 토지매매가 일반적으로 허용되었다.[282] 토지의 매매는 당사자들간의 계약에 의하여 성립하지만, 관으로부터 그 토지의 매매증명인 입안(立案)을 받으면 그 매매사실에 대한 확실한 입증이 되고, 매수인의 소유권을 강하게 보호할 수 있었다.

그리하여 토지의 매매를 인정한 당초에는 토지를 매매하고 관(官)의 확인과 증명인 입안을 받아야하는 기간을 정하지 아니하였으나, 1445년(세종 27년)에는 토지매매 후 3년 내에 입안을 받도록 하였으며, 경국대전에서는 그 호전 매매한조(買賣限條)에서 100일 내에 고관(告官)하여 입안을 받도록 하였다.

토지가옥의 매매계약은 당사자의 합의와 대금의 수수를 요하는 요물계약이었다.[283] 그리고 매매의 합의는 반드시 문기(文記)라는 계약서를 작성하여 이를 교부하는 방법으로 이루어졌다. 따라서 토지매매계약은 방식계약이었으며, 문기의 작성, 교부에 의해서 토지의 소유권이 이전되었다. 특히 매도인은 구문기를 전부 매수인에 교부하였다. 구문기를 분실, 소실, 오손(汚損)한 경우에는 그 사실을 입증하여 관으로부터 입안 또는 입지(立旨)를 성급(成給)받아 구문기에 대신하였다. 이와 같이 구문기의 교부에 의하여 당해 매매토지의 권리전승을 증명할 수 있었다.

이와 같은 토지매매시에 (신)문기의 작성과 구문기의 교부는 매매사실의 사적 공시방법임과 동시에 그 증명수단이었다. 그리고 관으로부터의 입안은 토지매매 사실에 대한 관의 공인이었으며, 공적 증명력이 부여되었던 것이었다.[284] 가옥의 매매에 있어서도 토지의 매매에서와 같이 문기에 의하여 계약을 체결하였다.[285] 다만 문기에 가옥임을 표시하였다.

이와 같이 토지가옥을 매매함에 있어서, 노비를 소유하는 자는 자기의 이름

281) 박병호, 전게 한국법제사고, 13면.
282) 상게서, 14면.
283) 상게서, 15면.
284) 상게서, 16면.
285) 상게서, 18면.

을 문기에 표시하지 아니하고 노비명의로 작성하는 것이 일반적인 관행이었다.[286][287] 때로는 노비가 소유하는 토지가옥을 그 상전(上典)이 처분하는 경우도 있었다.[288]

이러한 토지의 매매계약의 합의문기와 대금의 수수에 의하여 토지의 소유권이 이전되면, 그 토지매매의 취소를 제한하려는 것이 당시의 정책이었다. 왜냐하면 토지매매 후에 빈번하게 일어난 매매계약 취소의 소송을 방지하기 위해서였다.[289] 일반적으로 토지매매계약은 계약체결 후 10일이 경과하면 해제 또는 취소를 하지 못하게 하였다.[290] 그러나 경국대전에서는 취소기간을 15일로 연장하였다.[291][292] 그리하여 토지매매는 원칙적으로 영구적 무조건적이어야 한다는 내용의 문기를 작성하는 방법이 널리 이용되어, 양도담보를 위한 매매문기에서와는 달리 진정한 매매의 문기에는 "영영방매(永永放賣)"라는 문언을 기재하였다.[293] 이와 같이 매매의 경우에 문기에 이를 영영방매라는 문언으로 표시한 것은, 토지의 매매 후에 가격이 앙등하면 매도인이 환퇴(還退)하려 하여 이에 관한 소송이 빈번하였던 것으로 추론된다.[294]

그리고 입안을 받기 위해서는 매매에 관여한 매도인, 매수인, 증인, 필집인(筆執人) 등이 관사에 출두하여야 하는 절차상의 요청과 작지(作紙)(즉, 비용)부담의 과중으로 점차 입안 없이 백문(白文)으로만 토지매매를 하는 방향으로 발전되었다.[295]

(나) 토지소작

토지를 경작함에 있어서는 토지(즉, 민전)을 소유한 자가 자기의 노비를 활용하여 경작할 수도 있었지만, 대부분의 경우에는 농민들로 하여금 경작케 하

286) 상계서, 19면.

287) 이를 오늘날에 제도에 비교해 보면, 법률로 금지되고 있는 계약명의신탁의 방법에 해당된다고 할 수 있을 것이다.

288) 박병호, 전게 한국법제사고, 20면.

289) 상계서, 22면.

290) 상계서, 23면.

291) 경국대전 호전 매매한조.

292) 이러한 취소기간의 제한을 입법한 것에 비추어 보면, 조선시대에는 토지매매계약의 취소가 성행하였을 뿐만 아니라, 토지를 중심한 거래생활이 매우 불안정하였던 것으로 추론된다.

293) 도로 물릴 목적의 양도담보를 위한 매매문기에는 還退, 還給, 還位退給, 權賣, 姑爲放賣라는 문언이 사용되었다(김재문, "조선왕조의 거래법" 한국법사학논총: 박병호교수환갑기념(Ⅱ)(박영사, 1991), 214면).

294) 박병호, 전게 한국법제사고, 81면.

295) 상계서, 45면.

고 소작료로 수확량의 반을 징수하였다. 이를 병작반수제(竝作半收制)라 한다. 또한 전주(田主)가 국가에 바칠 세금도 경작자인 농민들에게 전가하였다. 그러므로 전호(佃戶)였던 농민들은 그 수입이 줄어들 수밖에 없었다.

그리고 전주와 전호간의 소작관계는 당사자간의 소작계약에 의하여 이루어졌다고 생각된다.[296] 그러나 그 소작계약은 불평등계약이었을 것이며, 전호는 자신들의 생계유지를 위하여 경작토지를 계속 경작하여야 했기 때문에 사실상 전주에 구속된 상태였다고 할 수 있다. 그리하여 농민들은 사실상 전주에 구속된 농노의 지위에 있었다고 할 수 있다.

지주가 소유토지를 타인에게 매도한 경우에는 신지주와 소작인간에 특약이 없는 한 소작인은 소작권을 상실하였다.[297] 그러나 매매가 농시(農時)에 이루어진 경우에는 그 해의 수확이 끝날 때까지 소작은 계속되었다. 그리고 소작인은 특별한 경우를 제외하고는 전소작(轉小作)을 할 수 없었다.[298] 또한 병작반수제는 수확의 풍흉(豊凶)에 관계없이 일정한 소작료를 지급하는 방향으로 발전하였다.

조선왕조에서의 토지의 대차(貸借)는 불평등한 소작관계인 병작반수제였다. 그러나 조선조 말경, 즉 대체로 18세기경부터 도지(賭地)라는 특수한 소작제도가 생성·이용되었다. 이러한 특수한 소작관행은 지주, 소작인 간의 신분적 종속관계가 없고, 지주의 권리를 강력히 제한하는 영구적 소작이었다. 이와 같은 영구적 소작은 타인 소유의 토지를 자기의 노력으로 경작지로 개간하였거나, 황무지를 개간하였거나, 포락지를 성토한 자가 갖는 소작으로서, 이 소작관계는 지주가 상당한 대가를 지급하여 소작권을 매수하지 않는 한 영구히 존속하였다.[299] 그리고 소작인이 지주의 승낙 없이 그 권리를 양도, 전대, 전당할 수 있었으며, 원도지를 양수한 자는 당연히 지주에 대하여 그 권리로써 대항할 수 있었으며, 또한 지주가 변경되어도 소작인은 신지주에 대항할 수 있었다.[300] 이러한 특수한 소작은 토지에 투하한 소작인의 노무, 기타의 투하자본을 기초로 하여 성립된 것으로서, 소작기간은 무기한의 영구이었으며, 소작인은 소작권을 자유로이 처분할 수 있었으며, 지주의 변경이 있어도 소작인에 영향이 없었으

296) 상게서, 162면.
297) 상게서, 163면.
298) 상게서, 166면.
299) 상게서, 239면.
300) 상게서, 239면.

며, 지주는 소작권을 매수하지 않으면 소작권을 소멸, 변경을 할 수 없었으며, 소작인은 지주의 소작권 매수청구에 응하지 않을 수 있었다.[301] 이러한 특수한 소작권은 소작인에게 일종의 재산권이었다. 이러한 특수소작권은 일본민법상의 영소작권(永小作權, 일본민법 제270조 내지 제279조)에 비교될 수 없을 정도로 강력한 조선조 말의 특수한 형태의 소작제도였다.

그리고 조선시대의 토지의 대차 이외에 곡물이나 금전의 대차에 관련된 이자제도에 관하여 살펴보면, 의용된 대명률(大明律) 호률(戶律) 전채(錢債) 위금취리조(僞金取利條)에서는 소비대차의 경우에 이자는 월 3할을 초과할 수 없고, 대차기간이 오래되어도 이자의 총액이 원금을 초과할 수 없는 일본일리(一本一利)의 원칙이 인정되었다.[302] 이를 초과하여 수취한 이자는 채무자에게 되돌려주도록 하였다.[303] 이와 같이 조선시대에는 이자총액을 제한하는 방법으로 이자를 제한하고, 이자의 총액은 원본액을 넘을 수 없도록 하였다. 그러나 이러한 법률상의 이자총액의 제한에도 불구하고 실제로는 고리대가 존재하였다고 한다.[304]

(다) 토지담보: 환퇴, 퇴도지매매 및 전당

조선왕조시대에도 토지와 가옥을 담보로 하여 금전을 융자하는 방법이 활용되었다. 그러한 부동산을 담보로 제공하는 방법에는, 크게 두 가지로 분류되었다. 그 하나는 매매의 형식을 통한 담보방법이었으며, 다른 하나는 대차의 형식에 의한 담보방법이었다. 여기서 매매의 형식을 통한 담보방법이란, 채권자와 채무자가 금전대차를 하고 그 금전채권의 담보로 매매의 형식을 취한다는 의미가 아니라, 금전대차 없이 그냥 소유토지를 매각하고 매매대금을 받는 의미이다. 그러므로 매매를 통한 담보는 채권채무의 금전, 곡식 등의 소비대차관계가 존재하지 아니하고, 그냥 매각하고 매도인은 그 매매대금을 사용한 후에 매도인이 매각한 목적물을 다시 되돌려 사는 방식이다. 그러므로 아주 헐값으로 팔고 살 때에는 비싸게 도로 되사는 방법이었다. 그러므로 토지를 매매하고 다시 도로 사고자 하는 환퇴(還退)에 관한 소송이 빈발하였다는 사실에 비추어 보면, 매매의 형식에 의한 담보는 폭리행위로 이용된 경우가 허다하였을 것으로 이해된다.

---

301) 상게서, 243면.
302) 김재문, 전게논문 조선왕조의 거래법, 207면.
303) 상게논문, 207면.
304) 정긍식, 한국근대법제사고(박영사, 2002), 59면.

매매의 대상인 권리가 무엇인가에 따라서 매매의 방법에 의한 담보방법은 다시 3가지로 분류해 볼 수 있다. 즉, 첫째로는 소유권과 점유를 함께 이전하는 환퇴(還退)의 방법이었으며, 둘째로는 소유권은 유보하고 사용수익권만을 매도하는 소위 퇴도지매매(退賭地賣買)이었으며, 셋째로는 소유권을 이전하되 사용수익권을 매도인에게 유보하는 오늘날의 양도담보와 같은 방법이 행하여졌다.

그리고 이러한 담보방법으로서의 환퇴는 순수한 매매와 구별되었으며, 문기의 문언도 서로 달랐다.[305] 즉 순수한 매매문기에는 영영방매라는 문언이 사용되었으나, 담보방법으로서의 매매문기에는 환퇴, 환급, 환위퇴급, 권매, 고위방매(姑爲放賣)라는 문언이 사용되었다.

조선시대에는 매도인이 토지를 매도한 후에 자금이 생기거나 매도를 후회한 경우에는 즉시 매매를 취소하고 환퇴하려 하여 환퇴에 관한 소송이 빈번하였다. 특히 퇴도지매매(退賭地賣買)는 17세기 중엽부터 성행하였다.[306] 그러나 퇴도지매매는 폭리행위로 행하여졌다. 즉, 퇴도지매매는 경작권만의 매매이었으나 유질특약을 하였으며, 10년이 지나도 본가(本價)로 환퇴하는 것이기 때문에 채무자인 매도인에게는 매우 불리한 담보방법이었다. 그리하여 1674년(현종 15년)에는 폭리적인 퇴도지매매의 관행에 대하여 규제를 하여, 10년을 기한으로 하여 10년 내에 환퇴할 경우에는 반가(半價)로 환퇴하고, 10년이 지나면 무상으로 환퇴할 수 있도록 하였다. 속대전 호전 매매한조에서는 10년이 되면 무상으로, 5년 이후면 반가로, 1년 내지 2년 내이면 본가로 환퇴할 수 있도록 하였다.[307]

전당은 채권자와 채무자간에 채권채무관계가 존재하고 그 채권을 위한 담보이었다. 그러므로 전당은 목적물의 대차의 형식에 의한 담보방법이었다.[308] 전당(典當)은 대차의 형식을 취하므로, 당사자간에 채권채무관계가 존재하고 그 채권의 담보로서 목적물 점유를 이전받아 그 목적물을 지배하는 방법의 담보권이었다. 이와 같이 전당은 융자를 위하여 설정되며, 일시에 다액을 차용하고, 그 담보로서 대차의 형식으로 목적물의 점유를 이전하는 방법을 취하였

305) 김재문, "조선왕조의 거래법", 한국법사학논총: 박병호교수환갑기념(Ⅱ)(박영사, 1991), 214면.

306) 박병호, 전게 한국법제사고, 448면.

307) 상게서, 449면.

308) 김재문, "조선왕조의 담보제도에 관한 연구", 동국대학교대학원 법학박사학위논문(1983), 184면.

다.[309] 그러므로 동산이 전당의 목적물일 때에는 점유질의 형식으로 이루어지고, 토지가 전당의 목적물일 때에는 토지의 점유를 채권자에게 이전하는 토지의 점유질로도 설정되고, 단순히 문서, 즉 전당문기로써만 설정되는 토지의 비점유질로 설정할 수도 있었다.

이와 같이 전당은 부동산은 물론 동산에도 이용되었으며, 전당은 전당목적물의 점유를 채권자에게 이전하는 점유질로는 물론 점유를 이전하지 아니하는 비점유질로도 이용되었다. 그리고 전당은 토지문권(土地文券)만의 이전에 의한 권리질로도 이용되었다. 따라서 전당은 점유질, 비점유질, 권리질로 이용되었으며, 동산은 물론 부동산에도 설정되었으며, 노비를 목적으로 하여서도 설정이 되었다.[310] 그리고 전당에는 유질 또는 유저당의 특약을 하는 것이 일반적이었다.[311]

그리고 환퇴는 장기로 돈을 꾸고자 할 때에 이용되었으며, 전당은 단기의 자금을 이용하고자 할 때에 주로 이용되었다.[312] 조선왕조에서는 이와 같은 환퇴와 전당이 함께 담보의 방법으로 이용되었다.[313]

(라) 토지상속

토지는 상속이 인정되었다. 물론 다른 재산도 역시 상속이 인정되었다. 조선왕조의 상속제도는 남녀의 구분이 없는 균분상속제도였다.[314] 그러나 제사상속을 하는 장남은 다른 자녀보다 5분의 1을 가급하였다. 토지상속도 관으로부터 입안을 받으면 공적증명력이 발생하였으며, 입안은 상속 후 1년 내에 받도록 하였다.[315]

---

309) 민법전의 용익물권이자 담보물권인 전세권은 부동산의 사용수익권의 매매의 실질을 가지므로, 조선시대의 퇴도지매매(退賭地賣買)로부터 발전된 제도로 이해되고 있다. 중국의 전권(典權)은 퇴도지매매에서부터 발전되었으나 퇴도지매매에 유질약정이 부가된 제도로 이해함이 타당할 것으로 판단된다.

310) 노비를 담보목적으로 한 전당을 전고(典雇)라 하였다(김재문, 전게논문, 조선왕조의 거래법, 216면).

311) 박병호, 전게 한국법제사고, 97면.

312) 김재문, 전게 조선왕조의 거래법, 217면.

313) 박병호, 전게 한국법제사고, 81면.

314) 중국의 전통사회에서는 衆子均分相續制가, 일본의 전통사회에서는 長子獨占相續制가, 월남에서는 우리의 전통사회에서와 마찬가지로 均分相續制를 유지하였다(박병호, 전게 한국의 전통사회와 법, 136면).

315) 경국대전 刑典 私賤條

(5) 토지제도의 문란과 실학파의 토지개혁안

조선왕조 초기의 과전법과 직전법은 15세기에 이미 사실상 붕괴되었으며, 양반지주들의 토지겸병과 관아(官衙)와 왕실의 토지소유가 자행되었다.[316] 그 후 임진왜란과 병자호란으로 토지는 극도로 황폐화되었다. 17세기부터는 특권적인 양반지주를 비롯한 사적 지주들이 토지겸병을 확대하였으며 농민들은 소작인으로 전락을 하였다. 그리고 관청소유의 아문둔전(衙門屯田)과 왕실소유의 궁방전(宮房田)이 급속히 확대되었다.[317] 그리하여 관청소유의 관유지에서도 지주소작제도가 성립하게 되었다. 그리고 향교도 서원도 종중도 대토지를 소유하게 되었다. 이와 같이 조선의 토지제도는 세력가와 세력집단에 의한 토지겸병으로 개국 후 얼마되지 않아 문란해지기 시작하여, 조선후기에는 토지문제가 심각하게 되었다. 이와 같은 토지제도의 문란은, 지주들의 이기적인 토지지배와 토지소유권의 행사로 나타났고, 이러한 상태는 소작인들이었던 민중의 삶의 어려움을 가중시켰다.

이러한 토지제도의 문란에 대해서 그 개혁을 위한 주장들이 제기되게 되었다. 그러한 토지개혁의 주장은 이미 중종대에 한전(限田), 균전(均田)의 논의가 사림파를 중심으로 활발히 논의되었다.[318] 그러나 본격적인 토지개혁의 논의는 민중들이 삶의 고통에 직면하고, 이를 해결하기 위한 대책으로 주장되었다. 실학자들은 경세치용, 이용후생, 실사구시의 사상에 기초하여 민중들의 실제생활을 개선할 수 있는 제도개혁을 주장하였다. 토지제도의 개혁은 경세치용의 한 내용으로 주장되었다.

실학자 반계 유형원(1622(광해군 14년)-1873(현종 14년))은 균전론(均田論)을 주장하였다. 그의 균전론은 모든 농민에게 토지를 균일하게 배분하고, 그 토지에 군역과 세부(稅賦)를 일률적으로 부과하여야 한다는 주장이었다. 그의 균전론은 4가지의 원칙에 기초하고 있다. 즉, 첫째로는 "이전위본(以田爲本)"의 원칙으로서 토지분배의 기준을 사람에 두지 아니하고 토지 그 자체에 두어 모든 농민에게 균일하게 토지를 분배하여야 한다는 원칙이다. 둘째로는 "일부일경(一夫一頃), 사경일병(四頃一兵)"의 원칙으로서, 이는 20세 이상 농민 1인당 1

316) 신용하, "조선후기 실학파의 토지개혁사상", 한국사상대계 II: 사회, 경제사상 편(성균관대학교 대동문화연구원, 1976), 337면.

317) 상게논문, 340면.

318) 한영우, "조선전기 성리학파의 사회경제사상", 한국사상대계 II: 사회, 경제사상 편(성균관대학교 대동문화연구원, 1976), 161면.

경[319]을 기준토지분배량으로 하여 소정의 세를 부담시키고, 4경4부를 공동책임의 단위로 하여 1인을 출병시키고 나머지 3인은 입역(立役)의 비용을 부담시키는 것이었다. 셋째로는 토지면적의 표시를 "경무법(頃畝法)"으로 하는 원칙이었다. 종래에는 생산량에 따라서 토지의 면적을 계산하는 결부법(結負法)이었으나, 경무법은 생산량을 따라서 토지의 면적을 계산하는 것이 아니라, 토지 그 자체의 면적을 6척을 1보, 100보를 1무, 100무를 1경으로 하는 계산단위에 의거한 토지면적의 계산방법이었다. 넷째로는 "화방성경(畫方成頃)"의 원칙으로서 토지를 구획정리할 것을 주장하였다.[320]

물론 그는 농민뿐만 아니라 왕실, 사족, 각 아문에도 일정한 면적의 토지를 분배할 것을 균전론의 내용으로 주장하였다.

그리고 성호 이익(1681(숙종 8년)-1763(영조 39년))은 한전론(限田論)을 주장하였다. 이익은 토지는 원래 국가의 소유이었으나 사점(私占)된 것이므로 토지개혁의 대상이 됨은 당연한 것이라고 하였다.[321] 그리하여 그의 토지개혁론의 내용은, 국가에서 농가의 호당 소유토지면적의 기준량을 작성하여 그 기준토지를 1호의 영업전으로 하고, 현재 호당 소유토지로서 기준량을 초과하는 소유토지를 감탈하지 않으며, 또한 이 기준량에 미달하는 토지소유자에게도 가수하지 않는다. 그리고 법에 의하여 규정된 영업전이외의 토지에 대해서는 무제한 자유매매를 허락하고, 영업전으로 규정된 토지의 매매는 이를 엄금한다. 또한 일체의 토지매매는 관에 보고하여야 하며, 관에서는 전안(田案)(즉, 토지대장)에 기록한 후, 문권(文券, 즉, 토지소유증명)을 만들어 주게 하며, 관의 인문(印文)이 없는 문건은 토지매매의 법적보증이 되지 않게 하여 소송도 허락하지 않게 한다는 것이었다.

이익은 자신의 이러한 내용의 토지개혁안을 스스로 균전론이라 하였으나, 영업전을 한정하여 이것의 매매를 금지시키는 방법으로 영업전을 항산화(恒産化)하려는 한전론이라 할 수 있다.[322]

연암 박지원(1737(영조 23년)-1805(순조 5년))도 역시 한전론을 주장하였다. 연암은 정전제(井田制)를 이상으로 생각하였으나, 현실적으로 그 실현이 어렵다고 판단하였다. 그러나 정전제의 목적인 균전균부(均田均賦)의 정신을 실현할

319) 1경은 100무이었다.
320) 신용하, 전게 조선후기 실학파의 토지개혁사상, 353-354면.
321) 상게논문, 368면.
322) 상게논문, 370면.

수 있는 토지제도가 바로 한전론이라고 하였다. 그러나 연암의 한전론은 성호의 한전론과 그 내용이 동일하지 아니하였다.

연암의 한전론은, 토지소유의 상한을 정하여 법령에 의한 일정시점 이후에는 상한 이상의 토지매점(土地買占)을 엄금하고, 법령공포이전에 사들인 토지는 그것이 대토지소유라도 불문에 붙이며, 토지의 분할상속제도를 허용한다는 내용이었다. 그리고 이 한전법을 지키지 아니하거나 법령에 의한 일정시점 이후에 상한 이상의 토지를 가점(加占)한 자의 토지를 몰수하면 수십년이 못되어 나라의 토지가 균등하게 될 것이라고 주장하였다.[323]

그리고 다산 정약용(1762(영조 38년)-1836(헌종 2년))은 여전론(閭田論)을 주장하였다. 다산은 사족(士族)들에게 토지를 분배해 준 것은 수조권을 준 것이지 토지 그 자체를 분배해 준 것이 아니었음을 강조하였다.[324] 그리고 그의 여전론에 의한 토지개혁주장의 첫째의 내용은, 토지는 농업종사자에 대해서만 분배하고, 사족과 공인, 상인은 토지분배에서 제외하였다.[325] 둘째의 그의 주장은, 30가구로 구성된 1여(閭)를 호구의 기본단위로 하고, 산곡(山谷)과 지세를 따라서 구획을 정하여 그 구획안에 포함되어 있는 모든 전지를 1여의 토지의 기본단위로 하여, 하나의 여를 조직하도록 구상하였다. 여 안에 있는 토지는 여민의 공유가 되고 그 생산도 여민이 공동으로 한다는 것이었다. 이와 같이 여 안의 생산은 공동으로 하지만 소비는 가족단위로 한다는 것이었다. 그리고 그는 그의 병농(兵農)일치사상에 터잡아 여전제를 병제와 결합할 것을 주장하였다. 그리하여 그는 1여의 구성원을 셋으로 나누어 그 3분의 1은 호정(戶丁), 즉 사람을 내어 대오를 편성하고, 3분의 2는 호포(戶布)를 낼 것은 주장하였다.[326]

이와 같이 실학자들은 토지제도의 문란을 해결하게 위한 대안으로서의 여러 가지의 토지개혁안을 주장하였다. 그러나 실학자들에 의한 토지개혁안들은 단순히 주장으로만 끝나고, 현실적, 구체적으로는 실행이 되지 못하였다.

---

323) 상게논문, 374면.
324) 상게논문, 396면.
325) 상게논문, 385면.
326) 상게논문, 411-412면.

## Ⅲ. 노 비 법

한국의 전통사회에서는 노비제가 아주 일찍부터 존재하였으며, 조선왕조 말까지 계속되었다. 뿐만 아니라 조선왕조에서는 노비제를 국가법으로 입법까지 하였다. 노비는 사람임에도 불구하고 매매, 전당, 상속의 대상이 되었다. 또한 조선왕조에서는 노비에 대하여 노비적(奴婢籍)을 만들어 국가에서 관리하였으며, 매 3년마다 노비를 조사하였다. 그리고 노비는 그 인격이 인정되지 아니하는 우마와 같이 양반가의 사역을 맡아하는 도구이었으며, 노비의 신분은 세습이 되었으며, 노비적에 등재되어 있는 노비는 노비적에서 말소되지 않는 한 양인으로의 속량(贖良)이 불가능하였다.[327]

노비제는 고조선의 8조금법에서 이미 나타나고 있다. 고려시대에 노비는 최하위의 계급으로서, 세습되는 살아있는 도구로서 매매, 증여가 이루어졌으며, 인격적 대우를 받을 수 없었다. 또한 고려시대에 노비는 공·사노비로 구분되었으며, 부모 어느 쪽이 노비이면 그 자식은 노비가 되었다.[328]

조선시대에는 고려시대의 노비제도가 그대로 유지되어, 노비적에 등재하여 관리하였다. 조선시대의 노비는 관청에 배치된 공노비와 양반가에 예속되어 사역을 하였던 사노비로 나누어지며, 사노비는 다시 양반가에 머물면서 그 양반가의 일을 하였던 솔거노비(率去奴婢)와 양반가와는 별도로 살면서 그 양반가를 위하여 일을 하였던 외거노비(外居奴婢)로 나뉘어졌다. 이러한 노비는 고려시대와 마찬가지로 천민계급에 속하였으며, 사람으로의 대접을 받지 못하였다.

조선시대에도 역시 노비의 신분은 세습되었으며, 부모 중 한 사람이 노비이면 그 자식은 노비였으며, 노비종모법에 따라서 부(父)가 양반이라 하더라도 그 모(母)가 노비이면 그 자식은 역시 노비였다.

이러한 노비제를 경국대전에서는 노비의 정기적인 조사와 노비적의 편철, 노비의 매매, 전당, 상속에 관하여 규정하였다.[329] 노비에 대한 입안제도를 규정하고 이를 토지매매시의 입안에 준용하는 방법으로 규정하였다. 이는 바로 조

327) 연정열, "조선 초기 노비상속과 증여에 관한 일연구", 한국법사학논총: 박병호교수환갑기념(Ⅱ)(박영사, 1991), 178-179면.

328) 변태섭, 전게 한국사요론, 171-172면.

329) 경국대전 형전 사천조 및 경국대전 호전 매매한조

선시대에는 노비가 토지보다 더 중요한 재산으로 다루어졌다는 반증이기도 하다. 또한 노비는 노비공(奴婢貢)을 부담하였다.

이러한 노비들은 임진왜란시에는 양인과 함께 전쟁을 수행하였으며, 임진왜란 이후에는 양인과 함께 편성된 속오군(束伍軍)의 군졸이 되기도 하였다. 그리고 납속(納粟)하고 면천되어 양인이 되기도 하였다. 그리하여 선초(鮮初)의 노비제도가 근본적으로 붕괴되었다. 그 후 노비공의 부담을 감해 준 영조의 노비공감법 이후, 다시 노비공을 폐지한 노비공파법의 실시와 신분질서의 동요에 의하여 노비들이 사령(使令), 서기(書記) 등의 양역(良役)에 종사케 되었다.[330]

이와 같은 조선왕조에서의 노비제가, 공식적으로 공노비는 1801년(순조 1년) 노비해방령에 의하여 폐지되고, 사노비는 1886년(고종 23년)에 그 세습제가 폐지되고, 1894년 갑오경장 때에 와서야 비로소 폐지되게 되었다.

조선왕조에서의 노비제는 국가업무의 수행과 농경을 위한 인력, 즉 노동력의 확보를 위한 방법으로서, 이는 양인이 불교승이 되는 것을 금지한 도첩제(度牒制)의 실시, 그리고 농민의 이탈을 방지하고자한 호패제(號牌制)의 실시와 함께 이해하여야 한다. 불교승이 되려면 국가의 허가를 받아야 하였으며, 허가받은 불교승에 대해서는 그 명단, 즉 도첩을 작성, 관리함으로써 백성이 불교승이 되는 것을 통제하였다.[331] 그리고 농민을 토지에 묶어두기 위하여 거주하고 있는 지역을 떠나지 못하도록 농민들로 하여금 호패를 차고 다니도록 하였다.[332] 호패에는 성명, 출생, 신분, 거주지를 기재하고, 이를 항상 소지하여야만 하였다. 이는 오가작통법(五家作統法)과 함께 농민의 이탈을 방지하여 군역, 요역등의 노동력을 확보하기 위한 방법으로 고안, 이용되었다.[333]

노비의 매매는 토지매매와 마찬가지로 문기(文記)를 작성하고, 매매계약 후 100일 이내에 관청에 신고하여 입안(立案)을 받도록 하였으며, 매매계약 후 15일이 경과하면 그 노비매매계약을 해제하거나 취소할 수 없었다.[334] 노비에 관한 소송은 토지 및 기타의 재산에 관한 소송과 마찬가지로 사송(詞訟)에 속하였다.

---

330) 변태섭, 전게 한국사요론, 342면.

331) 도첩은 불교승(즉, 중)의 신분증명서이었다.

332) 호패는 16세 이상의 남자(즉, 장정)의 신분증명서이었다. 농민뿐만 아니라 왕실, 사족들도 호패를 찼다.

333) 이기백, 전게 한국사신론, 216-217면.

334) 경국대전 戶典 買賣限條

이와 같이 노비는 살아있는 도구에 불과하였지만, 기록에 의하면, 조선시대의 노비는 토지를 소유하기도 하였으며, 소송능력이 인정되어 소송의 당사자로서 소송을 수행하기도 하였으며,[335] 향약에 참가할 수 있는 자격이 인정되기도 하였다.[336] 때로는 노비가 노비를 소유하고, 그 노비를 매매하기도 하였다.

## Ⅳ. 토지와 노비에 관한 소송

조선조에서는 형사소송을 결옥(決獄)이라하고 민사소송을 사송(詞訟)이라 하였다. 사송에는 토지와 노비에 관한 소송이 주된 내용을 이루었다. 조선초기에는 노비송이 많이 제기되었고, 조선후기에 왔어야 사송이 노비소송에서 토지소송으로 전환되었다.[337] 그리고 노비소송을 노비송(奴婢訟), 토지소송을 전토송(田土訟)이라 하였다. 형사송송과 민사소송이 완전히 분화된 것은 아니지만, 조선전기에 이미 민사소송이 형사소송과 개념상으로는 물론 실제적으로도 분리되어 있었고, 노비소송이 주로 문제가 되었다.[338]

조선왕조는 이념적으로는 소송이 없는 사회를 이상사회로 표방하였으나,[339] 실제로는 소송이 많이 행하여졌다. 그리하여 소송을 억제하기 위한 특별한 제도로 과한법(過限法)과 삼도득신법(三度得伸法)을 실시하였다. 과한법은 소송사유가 발생한 후 일정한 법정의 기간이 지나면 소송을 제기할 수 없도록 한 제도로서, 경국대전 호전 전택조에서는 전택(田宅)이나 노비에 관한 소송원인이 발생한 때로부터 5년이 경과하면 소송을 제기할 수 없도록 하였다.[340] 또한 전택이나 노비에 관한 소장을 제출하고서 5년이 지나도록 소송에 임하지 아니한 경우에도 심리하지 않았다. 그러나 절취해서 매매한 경우, 소송하여 아직 판결을 얻지 못한 경우, 부모의 전택을 독차지한 경우, 소작하는 것을 기화로 소작토지를 아주 차지한 경우, 가옥을 빌려서 살다가 아주 차지한 경우에는 5년의

335) 임상혁, "조선전기 민사소송과 소송이론의 전개", 서울대학교대학원 법학박사학위논문(2002. 2), 148면.

336) 특히 율곡은 노비에게도 향약의 직임을 허락하였다(박균섭, "율곡의 향약과 사회교육사상: 조선조향약연구 제3편", 조선조향약연구(지교헌, 최문형, 박균섭 공저, 민속원, 1991), 186면).

337) 임상혁, "조선전기 민사소송과 소송이론의 전개", 서울대학교대학원 법학박사학위논문(2002. 2), 2면.

338) 상게논문, 10면.

339) 임상혁, "소송기피의 문화전통에 대한 재고와 한국사회", 법과 사회, 제25호(법과 사회이론학회 편, 2003, 하반기), 152면.

340) 채무는 1년의 과한법이 적용되었다(경국대전 戶典 徵債條).

기간제한을 받지 아니하였다.[341]

그리고 삼도득신법은 동일한 사건에 대하여 세 번 판결이 난 경우에는 다시는 제소할 수 없도록 한 제도이었다.[342] 여기서 세 번 판결이 있었다는 것은 일방이 세번 모두 승소한 경우를 의미하는지, 2번 승소하고 1번은 타방이 승소한 경우를 말하는 지에 관하여는, 후자의 의미로 해석하였다.[343]

소송절차에 있어서, 형사소송은 규문절차(糾問節次)에 의하였으나, 민사소송은 당사자주의에 기초하여 당자자 변론절차에 의하였다. 즉, 형사소송은 형관에 의하여 직권절차로 진행하였으며, 민사소송은 재판이 개정되면 원고와 피고가 출정하여 구두변론으로 소송절차가 진행되었다. 그리고 변호사(즉, 外知部)는 소송을 조장하는 무리로 여겨져 금지하였다.[344] 소송의 제기는 소장인 소지(所志)를 제출하는 방법으로 이루어졌다. 소송은 당사자가 직접 수행하지만 대송(代訟)도 널리 허용되었다. 처나 호내(戶內)의 가족인 경우에는 부(夫)나 가장이 당사자로 임하였던 것으로 추측되며, 특히 왕족, 양반이나 노비를 소유하는 자는 자신이 직접 관아에 소송당사자로 출두하는 것을 기피하여 자서제질(子壻弟姪)이나 노비로 하여금 대송(代訟)케 하였다.[345] 노비에 의한 대송은 본래는 관직에 있는 자가 그 직업적인 신분상 노비로 하여금 대송케 한 데서 유래하였다.[346] 그리고 양반가의 부녀자의 관하여는 자, 손, 서, 질, 노비로 하여금 대송토록 경국대전에서 이를 규정하여 인정하였다.[347] 이러한 자에 의한 대송의 경우에 이는 소송대리가 아니라 본인의 사자(使者)로서 활동한 것에 불과하였다. 그리하여 대송자의 소송행위는 본인의 소송행위이었던 것이었다.[348] 그리고 소송의 심리가 개시되면 형관은 소송당사자에게 증거가 될 수 있는 증거자료를 제출케 하였다.[349]

그리고 농번기에는 실농(失農)을 막기 위하여 일체의 소송을 정지하였다. 그

341) 경국대전에서 이러한 5년의 과한법의 적용을 받지 아니하였던 사건들도 후대의 법전에서는 30년 또는 60년의 과한법이 적용되었다(임상혁, 전게 조선전기 민사소송과 소송이론의 전개, 135면.

342) 경국대전 刑典 私賤條

343) 박병호, 전게 한국의 전통사회와 법, 270면.

344) 임상혁, 전게논문 조선전기 민사소송과 소송이론의 전개, 121면.

345) 박병호, 전게 한국법제사고, 256면.

346) 상게서, 257면.

347) 경국대전 刑典 囚禁條

348) 박병호, 전게 한국법제사고, 257면.

349) 연정열, 전게 한국법전사, 207면.

리하여 춘분부터 추분까지는 소송진행을 정지하였다.[350] 이러한 정송기간 중에는 쟁송의 대상이 된 미결중의 토지는 일시적으로 둔전(屯田)에 귀속케 하여 휴경하지 않도록 하였다.[351]

# 제 6 절 한국의 기독교 및 기독교사상의 전수와 실학파에 의한 개혁 주장

## Ⅰ. 조선왕조사회에서의 주자학의 발전과 사회모순의 발생

조선왕조는 역성혁명으로 개국한 왕조이었으며, 오로지 주자학(朱子學)의 사상적 기초 위에서 발전해 온 왕조이었으며, 조선왕조이전까지의 한국전통사상의 뿌리였던 불교를 배척하고 오로지 주자학만을 국가사회의 모든 분야의 사상적 기초로 하였다. 그리고 조선왕조는 대외적, 문화적 관계를 중국과만 가졌으며, 여타의 다른 나라의 문화와의 접촉 및 교류를 봉쇄하였다. 특히 해금정책(海禁政策)에 의하여 중국이외의 국가와의 문화교류를 할 수 없게 하였다.

주자학은 우주의 조화로운 원리를 궁구하는 관념적이고 철리적(哲理的)인 유학으로서, 국가사회와 인간사회도 우주의 조화의 원리가 지배하도록 하는데 학문의 중심을 두었다. 그리하여 인간은 사농공상의 상하질서를 이루며, 이러한 상하질서 속에서 각자는 자기의 위치에서 충실하여야 한다는 명분론을 강하게 강조하였다. 그러므로 주자학에서는 이념과 관념에 치우쳤으며, 현실과 구체적인 인간의 삶 그 자체에 대한 성찰은 부족할 수밖에 없었다. 따라서 조선 주자학의 발전은 고도로 관념적이었으며 현실과는 거리가 있는 이상주의로 발전하게 된 것이었다. 이와 같이 조선왕조사회는 문화적 다양성이 용납될 수 없었다. 오로지 주자학만이 지배한 사회였다고도 할 수 있다. 그리고 주자학은 농업위주의 사회경제면을 강조하고, 기술개발과 유통경제를 억제시켰다. 그리하여 상공법의 발전에 지장을 주었다.[352]

이와 같이 조선왕조는 사상적으로는 주자학, 그리고 중국과만의 문화적 교

350) 경국대전 刑典 停訟條
351) 박병호, 전게 한국법제사고, 269면.
352) 변태섭, 전게 한국사요론, 289면.

류로 주자학 이외의 사상과의 접촉과 교류가 이루어지지 못함으로써 주자학 그 자체의 변화와 발전이 어려워질 수밖에 없었다. 어떠한 사상이든 그 사상은 고정되어 있을 수 없고, 시대의 변화와 함께 부단히 자기 변화를 계속하여 가장 인류보편적 가치를 실현할 수 있는 방향으로 발전해 나가야만 한다. 그렇지 못하면 자기 모순에 빠지게 되고, 사회적으로 부정적인 결과를 초래한다. 그리고 한 나라의 사상과 문화는 다른 사상과 문화와 항상 접촉하고 교류하고, 이를 통하여 그 나라의 사상과 문화가 인류보편성을 가질 수 있도록 발전되어 가야 한다. 다시 말하면 한 나라의 사상과 문화는 그 고유성과 독자성을 유지하면서, 인류보편성을 갖도록 계속 수정되고 고급화되어야 한다. 그것이 바로 한 나라의 사상과 문화가 보편성을 가지면서도 자기 정체성을 가질 수 있게 되는 것이다.

조선의 주자학은 주자학 내부에서의 발전은 추구되었지만, 다른 사상과 학문과의 접촉과 교류를 통한 자기 변화와 혁신은 이루어지지 못하였다. 그러므로 주자학이외의 다른 사상과 다른 학문은 모두 사학(邪學)으로 보게 된 것이었다. 조선 주자학은 한국전통사회의 고유사상이면서 고유학문이었다. 그러나 시대의 변화에 따라서 가장 인류보편적인 내용으로의 발전적 변화를 추구하지는 못하고, 오히려 복고주의적이었고 보수주의적이었다. 그리고 조선주자학은 유학이외의 현실생활에 관련된 학문연구가 극히 부진하였다. 국가의 법은 있어도 법학이 부재한 것이 그 대표적인 사례였다.

이와 같은 조선에서의 유일학문으로서의 주자학과 개방적, 발전적이지 못하였던 주자학의 학문적 태도는 주자학 내부의 다툼으로 나타나고, 그 다툼은 현실정치와 결합되어 사화(士禍)와 당쟁(黨爭)이라는 결과를 초래하였다. 이러한 내부의 다툼에 임진왜란 병자호란 등의 외침의 가혹한 시련이 더해졌다. 그 결과는 민중의 고통으로 나타났으며, 주자학으로 무장한 치자·식자계층은 이념적으로는 철리(哲理)와 우주의 조화를 논하고 덕치와 예치를 주장하였지만, 구체적인 현실생활에서는 극히 파당적, 이기적인 모습으로 나타날 수밖에 없었다.

이러한 사회적 모순은 시정되고 극복되어야 하였다. 그러나 주자학 내부의 사상과 방법으로는 변화된 사회의 시대적인 문제를 해결할 수가 없었다. 다른 사상, 다른 문화, 다른 종교와의 접촉에 의하여 비로소 주자학 내부의 문제점과 모순을 발견하고 해결의 방법을 찾게 되었다. 주자학이 지배하였던 조선사회에서 주자학의 변화의 계기를 마련한 것이 바로 조선사회에서의 서양기독교의 전수이었으며, 실학파가 바로 주자학 지배의 조선사회의 변화를 위한 개혁을 주장하였다.

주자학이 지배한 조선의 현실사회의 폐단과 모순현상에 관하여, 율곡 이이는 "동호문답(東湖問答)"의 "논안민지술(論安民之術)"에서 다섯 가지의 민환(民患)을 지적하였다. 즉, 첫째로 족징(族徵), 인징(隣徵)의 폐, 둘째로 진상(進上)의 번중한 폐, 셋째로 공물방납(貢物防納)의 폐, 넷째로 역사(役事)의 고헐(苦歇)이 고르지 못한 폐, 그리고 다섯째로 서리(胥吏)들의 극심한 수탈을 지적하였다.[353] 사화와 당쟁이 치자·식자계층의 파당적인 행위이었다면, 이이가 지적한 이러한 사회적인 병폐는 바로 치자·식자계층의 이기적인 행위들이었던 것이었다.

## Ⅱ. 조선사회에 기독교 및 기독교사상의 전수와 그 영향

조선왕조에서 사회적 모순이 계속되고 심화되어 가고 있던 시기에 기독교(基督教)가 조선에 알려지고, 조선의 소수의 유학자들이 주자학과는 전혀 다른 서양의 기독교의 가르침과 사상을 접하고 이를 연구하게 되었다. 조선에서의 기독교의 전수에 의하여 비로소 주자학 지배의 조선사회의 모순현상을 시정하고 극복할 수 있는 대안을 모색할 수 있게 된 것이었다. 지배적인 전통학문과는 전혀 다른 이국(異國)의 새로운 사상과 학문을 접하고 연구하고 이해하려고 한다는 것은, 그 시대 그 사회의 지배계층으로서의 지위에 있는 학자로서는 극히 어려울 수밖에 없다. 그러므로 자연히 당시의 실세권력에서 밀려나 소외되어 있는 학자들의 관심을 끌 수밖에 없는 것이다. 실학도 역시 대체로 당시의 국정에서 소외된 선비들에 의해 주도되었다.[354]

조선에 기독교와 기독교사상이 전래된 역사적 과정을 살펴보면, 가장 먼저 실학자이었던 지봉 이수광이 1614년(광해군 6년) 중국에 사신으로 갔다가 성서인 천주실의[355]를 가져왔으며 그 천주실의를 그의 문집인 지봉유설에서 소개하였다. 그 후 1631년에는 예수회의 신부가 서양의 문물을 한문으로 소개한 서학범(西學凡)(1623년 출판)과 직방외기(職方外記)(1623년 출판)가 조선에 전해짐으

353) 김용덕, "실학파의 사회경제사상", 한국사상대계 II: 사회, 경제사상 편(성균관대학교 대동문화연구원, 1976), 297면.

354) 조기준, "실학의 전개와 사회경제적 인식", 한국사상대계 Ⅱ: 사회, 경제사상 편(성균관대학교 대동문화연구원, 1976), 214면.

355) 천주실의(天主實義)는 Matteo Ricci가 한문으로 번역한 성서이었다.

로써 기독교사상과 서양문물을 접하게 되었다.[356][357] 그 다음에는 실학자 성호 이익(1681-1763), 안정복(1712-1791), 다산 정약용(1759-1836)에 의하여 성서에 대한 탐구가 이루어졌으며 민중을 중심으로 기독교가 신앙으로 받아들여지게 되었다. 이와 같이 기독교는 초기에는 새로운 학문으로 관심을 갖게 되고 탐구되었으며, 그 다음에 신앙으로 믿게 되었다.[358]

실학자들이 접한 기독교는 무엇보다도 인간은 모두가 하나님의 피조물로서, 만인은 신 앞에서 평등하다는 것이었으며,[359] 치자·식자층만이 아니라 낮고 천한 사람도 그리스도께서 사랑하신다는 것이었다. 성서를 통한 기독교에서의 가르침의 중심은 만민평등과 이웃에 대한 사랑이었던 것이었다. 조선주자학의 입장에서 보면, 기독교의 만인평등의 사상은 혁명적인 사고로서 충격을 가져다 주었으며, 상하의 명분을 중시하는 사회에서 만민평등과 서로 사랑하라는 사상은 조선주자학의 가르침에 대한 반성을 하게 하였다. 그리고 기독교는 평등사상, 박애사상과 함께 서양의 과학정신도 함께 조선으로 가져왔다.[360]

이와 같이 주자학과는 전혀 다른 기독교사상을 조선의 유학자들이 접하고 관심을 갖고 연구를 하게 됨으로써, 조선에서의 주자학 지배의 사회모순 현상을 극복하고, 민중의 고통을 해결할 수 있는 방안을 마련하게 되었다. 그러한 대안으로서, 첫째는 모든 사람에게 그의 인격적 존재를 인정하는 민의 관념과 사상이 형성되고 주장되었다.[361] 주자학에서는 민중을 백성이라고 관념하고 그

---

356) 서학범(西學凡)과 직방외기(職方外記)는 예수회 신부 알레니(Julius Aleni: 1582-1649)가 저술하였으며, 이를 정두원(1581-)이 중국에 와 있던 Rodriquez 신부로부터 얻어 조선으로 가져왔다.

357) 임진왜란중이었던 1593년(선조 26년)에 포르투갈 신부 세스페데스(Gregorio de Cespedes)가 기독교를 조선에 가져왔다는 기록이 있으나, 그는 조선에 기독교를 전수할 목적에서가 아니라 왜군의 군종(軍宗)이었다. 임진왜란 때에 조선을 침략한 15만명의 왜군 중, 약 5만명이 천주교도였다. 세스페데스는 1593년에 조선에 와서 1년 4개월간 머물렀다. 그리고 임진왜란과 정유재란을 통하여 일본은 약 5만명의 조선인들을 일본으로 잡아 데리고 갔으며, 그 중 7천명 정도는 조선으로 돌아왔으나 나머지 조선인들은 노예상태로 일본에 머물거나 마카오, 필리핀 등 남방지역으로 팔려갔다. 이러한 일본의 비인도적인 인신매매행위에 대하여 일본 천주교구의 Cerqueira 주교는 1598년 잡혀간 조선인들에 대한 인신매매행위를 금지하게 하는 한편 나가사키(長崎)에서 팔려가고 있던 조선인 노예들을 구제하여 7천여명을 천주교로 입교시켰다(유홍렬, 한국사회사상사논고(일조각, 1980), 308-309면).

358) 기독교가 본격적으로 신앙으로 받아들이게 된 것은, 1784년(정조 8년)에 이승훈이 중국에 파송되어 와 있던 예수회 신부로부터 세례를 받고 입국한 후부터 였다. 이를 계기로 하여 기독교인들이 명도회(明道會)를 조직하여 기독교를 믿고, 선교를 하였다.

359) 기독교에서의 신 앞에서의 만인평등사상이 서양의 세속법에서의 법 앞의 평등사상의 사상적, 역사적 근원이 되었다(김상용, 전게 법사와 법정책: 게르만법사, 교회법사 및 독일민법학사 중심, 164면 이하).

360) 조기준, 전게논문, "실학의 전개와 사회경제적 인식", 212면.

렇게 불렀다.

백성이란 치자계층의 입장에서 다스리는 대상으로서의 민중의 의미이다. 그러므로 주자학에서는 백성은 다스림의 주체가 아니라 다스림의 객체이었다. 그러나 실학자들은 민중을 주체로서 파악하고 이를 민(民)이라 하였으며, 다산 정약용은 주권재민적 민본적 사상을 주장하였다. 그리하여 그는 천자(天子)는 대중이 추대하여 된 것이며, 민중은 천자를 개선(改選)할 수 있다. 그것은 마을 사람들이 이장을 뽑고, 이장을 개선하는 것과 같다고 하였다.[362] 또한 실학자들은 사농공상으로의 인간의 구분은 지배와 예속의 질서가 아니라 직업상의 구분으로 보고자 하였다.[363] 그리하여 사(士)도 국정에 참여하지 못하면 농상공(農商工)의 직업을 택함이 마땅하다고 주장하였다.

## Ⅲ. 실학의 형성과 실학파의 조선왕조사회의 개혁 주장

기독교사상의 민본사상에 입각하여 실학자들은 국가의 행정구조, 토지개혁, 상공과 산업의 진흥등의 국가사회경제의 전반의 개혁을 주장하게 되었다. 실학자들이 이러한 국가사회경제의 개혁의 내용을 분류해 보면 세 학파로 분류된다. 초기의 실학파는 토지개혁, 행정기구 및 제도의 개혁을 주장하였다. 이를 경세치용학파(經世致用學派)라고 한다. 이에는 성호 이익이 이에 속한다. 그 다음은 민중의 삶의 어려움을 해결할 수 있는 상업 및 기술의 혁신을 주장한 실학파로서, 이를 이용후생학파(利用厚生學派)라 한다. 이에는 연암 박지원, 다산 정약용이 속한다. 마지막으로 과학정신에 입각하여 경서(經書), 전고(典故), 금석(金石) 등의 고증관계를 주로 한 실사구시학파로서, 추사 김정희(1786(정조 10년)- 1856(철종 7년))가 이에 속한다.

이러한 실학자들의 학문분야와 주장내용은 달랐지만, 실학의 이념과 방법은 공통적으로 당시의 명분중심의 사변적이고 관념화된 주자학의 사상과 학문에 대하여 반성을 하고, 당시의 사회경제의 현실문제였던 민중의 삶의 고통을 해결할 수 있는 척허주실(斥虛主實)에 있었다.[364] 그리고 실학파의 척허주실의 사

361) 상게논문, 253면.

362) 김용덕, 전게논문 "실학파의 사회경제사상", 322면.

363) 장경학 "실학의 법사상", 한국사상대계 Ⅲ: 사회, 경제사상 편(성균관대학교 대동문화연구원, 1979), 1090면.

364) 조기준, 전게논문, 213-214면; 장경학, 전게논문, 1073면.

상과 정신은 비판정신, 실증정신 및 실용정신이었다.[365)]

이와 같은 주자학 지배의 조선사회에서의 실학의 성격을 어떠한 사상으로 평가할 수 있을까? 주자학이 관념적인 데 반하여 실학은 현실생활의 유용성을 중시한 실용주의적이라고 할 수 있으며, 주자학이 치자・식자층의 지위와 이익을 보호하고 옹호에 치중한 학문이었음에 반하여, 실학은 당시의 피지배층인이었던 민중의 삶의 고통을 해결하려는 데 주안점을 두었다고 할 수 있다.

이와 같은 성격의 실학과 그 사상을 조선에서의 공리주의로 이해하는 견해가 있다.[366)] 공리주의(utilitarianism)는 영국의 Jeremy Bentham(1748-1832)에 의하여 주장된 사회사상으로서, 최대다수의 최대행복을 그 내용으로 하며, 공허한 관념이나 논리나 체계보다는 실제로 보다 많은 사람에게 행복을 가져다 줄 수 있으면, 그것이 진리라는 사회사상이다.[367)] 공리주의에서는 법에서의 정의를 사회적 행복으로 이해한다.[368)] 실학자들의 농업개혁, 상업 및 기술혁신 등의 주장은 다수인의 이익 내지 행복을 고려하고 있으며, 개인적인 이익이나 행복이 아니라 사회적인 이익이나 행복을 안중에 두고서 정립된 주장이었다. 그러므로 실학은 서양의 공리주의와 그 사상을 같이 하는 조선사회의 공리주의로 해석된다.

이러한 실학(實學)은 임진왜란 후에 싹이 터서 영조, 정조대에 전성을 이루었다. 보다 구체적으로 실학과 실학사상의 역사적 발전과 전개과정은 16세기 중엽에서 17세기 중엽까지의 준비기를 거쳐, 18세기에서 19세기에 이르는 약 1세기 동안(영조-정조) 전성기를 이루었다. 이러한 실학의 생성과 발전의 동인(動因)은 여러 가지가 있었지만, 그 중에서 가장 중요한 동인은 조선사회의 기독교의 전수였다. 기독교의 가르침의 요체는 이웃이 있는 사회, 그리고 이웃과의 사랑이다. 이렇게 조선사회에 인간과 사회를 보는 시각이 주자학의 그것과는 전혀 다른 기독교와 기독교사상의 전수는 주자학과 그 사상에 대한 반성을 하게 하였으며, 주자학의 고수로 인하여 발생한 사회경제적 문제의 해결의 방법을 궁구하게 하고 주장하게 하였다.

이와 같은 실학도 봉건적인 유교질서와 그 규범을 완전히 벗어난 것은 아니었으며, 역시 주자학의 범주 속에서의 학문이었으며, 주자학에 대한 일종의 반

365) 조기준, 상게논문, 210면.
366) 장경학, 전게논문, 1078면.
367) 김상용, 전게 법사와 법정책: 게르만법사, 교회법사 및 독일민법학사 중심, 296면.
368) 장경학, 전게논문, 1079면.

발이었다는 점에서 그 한계점이 있었다.[369]

## Ⅳ. 조선사회의 기독교와 기독교사상의 전수에 대한 평가

새로운 학문으로서 그리고 사상으로서 조선에 전수된 기독교는 민중들로부터 신앙으로 받아들이게 되고, 한국사회의 발전에 깊숙이 영향을 미치게 되었다. 기독교가 한국에 전래된 지는 벌써 4세기에 가까우며, 기독교와 기독교사상에 바탕을 둔 서양의 사회, 경제, 법제도가 오늘날 한국사회의 질서와 제도가 되어있다.

특히 법의 영역에 있어서 현행법은 한국전통법과는 역사적 계속성이 거의 단절된 상태이다. 한국전통법의 체계적인 연구와 현대화가 이루어지지 아니하여, 계수된 서양법이 오늘날의 우리 법이 되어 있는 것이다. 그러나 법의 소재는 서양으로부터 계수하였지만, 법의식은 여전히 전통적인 사고가 남아있기 때문에, 법규범이 재판규범으로는 잘 기능하지만, 행위규범으로는 충분히 기능하지 못하고 있다. 그리하여 법치주의가 기본원칙이지만 행정이나 일상생활에서의 생활 속의 법치주의는 아직도 충실히 실행되지 못하고 있다.

그리고 예치(禮治)를 표방하였던 조선왕조사회에서는 정치나 사회생활면에서는 이상적인 방향으로의 예를 크게 발전시켰다. 그러나 경제활동 내지 경제생활에서는 매우 이기적인 행태가 많이 행하여졌다. 그리하여 조선왕조사회에서는 경제분야, 즉 토지경제분야에서의 덕치, 예치가 부족하였다. 주자학에서 경제활동과 경제생활에서의 예를 발전시키고 그것을 제도화하고 강하게 실천하여 왔더라면, 주자학에서의 이상인 자연질서, 즉 조화와 평화가 오늘날 경제활동과 경제생활에서 실현될 수 있었을 것으로 생각된다.

우리 사회에는 서양의 기독교와 기독교사상이 전수되고 그 다음에는 서양의 법과 제도가 계수되었다. 이제는 기독교가 서양종교로만 인식되지 아니하며, 서양으로부터 계수한 서양법을 타국법이라 생각하지 아니한다. 그러므로 이제는 기독교도 한국의 전통종교의 하나로 전환이 되었으며, 기독교사상도 한국의 전통사상의 하나로 정착이 되어 가고 있다고 해석된다.

---

369) 변태섭, 전게 한국사통론, 358면.

## 제 7 절 한국전통법에 대한 법정책적 평가

법학의 관점에서 한국전통법사의 특징을 요약하면, 한국전통법사에서는 그 무엇보다도 법은 있었지만 법학은 없었다는 것이다. 그리고 상고시대부터 조선왕조말까지 계급사회를 이루어왔으며, 법규범 생성의 근원이 된 종교가 중단없이 발전하지 못하고 단절과 교체를 이루었다는 점이다.

법학의 부재로 한국의 전통법을 오늘날의 현행법으로 현대화하지 못하고, 서양법을 계수하게 되었으며, 계수된 서양법이 오늘날의 현행법이 되고 말았다. 그러나 법의식은 전통법 사상에 기초하고 있어서 계수된 서양법이 생활규범으로 기능하지 못하는 면이 적지 아니하다. 한국의 전통법을 연구하고 체계화하고 현대화하여 우리 한국법의 전체성을 확립하고, 법사(法史)의 계속성을 이어가도록 하여야 한다.

우리의 전통법에서 현대화할 수 있는 내용들이 적잖이 있다. 예의 현대화, 향약의 현대화, 계정신의 현대화 등 지금이라도 발굴하여 체계화하고 현대화할 수 있는 내용이 적지 않다. 그러한 우리 전통법을 현대화하여 법사에서 단절된 역사의 계속성을 부여하여야 한다. 그리고 우리 전통법의 내용을 인류보편적인 가치를 담을 수 있도록 수정하여, 이기적 행위가 팽배해 있는 오늘날의 사회경제적 문제를 극복하는데 활용할 수 있어야 한다. 그것이 바로 한국법의 정체성을 확립하는 방법이다. 계수법만으로는 한국법의 정체성을 확립하는데 한계가 있다.

특히 한국전통법에서의 예(禮)를 오늘날의 경제법에서의 예로 현대화할 필요가 있다. 경제질서의 안정과 조화와 평화를 위한 예의 현대화와 새로운 경제활동에서의 예를 확립할 필요가 있다. 경제활동에서의 예는 한국전통의 국가제정법에서는 물론 민중법이었던 향약과 계에서 발굴하여 현대화할 수 있을 것이다. 전통법은 부단히 현대화되어야 된다. 그러한 현대화는 고유성을 유지하면서 그 내용이 인류보편성을 갖도록 수정되고 변화를 계속하여야 한다.

한국전통의 계급주의 사회구조는 그 외형에서는 극복이 되었다. 그러나 내면의 의식에서는 아직도 상존하고 있다. 우리는 서양의 시민의식과 그것에 기한 시민혁명, 그리고 시민혁명 이후의 시민사회의 경험을 갖지 못하였다. 또한 예의 세계가 자연법의 세계이었던 것 같지만, 계급주의 사회를 바탕으로 한 예이었다. 그러므로 예의 세계와 예의 질서는 진정한 시민의식에 기초한 자연법과는 달랐으며, 또한 시민사회가 아니었다.

앞으로 한국사회가 이루어가야 할 사회는, 시민 모두에게 이웃이 있고 시민 모두가 이웃이 되는 사회, 그리고 이웃간에 사랑이 있는 사회이다. 다시 말하면 이웃이 있고 이웃간에 사랑이 있는 사회가 우리가 이루어가야 할 이상사회라 생각한다. 그러한 이상사회에 맞는 법규범을 우리의 전통법의 현대화를 통해서 도출할 수 있어야 한다. 물론 현행법의 기초가 되어 있는 사상으로부터도 도출하고, 그것을 우리의 실정에 맞게 수정하여야 한다.

이웃이 있는 사회는 인간 각자가 독자적인 인격적 존재인 사회이며, 사람과 사람과의 관계 속에서의 인간존재를 의미하는 것이 아니다. 그리고 독자적 인격적 존재인 인간은 서로 사랑하는 공동체로 살아가야 한다. 지배와 복종이 있는 사회가 아니라 서로 이웃으로 사랑하는 사회를 이루어 나가야 한다. 그리고 우리는 온정주의도 합리주의로 수정해 나가야 한다.

우리는 전통법과 전통사상이 인류보편성을 갖도록 현대화하여, 오늘날 우리 사회의 사상적 지주인 자유주의, 개인주의, 그리고 합리주의의 내용을 우리의 정체성이 들어날 수 있도록 운용하고 발전시켜 나가야 한다.

종교는 문화의 근원이며 동시에 법규범을 도출할 수 있는 근원이다. 그런데 우리의 전통사회에서는 종교간의 접촉과 교류의 관대함과 발전의 모색보다는 이들을 철저히 배척한 경험을 갖고 있다. 종교간에도 접촉과 교류를 통하여 자기발전을 모색하여야 한다. 종교도 지속적으로 보편성을 갖도록 변화를 계속하여야 하며 고급화되어야 한다. 외부와의 접촉을 단절한 내부에서만의 변화의 모색은 자기정당화에로만 발전할 수 있다. 종교는 보다 개방적이고 보편적이고 인류의 행복과 평화를 추구하여야 한다. 고유성과 보편성은 서로 충돌하지만 조화를 이루어야 한다. 종교에서도 마찬가지이다.

한국전통법사의 과제는 단절된 법사의 계속성을 이어주는 것이다. 그것이 바로 한국전통법(韓國傳統法)의 발굴과 연구와 체계화와 현대화이다. 그것이 바로 한국법이 인류보편성을 가지면서 동시에 한국법의 정체성을 갖게 하는 것이다.

# 제 3 장
# 한국의 근대법사

## 제 1 절 개　　설

### Ⅰ. 개항 직전의 시대상황

#### 1. 조선 내부의 사정

조선이 개항을 하여 제국주의 열강들과 관계를 맺기 시작한 것은 일본과 강화도조약을 체결한 1876년부터이었다. 그 직전은 대원군이 섭정(1863-1873)을 한 극히 폐쇄적인 쇄국의 시기였다. 조선은 전통적으로 청나라와만 외교관계를 유지하면서, 다른 나라와의 교류를 하지 않은 채, 서양으로부터의 천주교의 전래에 대해 극히 적대적인 자세를 취하고 있었다. 그러나 조선에서는 조선말의 세도정치와 3정의 문란, 민란의 발생 등으로 나라의 기강이 해이해지고, 민중의 삶이 극히 어려웠다. 그러므로 자연히 천주교가 정치권력에서 소외된 양반계층과 삶이 극히 어려운 민중을 중심으로 신앙으로 받아들여지게 되고 확산되어 갔다.

대원군은 이와 같이 대내적으로는 문란해진 정치질서를 극복하고, 대외적으로는 천주교의 전래에 대항하기 위하여, 대내외적으로 강경조치를 취하였다. 임진왜란 때에 설치되어 왕권을 제약하던 비변사(備邊司)를 폐지하고(1865), 왕권의 위엄을 높이기 위하여 임진왜란 때에 소실된 경복궁을 재건하고(1865-1867), 양반계급들의 세력기반이었던 전국의 서원을 47개만 남기고 철폐하고(1868), 천주교를 박해하여 병인사옥(丙寅邪獄, 1866)에서는 8천명에 달하는 천주교인들의 순교자를 낳았다. 천주교가 이렇게 대박해를 받던 그 해에 미국상선 제너럴 셔먼호를 타고 대동강을 거슬러 왔던 토마스 목사(Robert Jermain Thomas:1840-1866)에 의해 그의 순교와 함께 개신교가 조선에 전래(傳來)되었다.

대원군은, 이러한 천주교인에 대한 박해시에 함께 순교한 프랑스신부들에 대한 박해에 대하여 책임을 묻기 위해 강화도로 들어온 프랑스군의 침입으로 발생한 병인양요(丙寅洋擾, 1866) 사건과와, 미국상선 제너럴 셔먼호(The General Sherman)가 조선과의 통상을 요구하면서 대동강을 거슬로 올라와 조선관헌과 충돌하여 발생한 피해 결과에 대해 책임을 추궁하고 조선과 통상조약의 체결을 위해 강화도 해안으로 온 신미양요(辛未洋擾, 1871) 사건에서 미국함대를 격파하여 서양의 세력을 모두 무력으로 물리쳤다. 그리하여 대원군은 위정척사(衛正斥邪)의 명목으로 쇄국을 더욱 강화하였다.[1]

조선은 중국으로부터의 유학을 제외하고는 세계문명의 흐름을 너무나 알지 못하고 있었다. 서양의 천주교가 중국을 거쳐 조선에 알려지고, 민중들이 천주교를 신앙으로 받아들이고 있고, 서양의 과학문명이 조선에 알려지고 있었음에도 불구하고, 이를 적극적으로 이해하고자 하기 보다는 전통적인 유학질서와 가치를 지키기 위하여 서양으로부터의 기독교의 종교와 문명의 전래를 거절하고 기독교를 박해하고자만 하였다. 조선시대에는 유학생을 외국으로 보내지 아니하였다. 그러므로 세계문명의 흐름에 무지할 수밖에 없었다. 서양기독교와 서양의 과학문명이 조선에 전래되었음에도 불구하고 이를 사교(邪敎), 사학(邪學)이라 하여 배척하고 박해를 하였다. 그리하여 조선은 세계의 정세변화를 전혀 알지 못하고 있었으며, 서양의 제국주의 열강들의 중상주의에 입각한 약소국의 침략과 지배움직임을 알지 못하고 있었다. 그러는 사이에 1854년 미국에 의하여 개항하고 1868년에 유신(즉, 명치유신)을 한 일본의 무력에 의한 강요에 의하여 조선은 1876년에 개항을 하게 된 것이었다.

조선을 지탱해 온 사상적인 기반은 유학이었으나, 조선말에 이르러서는 유학은 세계정세의 변화에 대처할 수 있는 방향으로의 그 자체의 변화와 발전을 더 이상 추구하지 못하고 오히려 유학의 정통만을 고수하고자 하는 폐쇄적인 방향으로 발전하게 되었다. 이러한 상황에서 당시의 조선의 지배세력에서 벗어나 있던 양반이나 중인 및 민중들은 새로운 사상인 기독교에 관심을 갖게 되고

1) 위정척사에 있어서 척사(斥邪)의 이론적 근거는 정통유학의 이단론(異端論)에 있었다. 정통유학은 공자, 맹자, 정자(程子), 주자로 이어지는 유학의 흐름만을 진정한 유학으로 인정하며, 이러한 정통유학에 배치되는 양자, 묵자, 육상산, 왕양명의 유학과 불교, 도교 등을 모두 이단으로 다루었다(최종고, 전게 한국법사상사, 175면). 정통유학은 한결같이 이단을 배척하고 이에 충실하고자 하였다. 그리하여 정통유학이 아닌 다른 학문을 모두 이단으로 몰아가는 극히 정통주의적인 사고에 입각해 있었다. 그러므로 새로운 학문의 수용에 대하여 극히 완고하고 배타적이었다.

그것을 신앙으로 받아들이게 됨으로써, 기독교는 민중 속에 급속도로 전파되게 되었다. 박해를 받던 기독교도 신앙의 자유가 인정되는 방향으로 발전을 하게 되었다.

그리하여 조선에서의 기독교는 박해 속에서 그 생명을 유지하고 자라서 결국 그 신앙이 허용되게 되었다. 조선에서 기독교에 대한 신앙의 자유가 인정된 구체적인 과정을 살펴보면, 병인양요에서 조선이 프랑스 군대를 물리쳤지만, 오히려 1886에 체결된 조선과 프랑스간의 한불수호통상조약 제9조 제2항에서 "교회(敎誨)"를 규정하여 신교(信敎)의 자유를 허용함으로써, 1887년부터 조선에서의 기독교 신앙의 자유가 허용되었다.[2] 그리고 그보다 전인 1866년에는 미국의 상선 제너럴 셔먼호가 대동강에서 불탔지만, 그 배에 승선하고 있던 순교한 토마스 목사의 전도로 개신교가 조선에 전해지게 되어 역시 신앙의 자유가 인정되었다.

이와 같이 조선에 개신교까지 전래되고 천주교와 개신교 모두의 신앙의 자유가 인정되어 조선의 유학사회는 새로운 사상으로 발전을 하게 되고, 서양의 발전된 제도와 문물을 접하게 되어, 조선은 유학사회를 극복하고 기독교사회로의 전환이 시작되었다.[3]

---

2) 1867년에 강화도조약의 체결로 조선이 개항을 하고, 1882년에는 미국과 한미수호통상조약을 체결하고, 영국과 독일과는 1882년에 각각 수호통상조약을 체결을 하였으나 1883년에 각각 이를 수정하여 1884년에 비준을 하였다. 그리고 1884년에는 이태리와 러시아와도 수호통상조약을 체결하고, 프랑스와는 1886년에 한불수호통상조약을 체결하였다. 그런데 한불수호통상조약이 체결되기 이전의 서양 각국과의 수호통상조약에서는 조선에서의 신앙, 즉 기독교 신앙의 자유를 허용하는 규정을 두지 아니하였다. 그러나 프랑스는 프랑스 신부들이 조선에서 순교하였기 때문에, 조선에 대하여 천주교 신앙의 자유를 수호통상조약에서 반드시 규정할 것을 요구하였다. 그리하여 프랑스와의 수호통상조약은 1882년에 협의가 시작되었으나, 조약의 체결이 다른 서구국가들 보다 늦게 1886년에 와서야 체결된 것이었다. 조선은 결국 프랑스의 요구에 따라서 기독교 신앙의 자유를 정면으로 규정하지 아니하고, "교회"를 할 수 있다고 규정함으로써 그 때부터는 박해의 위험을 받지 않는 기독교 신앙의 자유가 허용되었다. 이러한 기독교 신앙의 자유가 허용되기 시작한 전후기에 개신교 선교사들이 조선에 입국을 하여 개신교의 전래가 본격적으로 시작되었다. 1884년에 의사인 Allen이 입국하여 1885년에 광혜원을 개설하고, 같은 해에 이를 제중원으로 개칭하고, 1885년에는 Underwood와 Appenzeller가 입국하고, 1887에는 Underwood 목사가 새문안교회를 건립하였다(유홍렬, "천주교의 한국근대화운동", 한국사회사상사논고(일조각, 1980), 313면, 323면; "한국의 서양문화수용에 관한 역사적 고찰", 한국사회사상사논고(일조각, 1980), 333면; "그리스도교와 한국문화", 한국사회사상사논고(일조각, 1980), 362면).

3) 한국에는 불교가 전래되어, 신라와 고려시대에는 찬란한 불교문화를 이룩하였으나 조선시대에는 불교가 배척되고 유학이 지배하는 사회로 바뀌었다. 그러나 유학도 조선말에는 더 이상의 발전을 하지 못하고 조선말에는 서양의 기독교사상으로 대체되기 시작하였다. 그런데 불교는 왕실종교였으며, 유학은 양반계층의 철학이었다. 그러나 기독교는 민중의 대중종교이었다(유홍열, 상게 "천주교의 한국근대화운동", 312면). 불교와 유교는, 종교와 정치가 결합되어 지배계층이 권력과 부를 독점하여 세속화되고 부패하게 되었을 때에, 더 이상의 변화와 발전이 정지되고 다른 새로운

이와 같이 개항 직전의 조선말기의 사회는 기존의 유학이 민중을 감화시켜서 사회질서를 유지할 수가 없게 되었으며, 새로운 사상과 종교인 기독교로의 전환이 일어날 수밖에 없었다. 그리하여 조선말의 유학사회의 변화와 극복은 민중들이 신앙한 기독교에 의하여 서서히 진행되었다.

그러나 왕실과 지배계층은 이러한 시대의 변화를 파악하지 못하고, 전통유학에 기초한 왕권의 확립과 강화를 위하여 1865년에 국가법전인 대전회통을 편찬하였다.

### 2. 조선외부의 사정: 청국과 일본의 사정

조선이 일본의 강압에 의하여 개항을 하기 직전의 조선주변의 사정은 청국(淸國)과 일본이 판이하게 달랐다. 먼저 청국은 중화사상에 젖어 서양으로부터의 기독교와 서양문물이 전해졌지만, 그러한 변화를 청국의 개혁과 발전의 기회로 활용하지 못하였다. 서양의 열강들에게 중국의 각처를 조차지(租借地)로 내어주는 일을 하고 있었다. 대표적으로 청국은 영국과의 아편전쟁(1840-1842)에 패함으로써 1842년 남경조약(南京條約)에 의하여 홍콩을 영국에 할양하였다. 그리고 프랑스에게는 상해의 포동(浦東)을 조차지로 내어 주었다. 또한 독일에 대해서는 1898년 산동반도에 있는 청도(靑島)의 교주만(膠州灣)을 내어주었다. 그리고 청국내부적으로는 태평천국의 난[4](1851-1864)과 한족들이 만주족 국가인 청국을 넘어뜨리려는 혁명운동이 전개되고 있었다.[5]

이와 같이 청국은 대내적, 대외적으로 변화의 기회를 선용(善用)할 만한 사정에 있지 못하였다. 그리하여 서양열강들은 중국과 불평등조약을 체결하여 중국의 여러 지역을 할양(割諒)받거나 조차(租借)하였을 뿐만 아니라, 산업혁명 이후 생산된 그들의 생산제품을 판매할 소비지로서, 그리고 원료조달지로서 중국을 이용하고자 하였다. 이러한 서양 열강의 중상주의 국가들의 중국침략에 대해 중국은 국제정세의 흐름을 충분히 이해하지 못하고 있었으며, 서양열강에

---

사상과 종교에 의하여 대체되었음을 알 수 있다. 그러므로 종교와 사상도 지속적으로 변화를 하여야 하며, 가장 보편적인 가치를 구현하고 실천하는 방향으로 발전되어야 함을 알 수 있다. 우리의 역사에 비추어 볼 때에, 종교의 발전을 위해서는 세속의 권력과는 일정한 거리를 유지하여야 함을 알 수 있다.

4) 태평천국의 난은 중국 청나라 말기에 서양제국주의의 중국침략에 대하여 저항한 농민혁명이었다. 이 난으로 건립된 태평천국(太平天國)은 1851년에서 1864년까지 지속되었다.

5) 이러한 한족의 만주족에 대한 저항은 1911년 손문의 신해혁명(辛亥革命)에 의하여 청국이 멸망하고, 중화민국이 건설되었다.

대처할 수 있는 당시의 서양법 질서를 충분히 알고 있지 못하였다. 그러나 청국은 조선에 대해서는 전통적인 종주국으로서의 위세를 떨치고 있었다.

이에 반해 일본은 오랫동안 무신들이 지배하는 무신정권인 덕천막부(德川幕府)가 유지되어 왔으나, 1854년 페리(Perry)호의 무력시위에 의한 미국의 강압으로 개항을 하게 되고, 미국과 불평등의 화친조약을 체결하였다. 그리고는 무신정권을 타도하고 왕정을 복고한 후, 1867년에서 1868년에 걸친 명치유신에 의하여 서양의 근대문명을 적극적으로 수용하여 근대화를 하기 시작하였다. 그러나 왕정복고에 반대하던 무신세력들의 불만은 대외적인 침략전쟁 수행의 주장으로 발전하게 되었다.[6] 그리하여 일본은 서양문물을 적극적으로 수용하여 근대화를 추진하면서, 서양열강들과 마찬가지로 중상주의적 자본주의 국가로 발전하고, 서구의 법제도와 문물을 적극적으로 받아들였다. 동시에 일본은 불평 무사세력들의 요구도 받아들이면서 중상주의적 국가발전을 위하여 부국강병을 제창하고 이를 실천하였다.

이와 같은 일본국내의 정세의 변화는 서양열강과 마찬가지로 중상주의적인 대외적인 시장의 개척을 위한 침략으로 발전하게 되고, 그 첫 대상으로 바로 그들의 가장 가까운 이웃인 조선을 설정하였다. 이처럼 일본은 그들의 부국강병을 위한 근대화와 함께 조선침략의 목표를 설정하고 그것을 실천하여 왔다. 그것이 바로 명치유신 초기의 정한론(征韓論)이었으며, 일본은 그것을 실천하기 위한 구실을 만들어 나갔다.[7]

이와 같이 개항이전에 조선은 청국으로부터는 이미 청국에 전래되어 있던 서양의 천주교를 전수하고 새로운 신앙과 서양의 과학문명을 접하여 실학이 형성될 수 있었다. 그리고 새로운 국제질서에 대한 서양법, 특히 국제법도 중국을 통하여 접할 수 있었다.[8] 이처럼 조선은 중국을 통하여는 전통적으로 유학을

6) 이기백, 한국사신론(일조각, 1971), 295면.

7) 일본은 명치유신 직후에 조선에 대하여 불손한 표현의 국서(國書)를 보내왔다. 그러나 조선은 불손함을 이유로 그 국서의 수령을 거절하였다. 일본은 그 국서의 수령거절을 구실로 하여 조선침략의 절차를 진행하여 결국 개항을 강요하고 식민지로 만들었다. 그리하여 일본은 조선을 개항(1876)한 후부터 합방(1910)을 할 때까지 35년간과 합방에서 해방될 때까지 35년간, 도합 70년간을 한국을 침략하고 수탈하고 지배하였다. 그러나 국서수령의 거절은 하나의 구실에 불과하였으며, 개항과 곧이은 부국강병을 위한 근대화의 국가목표의 설정과 그 추구가 바로 조선침략의 근본적인 원인이었다. 그리고 천황숭배, 신사참배 등은 매우 저급한 종교적 행위이었다.

8) 서양에서 발전된 국제법 전래는 중국을 통하여 이루어졌다. 즉, 미국의 국제법학자 Henry Wheaton(1785-1848)의 저서인 "Elements of International Law"(1판: 1836, 3판: 1845)를 중국에 파송되어 있던 미국인 선교사 William A. P. Martin(1827-1916)이 "만국공법"(1864)이란 이름으로 중국어로 번역하여 그것이 조선에 처음으로 전해졌으며, 1886년에는 육영공원에서 교과서로 사

전수하였으며, 서양의 기독교를 접할 수 있었으며, 서양의 과학문명을 알게 되었으며, 법의 분야에서는 근대적인 국제법질서에 대한 이해를 가질 수 있게 되었다.

그러나 일본으로부터 조선은 박애와 사랑의 문화적, 정신적인 가치는 전수받지 못하였으며, 오로지 서양의 근대 중상주의의 제국주의적인 침략과 수탈과 지배만을 강요받았던 것이었다. 그것은 일본이 역사적으로 인류보편적인 높은 수준의 문화를 이룩하지 못하였기 때문이며, 미국에 의해 개항을 하고 서양문명을 받아들이면서도 자비와 사랑과 박애의 서양의 기독교사상과 종교는 받아들이지 아니하고, 중상주의적, 제국주의적인 물질문명만을 추구하였기 때문이었다. 일본은 서양열강을 모방하여 한국을 침략하고 수탈하고 지배하였지만, 인류보편적인 정신적, 문화적인 가치, 사상, 종교를 전수해 주지는 못하였다. 그것은 지금도 일본이 이웃국가와 더불어 이웃으로 함께 살아가는데 필요한 사랑과 이웃배려의 정신이 부족한 데에서도 나타나고 있다.[9]

이와 같이 일본은 미국에 의해 개항을 한 후에 곧이어 유신을 통해 서구화로의 위로부터의 개혁의 길을 택하였다. 그러나 중국은 서양 문물을 일찍이 접하였음에도 불구하고 중화사상에 입각한 중도서기(中道西器)를 추구하였으나 그 진전이 지지부진하였으며, 조선은 척사위정의 쇄국정책을 고수하고 있어서 위로부터의 개혁을 기대하기가 어려웠다.[10]

---

용되었다. 그리고 Theodor D. Wooley의 "Introduction to the Study of International Law"(1806)가 역시 Martin에 의하여 공법편람(1877)이란 이름으로 중국어로 번역되어, 조선에서는 1896년 학부(學部)에서 이를 그대로 출판하여 왕과 대신에 배포하였다. 또한 역시 Martin이 독일인 국제법학자 Johannes C. Bluntschli의 "Das moderne Völkerrecht der civilisierten Staaten als Rechtsbuch dargestellt"(1867)를 공법회통(1880)이란 이름으로 번역하여 조선에 전해졌으며, 이 공법회통은 한말의 여러 학교에서 교과서로 사용되었고(최종고, 한국의 서양법수용사(박영사, 1983), 23-24면), 1899년 대한제국의 헌법이었던 대한국국제 제정의 기초가 되었다.

9) 우리의 근대사에 있어서 중국은 우리에게 문화를 전해 주었으며, 미국은 민주주의 제도를 전해 주었다. 그러나 일본은 미숙한 자본주의에 기초한 침략, 수탈, 지배를 조선에서 실행하였을 뿐이었으며, 이웃국가에 대한 사랑과 박애의 사해동포적이고 인류보편적인 가치와 문화를 발전시키지 못하였으며 서양의 기독교를 이웃국가에 전달해 주지도 못하였다. 그리하여 일본은 이웃국가와 더불어 평화롭게 살아가는 문화를 키우고 발전시키지 못하였다. 그러한 현상은 지금도 계속되고 있다.

10) 그러나 조선은 아래로부터의 서구화와 개혁으로 발전하여 왔다. 조선후기에 기독교의 전래로부터 실학자를 중심으로 한 아래로부터의 개혁이 주장되고, 개화인사들을 통하여 개혁이 진전되었으며, 그 후에도 많은 도전을 받았으나 밑으로부터의 한국사회의 개혁운동은 지금까지 계속되고 있다. 그러한 한국사회의 개혁운동의 기초사상은 기독교 신앙과 기독교사상이 중심을 이루고 있었다. 아래로부터의 한국사회의 개혁과 변화는 일제시대에는 일시적으로 탄압을 받아 개혁이 지체되기도 하였지만 그것은 한국사회 개혁운동의 궁극적인 패퇴가 아니었으며, 해방 후 상당한 기간 동안 세속적인 독재권력의 승리가 있었다고 하더라도 그것은 궁극적인 승리가 아니었다. 긴 역사적

## Ⅱ. 조선에서의 개화사상의 형성과 발전

전통유학에 완고하게 집착한 대원군의 쇄국정책에 의한 위정척사의 사고는 일본에 대해서도 그대로 적용되어, 일본을 서양의 열강이나 마찬가지로 생각하였으며, 척왜(斥倭)를 척양(斥洋)과 동일시하였다. 대원군이 집권하고 있고 쇄국정책이 지속되는 한 서양의 문물과 문화를 받아들이자는 새로운 사고는 발전할 수가 없었다. 그러나 천주교의 전래를 통하여 서양의 사상과 종교는 이미 조선에 깊숙히 전파되고 있었다. 그리고 서양의 과학정신도 조선에 실학형성과 발전에 큰 자극을 주었다. 그러나 중국에 파견되어 있던 예수회 선교사들을 통한 서양과의 접촉은 천주교의 전래를 중심으로 하여 이루어졌으며, 그들에 의하여 서양의 과학정신이 조선에 전래되기는 하였지만, 서양의 물질문명과 정치, 사회제도의 전수와 도입에 까지는 미치지 못하고 있었다. 특히 서양법을 적극적으로 받아들이자는 사고는 형성되지 못하였다.

그러나 1873년에 대원군이 하야를 하였다. 서원철폐에 대해 유학자들이 불만을 갖게 되고, 최익현이 대원군 탄핵의 상소문을 올리고, 새로이 등장한 척족세력인 민씨세력에 의하여 대원군이 하야를 하게 되었다. 대원군의 하야로 쇄국정책을 버리고 외국과 통상조약을 맺으며, 외국으로부터 문물과 제도를 받아들이자는 사상이 주장되었다. 그러한 대외개방과 외국문물의 도입을 주장한 사상이 바로 개화사상이었으며, 그러한 개회인사들을 개화파라 한다. 개화파들의 개화의 주장은 이미 일본이 개항을 하여 서양의 문물과 제도를 받아들이고 있었으므로, 조선도 일본처럼 개항을 하고 서양의 문물을 받아들이자는 주장이었다.[11]

그러한 개화인사로는 오경석[12](1831-1879), 유대치,[13] 박규수(1807-1876) 등

---

안목에서 살펴보면, 지금도 한국의 역사는 기독교사상에서부터 배태된 인류보편적인 가치의 실현을 추구하는 자연법적인 방향으로의 개혁이 계속 진행되고 있다. 특히 법에서는 가장 보편적인 자연법에로의 한국법의 개혁과 발전을 이룰 것이 요청되고 있다.

11) 개화(開化)라는 말은 "開物成務"(易經, 擊辭篇)와 "化民成俗"(禮記, 學記)이라는 말에서 기원한다고 한다. 다시 말하면 개화란 개물화민(開物化民), 즉 새로움을 취하여 물질문명을 근대화하고, 인간의 의식을 근대화하는 문화를 뜻하는 말이다(최종고, 전게 한국법사상사, 173면).

12) 오경석은 역관(譯官)으로서 독립선언 33인중의 한 분인 오세창의 아버지이며, 김옥균, 박영효, 홍영식 등에게 개화사상을 고취시켰다.

13) 유대치는 중인출신의 한의(韓醫)로서 청으로부터의 선진문물에 관한 책을 탐독하여 개화한 후, 김옥균, 박영효, 서광범 등을 지도하였다.

이 있었다. 그러나 당시의 조선사회에서 개화인사들은 그 수에 있어서 소수에 불과하였고, 박규수[14]와 같은 양반계층도 있었으나 대부분의 개화인사들은 사회적 지위가 중인계층에 불과하였다. 그리고 당시의 조선은 전통적인 유학에 집착한 세력들이 사회의 중심을 이루고 있었으며, 개화파 인사들은 개화로서 서양의 문물을 받아들일 것을 주장은 하였지만, 서양문물과 제도의 사상적 기초인 서양의 사상과 서양의 종교도 함께 받아들일 것을 주장한 것은 아니었다. 그러므로 인하여 사상적으로는 전통유학을 유지하면서 서양의 제도와 문물을 받아드리고자 한 것으로서, 개화파는 기독교의 수용에는 적극적이지 못하였다. 그러나 개화에 의한 서양문물의 도입은 자연적으로 서양사상, 서양종교가 함께 도입될 수 있었을 것임에도 불구하고, 일본을 통한 서양문물의 도입에 따라서, 일본이 서양의 기독교는 제외하고 서양문물만을 받아들였기 때문에, 전수한 서양의 문물과 제도가 오히려 한국에 대한 침략과 수탈과 지배의 도구로 악용되어 한국민에게 불행을 초래하였다. 그러므로 외국으로부터의 선진제도나 선진문물의 도입에는 항상 그 제도와 문물의 사상적 기초도 함께 도입되어야 함을 알 수 있다. 일본은 서양의 정신과 사상의 뿌리인 기독교는 제외하고 서양의 외양인 제도와 문물을 도입하여 그것을 일본의 천황제에 부합되게 수정하여 한국에 적용하였다.

이와 같은 근대 조선에서의 개화의식 내지 개화사상과 조선후기의 실학사상과의 관련에 관하여는, 개화사상은 실학사상의 연속·발전이라는 견해[15]가 있는가 하면, 개화사상과 실학사상과는 아무런 관계가 없다는 견해[16]로 나누어져 있다. 양사상의 관계정립을 위해서는 양사상의 비교가 필요하다. 개화사상은 쇄국정책을 풀고 일본과 서양제국과의 관계를 맺고, 서양의 문물을 받아들이자는 사상인데 반하여, 실학사상은 조선의 공리공론(空理空論)의 전통유학사회의 모순을 실제적이고 실용주의적인 방향으로 극복하자는 사상이었다. 그러므로 개화사상은 당시의 지배계층들의 중국과 유학에만 메여있는 상태를 타파하고, 보다 넓게 외국과 교류하고 새로운 문물을 받아들이자는 사상인데 반하여, 실학사상은 공리공론의 유학지배하에서 곤궁한 삶을 이어가고 있는 민중을

14) 박규수는 실학자 박지원의 손자였으며, 신미양요 때에 평안도관찰사로서 General Sherman 호를 불살라 버렸으나, 강화도조약의 체결시에는 최익현 등의 척화주장을 물리치고 이를 관철되게 하였다.

15) 개화파의 김옥균이나 박영효 및 유길준까지를 실학자로 보는 이도 있다.

16) 전봉덕, 한국근대법사상사(박영사, 1981), 60면.

구하고자 하는 개혁사상이었다.

어느 사상이든지 새로운 사상은 당시의 사회상태를 비판하고 이를 극복하고자 하는 사상으로서 혁명성을 띨 수밖에 없다. 그리고 실학은 민중의 삶의 개선을 가장 중심적 과제로 삼았으나, 개화사상은 조선사회 전체의 변화를 추구한 점에서, 실학사상이 형성되어 전통 유학사회를 비판하고 새로운 사회의 출현을 추구한 것이 바탕이 되어, 그것이 더욱 확대된 사상으로의 발전이 개화사상이었다고 추론된다. 그러므로 개화사상은 실학사상의 연속이며, 그 발전이라고 해석된다. 실학사상은 천주교로부터 조선사회변화의 동기를 부여받았으나, 개화사상은 서양문물을 받아들이자는 사상으로서 결과적으로 기독교도 받아들이자는 사상으로 발전되었다고 판단된다. 따라서 개화사상과 실학사상은 조선사회의 변화를 가져온 연속적인 사상의 발전이라고 판단된다.[17]

## Ⅲ. 민족종교인 동학의 창도

조선말의 정치의 문란, 경제의 어려움 속에서 민중들의 삶은 극히 힘든 상태에 있었다. 이러한 경제의 어려움 외에도 조선사회를 이끌어나갈 수 있는 사상이 혼란스러워졌다. 유학을 신봉하는 양반계층의 수탈에 민중은 그들의 어려움을 구제해 줄 수 있는 구원의 사상 내지 신앙이 필요하였다. 천주교가 전래되어 민중의 삶을 구원으로 인도해 줄 수 있었지만, 박해를 받고 있던 상태라 민중들의 천주교에로의 귀의는 목숨을 내놓아야 하는 위험이 따랐다. 민중들은 어려운 삶을 극복하고 의지하면서 살아갈 수 있는 사상 내지 종교가 절실히 요청되었다.

이와 같이 대내적으로 경제적인 어려움과 쇄국정치에 의한 대원군의 공포정치의 상황이 전개되고 있었고, 대외적으로는 서양 열강의 무력시위가 이루어

17) 또한 개항 이후 지금까지 우리나라의 역사적 발전도 여전히 기독교사상에 기초한 발전의 연속이라 판단된다. 전통적인 유학에 기초하였던 한국사회는 지금도 중단없이 기독교 사회에로 발전하고 있는 중이다. 기독교는 조선후기에 처음으로 전래되었을 때에는 극심한 탄압을 받았으나, 프랑스와의 한불수호통상조약에 의한 신교(信教)의 자유가 허용되어 한국사회가 기독교 사회에로 본격적으로 발전할 수 있는 전기가 마련되었다. 그리고 일제기에는 황국신민의 서사(誓詞), 신사참배 등으로 핍박을 받기는 하였지만, 여전히 중단 없이 한국사회의 개혁과 발전을 위한 사상적 기초를 제공하였다. 그리고 기독교사상과 철학은 지금도 한국사회의 변화와 발전을 위한 기본적인 사상과 철학 및 이상으로 기능하고 있고, 한국사회가 기독교 사회로 발전하는 것은 거스를 수 없는 역사발전의 이치(理致)이다. 그리고 기독교 사회로 발전하는 것이 한국사회가 인류보편적인 가치를 실현하고 가장 이상적인 자연법적인 법문화를 이룩하는 길이다.

지고 있는 상황이었다. 이러한 혼란스런 상황에서 천주교와 접한 민중들은 천주교를 신앙으로 받아드렸으나, 다수의 민중들은 그들의 삶을 의탁할 수 있는 정신적 지주가 될 수 있는 사상, 이념이 필요하였다. 이러한 시대상황에서 토속적이고 민족적인 신앙 내지 종교가 생성되었다.

이러한 시대적 혼미의 상황에서 생성된 종교가 바로 동학(東學)이었다. 동학은 유학에 기초한 양반사회의 모순을 극복하고, 전래된 천주교와 서양사상의 서학에 대항할 수 있는 민족적 신앙으로 철종연간인 1860년경에 수운 최제우에 의하여 창도되었다. 동학은 유교, 불교, 선교(仙敎)에다 샤머니즘과 인내천(人乃天)사상이 가미된 민족적 신앙으로서 잔반(殘班), 중인, 농민, 부녀자 등의 조선민중에 확산되었다.[18] 동학이 삶에 지쳐있던 민중들에게 확산되자 이는 유교사회의 도전자로 간주되어, 1863(철종 14)년에는 최제우가 혹세무민(惑世誣民)의 죄목으로 처형을 당하였다.

동학은 기본적으로 샤머니즘에 기초한 신앙이지만, 또한 천주교의 영향을 받아 인간이 곧 하늘이라는 인내천의 사상으로 구성된 사상 내지 신앙으로서, 당시의 시대사정하에서 봉건적인 유교윤리와 질서를 부인하려는 반봉건적인 혁명적 성격을 지니고 있었으며, 동시에 외세에 항거하려는 의식을 내포하고 있었다.[19] 이와 같이 동학은 곤경에 처한 민중과, 외세의 침입에 의해 어지러운 시대를 살고 있던 민중과 국가를 구하고자 창도된 민족종교로서, 반봉건적인 윤리의식을 갖고 있었으며, 외세에 대해 민중과 국가를 지키려는 강한 저항적 의식과 사상을 내포하고 있었다. 그리하여 동학은 제폭구민(除暴救民), 보국안민(輔國安民), 축멸왜이(逐滅倭夷)를 부르짖게 되었으며, 이는 반봉건적, 민족적 성격을 강하게 띠고 있었다.

이와 같은 동학은 초대 교주 최제우의 사후, 2대 교주 최시형에 의하여 교세가 확장되었으며, 보다 조직적으로 반봉건, 반외세 운동을 전개할 수 있게 되었다.

---

18) 변태섭, 한국사요론(삼영사, 1973), 384면.
19) 상게서, 384면.

## 제2절 개항과 그 후 조선의 자주적인 개혁과 법의 발전: 강화도조약(1876)에서 갑오경장(1894)전까지의 조선의 자주적인 개혁시도

### Ⅰ. 개항과 일본의 조선간섭의 시작

청국 이외의 외국에 대해서 쇄국정책을 고수하고 있던 조선은 1876년 일본의 강압에 의하여 쇄국을 끝내고 개항을 하게 되었다. 1875년에 일본은 그들의 군함 운양호(雲陽号)로써 수로를 측정한 후 담수공급(淡水供給)을 위해 강화도에 접근하였을 때에 우리 군대가 발포를 하니, 운양호는 영종도를 노략질하고 돌아갔다. 그러한 일본군함 운양호와 우리 군대와의 충돌사건은 운양호가 일본을 떠날 때에 이미 조선과의 사이에 어떠한 사건을 일으키도록 명령을 받고 유도하여 일어난 사건이었다.[20]

운양호 사건이 있은 그 다음 해인 1876년에 일본은 운양호 사건에 대한 사죄, 보상과 통상요구를 내세워 무력으로 다시 조선에 몰려왔다. 그리하여 조선은 일본의 위협속에서 일본과 강화도조약, 즉 병자수호조약을 체결하여 개항을 하게 되었다.

일본과 체결한 강화도조약은 일본이 개항하면서 미국과 체결한 조약과 마찬가지로 불평등조약이었다. 그 내용은, 조선은 자주지방(自主之邦)으로서 일본과 동등권을 가지며, 양국은 서로 사신을 파견하며, 부산이외의 원산과 제물포를 개항할 것과 체한(滯韓) 일본인의 범죄는 일본영사가 재판한다는 영사재판권(領事裁判權) 등으로 구성되어 있었다.

강화도조약의 체결에 의하여 일본은 조선에 대해 간섭을 하기 시작하였고, 조선은 그 때까지 전혀 경험하지 못하였던 서양에서 발달한 냉엄한 근대의 국제법 질서 속으로 빠져들게 되었다. 그러나 조선에는 예학, 경학은 발달하였으나 법학을 천시하였기 때문에 발달된 서양과 서양법학에 대한 지식을 전혀 갖추지 못한 상태에 있었으므로, 일본의 개항강압에 대해 적절히 대처할 수가 없

20) 이기백, 전게 한국사신론, 297면.

었다. 한편 일본은 1854년에 개항을 하고 1868년에 위로부터의 개혁인 명치유신을 한 다음 서양의 법을 대규모로 계수하였다.[21] 그 결과로 1889년에 일본은 천황절대주의에 입각한 명치헌법을 제정하였다.[22]

강화도조약의 체결을 통하여 본 조선에서의 근대법의 도입과 발전의 계기에 관하여 살펴보면, 일본은 개항과 그 후의 명치유신에 의하여 지배계층으로부터 서양법에 대한 지식을 터득하였고,[23][24] 그것을 조선에 적용하게 되었으나, 조선은 서양 근대법에 대한 지식을 전혀 갖지 못한 상태에 있었다. 근대 서양법에 대한 지식의 부재는 결국 조선으로 하여금 서양법을 먼저 터득한 일본에 의해, 처음에는 간섭을 받고, 그 다음은 수탈을 당하고, 끝내는 식민지가 되는 아픈 역사를 겪게 되었다. 그 기간이 바로 개항한 1876년에서 시작하여 1910년에는 식민지가 되고, 1945년에 해방이 될 때까지의 70년간이었다.

강화도조약은 불평등조약으로서 그 내용은 일본위주로 구성되어 있었으며, 한국을 일본과 대등한 국가로 인정하지 않고 있음을 알 수 있다. 먼저 조선에 대한 청국의 전통적인 종주국으로서의 지위를 부인하기 위하여 조선을 자주지방(自主之邦)이라 하고, 영사재판권을 인정하고, 일본으로 하여금 조선해안의 수로를 측량할 수 있도록 하고, 일본에 사신(즉, 문명시찰단)을 파견하여 일본의 근대문명을 수입하도록 규정하였다. 이와 같은 강화도조약의 내용은 제국주의 국가의 일반적인 침략조약으로 구성되어 있었다. 특히 일본에 사신을 파견하고 일본문화의 수입은, 법의 측면에서는 일본법의 한국수입의 길을 열어놓은 것으로 결국 서양법을 계수하여 일본의 천황제절대주의에 맞게 수정한 일본법을 조

---

21) 일본은 역사적으로 두 번에 걸쳐 대규모로 외국법을 계수하였다. 그 하나는 일본 고대의 중국 당나라 율령을 모방한 대보율령(大寶律令)의 편찬이었으며, 또 하나는 명치유신후의 유럽법의 계수였다(SNU BK LAW 21, Newsletter, Vol. 6, No. 1 (2006년 상반기), 45-46면).

22) 명치헌법 제 3 조에서는 "천황은 신성하므로 침해할 수 없다"라고 규정하여, 천황을 신으로 받들었다. 이처럼 천황을 신으로 받들었기 때문에, 창조주 여호와만을 유일신으로 신앙하는 기독교의 전수가 일본에는 어려웠던 것으로 판단된다.

23) 일본은 1868년에 명치유신을 하고, 1872년에는 이미 고위정치가들과 학자들이 구미(歐美)에 직접 가서 견학을 하고, 다수의 유학생들을 서양에 파견하였으며, 많은 서양법률가들을 초빙하여 법전의 편찬과 법률제도의 개선 및 법학의 수립에 참여시켰다(최종고, 한국의 서양법수용사(박영사, 1983), 39면). 그리고 1889년에는 서양국가의 헌법을 모방한 명치헌법을 제정·공포하였다. 그리하여 일본은 천황이 3권에 초월해 있으면서 그 아래에 입법, 사법, 행정의 3권이 분립된 입헌군주제를 이루었다.

24) 조선의 개화인사와 깊은 관련을 가진 일본개화파의 한 사람인 福澤諭吉(1834-1901)은 1854년에 미일화친조약(美日和親條約)의 체결을 지지하고, 1860에는 미국을 견학하였으며, 1862년에는 유럽 각국을 시찰하였다. 그리고 1868년에 명치유신을 맞이하기 직전에 자기의 家塾을 慶應義塾이라 이름하여 일본최초의 서구식 사학(私學)을 창설하였다(전봉덕, 한국근대법사상사(박영사, 1981), 192면.

선에 수입케 하겠다는 의지의 표현이었으며, 그 규정대로 조선은 일본법을 타의에 의해 받아들이게 되었다. 그러나 일본은 서양법을 계수하였지만, 서양법의 사상적, 정신적 기초인 기독교의 사랑과 자비와 박애의 정신을 빼어버리고 법소재(法素材)만을 가져와 천황제 절대군주제의 통치수단으로 활용하였으며, 그러한 사랑과 박애와 자비의 정신이 빠진 일본법을 개항 이후 조선에 전달하고 점차 일본에서보다 더욱 나쁜 방향으로 적용하였다.

한편 조선은 서양의 근대법 질서에 대한 지식이 거의 없는 상태에서 강화도조약 체결이후 일본을 통해서 서양법을 받아들이고 근대화의 길로 갈 수 밖에 없었다. 그러나 조선왕조가 법학을 숭상하지 않았기 때문에 개항이후 서양 근대법질서에 대하여 충분히 이해할 수 있기도 전에, 서양근대의 자연법 질서를 접하지 못하고, 천황제절대군주제에 의한 중상주의적 부국강병의 수단으로 이용되었던 극히 법실증주의적인 일본법의 영향을 받기 시작하였다.

## Ⅱ. 조선이 접한 법실증주의적, 제국주의적인 일본법

조선은 강화도조약으로 비로소 청국이외의 외국과 공식적으로 접하게 되었다. 그것도 조선이 주체적으로 접하지 못하고 일본의 강압에 의하여 이루어졌다. 일본은 개항을 무력으로 뒷받침하고 그들이 계수한 서양의 법으로 이루었다. 그러나 일본이 서양법을 계수하면서 서양의 정신과 그 정신적 기초인 기독교는 배제하고, 서양법의 소재만을 가져와 일본의 천황제 절대군주제의 통치체제에 맞게 수정하고 적용하였던 것이었다. 그러므로 일본의 근대법은 자연히 인류보편적인 가치인 사랑과 자비와 박애의 정신이 빠진 침략과 지배와 수탈의 수단인 극히 법실증주의적인 법으로 발전할 수밖에 없었다. 다시 말하면 일본의 근대법은 서양 근대법이 추구한 자연법 질서가 아니라, 법을 절대왕정의 통치수단만으로 이해하고 적용한 법실증주의적인 법질서였다. 일본은 그러한 실증주의적인 법을 강화도조약에 그대로 활용하였으며, 그 후 일본의 조선간섭의 심화와 수탈, 그리고 식민지시대를 통하여 그러한 법실증주의적인 법의 경향은 더욱더 강하게 나타났다.

일본은 개항을 하고 명치유신에 의하여 서구법을 대규모로 계수하면서, 계수된 법을 천황을 절대군주로 한 중상주의적인 부국강병의 수단으로 이용하였다. 그러나 근대의 서양법은 프랑스와 미국에서는 자연법 질서였다. 서양근대의 자연법은 기독교 정신에 입각한 사랑과 자비와 박애의 정신과 사상의 기초 위에서 인간 개인의 존엄과 가치를 최고도로 인정하고 보장하는 근대의 시민정신이 충만한 법이었다. 이러한 자연법 질서에 반하는 구체제를 시민혁명으로 무너뜨리고 시민이 주권자인 근대 시민사회의 법이 바로 근대 서양의 자연법이었다.

그러나 일본은 서양의 근대 시민사회와는 달리 천황을 절대군주로 하는 절대적 전제군주제를 추구하였다. 그러나 유신을 통하여 서양문물과 제도를 받아드린 계몽적인 전제군주였다. 그러므로 명치유신은 위로부터의 개혁이었다. 그러므로 일본의 명치유신은 위로부터의 개혁으로서, 그것은 자연법과 자연법사상에 기초한 시민계층에 의한 밑으로부터의 프랑스혁명, 미국독립혁명과는 달랐으며, 계몽주의적 절대국가 체제를 유지한 위로부터의 개혁인 독일의 프러시아제국의 개혁과 유사하였다.

이러한 일본의 사정은 서양법을 계수함에 있어서도, 처음에는 극히 자유주의적이고 개인주의적인 프랑스법을 받아들였으나, 점차 프러시아 독일법을 받아들였다. 그리고 미국에 의해 일본이 개항을 하였으나, 미국의 자유주의적이고 개인주의적인 법을 받아들이지도 아니하였다. 사실 근대 자연법에 있어서 프랑스, 영국, 미국은 개인의 인격과 자유와 재산을 천부인권으로 최고도로 인정하는 자유주의적인 자연법을 추구하고 실천하였으나, 프러시아 독일은 절대군주제를 유지하면서 절대군주가 국민의 인격과 자유를 법률로써 보장하는 절대주의적 자연법론을 추구하고 실천하였다.[25]

이와 같이 일본은 개항초기에는 자유주의적 자연법론에 입각하여 제정된 프랑스법을 계수하였으나 프랑스법이 극히 개인주의적이고 자유주의적이었기 때문에, 천황제 절대군주제하에서의 일본에는 그대로 적용하기 어려움을 깨닫고 계몽주의적 절대군구제의 프러시아 독일법을 계수하기 시작한 것이었다. 더욱더 일본은 서양법의 사상적 기초인 기독교는 배제한 채, 계몽주의적 전제군주국이었던 프러시아의 독일법을 중심으로 서양법을 받아들였기 때문에, 일본은 자연히 인류보편적인 가치를 추구하는 자연법으로 발전하지 못하고, 법을 침략과 지배와 수탈의 수단으로 이용한 법실증주의적인 방향으로 발전하게 되었다. 그러한 법실증주의적인 일본법의 발전은, 이웃국가에 대해서는 침략과

25) 근대 자연법론의 발전에 관하여는, 김상용, 법사와 법정책: 로마민법학사 중심(한국법제연구원, 2004), 201-202면 참조.

수탈과 지배의 불행으로, 일본자신에게는 전쟁도발과 패망의 불행으로 이어졌다.[26] 그러므로 조선과의 관계로 범위를 좁혀서 살펴보면, 일본법은 자연법적이지 못하고 극히 법실증주의적인 법이었다. 따라서 지배와 수탈과 식민지화를 통하여 우리나라에 이식된 법실증주의적인 일본법은 자연법론의 입장에서 비판이 이루어져야 하고 극복되어야 한다.[27]

일본의 근대화에 기여하고 조선개화파에 큰 영향을 주었던 후쿠자와 유기치(福澤諭吉)의 사상과 법에 대한 이해를 살펴보면, 그는 교육자로서 서양문명을 수입하여 일본을 서구화하고 문명개화의 시대정신을 주도하였으며, 일본을 부국강병의 근대국가로 발전시키고자 하였다. 그리고 그는 제국주의 정책을 수행하여 "압제도 또한 유쾌하다"는 표현으로 일본의 중상주의적 제국주의 정책을 지지하고 지원하였다.[28] 또한 그는 조선의 개화인사들과 접촉하면서 동양각국의 후진성, 서구문명 여러 나라의 동양침략, 조선의 청국으로부터의 자주독립성을 강조하였다. 무엇보다도 그는 서양 근대문명의 기초사상이자 이념인 자연법론에 입각한 천부인권론을 알고는 있었으나, 그는 천황제 절대군주제를 옹호하였다. 또한 그는 제국주의를 찬양하여, 국제관계를 법에 의한 합리적인 해결보다는 무력의 힘에 의한 해결을 추구하였다. 그리하여 그는 그것을 만국공법이 대포일문(大砲一門)보다도 못하다(萬國公法不如大砲一門)는 말로 표현하였다.[29]

그리하여 일본은 서양문명을 받아들여 일본이 천황을 정점으로 하는 중상주의적인 절대국가로 발전하는 방향으로의 일본의 개화를 도모하였다. 이와 같이 힘을 바탕으로 하는 부국강병의 개화의 방향은 자연적으로 팽창정책으로 발

---

26) 일본은 평화의 문화를 실현하지 못하였다. 조선왕조시대에는 임진왜란과 정유재란을 일으켜 조선을 침략하였고, 개항이후에는 서구법을 계수하면서도 그 사해동포적인 정신적 기초는 배제한 채, 법소재만을 받아와 그것을 침략과 수탈과 지배의 수단으로 이용하였다. 인류보편적인 가치의 사상적 뒷받침을 받지 못한 법은 물리적 힘을 가진 자에게 있어서는 수탈과 억압의 수단으로 이용될 수밖에 없다. 그러므로 일본에 계수된 서양법은 자연법 질서로 계속 발전하지 못하고, 극히 법실증주의적인 방향으로 발전하여, 이웃국가와 일본자신의 불행의 원인이 되었다.

27) 법실증주의는 제정법만이 법이며, 악법도 법으로 인정하는 법률만능주의적인 법사고이다. 근대의 중상주의적 절대국가에서의 법, 나치의 민족사회주의법, 사회주의국가의 사회주의법, 일본에 의한 식민지법 등이 모두 법실증주의에 입각한 법이다. 그리고 Hans Kelsen에 의하여 주장된 순수법론(reine Rechtslehre)도 역시 법실증주의에 입각한 법이론이다. 법실증주의에 관하여는, 김상용, 법사와 법정책: 게르만법사, 교회법사 및 독일민법학사 중심(한국법제연구원, 2005), 237-280면 참조). 이러한 법실증주의적 법은 보편적 가치를 추구하고 보장하는 자연법에 의하여 극복되어야 한다.

28) 전봉덕, 전게 한국근대법사상사, 192면.

29) 정긍식, 한국근대법제사고(박영사, 2002), 5면.

전하게 마련이며, 그러한 팽창정책은 이웃국가를 침략하고 지배하고 식민지화하는 방향으로 발전할 수밖에 없었다. 이웃국가와 평화질서의 구축을 도모하지 아니하고 자국의 발전을 위하여 이웃국가를 침략하고자 하는 방향으로의 국가목표의 설정과 그 목표의 실천은 결국 이웃국가는 물론 자국의 패망의 원인이 됨을 일본은 역사를 통하여 입증해 주었다. 이러한 일본과 이웃국가의 불행은 일본이 서양법을 계수하면서, 법의 소재만을 가져오고, 그 서양법의 기초인 기독교 신앙과 박애와 자비와 사랑의 기독교사상은 가져오지 아니한 데에 가장 큰 원인이 있었다. 일본의 선각자들이 일본을 개화시키면서 바로 그러한 우(愚)를 범한 것이었다. 그러나 조선의 개화사상가 중에서 가장 대표적인 서재필(1863-1951)은 기독교에 입각한 서양의 자연법적 천부인권론을 주장하였던 것이었다. 특히 그는 당시의 의병활동과 동학혁명의 무력에 의한 일본에 대한 저항운동에 대해서 법질서의 파괴를 이유로 비판적인 입장을 취하여[30] 지극히 평화주의적인 자연법 질서와 제도를 추구하고 주장하였다.

이와 같이 일본은 그들이 개화하면서, 인류보편적인 사상과 신앙을 갖지도 가져오지도 못한 채로 중상주의적 제국주의적인 부국강병을 추구한 나머지 법에서는 지극히 법실증주의적인 방향으로 발전하게 되었으며, 그것은 결국 일본이 조선에서 실정법에 의한 불법(gesetzliches Unrecht)을 범하는 결과를 초래하였다. 그러한 법실증주의적인 불법은 자연법에 의하여 청산되고 극복되어야 한다.

일본은 서양법을 계수하면서 처음에는 근대 자연법론에 기초한 프랑스법을 계수하였다. 특히 민법분야에서는 자연법론에 기초하여 제정된 프랑스민법을 계수하였다. 그러나 일본은 자연법적인 프랑스민법전에 기초하여 제정한 그들의 구민법을 제정하고서도 그것을 시행도 하지 않은 채 그 시행을 연기한 다음, 독일민법전을 모범으로 한 현행의 일본민법전을 제정하였다. 그것은 프랑스민법이 극히 자유주의적이고 개인주의적이었기 때문에 일본의 천황제하의 단체주의적 사회에는 적절치 않다고 판단하였기 때문이었다.

구체적으로 일본은, 1879년에 당시의 파리대학의 법률학 교수였던 보아소나드[31](Gustave Emile Boissonade: 1825-1910)를 초빙하여 민법초안의 작성을 위탁하고, 일본인들도 참여하여 1890년에 민법전을 제정・공포하고, 1893년부터 시행하려고 하였다. 그러나 1889년경부터 민법전(즉, 일본의 구민법전)의 시행을

30) 전봉덕, 전게 한국근대법사상사, 308면.
31) 그는 자연법론자였다.

연기하자는 주장이 일기 시작하여, 결국 1892년에 이르러서는 연기주장이 절정에 이르러, 연기파가 승리하게 되었다. 그리하여 1893년에는 새로운 민법전을 편찬할 법전조사회(法典調査會)가 구성되고, 새로운 민법전 편찬위원들은 구민법전을 기초로 하면서도, 독일민법전 제1초안(1888)을 모범으로 하여 현행민법전을 편찬하였다. 법전편찬의 형식도 인스티투치오넨시스템(Institutionensystem)에서 판덱텐시스템(Pandektensystem)으로 바꾸었다.[32]

현행의 일본민법전은 1896년에 총칙, 물권, 채권 편이 제정・공포되고, 1898년에 친족, 상속편이 제정・공포되고, 동시에 그 부속법인 민법시행법도 제정・공포되어, 1898년부터 시행되어 오늘에 이르고 있다. 현행의 일본민법은 그들의 구민법보다는 단체주의적인 성격이 강하다. 그리고 일본은 1947년에 일본민법 제1조 제1항에서 "사권(私權)은 공공의 복지에 적합하여야 한다"고 규정하여, 민법전에서 사권의 공공복리 적합의무를 천명하였다. 이는 일본사회가 천황제에 의한 단체주주의적 성격을 강하게 나타내고 있는 법적표현으로 이해된다.[33]

## Ⅲ. 개항 후 조선의 자주적인 개혁의 착수

조선은 강화도 조약에 의하여 당시의 냉엄한 제국주의적인 국제질서에 별 준비없이 내던져진 것이었다. 중상주의적인 제국주의 시대에 조선은 자주적으로 새로운 국제질서에 적응하면서 스스로 독립을 지켜야만 하였다. 그러나 조선주변의 청국은 전통적인 종주국의 지위와 관계를 강하게 유지하려고 하고, 새롭게 부상한 일본은 조선의 이익을 위한 개항이 아니라, 일본 자신의 이익을 위하여 조선을 그들의 침략의 대상으로 삼고 간섭을 해 온 것이었다. 조선은 청국과 일본이외의 서양 열강의 동향에 대해서는 충분한 지식을 갖고 있지 못하였다.

---

32) 일본민법전의 제정과정에 관한 보다 상세한 내용은, 김상용, 민법총칙(전정판증보, 법문사, 2005), 58-59면 참조.

33) 명치헌법시대에는 명치헌법이 천황제의 절대적 입헌군주제를 취하였기 때문에 사권의 공공복리 적합의무를 넘어 공권의 사권에 대한 우월성이 헌법해석으로부터 당연히 도출될 수 있었다. 그러므로 일본민법에서는 사권의 공공복리적합의무를 규정할 필요가 없었다. 그러나 일본이 패망하고 제정된 소위 평화헌법에서는 그 해석을 통하여 사권의 공공복리적합의무를 도출할 수 없으므로 인하여, 일본은 그들의 민법을 개정하여 사권의 공공복리적합의무를 규정하게 되었다고 추론된다.

그러므로 조선은 일본을 통하여 서양의 새로운 문물을 받아들여 개혁을 실천하고 독립을 유지할 수밖에 달리 대안이 없었다. 따라서 조선은 강화도조약의 규정에 따라서 서구문물을 받아들여 개화한 일본의 변화를 알아볼 수밖에 없었다. 그 결과로 조선은 1876년(고종 13년)에 김기수를 대표로 하여 제1차로 수신사를 일본에 파견하였다. 그리고 1880년에는 김홍집을 대표로 한 제2차 수신사 파견을 하였다.[34] 1881년에는 신사유람단을 일본에 파견하여 그들은 일본 정부의 각 기관과 지방을 방문하고 시찰을 하고 돌아와 방문결과에 관한 보고서를 작성하여 제출하였다. 이러한 일본방문의 결과로 조선은 일본의 부국강병으로의 발전을 보게 되고, 일본을 통하여 서양 세계를 알 수 있는 기회를 갖게 되었다. 그러나 조선은 일본을 통한 서양문물을 접하고 있었음에도 불구하고 완고한 유학사회의 조선은 서양문물을 받아들여 개화하고 있는 일본의 변화를 긍정적으로 보지만은 아니하고, 일본의 서구화를 주체성이 없는 태도로 보는 시각도 있었다. 다른 한편으로 조선은 중국으로부터도 신식무기의 제조법과 조련법을 터득하기 위하여 1881년에 김윤식을 영선사(領選使)로 하여 문무자제(文武子弟)를 뽑아 중국에 파견하였다.

이와 같이 조선은 일본과 중국으로부터 서양 문물을 접한 후에 조선은 개혁에 착수하게 되었다. 그것이 바로 1881년 일본의 영향을 받은 별기군 창설에 의한 군제개편이었으며, 통리기무아문의 창설에 의한 조선의 내정개혁의 착수였다.

이러한 조선개항 후의 조선의 개혁의 착수는 강병을 위한 군제개혁부터 시작되었다. 이는 서양의 문물을 받아들려 민중의 삶을 부요(富饒)하게 하겠다는 생각보다는 황실을 보전하려는 군대의 강화부터 생각하였던 것이었다. 군제개편은 당시 일본이 추구하던 부국강병책의 영향으로 추론되지만, 서양 문물의 도입에 의한 민중의 삶의 개선을 통한 왕권과 국권의 강화보다는 왕권을 군사적인 힘으로 지켜야겠다는 생각을 먼저 실행에 옮긴 것이었다. 이는 바로, 개항 이후의 조선의 지배세력들은 서구에서의 입헌전제주의 국가나 개화한 일본의 천황제 절대국가에서와 같이 위로부터 개혁을 하고자 하는 계몽주의적 절대국가로 발전하려는 생각을 갖지 않았던 것의 표현이라 판단된다.

---

34) 이 때에 당시의 일본주재 청국참사관이었던 황준헌으로부터 조선책략(朝鮮策略)을 얻어 왔다. 그는 조선책략에서 나라가 부강하려면 서양의 기술과 제도를 배워야 한다는 것과, 러시아의 남진을 막으려면 친중국(親中國), 결일본(結日本), 연미방(聯美邦)하여 자강(自强)하여야 한다고 하였다. 그리고 그는 예수를 유교의 공자와 같다고도 기술하였다.

이와 같이 일본으로부터 서양의 문물이 들어올 수밖에 없는 시대상황 하에서, 전통의식이 강하였던 유학자들은 이러한 개화운동에 극력 반대하였다. 영남만인소 사건(嶺南萬人疏 事件)은 그러한 개화반대운동의 대표적인 사례였다.[35] 따라서 조선에서는 서양문물을 받아들여 조선을 개혁하려는 개화파들과 전통유학을 고수하면서 서양문물의 도입에 대해 부정적인 보수세력들간의 충돌은 불가피하게 되었다. 그러한 충돌은 극단적인 혁명의 모습으로 나타날 수밖에 없었다. 그러한 혁명적인 사건이 바로 구식군대에 의한 임오군란(1882)과 개화파에 의한 갑신정변(1884)이었다.

## Ⅳ. 개화에 따른 조선내부에서의 보수·개혁 세력간의 충돌과 조선을 위요(圍繞)한 청국과 일본간의 대립: 임오군란과 갑신정변의 발생 및 제물포조약, 한성조약과 천진조약의 체결

개항이후 일본을 통한 서양문물의 수입에 의한 조선사회개혁의 기운과 이에 대하여 저항하는 전통유학의 흐름간의 상호충돌은, 먼저 무력의 힘을 가지고 있고 청국에 기울어져 있던 보수세력이 일본으로부터의 서양문물 수입의 새로운 시대조류에 저항하는 모습으로 나타났다. 그것이 바로 임오군란(1882)이었으며, 그 임오군란에 의하여 일시적으로 보수유학세력이 승리하였다. 임오군란으로 인하여 대원군이 다시 집권하고, 별기군을 폐하고 내정개혁기구였던 통리기무아문(統理機務衙門)을 폐지하였다.

임오군란이 일어나자 곧바로 청국과 일본은 각각 그들이 군대를 조선으로 보내어, 조선에서 청과 일본이 무력적으로 대치하는 상황이 발생하였다. 그러나 당시는 청국의 무력이 우세하였다. 청은 종주국으로서 조선에서의 그들의 전통적 우위를 유지하면서, 일본세력의 조선침투를 저지하고자, 조선으로 하여금 서양 열강과 통상조약을 체결하도록 주선하여, 조선은 미국을 위시한 서양제국(西洋 諸國)과 수호통상조약을 체결하였다.[36] 또한 청국은 외국인 고문을 조선에 추천하여 그 첫 외국인 고문으로 독일인 von Möllendorf(Paul Georg: 1847-1901)가 1882년에 조선에 들어왔다. 한편으로 청국은 중국상인들을 대량으

35) 이기백, 전게 한국사신론, 301면.

36) 청국이 조선으로 하여금 서양 열강과 통상수호조약을 체결하도록 주선한 것은 바로 중국의 전통적인 외교방식의 하나였던 이이제이(以夷制夷)의 방식이었다.

로 조선에 보내어, 경제적으로 조선을 그들의 영향권하에 두고자 하였다. 그리고 청국은 대원군을 군란책임자로 납치하여 중국으로 데려갔다. 물론 이 시기에 조선왕실과 척족민씨(戚族閔氏)들은 개화보다는 청국의 힘에 의존하고자 하였다.

일본은 임오군란으로 입은 피해배상을 요구하면서, 이를 관철하기 위하여 조선과 제물포조약(1882)을 체결하였다. 임오군란 후, 개화의식을 가지고서 점진적, 자주적으로 조선사회를 개혁하고자 하였으나 척족민씨들에게 압박을 받고 있던 양반 개화파[37][38]는 보다 급진적, 혁명적 방법의 비상수단으로 개화정책을 추구하여야겠다는 생각을 갖게 되고, 이를 위하여 일본의 힘의 뒷받침을 받고자 하였다. 그러나 그러한 양반층 개화파는 보수유학파에 비해서 수에 있어서 소수이었고, 대부분 젊은 세대의 사람들이었다.

드디어 개화파는 비상수단으로 1884년에 갑신정변으로 혁명을 일으켰다. 그들은 조선사회의 개혁에 관한 14개의 정강(政綱)[39]을 발표하였다. 그러나 충분한 지원세력을 학보하지 못한 갑신정변은 3일천하로 끝나고 말았다. 그로 인하여 갑신정변에 참여하였던 개화파 인사들은 일본으로 피신을 하게 되고, 갑신정변 때에 피해를 입은 일본은 다시 조선을 압박하여 조선은 일본과 일본에 대한 피해배상을 내용으로 하는 한성조약(1885)을 체결하였다.

개화당에 의한 갑신정변은 위로부터의 개혁을 시도한 사건이었다. 그리고 정치조직의 요직에서 멀리 있었던 양반계층에 의한 개혁의 시도였다. 개화당은

---

37) 양반개화파로는 김옥균(1851-1890), 박영효(1861-1939), 홍영식(1855-1884), 서광범(1859-), 서재필(1863-1951)등의 청년들이 이에 속하였다. 그리고 김옥균은 1878년에서 1879년간에 개화당을 조직하였다(최종고, 전게 한국법사상사, 225면).

38) 이들 양반개화파는 민씨일파의 미움을 받고 있었으며, 요직에 임명되지 못한 상태로 있었다(이기백, 전게 한국사신론, 306면).

39) 14개 갑신정강(甲申政綱)은 갑신정령(甲申政令)이라고도 하며, 첫째로 대원군을 곧 陪還하도록 할 것, 둘째로 문벌을 폐지하여 인민평등의 권(權)을 제정하고, 사람으로써 관(官)을 택하게 하고 관으로써 사람을 택하지 말 것, 셋째로 전국의 지조(地租)의 법을 개혁하여 이간을 막고, 민곤(民困)을 펴게 하며, 겸하여 국용(國用)을 裕足하게 할 것, 넷째로 내시부(內侍府)를 혁파하고, 그 중에 뛰어난 재능이 있는 자는 등용할 것, 다섯째로 전후 奸貪하여 나라를 병들게 함이 가장 현저한 자는 정죄(定罪)할 것, 여섯째로 각도의 還上은 영영 환납치 말게 할 것, 일곱째로 규장각(奎章閣)을 혁파할 것, 여덟째로 급히 순사(巡査)를 두어 도적을 막을 것, 아홉째로 惠商公局을 혁파할 것, 열째로 전후 유배·금고된 사람을 酌量·放出할 것, 열한 번째로 사영(四營)을 합하여 일영으로 하고 영중에서 抄定하여 급히 근위대를 설치할 것, 열두 번째로 무릇 국내재정은 모두 호조에서 관할케 하고, 그 밖의 모든 財簿衙門은 혁파할 것, 열세 번째로 대신과 參贊은 매일 閤門안의 의정소에서 회의하여 稟定해서 정령을 포행할 것, 열네 번째로 정부 육조 이외의 무른 冗官에 속하는 것은 모두 혁파하고 대신과 참찬으로 하여금 작의(酌議)하여 稟啓케 할 것으로 그 내용이 구성되어 있었다(이기백, 전게 한국사신론, 307면).

밑으로부터의 민중의 의식개혁에 의한 민중의 힘의 지지를 받아 조선사회를 개혁하려는 시도를 하지 않고, 오히려 부국강병에 의한 팽창주의 정책을 추구하고 있던 일본제국주의의 외세의 힘을 빌리려고 하였던 것이 잘못이었다. 당시에 이미 민중들의 지지를 받고 있던 폭발적인 동학운동의 지원을 받고, 천주교인들의 지원을 받아 민중을 위한 밑으로부터의 개혁을 펼쳤더라면 결과가 나았을 것이다. 서양에서의 근대 시민혁명에 비추어 보면 갑신정변은 밑으로부터의 민중의 가치와 민중의 힘의 위력을 깨닫지 못한 상태에서 위에 있는 계층의 위로부터의 개혁의 시도였다고 평가된다.

갑신정변으로 조선에 다시 들어온 일본군과 청군이 서로 대치하고 있는 상태에서, 일본은 청국에 대해 공동으로 그들 각각의 군대를 철수할 것과 장차 조선에 파병을 할 때에는 서로 통고할 것을 내용으로 하는 천진조약(1885)을 체결하였다.

이와 같이 임오군란과 갑신정변을 거치면서, 조선내부에서는 보수유학파와 개화파간의 충돌상태는 일단 보수유학파가 일시적으로 승리를 하게 되고, 조선외부에서는 일본과 청국이 닥쳐올 대충돌을 준비하면서 일시적으로 소강상태를 유지하게 되었다. 그러나 일본은 조선을 그들의 지배하에 두고자 하는 야욕을 실현하기 위한 시간을 벌게 되었고, 청국은 전통적인 종주국의 지위가 크게 손상은 되었지만 1894년 청일전쟁에서 일본에 패할 때까지의 10년간 조선에 대한 간섭을 계속할 수 있었다. 이러한 상황에서 조선왕실은 더욱 청국에 의존하게 되었다. 그리고 일본과 청국은 조선으로부터 그들의 군대는 철수하였지만, 그들은 조선을 경제적으로 그들의 영향권 내에 두기 위하여 경제적 침투를 강화하였다. 그러한 경제적인 침투는 장차 정치적, 무력적 침입을 위한 기반을 닦기 위한 준비였다.

## Ⅴ. 일본의 경제적 침투

임오군란이후 청국으로부터 많은 중국상인이 조선에 들어오고, 천진조약에 의하여 청군이 자국으로 돌아간 후에도, 원세개(1859-1916)는 통상사무전권위원이란 직함(職銜)을 가지고 조선에 계속 머무르면서 조선에 대하여 간섭을 하였다.

이러한 중국상인의 대량진출에 맞서, 일본은 조선에 대하여 그들의 중상주의적인 경제적 침투를 강화하였다. 개항장에는 일본의 상관(商館)이 늘어나고, 일본에서 생산한 공업생산품을 비싸게 조선에 수출하고,[40] 그들은 조선의 쌀, 콩 등의 곡물과 금을 헐값으로 매입하여 일본으로 수출함으로써 약탈적인 무역을 하였다.[41] 그리하여 청교도 정신이 배제된 자본주의의 저급형태인 중상주의적인 당시의 일본은 조선을 그들의 상품시장으로, 그리고 그들의 부의 축적원으로 만들어 나갔다. 또한 조선은 일본에 식량을 공급하는 기지(基地)가 되었다.

한편으로 조선은 생활에 필요한 공업생산품이 필요하였고, 그것들을 구입하기 위해서는 자연히 돈(즉, 자금)이 필요하였다. 그러나 조선정부는 물론 조선민중은 생활에 필요한 공업생산품을 구입할 수 있는 자금을 갖고 있지 못하였다. 그러므로 일본으로부터 자금을 빌리지 않을 수 없었다. 조선정부는 일본으로부터 차관을 들여오고,[42] 조선민중은 일본상인으로부터 자금을 빌리지 않을 수 없었다. 그리하여 일본의 고리대자본이 조선에 진출하여, 농민들의 생활의 곤궁을 이용하여 미리 금전을 빌려주고 추수기에 수확물로 인수해 갔다. 이와 같은 일본의 경제적 침투는 조선의 농촌경제의 자주적인 발전을 가로 막았다.

이러한 일본의 조선에서의 경제적 침투에 대한 조선의 저항의 첫 조치가 바로 1889년(고종 26년)의 방곡령(防穀令)의 발포였다. 이는 함경도 감사 조병식이 함경도에 흉년이 들어 곡물의 수출을 금지한 조치였다. 방곡령은 일본상인에게 타격을 주었다. 그러나 일본은 조선과 체결한 통상장정(通商章程, 1883)에 의한 방곡령의 발포사실의 통고가 늦었다는 것을 구실로 시비를 하여 와서, 조선은 결국 방곡령은 해제하게 되고, 일본은 오히려 조선으로 하여금 배상금을 지급하도록 하였다.

이와 같은 일본의 저급한 중상주의적 방법에 의한 경제적 침투는 정치적으로는 조선에서 일시 후퇴하였으나, 경제적으로는 조선을 일본의 지배하에 놓겠다는 그들의 조선침략의 과정이었으며, 결국 그들은 경제적 침투를 기초로 하여 정치적으로 재진출을 하게 되었다.

40) 이에 반해 청국은 조선에 주로 영국제 공업생산품을 수입해 들여왔다(이기백, 전게 한국사신론, 312면).

41) 이기백, 전게 한국사신론, 313면.

42) 문호개방에 따른 내외국 사절의 영송(迎送), 배상금의 지급, 근대 문명시설의 설치 등의 새로운 정부지출의 항목이 늘어갔다. 조선정부는 이러한 비용 중 일부를 차관을 들여와 메꾸었다.

## Ⅵ. 개항 후 조선민중의 움직임: 동학운동의 진전

개항이후 조선 민중의 삶은 여전히 어려웠다. 더욱이 일본의 중상주의적 경제의 조선침식은 민중의 삶을 더욱 어렵게 하고, 한편으로 조선정부는 늘어난 국가재정의 부담을 대부분 농민들인 민중에게 떠넘겼다. 이러한 정치상황의 혼미와 경제의 어려움은 자연히 국가관리의 부패와 민중에 대한 수탈로 이어지게 되었다.

동학교도들은 제2대 교주 최시형에 의하여 각지에 포(包), 장(帳), 접(接)의 조직망을 갖추어 나갔다. 이것은 농민들의 지지를 받았기 때문에 가능하였다.[43] 농민들은 양반관료들의 부패와 수탈 및 일본의 경제적 침탈로 인하여 그들의 삶이 극히 어려웠기 때문에, 그러한 사회상황에 대한 저항으로 동학에 가담하였던 것이었다. 그리하여 동학이 커다란 사회세력으로 성장하게 되었다.

동학이 강력한 사회세력으로 성장하자 그 세력은 먼저 교조신원운동(敎祖伸寃運動)으로 발전하게 되었다. 1892년에 동학교도들은 전라도 삼례(參禮)에서 사형당한 초대 교주 최제우에 대한 신원과 동학교도들에 대한 탄압금지를 요구하였다. 그리고 1893년에 그들은 상경하여 교조신원을 위해 복합상소를 하였다. 그러나 교조신원은 성공하지 못하였다. 그들은 다시 충청도 보은에 모여 일본세력 배격의 척외양창의(斥外洋倡義)를 부르짖었다. 그러나 군대의 동원에 의하여 동학교도들은 해산하게 되었다. 그렇지만 동학의 세력을 더욱 확대되었다.

다시 동학교도들은 1894년에는 전라도 고부(古阜)에서 관료들의 농민수탈에 저항하여 전봉준의 지휘 아래 동학혁명을 일으켰다. 이것이 제1차 동학혁명이었다. 그러나 조선정부에서는 동학혁명의 책임을 오히려 동학교도들에게 전가하였다. 이에 격분한 동학교도들은 전봉준이 대장으로서 총지휘를 하고 김개남, 손화중의 지휘아래 전라도에서 다시 혁명을 일으켰다. 이것이 제2차 동학혁명이었다. 조선정부에서는 관군을 보내 동학교도들을 토벌하고자 하였으나 관군의 힘만으로는 완전진압을 할 수가 없었다. 그리하여 조선정부에서는 청국에 군대를 파견해 줄 것을 요청하였다.[44] 청군이 조선에 진출하자 일본도 군대를 조선으로 출동시켰다.

---

43) 이기백, 전게 한국사신론, 315면.

44) 변태섭, 전게 한국사요론, 412면.

이러한 상황에서 조선정부는 동학군의 소원을 들어주겠다고 제의하고, 동학군이 이를 받아들여, 동학혁명운동은 폐정개혁[45]을 조건으로 휴전에 들어갔다. 동학교도들이 요구한 폐정개혁의 내용은, 양반관리들의 수탈을 배격할 것과 외국상인들에 의한 경제적 침투를 반대하는 것이었다.

관군과 휴전을 한 동학군은 그들의 조직을 강화하고, 집강소(執綱所)라는 일종의 민정기관(民政機關)을 설치하여 폐정개혁에 착수하였다. 그리고 동학의 기세는 충청, 경상도에로는 물론 다른 도에로도 확대되었다. 그러나 조선에는 이미 청군과 일본군이 진출해 대치하고 있는 충돌직전의 위험한 상태이었다. 이러한 상황 속에서 동학군은 제기하여 척왜(斥倭)를 구호로 하여 북진하였다. 그러나 일본군과 합세한 관군에 의해 공주와 태인에서 패하고, 전봉준과 동학지도자들이 체포되어 동학혁명운동은 끝이 나게 되었다.

그러나 동학혁명은 조선의 전통적인 양반사회에 대항한 민중에 의한 아래로부터의 개혁운동이었다. 그러나 양반관료들의 봉건적인 수탈에 저항하고 외세인 일본을 배격하고자 하는 반외세, 반자본주의 운동이었으나, 동학사상이 새로운 시대를 개척할 수 있는 근대적 시민혁명사상을 충분히 내포하고 있지 못하였다. 자연법사상에 기초한 서양의 근대 시민혁명에서와 같이 민중이 나라의 주인이라는 시민의식에 기초한 혁명사상이 부재하였던 것이 동학혁명실패의 원인으로 생각된다.

결국 개항후 초기에는 개화파에 의한 위로부터의 조선사회의 개혁이 실패하고, 동학교도들을 중심으로 한 아래로부터의 민중에 의한 조선사회의 변혁도 실패하고 말았다. 이러한 개혁의 실패는, 외세인 일본의 무력을 동원한 개입도 그 원인이었지만, 왕실과 전통유학파들의 개혁에 대한 거부와 개화사상이 충분히 성숙하지 못한 것이 원인이었다고 판단된다. 개화인사들의 자연법론에서의 천부인권사상과 주권재민의 사상이 좀 더 성숙했더라면 당시의 폭발적인 민중의 힘의 지원을 받아 조선사회의 개혁을 실현할 수 있었을 것이다.

---

45) 동학농민혁명군이 제시한 폐정개혁안(弊政改革案)의 내용은, 농민혁명군과 정부와의 서정협약(庶政協約), 탐관오리와 횡포한 부호, 불량양반에 대한 엄징, 노비문서의 소각, 천인에 대한 대우의 개선, 청상과부의 개가의 허용, 무명잡세(無名雜稅)의 폐지, 문벌의 타파와 인재등용, 일본내통자의 처벌, 공사채의 무효, 토지의 평균분작 등이었다(정긍식, 전게 한국근대법사고, 20면).

## Ⅶ. 개항 후 근대 서양법의 수용을 위한 노력

개항 후 일본을 통한 서양문물에 대한 이해와 도입은 일본에 사신을 파견하고 신사유람단을 파견함으로써 시작은 되었으나, 전통유학에 집착하고 있던 조선의 양반사회는 오히려 저항적인 입장이었으며, 소수의 개화파가 이를 적극화하고자 하였지만 그 세력이 미약한 상태였다. 그러나 서양문물의 도입은 시대의 흐름으로 발전할 수밖에 없었다. 그리고 임오군란 후 일본에 갔던 김옥균과 박영효가 후쿠자와 유기치(福澤諭吉)의 후원으로 1883년에 우리나라에서는 최초의 신문인 한성순보가 발행되어, 서양문물을 이해하고 이를 수용할 수 있는 수단이 될 수 있었다.

서양문물과 서양제도의 도입 중에서 서양법의 수용은 그 필요성에 관하여는 인식되었으나 그 수용을 위한 조직적인 국가적 조치는 취해지지 못하였다. 그러나 개인적으로, 그리고 서양 고문의 초빙으로 서양의 근대법이 조선에 수용될 수 있는 계기가 마련되었다.

개인적으로는 먼저 유길준(1856-1914)이 1881년에 일본에 건너가 경응의숙(慶應義塾)에서 후쿠자와 유기치(福澤諭吉)의 지도를 받아 서양의 신학문을 배우고, 1883년 민영익, 홍영식, 서광범 등이 미국에 보빙사절단(報聘使節團)으로 파견될 때에 수행원으로 미국으로 가서, 유학생 자격으로 미국에 혼자 남았다. 그는 1884년에 유럽여행을 하고, 1885년에 일본을 거쳐 조선으로 돌아왔다. 조선에 돌아온 그는 갑신정변 후의 조선사정으로 인하여 개화파로 지목되어 5년간 유폐생활을 하게 되어 그가 익힌 서양법을 조선에 수용할 수 있는 기회를 갖지 못하였다. 그러나 그는 유폐생활 중에 서양에서 살펴본 서양문물에 관한 지식을 글로 집필하여 1895년에 서유견문이란 서명(書名)으로 동경에서 출판을 하였다.[46]

유길준은 천황제 절대군주제와 힘에 바탕을 둔 제국주의를 찬양하고 추구한 후쿠자와 유기치의 영향을 크게 받았다. 그리하여 서양 근대의 천부인권론을 이해는 하고 있었지만, 서양의 근대 시민사회와 같은 민중의 인격의 인정과 삶의 개선을 위한 조선사회의 발전방향의 제시보다는 절대군주제를 지지하였

46) 최종고, 한국법사상사(서울대학교출판부, 1989), 206-207면.

다. 그러므로 유길준에게는 근대 자연법사상이 충분히 이해되어 있지 못하였다. 그리하여 그는 천부인권설 대신에 군주 내지 법률이 인권을 부여하는 군부인권(君賦人權) 내지 법부인권(法賦人權)의 사고를 갖고 있었다.[47]

서재필은 갑신정변에 참여하였다가 실패하여 일본을 거쳐 미국으로 갔다. 그는 미국에서 의학을 전공하였으나 미국의 천부인권론과 자연법사상을 이해하고 갑오경장 후인 1895년에 귀국하여 독립협회를 조직하고, 독립신문을 발간하고, 만민공동회를 열어 조선의 개혁을 위해 노력하였다. 그는 특히 한국민들에게 천부인권사상을 고취시켰다.[48] 그는 후쿠자와 유기치의 전제군주제와 제국주의를 반대하고, 천부인권사상에 기초한 밑으로부터의 조선사회의 개혁을 주창하였다. 그러나 개혁보다는 그들의 전통적인 지위를 지키려는 당시의 보수적인 조선왕실과 조선정부의 압력에 의해 더 이상 조선에서 밑으로부터의 개혁활동을 계속할 수 없게 되었다. 그리하여 그는 짧은 기간 동안 조선에서의 개혁활동을 한 후 끝내 그는 다시 미국으로 돌아가게 되고, 일제가 2차 세계대전에서 패망한 후에야 한국으로 돌아올 수 있었다. 그러나 그는 동학운동과 의병활동에 대하여 법질서 파괴라는 비판적인 입장을 견지하였다.[49]

이와 같은 개화사상가에 의한 서양법 수용의 노력은 개인적으로 이루어졌으며, 제도적으로 이루어지지 못하였다. 그리고 다른 한편으로 처음으로 초빙된 서양 고문들에 의하여 극히 제한적이긴 하지만 서양법이 조선에 수용될 수 있는 계기가 마련되었다. 가장 먼저 von Möllendorf가 초빙되어 1882년에 조선에 와서 1885년에 청국으로 돌아갔다. 그는 법률전문가는 아니었지만 민중의 권익을 높이고 생산력 있는 공업을 일으키려고 하였다.[50] 그리고 그는 조선이 보다 많은 나라와 수교하도록 하여야 한다고 생각하였다. 그 다음으로 미국인 Denny(Owen Nickelson)가 1886년에 고문으로 초빙되어 1890년까지 활동을 하였다. 그는 조선이 독립국임을 입증하려고 하였으며, 조선의 독립을 위해 노력하였다. 그리고 1890년에는 프랑스에서 출생하였으나 미국시민으로 일본정부의 고문으로 일하였던 Legendre(Charles William)가 1899년 그가 사망할 때까지 조선에서 고문으로 일하였다. 이와 같은 초기 고문들이 구체적으로 조선에서의 서양법 수용에 커다란 업적을 남긴 것으로는 평가되지 아니한다.

47) 전봉덕, 전게 한국근대법사상사, 243면.
48) 최종고, 전게 한국법사상사, 210면.
49) 전봉덕, 전게 한국근대법사상사고, 308면.
50) 최종고, 전게 한국의 서양법수용사, 47면.

이와 같이 개항으로 쇄국은 풀었으나 1894년 갑오경장에 의한 대대적인 조선사회의 개혁을 시작할 때까지는 일본을 통한 서양문물에 대한 이해는 하였지만 조선정부에 의한 위로부터의 개혁의지의 부족과 전통유학파에 의한 몰이해와 저항이 강하였기 때문에 개화사상의 구체적 실천은 크게 진척되지 못하였다. 특히 조선사회의 개혁을 위해서는 법분야의 개혁이 가장 필요하였었는데도 불구하고, 법분야에서 서양 근대법과 접촉은 하였으나 그것에 대한 이해와 수용은 별 진척이 없었다. 무엇보다도 소수의 개화사상가 내지 개화파를 제외하고는 왕실과 정치권력층에서 서양법의 수용을 통한 조선사회의 개혁에 대한 의지가 박약하였기 때문이었다.

## 제 3 절 조선사회의 대개혁의 시도와 서양법의 본격적인 계수(繼受)시작

### I. 청일전쟁의 발발과 그 결과

동학혁명을 진압하기 위해 조선정부의 요청에 의해 청군이 조선으로 진출하였다. 그러나 일본군은 조선정부의 요청이 없었음에도 불구하고 역시 조선으로 진출하였다. 조선에서 대치하게 된 청국과 일본은 다시 충돌하지 않을 수 없었다. 일본은 조선을 개항시킨 목적이 바로 조선을 그들의 지배하에 두고서 대륙으로 진출할 계획의 실천에 두고 있었기 때문이었다. 일본의 대륙진출의 야욕은 조선에서의 청국과의 균형상태를 깨어야만 이루어질 수 있었다. 그리하여 일본이 조선에서 무력에 의한 힘의 우세를 점하기까지는 경제적으로 조선을 일본의 지배상태하에 두고자 조선에 중상주의적 경제적 침투를 하였다.

조선에서 대치하게 된 청군과 일군은 1894년 충청도 아산만에서 일군이 먼저 청군에 발포함으로써 청일전쟁이 일어났다. 청일전쟁에서 청군이 일군에 패함으로서[51] 조선에서의 청국의 세력은 끝이나고, 일본의 보다 적극적인 간섭이

51) 청일전쟁의 결과로 일본은 대만을 점령하고, 旅順과 威海衛를 함락시켰다. 청일양국은 1895년에 시모노세키조약(下關條約)을 체결하고, 청일전쟁의 결과를 그대로 인정하고, 조선이 자주독립국가임을 규정하였다. 이는 조선에 대한 청국의 종주국으로서의 지위를 부인하기 위한 것이었다. 그리고 일본이 요동반도와 대만을 할양받은 것은 일본이 대륙진출, 특히 만주진출의 야욕을 그대로 드러낸 것이었다. 이러한 일본의 중국진출에 대해서는 이미 중국에 진출해 있던 서양 열강들

시작되었다. 조선에서 청국세력이 물러난 뒤, 일본의 조선에서서의 힘의 우위에 기초하여 일본은 조선의 내정개혁이란 명목으로 내정간섭을 적극화하였다. 그 결과 조선은 대대적인 내정개혁을 단행하게 되었다. 그것이 바로 1894년의 갑오경장(甲午更張)이었다. 이와 같이 동학혁명은 대내외적으로 청일전쟁과 갑오경장의 결과를 초래하였다.

조선에서 청국의 세력이 물러나고 일본의 조선간섭이 강화되기 시작하였을 때에, 삼국간섭으로 러시아가 동아시아의 새로운 열강으로 부상하였다. 러시아는 부동항(不凍港)을 얻기 위하여 남진을 계속하던 중이었으며,[52] 만주를 그들의 세력권내에 넣고자 하였다. 그리하여 조선에서 다시 일본과 러시아가 세력다툼을 벌리게 되었다. 또 한편으로 조선의 왕실과 전통유학파 지배세력들은 조선이 자주적인 개혁에 의한 독립의 유지와 민중의 삶의 개선을 통한 민중의 지지를 얻으려고 하기 보다는 새롭게 일본에 맞설 열강으로 부상한 러시아에 의존하여 그들의 지위를 유지하려고만 하였다.

## Ⅱ. 조선사회의 대대적인 개혁: 갑오경장 및 을미개혁, 그리고 독립협회의 근대화로의 개혁 주장

### 1. 갑오경장

갑오경장(甲午更張)은 일본의 강요로 조선정부가 취한 조선의 정치, 사회, 경제 등의 전반적인 개혁이었다.[53] 갑오경장은 위로부터의 타율적인[54] 조선사회의 개혁조치이었다.

조선에 출병한 청군과 일군이 대치하고 있는 중에, 일본은 청국에 공동으로 조선의 내정을 개혁을 추진할 것을 제안하였으나, 청국이 이를 거절하였다. 이러한 일본의 조선내정개혁의 제안은 청군에 대한 개전(開戰)의 구실이 되었다.

---

의 의구심을 싸게 되고, 이는 일본에 대한 러시아, 프랑스, 독일의 삼국간섭으로 나타났다. 그 결과 일본은 점령하여 할양받았던 요동반도를 청국에 반환하였다. 삼국간섭의 성공은 서양 열강들의 중국진출을 가속화하게 하였다.

52) 러시아의 남진에 대해 가장 먼저 영국이 이를 저지하고자 하였다. 러시아의 남진저지의 사건이 바로 영국군에 의한 거문도 점령의 사건이었다. 영국군은 1885년에 거문도를 점령하였다가 1887년에 철수하였다.

53) 변태섭, 전게 한국사요론, 417면.

54) 갑오경장은 동학혁명을 진압하기 위하여 조선에 일군이 출동할 때에 일군을 따라 온 大鳥圭介의 內政改革 5個條를 기준으로 착수되었다(상게서, 418면).

일본은 이미 단독으로라도 조선의 내정개혁에 착수할 의도를 갖고 있었고, 청일전쟁에서 이김으로써 곧바로 조선정부에 대하여 내정개혁을 강요하였던 것이었다.

그리하여 조선정부는 1894년에 대대적인 내정개혁을 발표, 실행하고, 1895년에는 이를 헌법적 선언인 홍범 14조로 완수하였다. 청일전쟁에서 청국이 패함으로써 청국에 의존하고 있던 민씨정권이 무너지고, 1894년 7월에 개화인사에 속하는 김홍집 내각이 들어서게 되었다. 새로 구성된 내각은 내정개혁의 의결기관으로 군국기무처(軍國機務處)[55]를 설치하였다. 이 군국기무처가 일본에 의해 강요된 개혁을 위하여 불과 3개월만에 208개의 안건을 의결, 통과시켰다.[56]

갑오경장에 의한 개혁의 내용은, 사회제도에서는 양반(兩班)·상인(常人)의 신분·계급제도의 철폐, 조혼(早婚)의 금지,[57] 연좌죄의 철폐 등이었으며, 정치제도에서는 청의 조선에 대한 종주권을 부인하여 청의 연호사용을 폐지하고 조선의 개국기원(503년)의 사용, 과거제도의 철폐,[58] 중앙관제의 개편,[59] 지방관제의 개편,[60] 재판소의 설치,[61] 경찰제도의 개혁[62]등이었으며, 경제제도에서는 국가재정사무의 탁지부(度支部)로의 일원화 및 그 산하의 세무서의 설치, 은본위제의 실시,[63] 조세의 금납화(金納化)의 실시,[64] 도량형(度量衡)의 통일[65] 등이

55) 군국기무처는 개화정책을 추진하기 위한 국정의 최고심의 의결기관이었다. 그러므로 실제로는 의안(즉, 법령)을 심의결정한 최고입법기관으로 기능하였다. 그러나 위원들은 일본의 위세에 눌려 의안의 진의(眞意)조차 제대로 이해하지 못한 채 졸속으로 처리하였다(정긍식, "한말법률기초기관에 관한 소고", 전게 한국법사학논총: 박병호교수환갑기념(Ⅱ), 253면). 군국기무처는 1894년 7월 27일에 설치되어 1894년 11월 21일에 폐지되었다. 군국기무처가 폐지된 다음에는 중추원이 설치되어 이 중추원에서 내정개혁을 추진하였다(정긍식, 한국근대법제사고(박영사, 2002), 48면).

56) 변태섭, 전게 한국사요론, 418면.

57) 남자는 20세, 여자는 16세가 되어야 결혼할 수 있도록 하였다.

58) 과거제를 폐지하고, 새로운 관리임용법을 채용하여, 문무와 귀천의 차별 없이 관리로 등용할 수 있도록 하였다.

59) 중앙행정기구를 개편하여 의정부(議政府)와 궁내부(宮內府)로 나누고, 전자는 일반행정을 후자는 왕실사무를 전담케 하였다. 의정부는 내각(內閣)이라 하여 총리대신을 수반으로 하고, 행정각부를 8아문으로 나누었다가 다시 7부를 나누었다.

60) 조선의 8도를 23부로 했다가 1896년에는 13도로 하고, 그 밑에 군, 면을 두었다. 특히 종래의 관찰사의 권한에 속하였던 사법권과 군사권을 배제하고, 행정권만을 갖게 하였다.

61) 사법권을 행정권으로부터 분리하여 2심재판제도를 취하였다. 1심재판소로는 지방, 한성, 개항장재판소를, 2심재판소로는 고등, 순회재판소를 설치하였다. 1907에 이르러서는 3심재판제도로 발전하여, 대심원, 공소원, 지방재판소를 설치하게 되었다.

62) 경찰권을 독립시켜 경찰서를 설치하고, 서울에 경찰청을, 지방에 경찰서를 두었다.

63) 은본위제를 실시하면서, 백동, 청동, 황동 등을 보조화폐로 사용케 하고, 일본화폐도 유통시켜 일본의 조선에의 경제침투를 용이하게 하였다.

었다.

이와 같은 갑오경장은 조선의 자주적인 개혁이 아니라 외세인 일본에 의한 기형적인 근대화였으며, 개항이후의 일본식의 개혁과 개편을 통하여 그들의 조선침략과 간섭을 합법화시킨 계기가 되었다. 그러므로 이러한 위로부터의 타율적인 개혁은 조선의 근대화의 계기를 마련해 주었지만, 그 대가는 일본의 조선 침투와 간섭을 합법화하고 가속화하고 말았다.[66)]

당시의 조선사회의 왕실과 지배계층들은 그들의 지위의 유지만을 생각하고, 새로운 사회로의 발전을 위한 개혁을 할 의지가 없었기 때문에, 중상주의적 제국주의 일본에 의하여 타율적으로 개혁을 하지 아니할 수가 없었다. 당시의 왕실과 전통유학파 양반계층은 모든 백성이 나라의 주인인 시민사회로 조선사회가 발전해 나가는 것이 역사의 순리라는 것을 이해하지 못하였던 것이었다.

이와 같이 조선은 군국기무처를 설치하여 군국기무처의 의안(議案)과 왕이 내리는 조칙(詔勅)의 형태로 개혁입법을 추진하였다. 그러나 개혁이 일본의 강요대로 추진되지 않자, 일본은 내각과 중추원을 발족시켜 법률을 공포하고 개혁을 강요하였다.[67)] 특히 중추원은 을미개혁 후에 설치된 입법기관으로서 법률 및 칙령안을 심의, 의정하는 권한을 가졌으나, 실제로는 중추원 내에 교전소(校典所)를 설치하여 이 기관에서 입법이 이루어지도록 하였다.[68)]

### 2. 갑오경장에 의한 법제개혁

갑오경장에 의하여 법분야에서도 중요한 개혁이 있었다. 법분야에서의 가장 중요한 변화는, 무엇보다도 사법권의 독립이었다. 1895년에 제정된 재판소구성법(법률 제1호)에 의하여 조선에서 근대적 사법제도가 창설되었다.[69)] 즉, 사법권을 행정권으로부터 분리하여 2심재판제도를 취하였다. 1심재판소로는 지방재판

64) 조세의 금납화는 통화와 금융기관의 미비로 농민들은 2중의 고통을 당하였으며, 일본인의 미상회사(米商會社)는 환금은행(換金銀行)이란 명목으로 환금의 편의제공을 이용하여 조선농민을 착취하였다.

65) 도량형의 관할을 공조(工曹)에서 내부(內部)로 옮기고 丈尺, 斗斛, 秤衡(저울) 등을 전국적으로 통일하여 획일적으로 사용토록 하였다.

66) 변태섭, 전게 한국사요론, 420-421면.

67) 정긍식, 전게 한국근대법사고, 43면.

68) 전봉덕, 전게 한국근대법사상사, 101면, 276면.

69) 물론 갑오경장에 의한 사법권의 독립이전인 1893년에 이미 각 관청, 군문, 궁에서의 범인체포를 금지하고 의금부(義禁府)로 하여금 이를 전담하도록 하였다. 그리고 의금부를 의금사(義禁司)로 개칭하였다가 법부아문 권설재판소(法部衙門 權設裁判所)라는 명칭으로 바꾸어 여기에서 형사재판사무를 전담케 하였다.

소, 한성재판소 및 개항장재판소를 두도록 하고, 2심재판소로는 고등재판소[70]와 순회재판소를 설치할 수 있도록 하였다. 그리고 특별법원으로 군사재판소를 설치하도록 하였다. 그러나 1899년에는 재판소구성법을 개정하여 고등재판소를 평리원(平理院)으로 개칭하였다.[71][72] 그리고 1905년에야 비로소 변호사법이 공포되었다. 1907년에는 재판소구성법을 새로 제정(법률 제8호)하여 종래의 구재판소구성법(舊裁判所構成法)을 폐지하고, 2심제에서 3심제로 전환하고, 법원을 구재판소(區裁判所), 지방재판소(地方裁判所)를 1심법원으로, 공소원(控訴院)을 항소심으로, 대심원(大審院)을 상고심으로 구성하였다.

그리고 새로 창설된 재판소의 재판과 사법사무를 담당할 사법관을 6개월간의 단기속성으로 양성하기 위하여 1895년에 법관양성소를 설립하였다. 법관양성소에서는 법학통론, 민법 및 민사소송법, 형법 및 형사소송법 등 당시의 현행 법률을 가르쳤다.[73] 민법, 형법, 민사 및 형사소송법의 강의가 이루어질 수 있었던 것은, 일본에 도입된 서양법학의 영향에 의한 것이었다.[74] 그리고 법관양성소에서 이용된 교과서는 일본의 것이었다.[75] 그러나 일본을 통한 서양 근대법과의 접촉과 서양법학의 도입이었기 때문에, 당시의 제국주의적인 천황제 절대군주제를 지지한 법실증주의적 사고에 젖어있던 일본법학의 영향을 받을 수밖에 없었다.

그리고 고종은 대원군, 세자, 종실(宗室) 및 백관(百官)을 거느리고 종묘(宗廟)에 나아가 홍범 14조[76]를 들어 개혁의 추진을 서약하였다. 홍범 14조는, 한

---

70) 고등재판소는 1899년에 평리원(平理院)으로 개칭되었다.

71) 최종고, 전게 한국의 서양법수용사, 333면.

72) 재판소구성법에 의하여 실제로 설치된 재판소는 평리원과 한성재판소 뿐이었다(상게서, 333면).

73) 최종고, 전게 한국의 서양법수용사, 334면.

74) 그리고 1904년부터는 헌법, 행정법, 국제법, 상법, 외국율례(外國律例)가 추가되었다. 1906년부터는 새로 제정된 형법대전과 선초이래 의용된 대명률, 그리고 동양법의학서인 무원록(無冤錄)이 강의과목으로 추가되었다(상게서, 334면).

75) 정긍식, 전게 한국근대법사고, 166면.

76) 홍범14조의 구체적인 규정은, 제1조는 淸國에 依扶하는 생각을 끊고 자주독립의 기초를 確建한다. 제2조는 王室典範을 제정하여 大位繼承과 宗戚, 分義를 밝히 한다. 제3조는 大君主는 正殿에 御하여 政務를 視事함에 있어 각 大臣에게 친히 諮詢하여 裁決하고 后殯, 宗戚이 간여함을 不容한다. 제4조는 王室事務와 國政事務를 분리하여 서로 혼합하지 않는다. 제5조는 議政府 및 각 衙門의 직무권한을 명백히 제정한다. 제6조는 인민의 納稅는 모두 法令 定率에 의거하여 함부로 명목을 加하여 징수를 濫行하여서는 안 된다. 제7조는 조세의 징수 및 경비의 지출은 모두 度支衙門의 관할에 속한다. 제8조는 왕실의 비용은 솔선하여 절감해서 각 衙門 및 地方官의 모범이 되게 한다. 제9조는 王室費 및 官府費用은 1년의 額算을 예정하여 재정의 기초를 확립한다. 제10조는 지방관제를 개정하여 지방관리의 권한을 제한한다. 제11조는 國中의 聰俊子弟를 널리 파견하여 외

민족사에 있어서 최초의 헌법이었다.[77] 홍범 14조는 전제군주제의 군권체제(君權體制)의 내용으로 구성되어 있기는 하나 헌법의 기본정신을 일부 담고 있었다. 구체적으로는 조선의 자주독립, 내각에서의 정사심의(政事審議), 각 부처의 권한과 직무범위의 확정, 조세징수, 예산 1년주의, 지방관제의 정비 및 관리의 권한 제한, 군제와 징병, 국민의 생명과 재산의 보호 등을 규정하였다.[78]

그리고 일본을 통한 서양근대문물의 이해와 도입을 위하여 1895년에는 관비(官費)로 유학생을 일본에 파견하였다. 관비유학생들은 주로 후쿠자와 유기치가 설립한 경응의숙에 머물면서 서양 근대법을 공부하였다. 그들은 조선으로 돌아와 법관양성소의 교수나 판사, 검사가 되었다.[79]

### 3. 을미개혁과 항일운동의 격화

조선정부는 삼국간섭으로 동북아의 새로운 열강으로 부상한 러시아의 세력이 일본세력에 대항할 만한 세력으로 등장함에 따라서 왕실과 대신들은 친로반일정책(親露反日政策)으로 전환하였다. 이러한 친로정책 추진의 중심에는 민비와 그 척족이 자리하고 있었다. 일본은 조선에서 친로세력을 꺾고 친일세력을 부식(扶植)하기 위해서 비상수단을 사용하기로 하였다. 그것이 바로 1895년의 일본부랑배에 의한 명성황후 민비시해사건, 즉 을미사변(乙未事變)이었다.

이와 같은 일본의 만행은 당시의 일본이 인류보편적인 자연법사상과 자연법질서에 기초한 시민국가가 아니라 무력적 힘에 바탕을 둔 제국주의국가였고, 천황제 절대군주가 계수한 서양법을 법실증주의적으로 운용한 결과이었다고 평가된다. 이러한 일본의 만행은 일본이 스스로 문명국가일 것을 포기한 행위였다.

을미사변을 일으킨 일본은 김홍집을 수반으로 하는 친일내각을 세우고 친일정책과 근대화로의 개혁을 착수하게 되었다. 이것이 1895년의 을미개혁이었으며, 이는 일본의 강요에 의한 제2의 갑오경장이었다.[80]

---

국의 學術·技藝를 傳習케 한다. 제12조는 將校를 교육하고 징병법을 써서 군제의 기초를 확립한다. 제13조는 민법과 형법을 엄히 제정하여 함부로 監禁懲罰을 행하지 못하게 하고 인민의 생명과 재산을 보호한다. 제14조는 用人에 있어서 門地를 불구하고 인사를 두루 朝野에 구하여서 널리 人材를 등용한다라는 내용이었다(이기백, 전게 한국사신론, 328면).

77) 연정열, 전게 한국법전사, 403면.

78) 구병삭, "우리 헌법사의 회고와 전망", 한국헌법의 회고와 전망: 고려대학교 법학연구소 창립 30주년 기념논문집(법문사, 1991), 19면.

79) 최종고, 전게 법사와 법사상, 429면.

80) 변태섭, 전게 한국사요론, 422면.

을미개혁을 통하여 조선은, 1896년부터 건양(建陽)이라는 연호(年號)를 사용하고, 군제(軍制)를 친위대와 진위대로 개편하고, 태양력을 사용하고, 종두법을 실시하고, 우편소와 소학교를 세우고, 단발령을 발포하였다.

이러한 일본에 의한 국모시해와 일본의 강요에 의한 내정개혁에 대하여 유생을 중심으로 한 조선민중은 의병을 일으켜 항일운동을 전개하였다.

### 4. 자주적인 조선사회의 개혁운동

갑오경장과 을미개혁은 위로부터의 타율적인 조선사회의 개혁이었다. 이러한 조선사회의 개혁의 때에 맞추어 서재필이 미국에서 귀국하여 미국의 천부인권사상, 자연법사상에 기초한 아래로부터의 자주적인 조선사회의 개혁을 위한 운동을 전개하였다. 서재필은 1895년에 갑신정변의 실패로 조선을 떠난 지 11년만에 귀국하였다. 그는 의사였지만, 법학에 관심을 가졌던 선각자였다. 그는 기독교사상에 기초한 미국의 자연법사상, 천부인권사상 및 주권재민사상 등의 서양의 근대시민사회의 기초사상과 법질서에 대한 지식을 갖추어 돌아왔다. 특히 그는 조선민중들에게 천부인권의 사상을 고취시켰으며, 민중의 자연권을 보장하려면 반드시 법에 의한 통치가 실현되어야 한다고 주장하였다. 이러한 서재필의 법사상은 바로 영미법의 법의 지배(rule of law)와 법 아래의 평등(equality under the law)의 사상에 기초하고 있었다.[81] 그리하여 서재필은 자연법사상에 입각하여 조선사회를 서양의 근대시민사회와 같이 천부인권, 주권재민, 법치주의의 사회로 개혁할 것을 주장하였다.[82]

이와 같이 국왕과 지배세력들이 청국에 의존하다가 다시 러시아에 의존하면서, 조선사회의 개혁으로 민중의 지지를 얻어 조선의 독립을 지키려고 하기보다는, 자신들의 지위보전에만 급급하던 당시의 정부의 무능을 비판하고 조선인의 자유와 조선의 독립을 위하여 감연히 일어난 것은 조선민중이었다.

이러한 아래로부터의 조선사회의 개혁을 위하여 서재필, 이상재, 윤치호 등은 1896년에 독립협회를 조직하고,[83] 청국사신을 맞이하던 영은문(迎恩門) 자리

---

81) 최종고, 전게 한국법사상사, 211면.

82) 이러한 서재필의 조선사회의 개혁주장에 대하여 당시의 조선주재 러시아 공사 Karl Waeber는 교육의 중요성과 국민의 권리를 강조하면 국민이 반항정신을 갖게 된다고 비판하였다(최종고, 전게 한국법사상사, 211면).

83) 초기에는 정부각료들도 독립협회에 참여하였으나 곧이어 그들은 모두 탈퇴하였다(이기백, 전게 한국사신론, 333면).

에 독립문을 세우고, 국문와 영문으로 된 독립신문을 발행하여 일반 국민들과 외국인들에게 당시의 정치정세를 알리고,[84] 또 한편으로는 정부의 시책을 비판하고 열강의 침략적 행동을 공격하였다.[85] 또한 독립협회는 일반국민을 정치에 참여할 수 있게 하는 민권운동(民權運動)을 전개하였다.[86] 그것이 바로 1898년의 만민공동회의 개최였다.

그리고 독립협회는 1898년에 종로거리에서 시민들의 군중대회인 만민공동회를 개최하여, 자주국권과 인민참정을 부르짖고, 6개조의 대정부결의안인 헌의(獻議) 6조[87]를 결의, 통과시켰다.

이와 같은 독립협회에 의한 한국사회의 계몽과 개혁운동은, 한국의 자주독립과 인민주권, 자유민권의 실천의 주장이었으며, 만민공동회를 통하여 의회개설, 정치적 참정권의 인정, 입헌군주제의 수립을 하고자 하였던 것이었다. 이처럼 독립협회는 조선의 자주독립과 아래로부터의 자생적인 근대화 운동이었다. 무엇보다도 독립협회의 주장의 근저에는 인류보편의 가치를 담고 있는 근대의 자연법사상이 자리하고 있었다.

그러나 이러한 인류보편적인 가치와 사상에 기초한 한국의 근대화 운동을 전개하였던 독립협회는 왕실을 보전하려고 하였다. 그러나 왕실과 집권세력은 그들의 지위를 유지하고자 왕을 러시아공사관으로 피신(즉, 아관파천(俄館播遷)[88] (1896))케 하고,[89] 어용단체인 황국협회를 만들어 독립협회에 대항하게 하고, 보부상을 사주하여 만민공공회의 활동을 방해하였다. 결국 왕실과 집권세력은 1898년에 독립협회와 황국협회를 모두 해산하고 말았다.

---

84) 독립신문은 1896년에 창간되어 1899년에 폐간되었다.

85) 이기백, 전게 한국사신론, 334면.

86) 상게서, 334면.

87) 만민공동회가 결의한 헌의 6조의 내용은, 첫째로 외국인에 의지하지 말고 官民이 합심하여 專制皇權을 공고히 할 것, 둘째로 외국과 광산, 철도, 煤炭과 산림, 차관, 借兵과 조약 등을 체결할 때에는 王 단독으로 하지 말고 각부 대신과 中樞院 의장이 합동협의하여 시행할 것, 셋째로 재정은 탁지부가 관장하고 예산·결산을 공포할 것, 넷째로 중대범죄는 재판에 부치되 피고가 自服한 후에 법률을 시행(즉, 적용)할 것, 다섯째로 勅任官은 황제가 정부에 자문한 후에 과반수의 信認이 있은 후에 임명할 것, 여섯째로 章程을 실천할 것으로 구성되어 있었다(이기백, 전게 한국사신론, 334면; 변태섭, 전게 한국사요론, 439면).

88) 아관파천은 친로파 이범진이 주동하여 이루어졌으며, 아관파천 후에 친로내각이 구성되었다. 그리고 아관파천의 과정에서 친일내각의 김홍집과 어윤중이 피살되고 유길준은 일본으로 피신하였다(이기백, 전게 한국사신론, 331면).

89) 우리 역사에 있어서 국정의 최고책임자가 자신의 지위유지만을 생각하고, 국가와 백성을 저버린 행동으로, 임진왜란시의 선조의 의주로의 피신, 1896년 고종의 러시아공사관으로의 피신, 6·25사변 발발시의 이승만 대통령의 부산으로의 피신을 들 수 있다.

조선사회를 개혁하려던 개화파에 의한 위로부터의 개혁이었던 갑신정변이 실패로 돌아가고, 조선민중에 의한 동학혁명도 결국 실패하게 되고, 자연법사상에 입각한 아래로부터의 근대적인 시민사회로의 개혁을 위한 독립협회의 노력도 결실을 거두지 못하였다. 그러나 긴 역사의 진행에 비추어 볼 때에 이러한 시민사회로의 발전을 위한 개혁운동은 핍박을 받아가면서도 민중의 계몽과 지지를 받아 서서히 진행되어 왔으며, 오늘의 시민사회의 실현은 바로 이러한 초기의 개혁운동의 결실로 평가된다.

## 제4절 대한제국의 성립과 복고적인 법제로의 발전: 대한국국제의 제정 및 형법대전의 편찬

### Ⅰ. 대한제국의 성립

고종이 1896년에 러시아공사관으로 피신하자 조선의 이권(利權)은 외국열강으로 넘어가게 되어 조선국가의 주권이 극도로 침식당하게 되었다.[90] 이에 대한 국민의 비난과 반발이 격화되어 갔다. 독립협회는 고종의 환궁(還宮)을 요구하였다. 고종은 1년여의 러시아공사관에서의 피신을 끝내고 1897년 2월에 경운궁(즉, 지금의 덕수궁)으로 돌아왔다. 그리고는 독립국가로서의 체통을 세우기 위하여 국호를 대한, 연호를 광무로 하고, 그가 황제로 즉위하였다. 이것이 바로 대한제국의 성립이었다.

그런데 고종의 아관파천으로 집권한 친로정권[91]은 갑오, 을미개혁을 거의 무효화하고, 의정부제의 복원 등 전통적인 제도로 회귀하였다.[92] 이러한 복고기의 입법의 기본방침은 구본신참(舊本新參)이었다. 그리하여 옛 제도를 근본으로

---

90) 이권이 외국에로 넘어간 구체적인 사례는, 1896년에 함경도 경원, 종성의 광산채굴권과 압록강 유역 및 울릉도의 목재 벌채권은 러시아에, 경인철도 부설권과 평안도 운산 금광 채굴권은 미국에, 경의철도 부설권은 프랑스에 넘어 갔다. 1897년에는 강원도 당현 금광채굴권이 독일에 넘어가고, 1898년에는 서울의 전차 부설권이 미국에, 경부철도 부설권은 일본에 넘어갔다. 1899년에는 경인철도 부설권이 미국에서 일본으로 넘어가고, 1900년에는 평안도 은산 금광채굴권이 영국으로, 충청도 직산의 금광채굴권이 일본으로 넘어갔다(이기백, 전게 한국사신론, 332-333면). 이렇게 열강에 넘어간 한국의 이권사업 중에서, 1900년에 경인선이 완공되고, 1904년에 경의선이 완공되고, 1904년에 역시 경부선이 완공되었다.

91) 아관파천을 주도하여 집권한 세력은 이범진 등의 친로파가 중심이었다.

92) 정긍식, 전게 한국근대법사고, 50면.

하고 갑오개혁 이래의 신제도를 참고하는 복고주의적이었다.[93] 그러므로 대한제국은 서정을 쇄신하기 보다는 입법, 사법, 군사 등 모든 권한을 황제에게 집중시켜 전제군주제의 틀 속에서 전통적인 조선사회를 유지하려고 하였다. 또한 연좌제와 참형의 부활을 시도하였다.

이와 같이 대한제국이 갑오경장, 을미개혁에 의하여 일본의 강압에 의한 나라의 개혁을 하고, 독립협회의 만민공동회를 통한 자연법사상에 기초한 근대적 시민사회로의 발전을 위한 제도개혁을 주장하여, 대한제국이 근대시민국가로 발전할 있는 기회를 가졌다. 그럼에도 불구하고 대한제국이 절대적 군주제국가 체제를 고수하면서 자주적으로 복고적인 입법을 할 수 있었던 것은, 대한제국에서에서 러시아세력이 강화되고, 일본의 비문명국가적인 행위인 민비시해로 인하여 일시적이나마 일본의 대한제국에 대한 간섭과 강요가 약화되었기 때문이었다.

이러한 상황에서, 러시아는 만주지배의 야욕을 갖고서, 청국에서 일어난 의화단의 난(1900)을 진압하기 위하여 서양열강들이 청국으로 출병하는 기회를 이용하여 만주에 출병시켰다. 러시아는 난이 진압된 후에도 자국의 군대를 만주에 계속 주둔시켰다. 일본은 러시아의 남하에 대항해 오고 있던 영국과 1902년에 영일동맹을 맺고 영국과 공동으로 러시아에 대하여 만주에서 철군할 것을 요구하였다. 그러나 러시아는 3기로 나누어서 철군할 것을 약속하였으나, 제1기의 철군만 하고 그 다음의 약속을 지키지 않고 만주에 군대를 계속 주둔시켰다. 그리고 일본에 대하여는 북위 39도선 이북의 대한제국의 영토를 중립지대로 하여 양국의 군대가 진입하지 않도록 할 것을 것을 제안하였다.[94)95] 이러한 러시아의 제안에 대해 만주와 대륙으로의 진출을 꾀하던 일본은 받아들일 수가 없었다. 그러므로 일본과 러시아의 대한제국에서의 충돌은 불가피하게 되었다.

---

93) 상게서, 50면.

94) 이기백, 전게 한국사신론, 335-336면.

95) 러시아와 일본의 서로간의 구체적인 주장은 다음과 같았다. 즉, 러시아는 만주가 일본의 이익범위밖에 있음을 주장하고, 한국에 대한 일본의 정치적, 경제적 우월권은 인정하지만 한국을 군사상의 목적으로 사용하지 않을 것을 주장하면서, 북위 39선 이북의 한국영토를 중립지대로 할 것을 주장하였다. 이에 대해 일본은 만주에서의 러시아의 철도경영에 대한 특수이익은 인정하지만, 만주에로의 일본의 상업상의 진출을 허용할 것을 요구하였다(이기백, 전게 한국사신론, 336면). 서로간에 이러한 주장을 하면서 러시아와 일본 사이에 협상이 개시되었으나 성공할 수가 없었다.

## Ⅱ. 대한국국제의 제정과 형법대전의 편찬

대한제국은 그 헌법인 9개조로 구성된 대한국국제[96]를 1899년에 제정·공포하였다. 대한국국제는 대한제국의 헌법으로서 백성의 기본적 인권에 관한 규정이 없었으며, 군주주권에 입각한 절대군주제를 취하여 권력이 황제에 집중되어 있었으며, 대의제도조차 없었으며, 오로지 군주의 권한강화만을 꾀하였다.[97] 당시의 개화사상이나 독립협회의 주장에 비추어 보면, 왕실과 집권세력은 기본적인 천부인권, 자연법사상으로의 시대의 변화를 전혀 수용할 의사가 없었으며, 왕권을 스스로 지키지도 못하면서 전제왕권을 유지하려고 하는 모습을 보이고 있을 뿐이었다.

1898년에는 군법기초위원회를 설치하여 1900년에는 육군형법을 제정·공포하였다. 그리고 1905년에는 대한제국이 형법대전을 편찬하였다. 이 형법대전은 한말의 최고, 최대의 입법이었다. 그러나 대명률, 대전회통 등의 구법을 기초로 하고, 갑오개혁이후의 형사법령을 참고하여 국한문혼용체로 편찬한 법전이었다. 형법대전의 반포로 이전의 율례(律例)는 모두 폐지되었다. 제정 당시의 형법대전에는 형사법뿐만 아니라 민사관계 조항도 담고 있었으나, 1908년의 개정에 의하여 민사관계 조항은 모두 삭제하고 순수한 형사법전으로 남게 되었다.[98]

그리고 대한제국은 입법기관도 새롭게 정비하였다. 갑오경장시의 입법기관이었던 군국기무처가 폐지되고, 1895년에는 법부산하에 법률기초위원회가 설치

---

96) 대한국국제(大韓國國制)의 내용은, 제1조: 大韓國은 세계만방에 공인되어 온 바 자주독립하는 帝國이니라. 제2조: 大韓帝國의 政治는 由前則五百年 傳來하시고 由後則亘萬世不變하오실 專制政治이니라. 제3조: 大韓帝國皇帝께서는 無限한 君權을 享有하옵시니 公法에 謂한 바 自立政體이니라. 제4조: 大韓國臣民이 大皇帝의 享有하옵신 君權을 侵損할 행위가 有하면 其己行未行을 勿論하고 臣民의 道理를 失한 자로 認할지니라. 제5조: 大韓國大皇帝께서는 國內陸海軍을 統率하옵셔 編制를 定하시고 戒嚴解嚴을 命하시느리라. 제6조: 大韓國大皇帝께서는 법률을 제정하여 其頒布와 執行을 命하시고 萬國의 公共한 법률을 効倣하여 國內法律도 改正하옵시고 大赦, 特赦, 減刑, 復權을 命하옵시나니 公法에 謂한 바 自定律例이니라. 제7조: 대한국대황제께서는 行政各部의 官制와 文官의 俸給을 制定 或 改定하옵시고 行政上 필요한 各項勅令을 發하옵시나니, 公法에 謂한 바 自行治理이니라. 제8조: 대한국대황제께서는 文武官의 黜陟任免을 行하옵시고 爵位勳章及其他榮典의 授與 或 遞奪하옵시나니 公法에 謂한 바 自選臣工이니라. 제9조: 대한국대황제께서는 各有約國에 使臣을 派送駐紮케 하옵시고 宣戰講和及諸般條約을 締結하옵시나니 公法에 謂한 바 自遣使臣이니라로 구성되어 있다(金哲洙, 韓國憲法史(大學出版社, 1988), 16-17면; 전봉덕, 전게 한국근대법사사상사, 105면).

97) 김철수, 상게 한국헌법사, 17면.

98) 최종고, 전게 법사와 법사상, 445면.

되었다. 동 법률기초위원회는 형법, 민법, 상법, 치죄법, 소송법 등을 조사하여 제정, 개정할 것을 목적으로 하여 설치되었다.[99] 그러나 동 법률기초위원회는 1897년부터는 위원임명도 이루어지지 못한 상태에서 사실상 해체되어, 1897년에는 자문기관인 중추원내에 교전소(校典所)를 설치하였다. 그렇지만 교전소는 개화파와 수구파의 대립 속에서 수구파가 회의에 참석하지 아니함으로써 활동을 할 수 없게 되었다. 그리하여 1899년에는 조칙(詔勅)에 의하여 교정소(校正所)를 설치하고 곧이어 교정소를 법규교정소로 개칭하였다. 이 법규교정소에서 대한국국제를 만들었다.[100] 법규교정소의 설치와 함께 사실상 해체되었던 법률기초위원회의 위원을 임명함으로써 법률기초위원회가 복설되었다. 복설된 이 법률기초위원회에서 1905년에 형법대전을 편찬하였다.[101][102] 그러나 1905년에 이르러서는 동 법률기초위원회와 법규교정소도 폐지되고, 민법을 제정하기 위하여 법부 산하에 권설법률기초위원회[103]가 설치되었다. 그러나 민법전은 대한제국에서는 편찬되지 못하였다.

그리고 이 기간(1900-1905)중에 대한제국의 고문으로 온 프랑스인 크레마치가 형법대전의 기초에 참여하고, 법관양성소에서 교수로서 가르침으로써, 극히 제한적이긴 하였지만 우리나라는 서양법, 그 중에서도 프랑스법을 일본을 통하지 아니하고 직접 접할 수 있었다. 그리고 법관양성소는 1895년에 설립되어 정치적인 불안정으로 2기 졸업생을 내고는 중단되었다가 1903년에 다시 재개되었다. 그리고 1905년부터는 교육과정을 3년으로 연장하였다.[104][105]

99) 정긍식, 전게 "한말 법률기초기관에 관한 소고", 254면.

100) 상게논문, 255-256면.

101) 최종고, 전게 한국법사상사, 215면.

102) 형법대전의 편찬시에는 1900년에 외국인 고문으로 와서 1905년까지 활동한 프랑스인 Crémazy(Laurant: 1837-)도 법률기초위원회에 참여하였다. 그는 법관양성소에서 교수로서도 활동하였으며, 1904년에는 입법중이던 형법대전안을 불어로 번역·출판하였다(최종고, 전게 한국의 서양법수용사, 171-173면). 그리고 그는 일본의 구민법을 기초한 보아소나드의 제자였다(최종고, 전게 한국법사상사, 215면).

103) 법률기초위원회의 설치근거는 법부관제였다. 1895년에 설치되어 1905년에 폐지된 법률기초위원회의 설치근거에 관해서는 법부관제에 규정되어 있었으나, 1905년에 법률기초위원회의 근거규정인 법부관제의 해당규정이 삭제되었기 때문에, 민법전을 제정하기 위하여 동년에 다시 설치된 법률기초위원회는 법부관제의 근거규정이 없었으므로 권설법률기초위원회(權設法律起草委員會)라 칭하게 된 것이다.

104) 최종고, 전게 법사와 법사상, 439면.

105) 법관양성소는 1907년 일본에게로의 사법권의 이양으로 인하여 법부가 폐지됨에 따라 1909년에 법학교로 개칭되어 학부소관으로 이관되었다(최종고, 상게서, 439면).

## Ⅲ. 양전사업의 실시와 지계가계제의 시행

대한제국은 국가재정을 튼튼히 하기 위하여 양지아문(量地衙門)을 설치하여 양전사업(量田事業)을 추진하였다. 이것이 광무양전(光武量田)으로서 1898년에 준비를 하여 1899년에 실행을 하였다. 그리하여 이 양전사업을 기초로 하여 1901년에는 지계제도(地契制度)를 실시하게 되었다.

그러나 가계(家契)제도가 지계제도보다 먼저 1893년부터 실시되었다. 즉, 가계제도는 1893년에 한성부에서 처음으로 가옥의 소유에 관한 증명으로서 발급한 후에 각 개항장에서도 발급하였다. 가계의 앞면에는 가계문언이 인쇄되어 있고, 끝부분에 담당공무원, 매도인, 매수인, 증인들이 서명하고 당상관이 화압(花押)하는 것으로서 대체로 입안과 같은 형식이었다. 가계의 뒷면에는 가계제도의 규칙이 인쇄되어 있었다. 매매에 의하여 가계를 받은 자가 다시 매도하는 경우에는 구계(舊契)를 제출하여 신계(新契)를 교부받아야만 비로소 소유자로 인정되었다.

1906년에는 가계발급규칙(내부령 제2호)을 제정하여 가옥의 신축, 매매, 상속, 전당의 경우에 가계발급을 받을 수 있도록 하였다. 그러나 이 지계가계제도는 중도에서 폐지되고 증명제도로 바뀌어서 발전하게 되었다. 지계(地契)나 가계(家契)를 소지한 자는 제3자에 대하여 자기의 권리를 주장하여 보호받을 수 있게 되었다.[106][107] 그러므로 지계가계는 토지가옥에 대한 권리의 설정, 이전에 필요한 요건이었다고 볼 수는 없었으나, 지계가계를 소지하지 않은 자는 제3자에 대하여 그의 권리로써 대항할 수 없었다.[108]

대한제국에 의한 량지사업과 그것을 기초로 한 지계가계제도의 실시는 양지(量地)에 대한 지식과 기술의 미숙, 계획의 부적정 등으로 모두 실패로 돌아갔다.[109]

---

106) 김병화, 한국사법사: 중세편(일조각, 1980), 386면.

107) 지계와 가계의 분리운용은 그 당시에 이미 토지와 건물을 별개의 부동산으로 다루었다는 것을 의미하는 것이 아닐까 하는 추론을 낳게 한다.

108) 박병호, 전게 한국법제사고, 74면.

109) 상게서, 386면.

# 제 5 절 보호정치의 시작과 2원적인 대한제국법제의 발전: 통감부설치 후 합병까지의 2원적인 법제의 발전

## Ⅰ. 합방이 되기까지의 과정: 정치, 외교의 식민지화

### 1. 한일의정서와 한일협정서

만주를 지배하고 남진을 계속하고자 하는 러시아와 한국을 지배하고 그것을 토대로 하여 만주와 대륙으로 진출하고자 하는 일본간의 대치상태는 전쟁이라는 대충돌로 이어질 수밖에 없었다. 평화의 질서보다는 부국강병의 기치 아래 제국주의적 무력의 힘을 추구하고 길러온 일본의 팽창주의 정책은 그들의 적대적 세력이었던 청국을 전쟁을 통하여 패퇴시켰다. 그리고 다시 동북아의 새로운 세력으로 등장한 러시아를 전쟁을 통하여 패퇴시켰다. 이와 같은 조선을 위요한 동북아를 그들의 지배상태에 두고자한 당시의 제국주의 일본의 무력행사는 그들의 멈추지 못하는 국가경영의 방식이었다.

일본은 1904년 러시아 군대가 주둔하고 있던 요동반도의 여순(旅順)을 기습공격하였다. 그것이 노일전쟁(露日戰爭)의 개전이었다. 노일전쟁은 일본의 승리로 끝이났다. 러시아와 일본은 포츠머스 강화조약(1905)을 체결하고, 일본이 한국에서의 정치, 군사, 경제 등에 대한 특수이익을 인정하고, 일본이 한국에서 필요하다고 인정하는 지도, 보호, 감리 등의 모든 행동을 러시아가 방해하지 않을 것을 확약하였다.[110] 이와 같이 일본이 러시아를 상대로 하여 노일전쟁을 일으킬 수 있었던 것은 일본의 만주점령과 대륙으로의 진출야욕이 있어서였지만, 그 외에도 1902년에 영일동맹을 맺고 1905년에는 이를 개정하여 러시아의 남진에 대해 공동으로 대처하기로 하였으며, 1905년에는 미국와 일본간에도 비밀협약인 태프트-가쓰라 협약이 맺어져 미국의 필리핀 지배에 대해 일본이 용인하고 일본의 조선지배를 미국이 용인하였기 때문이었다.

노일전쟁이 발발하자 대한제국은 국외중립(局外中立)을 선언하였다. 그러나 일본군은 서울을 칩입하여 각종 건물을 점거하였다. 그리고는 일본군의 위협으

110) 이기백, 전게 한국사신론, 338-339면.

로 대한제국과 한일의정서(韓日議定書, 1904. 2)를 성립시켰다. 한일의정서에는, 상투적으로 일본이 한국의 독립과 영토를 보전한다는 것과, 일본의 시정개선(施政改善)에 관한 충고를 한국이 받아들여야 한다는 것과, 한국황제의 안녕보전이 위협을 받을 경우에는 일본은 필요한 조치를 취하며 이를 위하여 군사상 필요한 지점을 사용을 할 수 있다는 것은 규정하였다. 이와 같은 내용의 한일의정서는 한국에 대한 일본의 정치적 군사적 간섭을 합법화한 것이었다.[111)]

이러한 한일의정서의 성립 후, 한국과 러시아간의 모든 조약은 폐기되었다. 그리고 일본은 러시아와의 전쟁 및 만주진출을 위해 경의, 경부철도를 착공하고, 통신망을 부설하고, 한국의 해안과 하천의 통항권을 획득하였다.[112)]

그리고 일본은 한국에 대해 황무지 개간권을 요구하였다. 이는 영토강탈의 목적이었다. 그러나 보안회[113)]를 중심으로 이루어진 연설과 격문에 의한 한국민중의 심한 반대여론에 부딛쳐 일본은 이를 철회하였다. 그러나 그 대신에 일본은 일본인 고문관을 초빙할 것을 강요하였다. 일본인 고문관을 통하여 한국의 내정에 속속들이 간섭하려는 것이었다. 그 결과 체결된 것이 1904년 8월의 한일협정서(韓日協定書), 즉 제1차 한일협약이었다. 이렇게 하여 소위 고문정치(顧問政治)가 시작되었다.[114)] 그리고 독일, 프랑스, 청국, 일본에 파견되어 있던 한국공사(韓國公使)가 모두 소환되었다.

### 2. 한일늑약: 소위 을사조약

러일전쟁에서 승기를 잡은 일본은 영국, 미국의 지지를 바탕으로 한국을 그들의 보호국으로 만들어 나갔다. 이 목적을 위하여 일본은 친일분자들로 하여금 친일단체인 일진회(一進會)를 조직케 하여 보호조약의 필요성을 선전케 하였다.[115)] 일진회의 매국적 주장에 맞서서 한국의 국권(國權)을 지키기 위한 단체가 조직되었다. 그 단체가 바로 헌정연구회였다.[116)] 이 헌정연구회는 이준 열

---

111) 이기백, 전게 한국사신론, 337면.

112) 상게서, 337면.

113) 보안회(保安會)는 일본의 황무지 개간권 요구에 대해 반대, 저항하기 위하여 1904년에 조직되었다. 그러나 친일파들은 유신회를 만들어 보안회의 활동을 방해하였다. 그리하여 보안회는 곧 해체되고 말았다.

114) 한일협정서에 의거하여 일본에 의한 고문으로 온 자가 대표적인 친일반한의 Stevens(Durham White: 1851-1908)이었다. 그는 1905년에 고문으로 왔다가 1908년에 샌프란시스코의 오크랜드역(驛)에서 애국지사 장인환과 전명운의 저격을 받고 사망하였다.

115) 이기백, 전게 한국사신론, 339면.

116) 이 헌정연구회는 1906년에 대한자강회로 확대 발전되었다가 1909년에는 대한협회로 발전

사에 의하여 1905년에 창립되었다.

그러나 일본은 보호조약을 불법적으로 성립시켰다. 그 보호조약이 1905년의 을사늑약(乙巳勒約), 즉 제2차 한일협약이라는 것이며, 보통 을사조약이라고 한다. 이 을사늑약에 의하여 한국의 외교권이 박탈되어 일본으로 위탁되었다. 그리고 일본이 한국의 외교에 관한 사항을 관리하기 위하여 한국황제 밑에 통감을 두도록 하였다. 그리하여 을사늑약에 의한 한국의 외교권이 박탈되어 독립국가로서의 국제적 지위를 상실하게 되고,[117] 통감정치(統監政治)가 시작되었다. 통감은 외교에 관한 사항을 관리하도록 늑약상에는 규정되어 있었지만, 실제로는 한국의 모든 내정을 관리하였다.[118] 그리하여 일본은 서울에 통감부를 두고, 지방에는 이사청(理事廳)을 두어 한국을 사실상 식민지로 만들었다.

을사늑약은 조약이라는 명칭으로 되어있지만 그 불법성으로 인하여 원천적으로 조약으로 성립되지 못한 것이다. 그 이유는 첫째로, 을사늑약은 그 조약의 등급이 한일양국간에 체결된 것과 국제사회에 공포된 것이 서로 다르다. 일본은 한국의 반발을 고려해서인지 위임이나 비준이 필요치 않은 약식조약인 협약(agreement)으로 결정하였으나, 강제로 조약을 체결한 후에 국제사회에 공포할 때에는 협약보다는 한 등급 위인 조약(convention)으로 하였다.[119] 이는 일본이 외교권을 위임하는 등의 한국의 독립주권을 제한하는 중요한 조약은 약식조약인 협약이 아니라 정식조약인 조약으로 체결하여야 한다고 생각하였던 것으로 이해된다. 그렇다면 을사늑약은 기망에 의한 늑약의 체결이고 또 그 기망이 늑약의 중요한 부분에 대한 것이므로 을사늑약은 당연무효인 것이다.[120] 둘째로 을사늑약은 정식 조약의 명칭이 없다. 조약의 원본에는 통상적으로 조약의 명칭을 기재하는데, 을사늑약의 원본에는 첫 줄이 비워져 있고, 이는 늑약체결 당시에 조약의 명칭이 정해져 있지 않았고, 나아가 당시 한일정부간에 조약의 명칭과 내용에 관한 합의가 없었음을 입증하는 것이다.[121] 이 사실은 조약을 체결하겠다는 합의가 없었음을 드러내는 것이다. 셋째로 을사늑약은 당시의 외부대신이 조약체결권자인 고종으로부터 전권을 위임받지 아니하고 체결하였다. 아

---

되었다.

117) 이러한 외교권 박탈에 기초하여 일본은 안봉선(安奉線) 개축과의 교환조건으로 1909년에 간도(間島)를 중국에 넘겨주었다.

118) 이기백, 전게 한국사신론, 340면.

119) 정긍식, 전게 한국근대법사고, 36면.

120) 상게서, 36면.

121) 상게서, 36면.

직까지 외무대신이 전권을 위임받았다는 증거가 발견되지 않고 있으며, 일본의 경우도 천황으로부터 위임받았다는 증거가 발견되지 않고 있다. 넷째로 한국의 외부대신은 늑약을 체결하지 않았으며, 고종은 을사늑약을 비준하지 않았다. 일본은 외부대신의 직인(職印)을 훔쳐서 조인하였으며, 고종의 비준이 없었음에도 불구하고 늑약을 일방적으로 관보에 게재하여 국제적인 승인을 유도하였다.[122] 이와 같이 을사늑약은 형식적으로도 성립하지 않은 불성립 내지 부존재의 조약인 것이다.[123][124]

이러한 불법적인 을사늑약이 성립되자, 온 국민이 분노하였다. 황성신문은 사설에서 "시일야방성대곡(是日也放聲大哭)"이라는 제목으로 이를 비판하였으며, 비난의 상소문과 연설이 끊이지 않았고, 시위가 일어나고, 철시(撤市)가 행해졌다. 울분을 참지 못해 분사자(憤死者)도 나왔다. 한편으로 무력으로 저항하는 의병이 각처에서 일어났다. 그러나 이러한 의병활동도 일본의 무력에 의하여 진압되고 말았다.[125]

이러한 일련의 한국침탈을 위한 일본의 침략에 대해 국왕과 지배계층이었던 대신들은 민중들과 함께 뭉쳐서 저항하려는 생각은 아니하고 러시아를 비롯한 외국의 힘을 빌리려고만 하는 외세의존적인 태도를 취하였다. 오히려 그들은 일본의 위협보다는 민중의 비난을 더 두려워할 지경이었다.[126] 을사늑약을 민중인 국민에게 알리지도 아니하고 비밀리에 체결된 것도 그러한 이유에서였다.[127]

을사늑약에 의하여 대한제국에는 일본의 통감부가 설치되었다. 그리하여 통감부 시대의 법제는 입법주체가 대한제국과 통감부로 2원화되는 현상이 나타났다. 즉, 통신사무, 재판권 등 일본이 장악한 분야에서는 통감부가 입법권을 갖고 있었기 때문에 일본칙령 또는 그 위임에 의하여 통감부령으로 제정하고 대한제국이 이를 고시(告示)하여 시행을 하였다. 그 외의 분야에서는 대한제국이 입법권을 갖고 있었지만 실제로는 일본인 고문이 입법을 지도하고 기초하였

122) 상게서, 37면.
123) 상게서, 38면.
124) 1927년에 미국 국제법학회는 하버드대학교에 국제법의 성문화를 의뢰하였는데, 하버드대학교는 1935년에 이에 대한 보고에서 강박으로 체결되어 무효인 조약의 대표적인 예로 을사늑약을 들었다(정긍식, 상게서, 40면).
125) 이기백, 전게 한국사신론, 357면.
126) 상게서, 356면.
127) 상게서, 357면.

다.[128] 그리고 1907년의 한일의정서 제2조에서는, 대한제국의 법령제정은 미리 통감부의 승인을 거칠 것을 규정하여 이때부터는 사실상 통감부가 대한제국의 입법권을 모두 장악하게 되었다.[129]

### 3. 정미 7조약 및 기유각서

1907년에는 네덜란드 헤이그에서 열린 만국평화회의에 을사늑약의 불법성과 일본의 부당성을 알리기 위해 고종은 이준, 이위종, 이상설 3인의 대표를 파견하였다. 이것이 해아밀사사건(海牙密使事件)이었다. 일본은 이 사건을 빌미로 하여 고종으로 하여금 왕위를 황태자에게 양위(讓位)하도록 강요하였다. 그리하여 1907년에 순종이 즉위하고 연호를 융희(隆熙)라 하였다.

순종이 즉위하자 3일만에 일본은 다시 무력으로 왕을 위협하여 1907년에 정미 7조약을 체결하도록 하였다. 이를 한일신협약이라고도 한다. 이 정미 7조약에서는, 한국정부는 시정개선에 통감의 승인을 받도록 하며, 한국정부의 법령제정과 행정처분에는 통감의 승인을 받아야 하며, 한국정부가 고등관리를 임명함에도 통감의 승인을 받아야 하며, 한국정부는 통감이 추천하는 일본관리를 쓴다는 내용이었다. 이로써 통감이 한국최고의 통치자로서 행정, 사법 일체를 감독하게 되었고, 차관정치가 실시되어 한국은 주권을 대부분 상실하게 되었다.[130]

그리고 1907년에 일본은 재정상의 이유를 들어 한국의 군대를 해산하였다. 무장해제를 당한 군인들은 이에 항거하여 의병운동을 일으켰다.

또한 1909년 7월에 일본은 기유각서(己酉覺書)를 체결하여 사법권 및 감옥사무를 박탈하였다. 사법권의 이양에 따라서 통감부는 1909년에 통감부재판소령(칙령 제236호)을 제정하여 종래의 대법원을 고등법원으로 개칭하고, 한국인판사의 재판을 제한하였다. 즉, 민사재판에 있어서는 원피고가 모두 한국인인 경우에 한국인 판사가 재판을 할 수 있도록 하고, 형사재판에 있어서는 피고가 한국인일 때에 한국인 판사가 재판하고, 일본인이면 일본인 판사가 재판하도록 하였다.[131]

그리고 1910년 6월 24일에는 한국의 경찰권을 박탈하고 일본의 헌병에 의한

128) 정긍식, 전게 한국근대법사고, 55면.
129) 상게서, 55면.
130) 변태섭, 전게 한국사요론, 427면.
131) 김병화, 한국사법사: 중세편(일조각, 1980), 124면.

헌병경찰제를 실시하였다. 그리고 일본은 일본에 대한 한국민들의 저항운동을 제압하기 위하여 1907년에 보안법(법률 제2호)을 제정하고 이를 대한제국으로 하여금 공포토록 하였다. 보안법은 안녕질서의 유지를 위하여 결사, 집회 및 다수의 운동 또는 군중집회의 제한, 금지, 해산을 명할 수 있는 근거법이었다.[132] 특히 보안법은 정치에 관한 불온한 행동을 할 우려가 있다고 인정되는 자에 대해서는 거주장소로부터 퇴거를 명할 수 있으며, 일정한 지역 내의 출입을 금지할 수 있도록 하여 한국민의 거주이전의 자유를 제한할 수 있도록 하였다.[133]

끝내 일본은 일진회의 합방론을 통해 합방의 필요성을 선전하고, 망국내각을 강요하여 1910년 8월 22일 합방조약을 체결하고 8월 29일 공포하였다. 이로써 한국은 일본의 불법적인 반인륜적이고, 반문명적 행위에 의하여 식민지가 되어, 일제의 악법에 의한 고통의 35년을 보내야만 되었다.

## Ⅱ. 일본의 경제적인 침략: 경제의 식민지화

을사늑약이후에 일본은 한국의 국권박탈과 함께 한국을 식민지로 만들기 위하여 한국의 경제침탈을 본격화하였다. 당시의 한국의 경제는 농업중심의 경제구조를 이루고 있었기 때문에 일본은 그들의 경제적 침탈을 용이하게 하기 위하여 일본인들로 하여금 한국농지의 취득을 가능케 하고, 당시의 한국의 국유지였던 역둔토(驛屯土)를 조사하여 통감부의 소유로 이관하였다. 그리고 고리대 일본자본이 한국의 경제를 침식할 수 있도록 하고, 합법을 가장하여 한국의 토지를 취득하기 위하여 유저당제도를 일반적으로 인정하는 등의 각종의 법제도를 마련하였다. 또한 한국의 관습을 조사, 왜곡하여 일본의 식민지법 제정을 위한 기초자료를 수집하였다.

무엇보다도 먼저 일본은 일본인으로 하여금 한국의 토지를 취득할 수 있도록 하는 법적조치를 취하였다. 본래 대한제국의 법에서는 외국인의 토지취득을 허용하지 않았다. 그것이 바로 1906년 10월 16일에 대한제국이 제정한 "토지건물의 매매, 교환, 양여, 전당의 건"(법률 제6호)이었다. 동법에서는 외국인의 토지취득을 금지하였다. 동법에 의하면, 토지나 건물을 매각, 양여, 교환, 전당하고자할 때에는 소유자가 지권 기타 서면을 구비하여 토지나 건물소재지의 이장

132) 鈴木敬夫, 전게 법을 통한 조선식민지 지배에 관한 연구, 69면.
133) 이러한 내용의 보안법은 1948년 4월에 폐지되었다.

또는 면장의 증인(證印)을 받은 후, 군수 또는 부윤(府尹)의 인허(認許)를 받도록 하였다(동법 제1조).

그러나 일제는 곧바로 1906년 10월 26일에 동법을 무력화하는 "토지가옥증명규칙"(칙령 제65호)를 제정하여, 외국인도 한국의 토지를 취득할 수 있도록 하였다. 토지가옥증명규칙에 의하면, 토지 또는 가옥을 매매, 증여, 교환, 혹은 전당할 때에는 계약서에 통수(統首) 또는 반장의 인증을 받은 후 군수 또는 부윤의 증명을 받도록 하고, 증명을 얻은 계약서는 완전한 증거가 되며, 당해관청에서는 즉시 집행할 수 있는 집행력을 가지게 하였다(동규칙 제1조, 제2조).

그리고 1908년는 "토지가옥소유권증명규칙"(칙령 제47호)을 제정하였다. 동규칙에서는 토지가옥증명규칙 시행 전에 매매, 증여, 교환, 유산의 계수, 가옥의 신축 등에 의하거나, 동규칙 시행 후에 매매, 증여, 교환을 제외한 원인에 의하여 토지 또는 가옥의 소유권을 취득한 자가 토지가옥증명규칙에 의한 증명을 받고자할 때에는 그 소재지를 관할하는 군수 또는 부윤(府尹)에게 신청을 하도록 하였다(동규칙 제1조).

또한 실체법에서 뿐만 아니라 절차법에서도 일본인의 한국토지의 취득을 용이하게 할 수 있는 법적조치를 취하였다. 그것을 위하여 일본은 1906년에 "토지가옥전당집행규칙"(칙령 제80호)을 제정하여, 유질계약(동규칙 제2조)을 인정하고, 전당채권자의 전당목적물의 소유권 취득을 용인하였다. 유질계약에 의하여 채권자가 전당의 목적인 토지를 취득하고 관할관청의 인증을 받으면, 그 인증에 토지가옥증명규칙에 의한 증명과 동일한 효력을 인정하였다(동규칙 제9조, 제10조).

그리고 1906년에는 토지건물전당규칙을 제정하고, 1907년에는 토지건물전당규칙시행세칙을 제정하여, 전당절차에 관하여 규정하였다. 이는 일본의 고리대자본이 전당포영업을 통하여 한국의 토지와 건물을 합법적으로 취득할 수 있도록 하기 위하여 제정되었다. 일본 고리대자본의 한국에서의 전당포영업은 1906년에 토지건물전당규칙이 제정되기 이전에 이미 법적으로 인정되고 보호를 받고 있었다. 전당포영업의 보호를 위하여 1898년에 최초로 전당포규칙(법률 제1호)과 전당포규칙시행세칙을 제정하여 이를 법적으로 지원하였다. 전당포규칙은 1912년의 "질옥취체(質屋取締)에 관한 제령(制令)"에 의해서 폐지되었다.[134] 이 질옥취체에 관한 제령에 의하여 비로소 전당업자는 동산만을 취득할 수 있도록 하고 부동산취득을 금지하였다.[135] 왜냐하면 이 시기에는 은행을 비

롯한 근대적 금융기관이 유저당계약에 의하여 토지점탈의 목적을 충분히 달성할 수 있었기 때문이었다.[136]

이와 같이 일본은 전당포영업자도 토지를 전당목적물로 취득할 수 있도록 하였으며, 채무자가 채무를 변제하지 못하면 채권자는 전당목적물인 토지소유권을 취득하였다. 이러한 전당포영업자들은 거의 모두가 일본의 고리대영업자들이었다. 그리고 이러한 일본의 토지에 대한 증명제도의 입법적 조치는 바로 일본자본이 한국의 토지를 용이하게 취득할 수 있도록 함에 있었다.

이와 함께 일본은 1906년부터 당시에 국유지였던 역둔토(驛屯土)를 조사할 것을 계획하여, 역둔토에 대한 농민들의 권리를 부인·박탈하고, 역둔토를 강제로 확대창출하였다. 원래 역둔토는 조선시대에 있어서 역토(驛土)와 둔토(屯土)로서, 역토는 역참(驛站)의 부속지를 총칭하고, 둔토는 관둔전(官屯田)과 아문둔전(衙門屯田)의 설치가 허용된 이래 중앙과 지방의 각종 관아가 경비조달을 위하여 결세(結稅)를 징수하던 토지였다. 이러한 역둔토에는 역참과 관아가 지주로서 소유하고 있던 토지도 있지만, 사유지이면서 역참과 관아가 수조권을 갖고 있던 토지도 있었다. 전자의 역참이나 관아가 소유하고 있던 토지에 대해서는 농민들이 소작인으로서 경작하면서 그 경작토지에 대하여 강력한 경작농민의 권리였던 도지권(賭地權)이 인정되었으며, 후자의 민유지로서의 역둔토에 대해서 농민은 도조(賭租, 즉, 지세)를 역참이나 관아에 지급하였을 뿐이었다.

이러한 역둔토조사사업은 당시까지의 궁방전, 둔전을 역둔토로 통합한 다음, 이 역둔토를 국유화하기 위한 조치였다.[137] 그리고 이러한 역둔토의 창출은 도지제의 소멸에 결정적인 계기가 되었지만 종래의 도지(賭地)를 소작지로 전환시킴으로써 소작제를 강화시켰던 것이다.[138] 그리하여 통감부는 역둔토조사사업을 통하여 폐지되어야할 궁방(즉, 왕실), 관아의 상급소유권을 합법화시키고, 역사적으로 발전되어 온 생산계층인 농민들의 도지권을 무상으로 폐지시켰던 것이다.[139]

그리고 일본은 1907년에 제실재산관리사업(帝室財産管理事業)에 착수하여 제

134) 농지개혁사(상)(농지개혁사편찬위원회, 1970), 196면.
135) 상게서, 196면.
136) 상게서, 196면.
137) 농지개혁사연구(한국농촌경제연구원, 1989), 115면.
138) 상게서, 118면.
139) 상게서, 115-116면.

실재산(帝室財產)을 국유로 이속시켜 탁지부의 일원적인 관리하에 두었다[140][141] 이는 황권의 물질적 기반을 해체하는 것을 의미하였다. 이 사업으로써 역토, 둔토, 궁장토 등의 토지는 예전의 기능과는 상관없이 국유경작지의 총칭인 역둔토로 불리워지게 되었다.[142]

일본은 1908년에 역둔토조사를 시도하였으나 국유, 민유의 판별기준 자체가 확정되지 못한 가운데 역둔토 소작인들로 하여금 소작신고서를 제출하게 하여 소작이 신고된 토지를 역둔토로 파악하는 정도였다.[143] 그리고 1909년에는 역둔토실지조사를 하였다.

그리고 일본은 이미 1908년에 역둔토관리규정을 제정하여, 전자의 역둔토에 대해서는 농민의 도지권을 부인하는 조치를 취하였으며,[144][145] 후자의 민유지에 대해서는 이를 강제로 역둔토로 편입하는 조치를 취하였다. 이와 같은 결과는 역둔토의 소작기간을 최장 5년으로 제한하고, 역둔토의 소유권의 양도, 매매, 전당 및 전대를 금지함으로써 실행하였다.[146] 이러한 결과로 영구적 소작권이었던 도지권이 소멸하게 되었다.[147]

또한 일본은 국유지, 공유지(즉, 공리지)에 대한 신탄(薪炭)의 채취, 채석, 채초, 방목 등을 할 수 있는 입회권도 부인하였다.[148] 그리고 일본은 1908년에 삼림법을 제정하여 민유미간지 문제를 민유림 문제와 함께 3년 이내에 증빙서류와 함께 지적도를 첨부하여 신고한 후 관인(官認)을 받은 토지만을 민유로 인정하고 그렇지 못한 산림을 국유지로 간주하도록 하였다.[149] 그리고 이와 같은

140) 이철우, "토지조사사업과 토지조사법제의 변천", 한국법사학논총: 박병호교수환갑기념(Ⅱ)(박영사, 1991), 361면.

141) 일본은 갑오개혁 때에 왕실재산을 궁내부로 일원화하고, 이를 일반 국정기구에 의해 통제하려고 하였으나 완전한 성과를 거두지는 못하였다(상게논문, 361면).

142) 상게논문, 361면.

143) 상게논문, 361면.

144) 신용하, 전게 조선토지조사사업연구, 197면.

145) 역둔토에 대한 농민들의 도지권은 당해 토지가치의 3분의 1정도의 수준에 이르는 강한 농민의 권리로서 소유자도 함부로 도지권을 부인할 수 없었다. 그리하여 일본은 국유지였던 역둔토에 있어서 거의 보편적으로 성립되어 발전하고 있었던 소작농의 도지권에 대해서 어떠한 보상도 하지 아니하고 이를 무시하여 소멸시켜 버렸다(상게서, 197면). 조선시대에는 도지권이 성립된 토지를 매입하려면, 매수인은 그 토지가격의 3분의 2는 지주에게 지급하고, 나머지 3분의 1은 도지권을 가진 농민에게 지급하여야 당해 토지를 완전히 취득할 수 있었다(신용하, 조선토지조사사업연구(지식산업사, 1982), 196면).

146) 이철우, 전게논문, 362면.

147) 상게논문, 362면.

148) 신용하, 전게 조선토지조사사업연구, 198면.

149) 상게서, 182면.

역둔토조사는 1909년 6월부터 1910년 9월까지 이루어졌다.150)

이와 같은 일본의 역둔토조사에 의하여, 역둔토에 대한 농민의 권리의 부인과 민유지의 역둔토에로의 편입에 의하여 역둔토를 강제로 확대하고, 역둔토에 대한 농민들의 입회권을 부인하고, 미간(未墾)역둔토에 대한 농민의 개간권을 부인한 조치는 바로 일본이 조선을 식민지화하기 위한 조치였다.151)

이러한 토지거래 및 토지소유권 증명제의 입법, 역둔토의 강제확대 등은 형식적으로는 대한제국의 이름으로 이루어졌으나, 실제로는 일본이 시종일관하여 이를 담당하고 집행하였다.152) 이러한 일본의 역둔토의 강제확대와 역둔토에 대한 농민들의 도지권을 비롯한 각종 권리의 부인은 역둔토조사에 대하여 농민들의 완강한 거부운동이 일어나고, 나아가 의병들은 일본의 역둔토조사활동에 대해 공격을 감행하였다.153)

그리고 일본은 경부선철도를 부설하면서 필요이상의 토지를 강제수용하고, 전신선을 가설하면서도 필요이상의 토지를 강제수용하였다.154)155)

## Ⅲ. 법에서의 식민지화

### 1. 새로운 입법기관의 설치와 한국의 관습조사

일본은 통감부 설치 후 그들의 한국 식민지화를 위하여 어용(御用)의 입법기관을 설치하고, 한국의 관습을 조사하기 위한 작업을 시작하였다. 대한제국에서 형법대전을 제정한 후에 가장 시급한 과제는 민법전의 편찬, 특히 가장 중요한 기본적인 재산인 토지에 대한 법제의 확립이었다. 그리하여 1906년 7월 13일에 대한제국은 한국의 토지제도, 법률제도, 조세제도를 정비하기 위하여 토지소관기초위원을 임명하였다. 그러나 이는 곧 1906년 7월 14일에 일본에 의

150) 상게서, 199면.

151) 이와 같이 국유지였던 역둔토는, 일본이 한국을 합방한 후에는, 조선총독부의 소유로 되고, 총독부는 이를 1908년에 설립된 동양척식주식회사에 이관하였다.

152) 신용하, 전게 조선토지조사사업연구, 112면.

153) 상게서, 215면.

154) 전게 농지개혁사, 180면.

155) 1885년에 서울과 인천 및 의주간에 전신선이 가설되고, 1888년에는 서울과 부산간의 전신선이 가설되었다. 그리고 1884년에는 우편사무를 시작하고자 하였으나 갑신정변으로 인하여 실패하고, 1896년에 우체국을 두고 우편사무를 시작하였다. 1900년에는 만국우편연합에 가입하였다. 역시 1900년에는 경인철도가 완성되었으며, 1898년에는 서울에 전기시설, 전차, 전등이 부설되었다(이기백, 전게 한국사신론, 343-344면).

해 부동산법조사회로 대체되었다.[156][157] 다시 1907년에는 부동산법조사회는 폐지되고 법전조사국으로 흡수되었다.[158]

법전조사국은 1906년 12월 23일, 칙령 제60호로 부동산법조사회를 인계하여 민법, 형법, 민사소송법, 형사소송법 및 부속법령의 기안을 목적으로 하는 기관으로 설치되었다. 바로 이 입법조사국이 주요법전의 편찬을 위하여 기초가 되는 한국의 관습조사에 착수하였다.[159] 그리고 1908년에는 법전조사국에서 민사소송법안을 마련하여 통감부에 제출하였으나 입법으로까지는 성사시키지 못하였다. 형사법분야의 기초사업은 형법대전이 이미 제정·시행되고 있었기 때문에 형법대전 중 비형사법 규정 270여개 조를 삭제·수정하는데 그쳤다. 그리고 급히 필요한 민형사소송절차에 관한 법으로서 1908년에 "민·형소송규칙"을 제정하였다.[160]

법전조사국의 입법활동은 일본의 한국에 대한 식민지지배의 법적토대를 마련하기 위한 것이었다.[161] 그러나 법전조사국에 의한 일본의 법전편찬사업은 합방으로 중단되었다.

그리고 일본은 한국의 식민지화를 위하여 한국의 관습을 조사하기 위한 사업에 착수하여, 대대적으로 관습을 조사하였다. 한국의 관습조사는 부동산조사회와 법전조사국에 의하여 1908년 5월부터 1910년 9월까지 2년여동안 이루어졌다.[162] 그리고 조사대상의 관습은 민·상사관습이었으며, 한국의 민법전을 편찬하기 위하여 관습조사가 이루어졌기 때문에 한국의 민·상사관습을 당시의 일본 민법전의 체제에 따라서 조사하였다.[163] 관습조사결과는 1910년과 1912년 그리고 1913년에 조선총독부에서 관습조사보고서로 간행이 되었다.

### 2. 근대법학의 발전

법관양성소에서의 근대법학의 강의가 이루어지기 시작한 후에 법학교과서

156) 정긍식, 전게논문 "한말법률기초기관에 관한 소고", 259면.

157) 이 부동산법조사회의 회장으로 보아소나드의 제자이고 현행 일본민법의 기초자의 한 사람이었던 梅謙次郎이 취임하였다.

158) 최종고, 전게 한국의 서양법수용사, 33면.

159) 정긍식, 전게 한국근대법사고, 93면.

160) 민형소송규칙이 1908년에 법률 제13호로 제정되기 전에 이미 1895년에 법부령 제3호로 민형소송규정이 제정·시행되었다.

161) 정긍식, 전게 한국근대법사고, 94면.

162) 관습조사보고서(개정판, 정종휴 감수, 정긍식 편역, 한국법제연구원, 2000), 5면.

163) 상게보고서, 5면.

들이 출간이 되고, 법학회가 조직되어 한국에서도 근대적인 법학이 형성되기 시작하였다. 그러나 한국에서 형성되기 시작한 근대법학은 자연법사상으로 충만한 프랑스나 미국으로부터 직접 도입하지 못하고, 제국주의적 천황제 절대국가를 옹호한 일본법학을 가져오게 되었다. 독립협회가 활동하였을 때에는 자연법사상에 기초한 미국의 천부인권론, 주권재민론 등이 주장되었으나, 근대법학이 시작되고부터는 그러한 천부인권론이나 주권재민론은 모두 사라지고 일본의 제국주의, 침략주의, 절대주의를 옹호하고 지지하는 법학이 그대로 한국에 이식되었다. 그러므로 악법도 법이라는 지극히 법실증주의적 사고에 입각한 법학이 한국에 전해지고 가르쳐지게 된 것이었다.

1905년 이후에는 교과서도 출판이 되고, 법학회가 조직되었으며, 법학잡지도 출판이 되었다. 먼저 법학교과서를 살펴보면, 1907년 내지 1908년에 출판된 유치형의 헌법교과서에서는 민주주의 대원칙인 다수결의 원리와 개인주의 등의 서구학풍에 대해서 비판적으로 서술하였다.[164] 이는 명치시대의 일본헌법이론을 그대로 옮겨온 것이었다.[165] 그리하여 그는 그의 헌법교과서에서 당시 대한제국의 실정인 전제군주국에 맞는 헌법은 독일헌법이나 일본헌법이외에는 없다고 단언하였다.[166]

그리고 민법교과서도 출판이 이루어졌다. 민법교과서에서도 역시 법률을 인민행위의 준칙을 규정한 주권자의 명령으로 정의내리고 있었다.[167] 그리하여 민법의 본질을 주권자의 명령에 의한 인민행위의 준칙으로 파악하여, 극히 실증주의적인 법사고에 기초한 법학에 입각해 있었다. 이러한 법실증주의적 사고에 입각한 법학교과서의 출간은 바로 서양으로부터 직접 서양의 자연법적인 근대법학을 수용하지 못하고 일본의 제국주의, 절대주의에 합치되게 수정된 일본법을 통하여 간접적으로 서양 근대법을 수용한 때문이었다. 이와 같이 우리의 근대법학의 시작은 인류보편적인 가치를 추구하는 서양 근대의 자연법론으로 형성되지 못하고, 악법도 법으로 이해하는 법실증주의적 사고 내지 법률만능주의적 사고에 기초한 왜곡된 일본의 법 내지 법학으로부터 형성되었다.

1908년에는 법학회로서 법학협회가 조직되었다. 그리고 법학협회에서는 "법학협회잡지"를 창간하였다. 그러나 이 당시에 통감부는 대한제국으로 하여금

164) 최종고, 한국법학사(박영사, 1990), 279면.
165) 상게서, 281면.
166) 최종고, 전게 한국법사상사, 222면.
167) 최종고, 전게 한국법학사, 301면.

학회령(1908. 8. 칙령 제63호)를 제정하도록 하였다. 이 학회령에서는 학회가 절대로 정치에 관여하지 못하도록 하였다.[168] 법학협회는 합방과 동시에 활동을 중단하였다가 1915에 다시 활동을 재개하고, 법학협회잡지를 "법학계"로 개칭하여 발행하였다. 그러나 1916에는 활동을 완전히 중단하고 말았다.

1895년에 설립되었던 법관양성소는 정치적인 불안정으로 인하여 2기의 졸업생을 배출하고 중단되었다가 1903년에 재개되었으나 1907년에 사법권의 이양에 따라서 법부(法部)가 폐지됨에 따라서 법학교로 개칭되어 학부소관으로 이관되었다.[169] 그리고 1905년에 설립된 보성학교에서도 역시 법학을 가르쳤다. 또한 이 시기에 대동법률전문학교, 한성법학교 등의 법학전문학교가 설립되었다.

그리고 보아소나드의 제자이었으며, 서양인 고문이었던 크레마치는 법관양성소에서 교수로서 서양의 근대법학을 가르쳤다. 그러나 당시의 한국에서의 법학의 주된 흐름은 일본으로부터 들여온 일본에서 수정된 서양 근대법학이었다.

## Ⅳ. 기독교에 의한 한국민중의 계몽과 한국사회의 개혁

한국이 정치적, 경제적으로는 일본에 의해 식민지화로의 길을 가고 있는 동안에도 사회적으로는 이미 전래되어 있던 천주교와 새롭게 전래된 개신교의 영향으로 민중을 중심으로 한 계몽과 개혁이 중단 없이 꾸준히 계속되었다. 지배층들은 나라가 기울고 있음에도 불구하고 민중의 힘을 결집할 생각을 하지 아니하고, 자신들의 생명을 유지할 방도만을 찾거나 합병을 옹호하는 부일세력(附日勢力)이 되었으나, 민중은 기독교의 가르침을 받으면서 시민사회로의 한국사회의 발전에 기여하였다. 그러므로 근대의 한국사회는 위로부터의 개혁에 의한 시민사회로의 발전이 아니라, 민중의 계몽과 개혁에 의한 아래로부터의 점진적 개혁에 의한 시민사회로의 발전이 계속 이어져 왔다. 아래로부터의 개혁은 혁명이 일어나지 않는 한 급진적인 개혁보다는 점진적인 개혁의 모습을 띨 수밖에 없다. 이러한 아래로부터의 시민사회로의 개혁의 중심되는 사상과 추진력은 기독교였다. 유교는 근대시민사회로의 한국사회의 발전에 기여를 하기보다는 장애가 되었다. 동학은 샤머니즘적 요소로 인하여 새로운 사회인 시민사회로의 발전에 기여할 수가 없었다. 기독교가 시민사회로의 발전에 중추적인 역

168) 상게서, 352면.
169) 최종고, 전게 한국의 서양법수용사, 28면.

할을 담당하였다.

천주교는 한국에 전래된 지가 이미 오래되었다. 개신교는 1866년에 전래되어, 19세기 말에는 선교사들이 대거 한국에 파송되어 옴으로써 한국사회의 시민사회로의 변화에 지대한 영향을 주었다. 먼저 개신교 선교사들에 의하여 근대식 서양병원이 설립되고 서양의학이 전해졌다. 1885년에 Allen이 서양식 병원인 광혜원을 개설하고 같은 해에 이를 제중원으로 개칭하였다. 그리고 1904년에는 미국인 사업가 세브란스(Louis H. Severance)의 기부에 의해 한국 최초의 병원이 건축되어, 제중원은 세브란스병원으로 이름이 바뀌어 오늘에 이르고 있다.

그리고 선교사들에 의하여 신식학교가 설립되었다. 1885년에 Appenzeller에 의하여 배재학당이 설립되고, 1886년에는 Scranton에 의하여 이화학당이, 1895년에는 정신학교가, 1989년에는 배화학교가, 1899년에는 숭실학교가, 그리고 1908년에는 세브란스 의학전문학교가 설립되었다. 이렇게 선교사들에 의하여 근대식 학교가 설립되자, 통감부는 대한제국으로 하여금 사립학교령(1908. 8. 칙령 제62호)을 제정하도록 하여 학교설립을 통제하였다.

또한 사회적으로도 1904년에 YMCA가 설립되고, 1905년에는 대한매일신보가 영국인 Bethell과 양기탁에 의하여 발행되기 시작하였다. 특히 대한매일신보는 미국의 독립혁명과 프랑스의 대혁명을 소개하여, 천부인권의 평등사상을 널리 여론화하였다.[170] 그리고 미국인 Hulbert[171](Homer Bezaleel: 1863-1949)는 "한국평론"(The Korea Review)를 발간하여 한국의 해외소개와 항일운동을 도왔다. 특히 그는 한국평론에서 일본의 한국에 대한 야욕과 한국에서의 야만행위를 폭로하였다.

그리고 한국에 개신교 교회도 설립되었다. 1887년 9월에 Underwood에 의하여 장로교의 새문안교회가 설립되고, 1887년 10월에는 감리교의 정동교회가 설립되었다. 이러한 교회를 통해서도 한국의 근대화 사상을 키우고 확산해 나갔다.[172]

---

170) 전봉덕, 전게 한국근대법사상사, 87면.

171) 그는 1886년에 한국에 와서 최초의 근대적 관립학교였던 육영공원(1886년 설립)에서 외국어를 가르치고, 을사늑약 후 한국의 자주독립을 주장하였으며, 고종의 밀서를 가지고 미국으로 돌아가 당시의 국무장관과 대통령을 만나려고 하였으나 실패하였다. 그리고 그는 1906년에 고종에게 만국평화회의에 밀사를 보내도록 건의하였으며, 삼일운동이 일어난 후에는 삼일운동을 지지하는 글을 서재필이 주관한 잡지에 발표를 하였다.

172) 천주교의 명동성당은 1887년에 착공되어 1898년에 완공되었다.

이와 같이 개신교는 한국에 의료와 교육사업을 통하여 한국사회의 시민사회로의 개혁과 발전에 크게 기여하였다. 물론 뜻있는 한국인에 의해서도 근대교육기관이 많이 설립되었다. 구체적으로는 1905년 이용익에 의하여 보성학교가, 엄주익에 의하여 양정의숙이, 민영휘에 의하여 휘문의숙이 설립되었다. 그리고 1906년에는 엄귀비에 의하여 진명여학교와 숙명여학교가 설립되었다.

천주교에 의해서는 1906년에 경향신문이 발행되었다. 경향신문은 무엇보다도 법률계몽운동을 펼쳤다. 즉, 경향신문에서는 1905년에 제정된 형법대전의 조문을 해설하여, 법률계몽운동을 펼쳤다. 천주교회는 천주교가 전래될 때에 가혹하고 법윤리가 결여된 형벌위주의 전통법에 의해 피해를 철저히 입었다. 그리고 일본은 한국에서 법의 근대화와 재판제도의 개선을 표방하면서도 실제로는 제국주의적 식민정책에 의하여 한국인을 착취하고 법문화를 파괴하고 있었다.[173] 이러한 시대상황에서는 한국인이 법을 지키고, 법을 바르게 알고, 자기의 권리를 지키는 것이 국가를 바르게 알고 국가를 위하고 일본에 대항할 수 있는 또 하나의 방법이었다. 그리하여 한국천주교회는 경향신문에서의 형법대전 해설을 통하여 법은 개인의 이익과 권리의 보장이라는 방향으로 민중을 계몽시킨 것이었다.[174] 그러나 이러한 법률계몽운동을 펼쳤던 경향신문도 합방이 된 해인 1910년에 폐간되고 이름을 경향잡지로 바꾸어 1916년까지 계속 발간되었다.

이와 같이 한국에 전래된 천주교와 개신교가 국가에서는 하지 않은 민중의 계몽과 교육 및 의료사업 등을 통하여 한국사회를 시민사회로 개혁해 나갔다. 이러한 민중계몽운동을 통하여 민중의 항일의식을 깨우치고, 항일운동을 할 수 있는 정신적 지주를 제공하였다.[175] 개신교가 전래된 지 불과 40여년만에 삼일독립운동의 민족대표 33인 중 기독교 지도자가 거의 반인 16인에 달할 수 있었던 것은 기독교사상이 갖고 있는 민중에 대한 사랑과 인류보편적인 가치와 사상으로 충만되어 있었기 때문이었다고 판단된다. 그리고 그들은 미국선교사들에 의해 자연법사상인 미국헌법의 이념을 교육받았을 것으로 이해된다.[176]

173) 최종고, 전게 법사와 법정책, 446면.

174) 상게서, 550면.

175) 이러한 교육, 의료활동 이외에도 기독교는 개항이전부터 한국에서의 미신타파운동, 계급타파운동, 국문전용운동, 문호개방운동, 서양문화도입운동 등을 전개하여 한국사회를 점진적으로 근대적인 시민사회로 발전해 나아가도록 하였다(유홍렬, 전게 한국사회사상사논고, 312면).

176) 김철수, 전게 한국헌법사, 18면.

### V. 국어, 문학 등의 예술활동을 통한 민족의식의 고양과 일본에 대한 저항

일본의 한국식민지화를 위한 침탈에 대해서 한국인들은 국어운동, 문학, 그리고 예술활동을 통한 민중의 계몽과 의식개혁 및 일본에 대한 저항운동도 일어났다. 국어운동은 1907년에 주시경에 의하여 국문연구소가 설립되고, 1910년에는 국어문법을 만들었으며, 이러한 활동이 모체가 되어 조선어학회로 발전하게 되었다.[177] 조선어학회는 일제의 갖은 탄압을 받으면서도 우리의 국어를 지키고 발전시켜 한국의 얼을 살려나갔다.

그리고 전교(傳敎)의 자유가 인정됨으로써 성서가 국문으로 번역·출판되었으며, 서양의 문학작품이 국문으로 번역되어 출판되었다. 1895년에는 캐나다 선교사였던 Gale이 존 번연(John Bunyan: 1628-1688)의 천로역정(The Pilgrim's Progress)를 국문으로 번역·출판하였다.[178]

## 제 6 절 개항 이후의 발전에 관한 법정책적 평가

개항 이후 한국은 근대적인 시민사회로 발전할 수 있는 기회를 가졌다. 그러나 시민사회로의 발전에는 위로부터의 개혁에 대한 인식과 의지는 너무나 부족하였다. 밑으로부터의 개혁에 대한 인식과 의지는 위로부터의 압박과 외세에 의하여 좌절과 실패를 거듭하였다. 그러나 시민사회로의 한국사회의 발전은 좌절과 압박 속에서도 중단 없이 계속되어 왔다. 그것은 기독교와 기독교사상에 의하여 추진되었다. 숱한 박해 속에서도 기독교 신앙이 공인되고, 천주교는 물론 개신교의 전래에 의하여 한국사회는 서양의 근대 시민사회의 정신과 사상의 영향에 의하여 민중을 중심으로 변화와 발전을 계속하여 왔다. 그러므로 근대 한국사회의 발전은 정통유학에 집착하여 있던 지배층에 의한 위로부터의 개혁에 의해서가 아니라, 민중을 중심으로 한 기독교사상에 기초하여 아래로부터 점진적으로 개혁이 이루어져 왔다. 이러한 민중에 의한 근대 한국사회의 개혁

177) 변태섭, 전게 한국사요론, 449면.
178) 유홍렬, 전게 한국사회사상사논고, 339면.

은 지금도 계속되고 있다. 개혁은 완결된 것이 아니라 계속 이어져 가야할 과제이다. 이러한 민중에 의한 아래로부터의 한국사회의 개혁의 기초는 전래된 기독교가 이를 담당하여 왔다.

한국 사회의 개혁과 발전에 기여할 수 있었던 기독교사상은 서양의 근대시민사회의 만민평등론, 주권재민론, 천부인권론 등의 인류보편적 가치의 사상적 근원이 되었으며, 이를 사랑과 박애와 자비의 정신으로 실천하여왔기 때문이다. 다시 말하면 이러한 사랑과 자비와 박애정신의 기독교사상은 바로 법에서 자연법사상의 기초가 되었기 때문이다. 그러므로 한국의 근대사회는 자연법사상에 의하여 정통 유학사회를 극복할 수 있는 계기가 마련되었으며, 일본의 법실증주의적인 법에 의해서 좌절과 실패를 당하기도 하였지만, 민중을 중심으로 자연법사상은 그 생명을 계속 이어왔다. 앞으로도 이러한 자연법사상과 자연법은 일본이 심어놓은 법실증주의적 법적 잔재를 청산하고, 한국법 발전의 기본적인 법정책의 방향이 되어야 한다.

쇄국정책을 추구하여 대외개방을 거부하였던 조선은 제국주의적 절대국가였던 일본의 무력에 의하여 개항이 되었다. 개항이후 일본을 통하여 들어온 법은 일본이 스스로 발전시킨 법도 아니고, 서양의 기독교사상에 기초하여 발전된 서양의 근대 시민법을 제국주의적 천황제절대국가의 사정에 맞게 수정, 왜곡한 법이었다. 그러므로 서양 근대시민사회의 만민평등, 주권재민, 천부인권 등을 인정하고 보호하는 자연법이 아니라, 천황제를 옹호하고 부국강병과 대외침략의 수단으로서 기능한 지극히 실증주의적인 법이었다. 그러나 한국의 선각자들은 근대 자연법을 주장하고 이를 실천할 것을 요구하였다. 그렇지만 한국민에 의한 만민평등, 주권재민, 천부인권 등의 자연법적 주장은 일본과 지배계층에 의하여 부인되고 배척되었다.

일본은 한국을 그들의 식민지로 만들기 위하여 지극히 법실증주의적인 법을 만들고 이를 집행하였다. 그들은 법이란 수단을 통하여 한국의 독립주권을 박탈해 왔다. 그들은 법을 이용하여 한국의 경제를 침탈하였다. 그들은 법을 동원하여 한국의 정신(즉, 얼)을 뺏으려고 하였다. 그러므로 일본이 이용한 법은 지극히 법실증주의적인 법이었으며, 자연법이지 못하였다.

일본은 실증주의적인 법으로서 한국을 그들의 식민지로 만들려고 하였지만, 인류보편의 가치를 추구하는 기독교사상에 기초한 자연법을 극복할 수는 없었다. 그리고 일본은 조선의 지배층을 그들의 동조세력으로 끌어들일 수는 있었지만, 민중을 완전히 지배할 수는 없었다.

개항 이후 한국사회의 발전사는 지배층과 제국주의 외세였던 일본에 의해 외관상으로는 지배되어 왔지만, 한국사회의 개혁과 변화는 민중에 의해 점진적으로 계속 진행되어 왔다. 기독교(즉, 천주교) 사상에 자극받아 형성된 실학사상에 의하여 시작된 한국사회의 변화는 개화사상으로 이어지고, 개화사상은 개신교의 전래에 의하여 민중의 계몽과 의식개혁을 통하여 민중의 힘에 의해 한국사회는 꾸준히 근대 시민사회로 개혁과 변화가 이루어져 왔다.

개항 이후의 일본에 의하여 전해진 근대법은 극히 법실증주의적인 법이었다. 그러한 법실증주의적 일본법의 잔재가 아직도 한국사회에서 완전히 극복되지는 못하였다. 이러한 법실증주의적인 법의 잔재는 자연법에 의하여 극복되어야 한다. 자연법은 바로 인류보편적인 가치를 구현하고자 하는 법이기 때문에, 한국은 자연법의 나라로 발전되어 나아가야 한다.

일본에 의한 한국의 식민지화는 한국의 전통법의 단절을 초래케 하였다. 한국의 전통법 속에는 인류보편적인 상부상조의 정신이 깃들여진 법이 적지 아니하다. 한국은 자연법을 개발하고 발전시키면서, 동시에 전통법 속에서의 인류보편적인 법의 요소를 찾아 현대화하여야 한다. 이와 같이 기독교사상으로부터의 자연법적인 요소와 인간의 본성에 부합하는 전통법에서의 인류보편적인 법의 요소들을 현대화하여, 이 양자의 자연법을 한국의 장래의 법으로 발전시켜 나가야 한다. 그렇게 하면 과거에 일본이 가져다 놓은 법실증주의적인 법의 잔재를 극복하고, 그리고 가장 이상적인 미래 한국법을 정립할 수 있을 것이다.

# 제 4 장
# 식민지 악법의 시대와 법의 퇴보

## 제 1 절 식민지시대의 전개와 과정

### Ⅰ. 식민지지배의 과정

일제는 1910년 8월 22일 한일합방조약을 체결하고 8월 29일 공포함으로서 한국을 그들의 식민지로 만들었다. 일제는 한국을 그들의 식민지로 만들어 한국민을 탄압하고, 한국민의 인격을 박탈하고, 한국의 역사를 왜곡하고, 한국의 문화를 말살하고, 한국의 경제를 수탈하여 한국민들에게 크나큰 고통과 불행을 가져다 주었다. 그리고 일제는 한국의 고유지명을 일본식 지명으로 바꾸기도 하였다.[1)]

이와 같이 일제가 한국을 식민지로 지배하고 갖은 악법으로 한국민을 탄압하고 수탈한 것은 일본 자신이 인류역사에서 문명국가로서의 위상을 스스로 포기한 행위였다. 그러한 일본이 문명국가로서의 위상을 스스로 포기하는 행위는 아직도 계속되고 있다. 일본이 진정으로 문명국가로서 위상을 정립하기 위해서는 과거 일본이 개항 이후부터 해방될 때까지의 70여년 동안 일본이 한국에서 저지른 인류의 보편질서에 반하는 악법에 기한 만행에 대해 근본적인 이해와 반성이 있어야 한다. 그보다도 더 거슬러 임진왜란에 의한 일본의 약탈 등의 과거의 만행에 대한 역사의 올바른 이해가 있어야 한다. 일본은 이웃국가와 평화롭게 살아가는 사상과 국가철학을 정립하지 못하였으며, 아직도 그러한 상태에 있다. 일본은 사랑의 철학과 사상과 종교를 숭상하지 못하였다. 법에 있어서도 사랑의 법을 발전시키지 못하였다. 다시 말하면 일본은 인류보편적인 가치

1) 일제는 너무나 미신적인 행위로써 한국의 정기를 끊기 위하여 명산(名山)에 쇠막대기를 박는 극히 전근대적 미신적인 행위도 자행하였다. 이러한 미신적 행위를 가능케 하였던 것은 일본의 전통종교인 신도(神道)의 미신성의 표현이라 이해된다.

와 사상을 담고 있는 자연법을 숭상하지 못하였다. 일본은 자연법으로 그들의 과거의 식미지화와 식민지에서의 악법들을 극복하여야 한다.

한국의 이웃국가로서 중국은 한국에 대한 침략을 감행하기도 하였지만 유학을 전해주었고, 근세는 프랑스 신부를 통하여 한국에 천주교가 전래될 수 있는 가교역할을 담당하였다. 그리고 미국은 개신교를 한국에 전래케 하여 근대 시민사회로의 한국사회의 개혁과 발전에 기여하였다. 그러나 이웃 국가인 일본은 문화를 전해주기는커녕 침략과 식민지화로 인륜질서에 반하는 행동을 하였다. 그러므로 한국인들은 문화를 전해준 이웃 국가에 대해서는 좋은 감정을 갖고 있다. 그러나 문화를 전해 주지 못하고 불법행위를 한 이웃국가에 대해서는 그들의 과거의 불법을 깨닫게 하고, 그 이웃 국가가 문명국가로서 거듭나 평화로운 이웃 국가가 되기를 바란다.[2] 그리고 한국민 스스로는 인류보편적인 자연법으로 과거의 불행과 고통을 스스로 극복하여야 한다.

일제는 한국을 식민지로 하자마자 헌병경찰제에 의한 무단정치(武斷政治)를 실시하였다. 그것이 1910년에서 1919년까지였다. 일제의 식민지 지배에 대해 한국민들은 1919년에 인류보편의 가치와 이념에 기초하여 민중이 중심이 되어 비폭력의 3·1독립운동을 일으켰다. 이 3·1독립만세운동이 있은 후 일본은 소위 문화정치를 실시하였다. 헌병경찰제를 보통경찰제로 전환하고, 한국인의 독자적인 문화를 인정하는 몇 가지의 조치를 취하였다. 그러나 그것도 오래가지 못하였다. 1931년에 만주사변을 기점으로 하여 일본은 대외적인 침략전쟁을 감행하고, 한국을 황국화(皇國化)하고 한국민들을 황민화(皇民化)하여 한국의 독자성을 말살하려는 한민족말살 정책을 취하였다. 그러나 무력과 악법으로 불법을 자행한 일본은 결코 인류보편의 가치를 말살할 수는 없었다. 끝내 1945년에는 불법을 자행한 일본은 패망하고, 인류보편의 자연법 질서를 존중하고 추구한 한국은 독립을 하였다.[3]

## Ⅱ. 법을 통한 식민지지배의 주요모습들

일제는 한국을 식민지로 지배하면서 모두 법으로 하였다. 그러나 그 법은

2) 이는 성서가 가르쳐주는 바와 같이 악을 악으로 갚는 것이 아니라, 악을 선으로 갚는 것이다.

3) 인류의 역사는 악이 일시적으로 승리하는 것 같지만, 궁극적으로는 선이 승리하는 것이다. 그것이 신의 뜻이고 섭리이며 자연의 이치이다.

인류보편적인 가치와 사상에 기초한 자연법이 아니라, 식민정치의 수단으로서 지극히 법실증주의적인 법이었다. 더욱이 제정법인 악법들이었다.

일제는 합방당일인 1910년 8월 29일에 "한국의 국호를 조선으로 고치는 건"(칙령 제318호)으로 대한제국의 국호를 조선으로 변경하였다.[4]

구체적으로 일제는 군인인 헌병을 한국에서의 경찰로 하여 한국민을 탄압한 헌병경찰제를 일본의 칙령 제337호의 헌병령(1898년 제정)에 의하여 이를 실시하였다.[5][6] 그리고 일제는 1912년에 조선태형령(제령 제13호)을 제정하여 한국민에 대하여 야만적인 태형을 가할 수 있도록 하였다. 이 조선태형령은 악법중의 악법이었다.[7] 또한 헌병경찰은 "민사조정에 관한 건"(1910, 칙령 제11호) 및 "민사쟁송조정취급규칙"(1910, 부령 제67호)에 의하여 민사사건에도 개입하여 재조선일본인의 경제침투를 조정이라는 이름아래 후원하는 역할을 하였다.[8]

일제는 합방하자 곧 황성신문, 대한민보, 대한매일신보 등의 한국민의 의사를 대변해 오던 신문을 신문지법에 의하여 정간시켰다. 신문지법은 1907년에 제정·공포된 법으로서 정기간행물의 허가제와 보증금제로 한국민의 언론을 통제하고, 1909년에는 출판법(법률 제6호)을 제정하여 정기간행물 발행을 통제하였다.[9][10] 일제는 이러한 신문지법과 출판법에 근거하여 신문과 출판물의 정간 및 폐간하는 방법으로 한국민의 대일항쟁을 봉쇄하였다. 그러나 일본은 1908년에 통감부에서 신문지규칙을 제정하여 한국에서의 일본인에 의한 정기간행물의 발행은 허가제가 아닌 신고제로 하였다.

그리고 일제는 1925년에 공산당 탄압을 목적으로 표방하면서 치안유지법을 제정하여, 실제로는 한국민들의 소작쟁의, 노동쟁의 등의 한국민의 민족운동을

---

4) 한인섭, "치안유지법과 식민지통제법령의 전개", 한국법사학논총: 박병호교수환갑기념(Ⅱ)(박영사, 1991), 422면.

5) 일본군인인 헌병이 한국경찰로서 활동할 수 있었던 역사적 과정에 관하여 살펴보면, 1903년에 한국에 주둔하고 있던 일본의 한국수비군, 즉 한국주차군(韓國駐箚軍) 밑에 한국주차헌병대가 편성되었는데, 1906년에는 칙령 제18호로 이 한국주차헌병대에 대하여 군사경찰 이외에 행정경찰 및 사법경찰을 담당하도록 규정하였기 때문에 헌병이 일반경찰권도 행사할 수 있게 되었다(鈴木敬夫), 전게 법을 통한 조선시민지 지배에 관한 연구, 33면). 일제는 이 헌병경찰에 의하여 항일의병운동 및 민족독립운동을 탄압하였다(상게서, 58면).

6) 일본의 헌병령 제1조에서는 헌병을 육군대신의 관할하에 두었으며, 헌병이 군사경찰이외에도 행정경찰 및 사법경찰을 담당하도록 하였다.

7) 鈴木敬夫, 전게 법을 통한 조선식민지 지배에 관한 연구, 93면.

8) 상게서, 83면.

9) 신문 등의 정기간행물의 통제를 위한 신문지법은 1952년에 와서야 폐지되었다.

10) 조선일보와 동아일보는 3·1독립운동이 있은 후 소위 일제의 무단정치에서 문화정치로의 전환에 따라서 이 신문지법에 의하여 1920년에 창간이 되었다.

탄압하였다. 그리하여 일제는 치안유지법에 의하여 6·10광주학생운동, 조선어학회사건 등을 처리하였다. 1911년에는 조선교육령(칙령 제229호)을 제정하여 충성스런 국민으로서의 교육을 기본방침으로 하여 황국신민화 및 동화정책의 교육을 실시하고, 1922년는 동 조선교육령을 개정하여 일시동인교육(一視同仁教育)을 실시하고, 1938년에는 다시 동 조선교육령(칙령 제103호)을 개정하여 한국어교육을 폐지하였다. 그리고 일제는 조선교육령에 의하여 종교교육을 탄압하였다.[11] 이와 같이 조선교육령에 의하여 內鮮一體, 日鮮同調論, 皇國臣民의 誓詞, 神社參拜, 正午의 默禱 등의 황민화 교육을 강제로 실시하였다. 그리고 1939에는 조선민사령을 개정하여 한국민들로 하여금 일본식 성과 이름으로 바꾸도록 한 창씨개명을 하도록 강요하였다.

일제는 1940년에 신문지법에 의하여 조선, 동아일보를 폐간하고, 1941년에는 역시 신문지법에 의하여 한글로 된 문예지까지 폐간시켰다. 1942년에는 일제는 민족운동이란 명목으로 조선어학회사건을 일으켜 법에 의하여 조선어학회를 해산시켰다.

그리고 일제는 전쟁수행을 위하여 1938년에 국가총동원법[12]을 제정하여, 전쟁수행[13]에 필요한 법적조치를 천황에게 수권하였다. 이 국가총동원법을 한국에 시행하기 위하여 같은 해에 칙령으로 "국가총동원법을 조선, 대만 및 사할린에 시행하는 건"(칙령 제316호)를 제정하였다. 그리하여 국가총동원법 제4조에 의한 수권에 의하여 천황은 칙령으로 강제징용, 종군위안부 차출, 학도병 강제 등을 행하였다.[14] 구체적으로 1939년에는 국가총동원법의 수권에 의한 국민징용령(칙령 제451호)에 의하여 한국민을 군수공장, 군사시설에 강제로 연행하여 강제동원하였다.[15][16] 그리고 1938년에는 육군특별지원병령(칙령 제95호)을 공포하고, 조선총독은 이 법의 입법취지에 따라서 한국청년을 일본군에 지원하도

11) 鈴木敬夫, 전게 법을 통한 조선식민지 지배에 관한 연구, 127면.

12) 일본의 국가총동원법은 나치의 수권법(授權法)이나 다를 바 없었다. 나치의 수권법에 관하여는, 김상용, 전게 법사와 법정책: 게르만법사, 교회법사 및 독일민법학사 중심, 237면 이하 참조.

13) 일본은 1931년에 만주사변을 일으켜 전쟁을 시작한 후에, 1937년에는 노구교사건(蘆溝橋事件)을 시작으로 중일전쟁을 일으켰으며, 1941년에는 진주만에 폭격을 가함으로써 미국에 대해 태평양전쟁을 일으켰다.

14) 鈴木敬夫, 법을 통한 조선식민지지배에 관한 연구(고려대학교 민족문제연구소, 1982), 344면.

15) 상게서, 346면.

16) 청부모집, 연고모집 등의 권유에 따른 노동자까지 합치면 강제연행에 의하여 수난을 당한 한국민은 대략 150만명으로 추산된다(상게서, 351면).

록 하였다.[17)]

더 나아가 일제는 1942년에 조선청년특별연성령(칙령 제33호)를 제정하여 한국청년을 전쟁터로 내보냈다.[18)] 끝내 일제는 1943년에는 병역법의 일부개정(법률 제4호, 부칙)에 의하여 한국전역에 징병적령계(徵兵適齡屆)를 실시하고 징병적령에 달한 한국청년들로 하여금 이를 신고하도록 하여 한국에 징병제를 실시하여 강제징병을 하였다.[19)] 그리고 1943년에는 해군특별지원병령(칙령 제608호)을 제정하여 한국청년을 일본의 해군에 보내었다.[20)] 또한 1944년에는 학도근로령(칙령 제518호)을 제정하여 한국학생들을 군수공장, 비행장건설에 강제노동을 시켰다.[21)] 그리고 1944년에는 여자정신근로령(칙령 제519호)을 제정하여 한국의 젊은 여성을 반인륜적 범죄행위인 종군위안부로 강제동원하였다.[22)] 1945년에는 의용병역법(법률 제39호)을 제정하여 15세부터 60세까지의 한국인 남자와 17세부터 40세까지의 한국인 여자를 의용병으로 하여 전쟁터로 강제 동원하였다.[23)]

그리고 일제는 토지조사령(1912: 제령 제2호)과 조선임야조사령(1918: 제령 제5호)을 제정하여 한국에서 토지조사를 실시하고 신고주의에 따라서 신고된 토지에 대해서는 행정처분인 사정에 의하여 소유권을 확정하였다. 이때에 신고되지 않은 토지는 모두 조선총독부로 귀속시키고, 총독부에 귀속된 토지를 다시 식민기관이었던 동양척식주식회사에 이관하였다. 그리고 일제는 사정(査定)에 대하여 법원의 심사를 받을 수 있는 사법심사의 기회를 박탈하였다.[24)] 그리고 1910년에는 회사령(제령 제13호)을 제정하여 회사의 설립은 조선총독의 허가를 받도록 하였다.

이와 같이 일제는 한국에서의 만행을 모두 제정법을 근거로 하여 저질렀다. 그러한 제정법은 바로 악법이었다. 이렇게 한국에서 악법에 의하여 반인륜적인 범죄행위를 행함으로써 군국주의를 실천하였다. 그런데 당시의 일본대심원은 이러한 일본의 군국주의를 지원하였다.[25)]

---

17) 상게서, 353면.
18) 상게서, 354면.
19) 상게서, 355면.
20) 상게서, 355면.
21) 상게서, 355면.
22) 상게서, 355면.
23) 상게서, 356면.
24) 농지개혁사(상권)(농지개혁사편찬위원회, 1970), 234면.
25) 鈴木敬夫, 전게 법을 통한 조선식민지지배에 관한 연구, 284면.

일본은 왜 서양의 근대법을 받아들여 일찍이 개화를 하였음에도 불구하고 서양근대법의 사상적 기초이었던 자연법사상은 모두 없애버리고 악법으로 한국을 식민지로 지배하고 한국민들을 탄압하였을까? 그리고 일본은 임진왜란 당시에 조선에 침입한 일본군 중에 기독교인들이 많았으며, 세스페데스를 종군신부로 조선에 초빙할 정도로 기독교가 신앙으로 받아들여졌음에도 불구하고, 그 후 일본에는 기독교가 극히 미약해지고, 기독교의 가르침에 정면으로 반하는 식민지 지배와 악법인 제정법을 양산하였을까?

로마제국의 기독교인들은 그 오랫동안의 박해에도 불구하고 인간본성에 가장 충실한 신앙의 순수성을 지켜서 기독교의 공인과 기독교를 국교로 까지 승인받았는데, 일본의 기독교인들은 어떠하였기에 기독교가 제국주의 일본을 극복하지 못하고, 교세도 극히 약해졌을까? 로마는 그들의 법을 기독교의 사랑과 박애와 자비의 정신으로 발전시켜 로마법을 세계법으로 발전시켰는데, 일본은 그들이 수용한 서양근대법을 인류보편적인 사상과 가치로 더욱더 발전시켰을 수도 있었을 텐데, 왜 한국에서 더 나쁜 악법으로 만들고 악용하였을까? 그것은 일본의 법률가들이 답을 해야 할 일이다.

## Ⅲ. 한국인의 일제에 대한 저항운동과 저항방법 및 저항운동의 사상적 기초

일제의 악법인 제정법에 의한 불법적 행위에 대하여 한국민들은 인류보편의 자연법상의 저항권사상과 법리에 기초하여 저항하였다. 한국민들의 가장 대표적인 저항이 바로 1919년 비폭력의 3·1독립운동이었다. 3·1독립운동은 한국민중의 자연권으로서의 저항권의 발현이었다. 3·1독립운동은 일본의 무력에 의한 탄압의 식민지 통치방법과는 전혀 달리 인류의 양심, 즉 인간의 선한 본심에 호소한 비폭력적인 저항운동이었다. 다시 말하면 한국민 스스로에게와 일본인들에게 그리고 전인류의 양심을 일깨운 운동이었다.

독립선언서는 바로 천부인권인 한국민의 자연권의 확인과 자연권으로서의 저항권 행사의 정당성을 밝힌 문서였다. 그리고 제국주의적 침략주의 일본과 일본인들의 양심을 일깨운 문서였다. 일본인들로 하여금 인류보편의 사상과 가치추구를 촉구하고 일본이 문명국가일 것과 일본인들이 문명국가의 국민이 될 것을 호소한 문서였다. 그리고 한국민들의 저항권의 행사는 전적으로 비폭력적이었으며, 인류의 양심에 호소하는 방법이었다. 이러한 독립선언서는 독립협회와 만민공동회가 주장하였던 자연법에 기초한 자연법적인 이념을 그 내용으로 담고 있었다.[26] 그리하여 독립선언서에는 한국이 자주독립국임을 확인·선언하고, 한국민의 자유와 평등 그리고 행복추구의 천부인권을 선언하고 있다.

일제는 3·1독립운동자들을 보안법으로 처벌하였다. 보안법은 일본에 대한 한국민들의 저항운동을 제압하기 위하여 1907년에 통감부가 마련하여 대한제국으로 하여금 공포하도록 한 법률로서 태형도 형벌로 규정하고 있었다.

한국의 농민들은 소작쟁의를 통하여, 한국의 근로자들은 노동쟁의를 통해서 일제의 식민지 지배에 대해 저항하였다. 국문학자들은 국어의 정화와 보급운동을 통하여 저항하고,[27] 예술가들은 예술활동을 통하여 민족의 혼을 일깨우는 방법으로 저항하고,[28] 역사학자들은 일제의 황국사관 내지 식민지사관(植民地史觀)에 대하여 민족사관(民族史觀)의 정립으로 저항하였다.[29]

그리고 이렇게 분야별로 분리되어 전개된 독립운동이 1927년에는 정치가, 법률가, 문필가, 교육가 등의 모든 지식인들을 총망라한 신간회(新幹會)가 조직되어 민족운동을 일원적으로 지휘하게 되었다.[30] 그러나 이러한 신간회도 1931년에는 해체되고 말았다.

기독교와 기독교인들은 신사참배거부를 통하여 저항하였다. 그리고 기독교는 학교설립과 교육과 계몽운동과 의식개혁의 방법으로 저항하였다. 그리고 성서의 보급과 기독교 신앙의 전파로 한국이 신의 나라임과 한국민들로 하여금 자연권인 천부인권을 향유하여야 함을 일깨웠다.

외교활동을 통하여서도 일제의 한국식민지 지배의 불법성을 알리는 방법으로 저항하고, 어린 학생들도 저항하였다. 국산품 애용운동을 전개하여 저항하기도 하였다. 그리고 때로는 의거를 통하여 저항하였다. 또한 일제에 대한 전투

26) 김철수, 전게 한국헌법사, 18면.

27) 1921년에 조선어연구회가 조직되고, 1931년에는 이를 조선어학회로 개칭되었다. 조선어학회에서는 한글이란 잡지를 발간하였다. 일제는 1941년에 한글로 된 문예지를 폐간하고, 1942년에는 조선어학회의 간부들을 한글의 연구와 보급으로 민족운동을 일으켰다는 명목으로 조선어학회 사건을 일으켜 국어학자들을 체포·투옥하고 조선어학회를 해산하였다.

28) 1919년에 자연주의 문학의 창조가, 1920년에는 폐허가, 1922년에는 낭만주의 문학의 백조가 창간되었다. 1922년에는 어린이날이 제정되고 "어린이"라는 잡지를 발간하여 소년운동이 시작되었으며, 1923년에는 토월회가 조직되어 영화, 음악을 통한 민족운동이 전개되었다.

29) 1934년에 민족사학자들로 구성된 진단학회가 조직되어 민족사관이 학문적으로 정립되었다.

30) 이와 같이 민족운동의 단일체 조직이 필요하였던 것은 당시에 사회주의 운동이 점차 활발하게 됨에 따라서 항일민족운동에 균열과 대립을 초래하였기 때문이었다(이기백, 전게 한국사신론, 386면).

를 통하여 저항하였다.[31]

이러한 한국민들의 일제에 대한 저항운동의 구심점이 된 것은 바로 임시정부였다. 본래 세 갈래의 임시정부가 3·1독립운동이 있을 후에 상해임시정부 하나로 통합되었다. 상해임시정부는 1919년 4월 11일 그 헌법인 대한민국임시헌장을 공포하였다. 대한민국임시헌장 제7조는 "대한민국은 신의 의사에 의하여 건국한 정신을 세계에 발휘하며, 진(進)하여 인류의 문화 및 평화에 공헌하기 위하여 국제연맹에 가입함"이라고 규정하였다.[32]

이와 같이 대한민국은 신의 의사에 따라서 건국된 자주독립의 국가이며, 한국민은 자연권인 천부인권을 향유하여야 함을 스스로 자각하고 그것의 정당성을 일깨워나갔다. 한국은 일제의 식민지 압제의 침울한 시대에도 한국이 신의 의사에 의한 나라임을 자각하고, 한국민의 천부의 자연권을 깨달았으며, 가장 순수하고 선한 인간의 본성을 확인하고 실천하였다.

그러나 모든 한국민이 예외 없이 이러한 인류보편의 가치에 따른 행동을 한 것은 아니었다. 친일의 부역자도 있었다. 특히 일제시대의 한국법률가 중에는 자연법으로써 일제의 식민지 지배의 불법성을 밝히고, 일제에 의한 제정법이 악법이었음을 지적하고, 일본과 세계를 향하여 인류보편의 사상과 가치를 법을 통하여 실천할 것을 호소한 사람은 발견되지 않고 있다. 거의 모든 법률가들은 일제의 악법을 그대로 용인하고 받아드렸던 것으로 짐작된다.

그리고 한국민의 일제의 식민지 지배에 대한 저항은 전통유학의 이단론에 입각한 척왜(斥倭)로서 이루어진 것은 아니었다. 이단론은 쇄국과 의병활동의 이념적 근거이었으나, 식민지 지배에 대한 저항의 이념적 기초는 아니었다. 일제에 대한 한국민의 저항은 자연법적인 저항권의 행사였다. 그러한 저항권은 서양의 자연법사상에 기초하고 있었다. 그리고 그러한 자연법은 바로 기독교사상과 신앙에 기초하고 있었다. 3·1독립운동의 민족지도자 33인 중 16인이 기독교인이었으며, 일제가 한국의 혼을 말살하려할 때에 기독교 정신에 입각한 교육과 신사참배의 거부를 통하여 일제에 저항하였다. 기독교는 일제의 압제시대에 한국민들로 하여금 의식을 개혁하게 하고, 자연권인 저항권을 행사하도록 일깨웠다.

---

31) 1920년 봉오동 전투와 청산리 전투에서 일본군을 대파하였다.

32) 연정열, 전게 한국법전사, 408면.

## Ⅳ. 법을 통한 일제의 한국식민지 지배과정의 특징과 영향: 제정법에 의한 악법

일제는 한국을 식민지로 만들고 한국을 지배함에 있어서 그 수단은 물리적인 힘과 법이었다. 법도 모두가 제정법이었다. 그 법은 물리적 힘의 행사를 정당화, 합법화하는 수단이었다. 그러므로 일제시의 법은 악법들이었다. 그리고 일제시의 법은 극히 실증주의적인 법이었다. 선과 형평과 평화를 위한 법이 아니라, 식민지 한국을 지배하고, 한국민을 억압하기 위한 수단으로서의 법이었다.

이와 같이 일제는 법과 힘을 통하여 한국민의 정신과 혼은 말살하고, 한국의 경제를 수탈하고, 궁극적으로는 한국과 한국민의 독자성과 정체성을 없애버릴려고 하였다. 그러나 일제는 인류보편적인 자연법을 말살하지는 못하였다.

일제의 식민지 지배의 법적특징을 살펴보면, 일제는 법의 기능을 빌어서 모든 폭력적 지배를 합법화하여, 식민지 주민인 한국민들을 착취하고 압살하였다.[33] 그리고 한국의 관습조사를 통하여 그것을 식민지 지배에 맞도록 왜곡하여 관제관습(官製慣習)을 만들었다. 그러므로 일제의 식민지법은 극히 법실증주의적이고 법만능주의적인 사고에 입각한 법들이었다.

이러한 일제의 폭력적 힘의 행사를 정당화하고 합법화한 실증주의적인 법의 제정과 집행은 한국민에게게 법에 대한 부정적 의식과 행태를 낳게 하였다. 먼저 법에 대한 불신의 사고를 낳았다. 법은 강자의 무기일 뿐 약자의 보호수단이 아니라는 의식을 갖게 하였다. 즉, 법은 강자가 약자에 대해 군림하는 수단이라는 관념을 형성케 하였다. 그러므로 법허무주의와 법도구주의의 사고를 낳았다.[34]

그리고 한국민들에게 기회주의적 사고를 낳게 하였다. 일제시의 각종의 검속령(檢束令)과 수탈법(收奪法)의 제정과 집행은 한국민들로 하여금 그때만 피하면 된다는 기회주의를 낳게 한 것이었다.[35] 그리하여 원칙을 지키기 보다는 예외를 찾아 피해가려는 사고를 낳게 하였다. 기회주의는 내일에 대하여 신뢰

33) 최종고, "법의식과 법생활에 있어 일제유산의 극복", 법사학연구 제16호(한국법사학회 편, 1995), 18면.

34) 상게논문, 19면.

35) 상게논문, 20면.

를 가질 수 없을 때에 생성된다. 자연법은 항구불변의 보편가치이기 때문에 자연법은 내일에 대한 신뢰를 갖게 한다. 그러나 일제의 악법의 제정과 집행은 한국민들로 하여금 내일을 기약할 수 없게 만들어 기회주의적 의식과 행동을 하게 하는 원인을 제공하였다. 그리고 법률가를 정치시녀화하고, 권위주의적 관료사회를 낳게 하였다.[36]

일제가 남긴 법에서 가장 나쁜 영향은 법을 목적으로 파악하지 아니하고 단순한 수단으로만 이해하는 법이해와 기회주의적 법의식을 낳은 것이었다. 법의 이상은 국민들로 하여금 내일에 대한 신뢰와 긴 역사적 안목을 가지고서 서로가 서로에게 이웃인 공동체로서 함께 더불어 평화롭게 살아가도록 하는 데 있다. 그러나 일제의 실증주의적인 법사고와 그것에 기초한 법제정 및 법집행은 식민지 한국에서 법에 대해서 극히 부정적인 현상을 초래하였다.

## 제 2 절 법을 통한 식민지지배과정에서 일제의 탄압과 수탈의 주요내용들

### Ⅰ. 식민지지배를 위한 법제정의 방법과 그 변천

일제는 한국을 합병하자마자 당일 칙령 제324호로 "조선에 시행할 법령에 관한 건"을 공포하여 한국에서 법률로 규정해야할 사항을 제령(制令)으로써 규정할 수 있게 하는 한편, 일본법률의 전부 또는 일부를 한국에 시행할 필요가 있는 경우에는 칙령으로써 이를 정할 수 있도록 하였다. 제령은 조선총독의 명령으로서 일본의 내각총리대신을 경유하여 일본 천황의 칙재(勅裁)를 얻은 명령이다. 그런데 조선총독은 모두 일본 군인이었다.

이 칙령에 근거하여 조선총독은 합방당일 제령 제1호로 "조선에 있어서의 법령의 효력에 관한 건"을 공포하여, 총독부가 설치될 때까지는 당시에 효력이 있던 대한제국의 법령 및 일본국 법령이 잠정적, 과도적 기간 동안 계속 효력을 유지하도록 하는 조치를 취하였다.

일제시의 가장 중요한 법원(法源)이었던 제령은 그 법령의 내용을 일일이

36) 상게논문, 20면.

규정하는 형식을 취한 것이 아니라 대부분의 경우에 일본법을 한국에 그대로 의용하는 형식을 취하였다. 그러므로 제령에 의한 일본법률의 의용에 의하여 한국에는 일본법률이 거의 수정되지 않은 채 그대로 적용되었다. 그러면서도 일제는 일본의 헌법을 한국에 적용하지 않았다. 그것은, 일본헌법에는 국민의 기본권에 관한 규정을 담고 있었기 때문에, 일본은 그 기본권을 한국민에게는 인정할 의사가 없었기 때문이었다.

일제시에 한국에 효력이 있었던 법령의 유형은 4가지 였다. 첫째는 천황의 명령인 칙령의 형태였고, 둘째는 일본국회가 한국에 시행하기 위하여 제정한 법률이 있었으며, 셋째는 조선총독이 제정하고 일본의 총리대신을 경유하여 천황의 재가를 받은 제령이었으며, 넷째는 구대한제국 시대부터 시행되어 오던 법령이었다.

그리고 일제는 한국의 관습을 통감부 시절부터 조사하여 이를 식민지 지배를 위해 왜곡하였다. 일제는 서양 열강의 식민지 법제를 조사하여 1911년에는 "구주열강식민지법제개요"를 간행하였다. 그리고 일제는, 식민지인의 권익을 존중하며 식민지의 자치제도로 통치하는 영국의 식민지 지배방식보다는, 식민지인를 본국에 동화시키는 동화정책의 프랑스의 식민지 지배방식을 따랐다.[37)]

그리고 일제는 1931년 만주사변을 일으키고, 1937년에 노구교 사건을 일으킨 후, 1941년부터는 미국과 태평양 전쟁을 일으켜, 전면적인 전쟁을 수행하면서부터는 국가총동원법을 제정하여 천황에게 입법을 할 수 있는 권한을 수권하였다. 그리하여 천황의 칙령으로 인류에 대한 범죄행위인 강제징용, 강제징병, 강제종군위안부 차출(差出) 등을 하였다.

이와 같이 식민지 한국에는 조선총독의 제령, 일본천황의 칙령, 일본의회가 제정한 법률이 시행되었으며, 그들이 왜곡·수정한 한국의 관습조사결과도 일제의 식민지 지배의 수단으로 이용되었다. 일제는 외관상, 형식적으로는 철저히 법률의 이름을 빌리고 있었으나, 실제로는 헌병경찰, 사법경찰, 군대의 물리적인 힘의 행사로써 한국을 식민지로 지배하였다. 그리하여 일제의 식민지 한국에 대한 법의 제정과 집행은 극히 법실증주의적 법사고에 입각해 있었다.

---

37) 정긍식, 전게 한국근대법사고, 379면.

## Ⅱ. 한국민의 인격의 박탈과 정신의 말살

일제의 한국에 대한 식민지 지배의 목표는 시종일관하여 한국의 독립성, 독자성, 정체성을 말살하여 한국을 일본에 편입시키고 한국인을 일본에 동화시키려는 동화정책 내지 황민화정책으로 일관하였다. 이러한 동화정책은 식민지 말기에 오면서 더욱 강열해 졌다. 이러한 동화정책은 한국민의 행복과 평화를 위한 목적에서가 아니라, 한국민을 일본인의 노예처럼 부리기 위한 목적에서 였다.

이러한 동화정책 및 황민화정책은 한국의 정신과 혼을 빼앗고자한 데서 극명하게 나타나고 있다. 일제는 합방하자마자 당일로 칙령에 의하여 한국의 국호를 조선으로 바꾸었다. 이는 조선이 중국에 대하여 사대(事大)를 하여 왔기 때문에, 독립국이었던 대한제국에서 사대의 조선으로 바꾼 것으로 평가된다. 이는 바로 한국의 독자성과 독립성을 부인하려는 첫 조치였다.

그리고 일제는 한국인의 인격적 독자성과 정체성을 말살하게 위해 조선민사령을 개정하여 일본식으로 창씨개명(創氏改名)하도록 하였다. 일제는 1939년에 조선민사령 중 개정의 건(제령 제19호)과 조선인의 씨명에 관한 건(제령 제20호)으로 창씨개명을 하도록 하였으며, 창씨개명은 개정 조선민사령을 시행한 1940년 2월 11일부터 8월 10까지의 6개월의 기간동안 자진하여 창씨를 하는 임의창씨로, 그 이후에는 현재의 성 자체를 씨로 하는 법정창씨로 하도록 하는 2가지의 방법으로 진행하였다.[38] 그리고 창씨개명 이전에 1909년의 민적법(民籍法)에서 호주제도를 창설하고 1922년의 조선호적령(총독부령 제154호)에 의하여 호주제도를 강제적으로 실행하였다. 일제는 이와 같이 창씨개명을 강요하고, 창씨를 하지 않은 자에게는 갖가지 불이익과 박해를 가하였다.[39] 일제는 창씨개명과 동시에 개정 조선민사령에서 동성불혼제를 폐지하고, 이성양자제(異姓養子制)를 도입하였다.

일제는 교육을 통하여 동화정책을 지속적으로 추진하고 끝내는 한국민들을 황국신민화하는 교육정책으로 나아갔다. 일제는 1911년에 조선교육령(제령 제229호)을 제정하여, 그 제2조에서 "교육은 교육에 관한 칙어(勅語)에 기초한 충량(忠良)한 국민을 육성하는 것을 본의(本義)로 한다"라고 규정하였다. 교육에

38) 상게서, 198면.
39) 상게서, 198면.

관한 기본방침이었던 교육칙어는 1890년에 공포된 것으로서 충량한 국민을 교육시킬 것을 내용으로 하고 있었다. 그리고 이 당시에 효력이 있었던 일본의 명치헌법 제3조에서 천황은 신성하며 침범하지 못한다고 규정하여, 천황을 신(神) 같은 존재로 받들고 있었다. 그러므로 교육칙어는 바로 천황을 신으로 받들고 그에게 충성하도록 하는 교육을 할 것을 내용으로 하고 있었다.

이 조선교육령은 1908년 통감부가 제정하고 대한제국이 공포한 사립학교령(칙령 제62호)의 연장이었다. 사립학교령은 대한제국에서 교육과 정치를 혼동해서 불온하고 위험한 사상을 학생들에게 주입하고 있었기 때문에 제정한다고 그 제정이유를 밝히고 있었다.[40] 그리하여 사립학교령을 통하여 일본은 사립학교에서의 애국교육을 할 수 없게 하고자 하였다. 그리고 일제는 1922년에는 조선교육령을 개정하여 일시동인(一視同仁)의 교육을 실시하고, 1938년에는 다시 조선교육령을 개정하여 내선일체(內鮮一體)의 교육으로 나아갔다. 이러한 일제의 교육은 모두가 한국민을 일본의 황국신민으로 만들어 한국민의 정신과 혼과 얼을 말살하려는 것이었다. 또한 일제는 조선교육령에 의하여 종교교육을 실시하지 못하게 하고 일본의 원시적 종교인 신사참배를 강요하였으며, 한국어 사용을 금지하고 일본어로만 교육하도록 하였다. 그 외에도 황국신민의 서사(誓詞), 정오의 묵도(默禱)들을 하게 함으로써, 한국민들의 정신을 앗아가려고 하였다. 이와 같이 일제는 한국민들에게 황국신민화 교육을 함과 동시에 한국민들에게는 소위 보통교육이라 하여 한국의 정신이 없는 기술교육, 실업교육에 주력하였다.[41]

그리고 일제는 만민평등, 천부인권, 주권재민 등의 인류보편의 가치를 교육하고 민족자각과 애국교육을 통하여 일제에 저항할 수 있는 기독교학교에서의 기독교교육에 대해 사립학교규칙(1911, 총독부령 제114호)의 제정과 개정(1915, 총독부령 제24호)에 의해 이를 하지 못하도록 금지하였다.[42]

## Ⅲ. 한국의 역사, 관습의 왜곡

일본은 한국의 역사를 그들의 식민지사관 내지 황국사관에 입각하여 식민

40) 鈴木敬夫, 전게 법을 통한 조선식민지 지배에 관한 연구, 114면.
41) 이기백, 전게 한국사신론, 372면.
42) 鈴木敬夫, 전게 법을 통한 조선식민지 지배에 관한 연구, 178면.

지지배의 수단으로 이용하였다. 그리고 한국의 관습을 조사·왜곡하여 그들의 식민지 지배를 위하여 이를 이용하였다. 이와 같은 식민지사관 내지 황국사관은 학교교육을 통하여 이를 한국민들에게 주입시켜 나갔던 것이었다.

## Ⅳ. 한국민에 대한 인신침해 및 사상통제

일제는 한국민의 인신에 대한 원시적인 침해를 자행하였다. 가장 대표적인 사례가 조선태형령(1912년, 제령 제13호로 제정: 1920년 폐지)에 의한 반문명적 처벌행위인 태형의 실행이었다. 대한제국의 형법대전에서는 태형을 형의 종류로 규정하였으나 1912년 조선형사령에 의하여 형법대전을 폐지하였음에도 불구하고, 일제는 조선태형령을 제정하여 태형을 계속하였다.

조선태형령의 내용은, 그 제1조에서는 3월 이하의 징역 또는 구류에 처하여야할 자는 그 정상에 따라서 태형에 처할 수 있도록 하고, 제2조에서는 100원 이하의 벌금 또는 과료에 처할 자로서 한국내에 주소를 가지고 있지 아니하거나 무자산이라고 인정될 때에도 태형을 가할 수 있도록 하고, 제3조에서는 100원이하의 벌금 또는 과료의 언도를 받고도 5일 이내에 이를 완납치 아니한 경우에는 검사나 즉결관서가 정상에 따라서 이를 태형으로 바꿀 수 있도록 하였다. 제4조에서는 태형에 처하거나 벌금이나 과료를 태형으로 바꿀 때에는 1일 또는 1원을 태 하나로 계산하도록 하였다. 그리고 태형은 16세 이상 60세 미만의 한국인 남자에게 과하였으며(동령 제5조, 제13조), 태형은 태(笞)로써 볼기(즉, 엉덩이)를 치는 방법으로 집행을 하였다(동령 제6조). 그리고 태형은 태 30 이하일 경우에는 이를 한 번에 집행하고, 30일을 넘길 때마다 1횟수를 증가시키도록 하였으며(동령 제7조 1문), 하루에 1회를 넘길 수 없도록 하였다(동령 제7조 2문). 그리고 태형은 감옥 또는 즉결관서에서 비밀리에 집행하도록 하였다(동령 제11조).

그리고 1912년의 태형령시행규칙(총독부령 제32호) 제1조 제2항에서는, 태형은 수형자를 형판(刑板) 위에 엎드리게 하고 그 자의 양 팔을 좌우로 벌리게 하여 형판에 묶고 양다리도 같이 묶은 후 볼기부분을 노출시켜 태로 치도록 하였으며, 제11조 제2항에서는 형장에 물을 준비하여 수시로 수형자에 물을 먹이도록 하고, 제12조에서는 집행중에 수형자가 비명을 지르거나 지를 우려가 있는 때에는 물에 적신 천으로 입을 막도록 규정하였다.

이러한 조선태형령은 3·1독립운동 후 일제가 문화정치를 표방하면서 1920년에 폐지하였다.[43] 결국 조선태형령을 폐지한 것은 한국민들의 자연법상의 자연권으로서의 저항권의 행사에 기하여 이루어졌다.

이러한 반문명적인 태형은 보안법(1907, 법률 제2호), 범죄즉결령(1909, 칙령 제240호), 경찰범처벌규칙(1912, 총독부령 제40호) 등을 근거로 하여 경찰의 자의적인 판단으로 소위 반일적인 언행을 모두 이로써 다스렸던 것이다.[44][45]

일제는 1912년에 조선형사령(제령 제11호)을 제정하여 대한제국의 형법대전을 폐지하고, 일본형법, 일본형사소송법을 의용하였다. 그리고 조선형사령 제12조에서는, 검사에게 현행범이 아닌 사건이라도 피의자를 구속할 수 있는 권한을 주고, 동시에 사법경찰관에게도 이러한 권한을 주어 강제처분권을 확대하였다. 이와 같이 피의자를 무제한 구속할 수 있는 바로 이 제도가 소위 일제의 예심제도란 것이었다. 원래 예심은 법관의 주도로 수사절차를 진행하는 것인데, 일제는 법관이 아닌 검사에게 예심판사의 지위를 부여하여 피의자를 무제한 구류할 수 있는 수단으로 악용하였다.[46] 또한 조선형사령 제26조에서는 판사가 단독으로 유죄언도를 한 판결에 대해서는 증거에 관한 이유를 생략할 수 있도록 하고, 제28조에서는 변호인은 상소할 수 없도록 하였다.

그리고 일제는 한국민들의 독립운동으로 노동운동, 농민운동, 사회주의운동 등의 민족운동을 탄압하기 위하여 수많은 치안법을 제정하였다. 치안법으로서 일제는, 정치에 관한 범죄처벌의 건(1919, 제령 제7호), 치안유지법(1925, 법률 제46호) 및 치안유지법을 조선, 대만 및 사할린에 시행하는 건(1925, 칙령 제175호), 폭력행위 등 처벌에 관한 법률(1926, 법률 제60호) 및 폭력행위 등 처벌에 관한 법률을 조선에 시행하는 건(1925, 칙령 제299호), 치안유지법중개정(1928, 긴급칙령 제129호), 조선사상범보호관찰령(1936, 제령 제16호) 등을 제정하여 한국민의 자연법에 의한 저항권의 행사였던 독립운동을 탄압하였다.

일제는 3·1독립운동에 참가한 한국민을 보안법으로 처벌하였지만 보안법으로써는 한국민의 독립운동을 진압할 수 없었기 때문에 정치에 관한 범죄처벌의 건을 제정하였다.[47] 그리고 일본의 치안유지법도 한국에 시행이 되었다. 치

43) 정긍식, 전게 한국근대법사고, 267면.

44) 鈴木敬夫, 전게 법을 통한 조선식민지지배에 관한 연구, 96면.

45) 조선태형령의 제정은 1912년인데 일제는 그 전에 이미 보안법과 범죄즉결령에서 태형을 허용하였다.

46) 정긍식, 전게 한국근대법사고, 341면.

안유지법은 일본에서 사회주의 운동을 억압하기 위하여 제정되었으나, 한국에서는 독립운동을 탄압하기 위한 법으로 악용되었다. 일제는 광주학생운동, 노동운동 등을 바로 이 치안유지법으로 다스렸다.[48]

그리고 일제는 말기에 전쟁수행을 위하여 조선전시형사특별령(1944, 제령 제4호)과 조선총독부재판소령전시특례(1944, 제령 제2호)를 제정하여 항소심을 없애고 상고심을 제2심으로 하였다(조선총독부재판소령전시특례 제3조). 이와 같이 제1심판결에 대해 항소할 수 없도록 한 조선총독부재판소령전시특례의 입법내용은 본래는 1941년에 제정된 국방상의 기밀보호를 위하여 제정된 국방보호법(법률 제47호)에서 이미 규정하여, 당해 국방보호법 위반사건에 적용하고 있었다. 그러나 국방보호법 제34조에서는 외국과 관련된 국방보호법 위반 사건에 대해서는 예외적으로 3심제가 적용될 수 있도록 하였으나, 한국에서는 그 예외조항의 적용을 배제하기 위하여 "조선에 있어서 재판간소화를 위한 국가보안법 및 치안유지법의 전시특례에 관한 법률"(1944, 법률 제20호)를 제정하여 항소심을 없애고 상고심을 2심으로 하였다.

## Ⅴ. 한국민의 전쟁에의 강제동원

일본은 조선을 개항한 목적이 조선의 지배뿐만 아니라 만주와 대륙으로의 진출에 있었다. 일본이 이러한 조선지배와 대륙진출의 목적을 달성하는 방법은 무력의 행사와 경제적 침투, 그리고 이들을 정당화, 합법화하는 그들의 법실증주의적인 법이었다. 일본은 조선지배와 대륙진출의 장애가 된 청국세력과 러시아의 남진세력을 축출하였다. 그리고 일본은 청국세력과 러시아세력의 축출을 넘어 만주와 대륙을 스스로 지배하여 통치하고자 하였다. 그리고 남방으로도 진출하고 태평양쪽으로도 진출하여 일본지배의 대제국을 건설하는 것이었다. 그러한 대제국의 건설목표가 바로 대동아공영권(大東亞共榮圈)이라는 것이었다. 그런데 일본은 그러한 대제국의 건설을 인류보편적인 문화로 이루려고 한 것이 아니라, 무력과 중상주의적 경제적 침투 그리고 그러한 침략과 지배행위를 정당화하고 합법화하는 그들이 왜곡한 법실증주의적 법이론과 제정법으로 달성하고자 하였다. 역사적으로 대제국의 건설은 인류의 보편가치를 가장 충실하게

---

47) 鈴木敬夫, 전게 법을 통한 조선식민지지배에 관한 연구, 186면.
48) 상게서, 221면.

실천한 나라가 이루었다. 악법으로는 일시적으로 넓은 지역을 지배하였을지라도 궁극에는 패망의 종말을 맞게 되었던 것이었다. 일본도 그 예외가 아니었다.

일제는 만주를 점령하기 위해 1931년에 만주를 침략하고 1932년에는 괴뢰정부인 만주국(1945년 패망)을 수립하였다. 그리고는 중국대륙으로 진출하기 위하여 1937년 7월에 노구교 사건을 계기로 하여 중일전쟁을 일으키고, 같은 해 12월에는 남경대학살사건을 자행하였다. 그리고 남방과 태평양으로 진출하기 위하여 1941에는 미국을 상대로 태평양 전쟁을 일으켰다. 이러한 전쟁을 수행하기 위하여 식민지 조선에서 물자와 인력을 동원하였다. 그것들을 모두 물리적인 힘과 법실증주의적인 법으로 하였다.

일제는 이러한 전쟁수행을 위하여, 일본문부성이 앞장서서 개인주의를 버리고 적극적으로 전체주의, 국민주의의 발흥과 파시즘과 나치즘에 영합하는 "국체(國體)의 본의(本義)"(1937)라는 것을 내걸고, 신민의 천황봉사를 위한 국민정신총동원운동을 추진하였다.[49] 그리고 일본의 제국의회는 1938년에 국가총동원법(법률제55호)을 제정하여 천황에게 전쟁수행을 위한 입법권을 수권하였다. 또한 1940년에 일본은 나치즘 국가의 독일, 파시즘 국가의 이태리와 군사동맹을 체결하였다. 그리고 전쟁수행에 대해 반대하는 사상과 활동을 통제하기 위하여 1941년에는 치안유지법개정법률(법률 제54호)을 제정하고 그것에 근거하여 동년에 조선사상범예방구금령(제령 제8호)을 제정하여 예방구금제를 실시하였다.

이와 같이 일제는 한국민의 독립성과 자존성을 완전히 말살하여 일본의 전쟁수행에 한국민을 동원하기 위하여 황민화 교육을 더욱 강화하였다. 즉, 일제는 조선교육령을 개정(1938)하여 내선일체교육(內鮮一體教育)을 통해 한국민들로 하여금 그 신명(身命)을 일본천황에게 바치도록 순국을 강요하였다. 이러한 황민화 교육에 기초하여 일제는 육군특별지원병령(1938, 칙령 제95호), 조선청년특별연성령(1942, 제령 제33호), 해군특별지원병령(1943, 칙령 제608호)을 제정하고, 병역법을 개정(1943, 법률 제4호)하고, 끝내는 의용병역법(1945, 법률 제39호)을 제정·시행하여 한국의 청년들을 전쟁수행에 강제동원을 하였다.

그리고 전쟁수행을 위하여 국가총동원법의 수권에 의한 수권법으로서 국민징용령(1939, 칙령 제451호), 학도근로령(1944, 칙령 제518호), 여자정신근로령(1944, 칙령 제519호)을 제정하여 한국민, 한국의 학생을 강제징용하여 군수공장, 군사

---

49) 상계서, 213면.

시설에 강제노역을 시켰으며, 한국의 젊은 여성을 종군위안부로 강제연행하여 전쟁터로 내보냈다.

## Ⅵ. 한국민의 재산권의 수탈과 박탈

### 1. 일제에 의한 토지조사사업의 실시

일제는 이미 통감부시절에 국유지인 역둔토조사(驛屯土調査)를 하여 식민지로 만들었을 때에 일제가 소유할 수 있는 토지를 조사한 바 있다. 일제는 한국을 식민지로 만든 다음에는 토지조사사업과 임야조사사업을 벌리고, 그것을 기초로 하여 부동산등기부를 편철하여 근대적인 부동산등기제도를 실시하였다.

일제에 의한 토지조사사업의 준비는 통감부 시절에 이미 시작이 되었다. 1905년에 통감부는 대한제국 정부에 강요하여 일본인 측량기술자를 초빙하여 한국인 측량기술자를 양성하도록 하였다. 그리고 1910년 3월 15일에는 칙령 제23호로 토지조사관제를 공포하고, 토지조사국을 신설하였다.[50] 그리고 나서 1910년 8월에 한국을 합병한 후에는 토지조사국을 조선총독부에 이관하였다. 그리고 1910년 9월 30일에는 조선총독부 내에 임시토지조사국을 설치하여 본격적인 토지조사사업을 실시하였다.[51][52]

조선총독부는 1년의 준비조사를 실시한 다음에 1912년 토지조사령(제령 제2호), 조선민사령(제령 제7호), 조선부동산등기령(제령 제9호)을 발포함으로써 전국적으로 한국토지에 대한 실지조사에 들어갔다. 조선토지조사사업에서 조사의 대상이 된 토지는 지세부과가 가능한 전, 답, 대지였다. 이 토지조사사업에서 제외된 토지는 조선임야조사령(1918, 제령 제5호)에 의한 임야조사사업시에 조사가 이루어졌다. 조선토지조사업은 1917년에 완료되었다.

조선토지조사사업은 토지소유권을 조사・확정하는 사업으로서 준비조사, 1필지조사, 분쟁지조사, 사정 및 재결의 과정으로 진행되었다. 일제는 준비조사로서 이동별(里洞別)집단조사를 실시하고 그 다음에 본조사로서 개별 필지별로

50) 신용하, 전게 조선토지조사사업연구, 19면.

51) 상게서, 19면.

52) 이러한 통감부 및 총독부에 의한 토지조사사업의 준비이전에 대한제국에서는 1901년 10월 20일에 칙령 제20호로 지계아문직제 及 처무규정을 제정하여 지계아문을 개설하고, 1904년 4월 19일에는 칙령 제11호로 지계아문을 폐지하고 탁지부내에 양지국을 개설하였다. 그리고 대한제국은 1894년에서부터 1904년까지 광무양전을 실시하였다(전게 농지개혁사연구, 121-122면).

1필지조사를 하였다. 이동별 집단조사는 이동별(里洞別)로 조사대상지의 강계(疆界)를 확정・분할하여 그 안에 있는 토지의 소유권을 신고하도록 토지신고서 용지를 이동별로 배분하여 그 토지신고서에 의하여 신고를 받아 이동별로 조사정리하는 기본조사작업이었다.[53] 그리고 1필지조사는 이동별 집단조사에 의하여 토지신고서를 받아 이동별로 묶은 다음, 그 토지신고서의 내용에 따라서 필지별로 그 지주, 강계, 지목, 지번을 조사・확인하는 조사작업이었다.[54] 즉, 1필지조사는 각 필지에 대하여 그 소유자를 재확인하고, 그 소유필지의 형상, 강계, 면적을 조사, 확인하는 작업이었다.

이와 같이 조선토지조사사업의 소유권 조사는 토지소유자의 신고에 의하였다. 토지소유자의 신고에 대하여 소유권을 다투는 자가 없는 때에는 신고명의인을 그대로 소유자로 인정하였다.[55] 신고된 토지의 소유권에 대하여 다투는 자가 있는 때에는 분쟁지조사를 실시하도록 되어 있었지만 대부분의 경우에는 화해를 유도하여 화해로써 종결을 지웠다.[56]

조선토지조사사업에서 취한 신고주의는 일종의 양육강식의 원리였다. 즉, 신고주의는 한 필지의 토지에 대하여 존재하는 여러 권리 중 가장 강한 권리가 다른 약한 권리를 배제하고 그 권리를 소유권으로서 법적으로 인정받는 방법이었다. 왜냐하면 당시의 토지에 대해서는 지주의 소유권뿐만 아니라 소유권으로 발전하고 있던 강력한 소작농민의 도지권(賭地權)도 존재한 경우가 적지 아니하였음에도 불구하고, 신고주의에 의하여 지주만이 신고할 수 있었고 그 지주의 소유권을 법적으로 인정하고, 농민의 도지권의 소유권적 성격의 권리는 전적으로 부인해 버렸기 때문이었다.[57][58] 또 한편으로 이러한 신고주의는 일제의 한국식민지 지배에 대한 양반지주계층의 회유목적으로 창안되고 이용되었던 것이었다.

이와 같은 절차를 거쳐서 소유자가 확정되면 임시토지조사국장의 사정(査定)에 의해서 그에 대한 소유권을 확정하였다. 사정은 행정처분이었지만, 그 사정에 의하여 당해 토지의 소유권이 창설되는 창설적 효력이 인정되었다. 사정

53) 상게서, 44면.
54) 상게서, 44면.
55) 이철우, 전게논문 토지조사사업과 소유법제의 변천, 364면.
56) 상게논문, 364면.
57) 신용하, 전게 조선토지조사사업연구, 83면.
58) 이와 같이 농민의 도지권의 소유권적 성격을 부인해 버리고, 그 대신에 농민에게는 차지권(借地權)인 영소작권(永小作權)을 인정하였다(상게서, 83면).

은 이를 공시하였으며, 사정에 대하여 불복하는 자는 사정공시기간 만료 후 60일 이내에 고등토지조사위원회에 이의(異議)할 수 있도록 하고, 그 이의에 대한 고등토지조사위원회의 재결에 의하여 토지소유권을 확정하였다. 실제로 토지조사의 사정은 신고주의의 방법에 의하여 99.5%가 신고된 그대로 사정되어 그 토지의 소유자 및 강계를 확정하는 행정처분이 내려졌다.[59]

그런데 일제는 사정과 재결에 대하여 법원에 의한 사법심사를 배제하였다.[60] 사정과 재결에 대하여 그 사정 또는 재결이 있은 후 3년 이내에 고등토지조사위원회에 대하여 재심을 청구할 수는 있었으나, 사정과 재결에 대하여 법원에 의한 사법심사는 허용되지 아니하였다.[61] 그러므로 사정 또는 재결은 법원의 판결을 압도하는 강력한 효력을 인정받는 행정처분이었다.[62] 그리고 이러한 토지조사사업의 결과를 기초로 하여 토지대장과 토지등기부를 편철하였다.

이와 같은 일제의 조선토지조사사업의 목적은, 먼저 일본자본의 한국토지의 취득에 적합한 토지소유제도의 확립, 지세수입을 증대시켜 식민지 지배를 위한 조세수입체계의 확립, 신고하지 않은 토지를 국유지로 함으로써 국유지를 창출하여 조선총독부 소유로의 개편,[63] 일본의 공업화에 따른 노동력부족문제를 한국의 소작농을 임금노동자화하여 이를 해결하고자 하는 등에 있었다.[64]

이러한 토지조사사업의 결과로 소작농민들의 관습상의 경작권, 도지권, 입회권 등이 부정되고 소멸하게 되었으며, 지주에게 이익을 주어 일제와 한국인 지주의 구조적인 응착(應着)이 이루어졌으며, 신고되지 아니한 토지는 조선총독부의 소유로 되고, 조선총독부는 지세수입의 증대로 식민지 지배의 재정적 기반을 구축하게 되었다.[65] 그리고 한국인 농지에 대한 일본자본가의 소유가 격증하게 되었으며, 소작농민을 몰락시켜 유이민화(流移民化)하고 임노동자화(賃勞動者化)하였다.[66]

---

59) 상게서, 63면.

60) 농지개혁사(상권)(농지개혁사편찬위원회, 1970), 234면.

61) 이철우, 전게논문, 토지조사사업과 토지소유법제의 변천, 365-366면.

62) 상게논문, 366면.

63) 조선총독부 소유로 된 토지는 1908년에 설립된 동양척식주식회사에 불하되었다. 토지를 불하받은 동척은 한국농민들에게 소작을 주어 고율의 소작료를 징수하였다. 동양척식주식회사는 식민지 한국의 수탈을 담당한 일본의 국책회사로서, 대한제국에서는 왕실이 국유지를 출자하여 결국 일본과 대한제국이 공동으로 출자하여 설립한 회사이었다(전게 농지개혁사(상권), 177면).

64) 신용하, 전게 조선토지조사사업연구, 20-2면.

65) 상게서, 89-101면.

66) 상게서, 104면.

### 2. 근대적 부동산등기제도의 시행

일제는 토지조사업과 함께 토지조사를 통하여 확정된 소유권을 공시할 수 있는 부동산등기제도를 마련하였다. 한국에 근대적 등기제도가 시행되기 전에 일본은 1906년 10월 26일에 "토지가옥증명규칙"(칙령 제65호)를 제정하여, 외국인도 한국의 토지를 취득할 수 있도록 하고, 토지 또는 가옥을 매매, 증여, 교환, 혹은 전당할 때에는 계약서에 군수 또는 부윤(府尹)의 증명을 받도록 하고, 증명을 얻은 계약서는 완전한 증거가 되며, 집행력을 가지게 하였다. 그리고 1908년에는 "토지가옥소유권증명규칙"(칙령 제47호)을 제정하여 토지가옥증명규칙 시행전에 매매, 증여, 교환, 유산의 계수, 가옥의 신축 등에 의하거나, 동규칙 시행 후에 매매, 증여, 교환을 제외한 원인에 의하여 토지 또는 가옥의 소유권을 취득한 자도 역시 토지가옥증명규칙의 절차에 따라서 군수 또는 부윤의 증명을 받을 수 있도록 하고, 그것에 증거력과 집행력을 부여하였다.

토지조사사업의 시작과 함께 일제는 1912년에 조선부동산등기령을 제정하여 조사・확정된 토지소유권을 부동산등기부에 등기하도록 하였다. 그러나 조선부동산등기령이 제정된 때에는 토지조사사업이 완료되지 아니하여 등기를 할 수가 없었다. 그리하여 1912년에 제령 제12호(1912. 3. 22)로 조선부동산증명령을 제정하여 증명제도를 시행하였다. 증명제도는, 부동산의 소유권 및 저당권의 설정, 보존, 이전, 변경, 처분의 제한 또는 소멸을 증명하는 제도로서(조선부동산증명령 제1조), 당해 부동산의 소재지를 관할하는 군수 또는 부윤의 증명을 얻도록 하였다(조선부동산증명령 제2조 제1항). 증명은 등기와 마찬가지로 제3자에 대한 대항력이 인정되었다(조선민사령 제13조).

조선부동산증명령의 시행과 함께 종래의 토지건물의 증명 및 전당집행에 관한 법령을 폐지하고(조선부동산증명령 부칙 제37조), 종래의 법령에 의한 증명은 조선부동산증명령에 의한 증명으로 간주하였다(조선부동산증명령 부칙 제40조 제1항). 그리고 종래의 증명을 받은 전당권은 그 성질에 따라서 부동산질권 또는 저당권으로 간주하였다(조선민사령 제14조 제1항).

그 후 1914년부터는 서울을 비롯한 일부지역의 토지조사사업이 완료되고, 토지대장규칙(1914, 총독부령 제45호)에 의하여 토지대장이 만들어짐으로써 부분적으로 부동산등기제도가 시행되다가 1918년 7월 1일을 기하여 전국적으로 부동산등기제도가 시행되었다.[67] 그러므로 1914년 이전에는 증명제도가 실시되고,

1914년 이후 1918년까지는 증명제도와 등기제도가 병용되다가, 1918년 7월 1일부터 증명제도가 폐지되고 등기제도만이 실시되었다.

조선민사령에 의하여 일본민법이 한국에 의용됨으로써 근대적인 소유권 개념이 제정법에 의하여 법적으로 정립되고, 부동산의 소유권을 등기하여 공시할 수 있게 하고, 등기는 부동산물권변동의 대항요건으로 하였다. 소유권 뿐만아니라 제한물권도 의용민법에서 인정하고 조선부동산등기령에서 이를 등기할 수 있게 함으로써 부동산의 상품화를 위한 법적장치를 마련하게 되었다. 이러한 부동산의 상품화는 일본자본에 의한 한국토지의 취득을 안전하고 확실하게 하였다. 그리하여 일제는 일본인, 일본기업으로 하여금, 합법을 가장한 변칙적인 방법으로 한국의 토지를 용이하게 취득할 수 있도록 하여 한국민의 경제적 기반을 박탈하였다. 이와 같은 토지조사사업의 실시, 부동산등기제도의 시행, 근대적 소유권 개념의 법정에 의하여 가장 직접적으로 그 혜택을 받은 자는 두말할 것도 없이 한국토지를 취득한 일본자본가들이었다.[68]

### 3. 일제에 의한 임야조사사업의 실시

일제는 토지조사사업이 끝나자마자 1918년에 조선임야조사령을 제정하여 바로 임야조사사업을 실시하였다. 임야조사업도 역시 토지조사사업에 있어서와 마찬가지로 신고주의에 따라서 소유자가 그의 소유임야를 도장관(道長官)에게 신고하도록 하였으며, 도장관의 사정(査定) 및 임야조사위원회의 재결(裁決)로 소유권을 창설하였다.

일본에 의한 식민지 산림정책은 1908년에 이미 삼림법(법률 제11호)의 제정으로 시작이 되었다. 동령에서는 삼림산야의 소유자는 동령 시행일로부터 3년 이내에 농상공대신에게 신고하여야 하며, 기한 내에 신고하지 않은 삼림산야는 모두 국유로 간주하도록 하였다. 그리하여 무주공산이라 불리던 공유림(共有林)의 대부분을 국유임야로 편입해 버렸다.[69][70]

그리고 국유림에 편입된 임야는 다시 부, 면의 행정기관에 양여하였다. 그리

67) 김상용, 민법총칙(전정판증보, 법문사, 2005), 66면.

68) 신용하, 전게 법을 통한 조선식민지 지배의 연구, 68면.

69) 鈴木敬夫, 전게 법을 통한 조선식민지 지배의 연구, 104면.

70) 1911년에 제령 제10호로 삼림령이 제정되었으나, 그 삼림령에서는 임야의 신고에 관하여 규정한 것이 아니라, 일반임야를 보안림으로 편입시킬 수 있는 법적근거를 마련하고, 국유삼림의 매각과 그 방법에 관하여는 조선총독이 정하도록 하였다.

하여 면유림이 생기게 되었다.[71] 이러한 임야조사결과에 기초하여 임야대장과 토지등기부를 편철하였다. 그리고 임야조사사업은 1935년에 완결이 되었다.

### 4. 농지소작에 관한 입법

토지조사사업과 조선민사령에 의하여 일제는 지주의 소유권을 인정하고 경작농민들을 소작인으로 그 법적지위를 격하시켜 버렸다. 그러므로 고율소작료로 인한 농민들의 부담이 가중되고, 소작농민들의 소작인으로서의 법적지위가 극히 열악하게 되었다. 따라서 자연히 소작쟁의가 많이 발생하게 되고, 소작쟁의는 독립운동으로 연결되어 발전되었다.

이러한 소작쟁의의 문제를 소송절차로는 해결하기 어렵게 되자 보다 간이하게 이를 해결하기 위하여 일제는 1932년 12월 10일에 소작조정령(小作調停令)을 제정하여 1933년부터 시행을 하였다. 동령에 의하여 소작관계의 분쟁은 조정의 방법으로 해결하도록 하였다. 조정은 법원이 이를 담당하도록 하였다.[72]

이와 함께 일제는 1934년 4월 10일에 조선농지령를 제정하여 소작인의 농지경작권을 물권화시키는 조치를 취하였다. 동 조선농지령에서는 농지의 소작기간을 3년 이하로 할 수 없도록 하고(동령 제7조), 동령 제12조에서는 소작지의 임대차는 그것의 등기가 없더라도 소작지가 인도된 이후 소작지에 대해 물권을 취득한 제3자에 대하여 대항력이 생긴다고 규정하여 농지소작권을 물권화하였다.[73]

그리고 1939년 12월 16일에는 칙령 제823호로 소작료통제령을 제정하여 1939년 9월 18일 이전에 체결된 소작계약은 그대로 동결하고, 새로 체결되는 소작계약은 최초의 부담조건을 고정시켜 재인상을 금지시켰다.[74]

이와 같은 일제에 의한 소작입법은 해방 후 미군정기의 최고소작료통제령으로 발전되었다. 그리하여 미군정에 의한 최고소작료통제령은 토지제도사적으로 일제에 의한 소작입법의 연장이고 그것의 완성이었던 것이었다.[75]

---

71) 신용하, 전게 조선토지조사사업연구, 282면.
72) 전게 농지개혁사연구, 167면.
73) 상게서, 172면.
74) 상게서, 175면.
75) 상게서, 179면.

### 5. 일제가 경제적 수탈을 위해 이용한 법제도들

일제는 악법들인 제정법을 통하여 한국을 식민지로 지배하였을 뿐만 아니라, 식민지 지배의 수단으로 독특한 법제도들을 형성 발전시켰다. 일제가 형성 발전시킨 법제도들은 한국에서 아직도 그 효력이 인정되고 있다.

그러한 첫 법제도가 바로 이자제한의 방법 전환이었다. 조선시대부터 한국에서는 전통적으로 이자총액이 원금을 넘을 수 없도록 하는 이자총액의 제한방법으로 이자를 제한하여 왔다. 그러나 일제는 최고이자율을 제한하는 방법으로 이자제한의 방법을 바꾸었다. 그러므로 일본 고리대자본가의 한국인에 대한 합법적인 이자징수를 통해 한국민을 경제적으로 압박하고 수탈하였다.

대한제국 시절인 1906년에 제정된 이식규례(법률 제5호)에서는 약정이율은 연 4할을 초과할 수 없고, 법정이율은 연 2할로 하였으며, 이자의 총액은 원본을 초과할 수 없도록 하였다.[76] 그리고 이자를 원본에 산입할 수 없도록 하였으며, 약정이율 중 4할 초과부분을 무효로 하였다. 또한 50환 미만의 일용물품의 대가에는 이자를 부가할 수 없도록 하였다.[77]

그러나 1911년 일제에 의해서 제정된 이식제한령(제령 제13호)에서는, 원본이 100원 미만인 경우에는 최고이자율을 년 30%로 하고, 원본이 100원 이상인 경우에는 년 25%, 원본이 1,000원 이상인 경우에는 년 20%로 하였다.[78] 제한이자율을 초과하는 부분은 무효로 하고, 수수료, 체당금 등을 이자로 간주하였다.

이와 같이 일제는 이자의 제한을 이자총액 제한에서 최고이자율 제한으로 바꿈으로써, 이자의 총액이 한없이 증대될 수 있었다. 이러한 최고이자율 제한의 이자제한은 바로 식민지 정책수행의 하나의 방법이었다.[79]

이와 함께 일제는 저당권에서도 유저당계약의 유효성을 인정하였다. 의용민법이었던 당시의 일본민법에서는 그 제175조에서 물권법정주의를 규정하여 일본민법 및 기타 법률로 정하는 것 외에는 물권을 창설할 수 없도록 하였으며, 질권에서는 유질계약을 금지하면서(일본민법 제349조), 저당권에서는 유저당계약의 금지에 관하여 규정하지 아니하였다. 그리고 일본민법에서는 우리의 현행민법에서와 같이 대물변제의 예약(한국민법 제607조, 제608조)에 관하여는 아무

76) 김상용, 채권총론(법문사, 1996), 79면.
77) 상게서, 79면.
78) 상게서, 80면.
79) 상게서, 80면.

런 규정을 두지 아니하였다. 이러한 저당권에 관련된 일본민법의 규정들과 물권법정주의의 원칙에 의하면, 저당권의 피담보채권의 변제기 도래 전에 저당권자와 저당권설정자의 합의로 저당목적물의 소유권을 저당권자에게 이전하는 방법으로 피담보채무의 변제에 갈음하는 유저당계약은 허용되지 아니한다고 해석된다.[80] 그럼에도 불구하고 일제시대의 조선고등법원은 유저당계약의 유효성을 인정하였다.

이러한 최고이자율의 제한방법으로의 이자제한제도와 유저당계약의 유효성 인정에 의하여, 일본의 고리대 자본가들이 한국민에게 부동산을 담보로 하여 대출해 주면서 유저당계약을 함께 하여, 변제기에 채무를 변제하지 못하는 한국민의 부동산, 특히 토지를 합법적으로 취득할 수 있었다. 이는 바로 합법을 가장하여 폭리행위를 용인한 것이었으며, 일본인들로 하여금 한국민의 토지를 합법을 가장하여 취득하도록 한 것이었다.

그리고 일제는 토지조사사업을 하고 그 결과를 등기하면서, 1912년에 제정된 조선부동산등기령에서는 비법인사단에 등기능력을 인정치 아니하였다. 그리하여 당시 한국에서 중요한 비법인사단이었던 종중은 토지를 소유하고는 있었으나 종중명의로 등기할 수가 없었다. 그리하여 일제는 중중대표자명의로 종중토지의 소유권을 등기할 수 있도록 하는 소위 명의신탁을 인정하였다.

명의신탁은 명의신탁자와 명의수탁자간의 명의신탁약정에 의하여 실제의 소유자는 명의신탁자이지만 등기부상의 등기명의자를 명의수탁자로 하는 법제도로서 종중소유의 토지등기에 이를 인정하였다. 조선고등법원은 명의신탁이 이루어진 토지에 관한 법률관계에 관하여, 명의신탁자와 명의수탁자간의 대내적 관계에서는 명의신탁자가 소유자이지만, 양자이외의 제3자에 대한 대외적 관계에서는 명의수탁자가 소유자라는 소위 관계적 소유권을 인정하였다. 그리하여 명의수탁자가 제3자에게 명의신탁부동산을 처분하였을 때에는, 그 제3자가 비록 악의라 하더라도 그 처분행위를 유효하다고 판결하였다.

---

80) 현행 한국민법에서도 유저당계약의 허용 여부에 관해서는 아무런 규정을 두고 있지 아니하다. 다만 채권편의 소비대차계약에서 대물변제의 예약의 유효성의 범위(한국민법 제607조)와 그 유효성의 범위를 위반했을 때의 법적효과(한국민법 제608조)에 관하여 규정하고 있어서 유저당계약의 유효성이 인정될 수 있는 것으로 해석할 수 있다. 그러나 물권법정주의(한국민법 제185조)의 원칙에 의하여 유저당계약의 허용이 관습법이라고 판단되지 않는 한 이는 허용되지 아니한다고 해석된다. 유저당계약의 유효성이 허용된다고 해석할 때에도, 변칙담보권설정자를 보호하기 위하여 제정된 가등기담보법의 취지를 유추적용하여 동법의 절차에 의해서 저당권자가 저당목적물의 소유권을 취득하거나 경매에 의하여 저당목적물을 처분하여야 한다고 해석함이 타당하다.

이러한 명의신탁의 유효성의 인정과 소위 관계적 소유권의 법리구성은 종중대표자로 하여금 명의신탁부동산을 합법적으로 처분할 수 있도록 허용함으로써 종중토지를 둘러싸고 명의신탁자인 종중(즉, 종중원 전원)과 명의수탁자인 종중대표자간에 분쟁을 야기하도록 하였다. 일제의 이러한 명의신탁을 통한 종중내부의 분쟁유발은 일제에 저항할 수 있는 한국민의 강한 인적결합체였던 종중을 해체하기 위한 목적에 있었다고 판단된다. 그러므로 명의신탁은 일제에 저항할 수 있는 한국인의 인적공동체의 해체에 그 주된 목적이 있었다고 인정된다.

비법인사단인 종중명의로의 부동산등기는 1930년에 와서야 조선부동산등기령(제령 제10호)을 개정하여 허용되었다(조선부동산등기령 제2조의 4).

## Ⅶ. 식민지시기의 사법제도와 한국법률가들의 활동상

### 1. 식민지 사법제도의 실상

일제는 1909년 기유각서에 의하여 대한제국의 사법권을 이양받은 후 통감부재판소령(칙령 제236호)을 제정하여 대한제국의 최고법원인 대심원을 고등법원으로 그 명칭을 바꾸어 그 위상을 격하시켰다. 그리고 합방을 한 후에는 통감부가 총독부로 확대 개편됨으로써 통감부재판소령은 총독부재판소령으로 바뀌었다.

총독부재판소령에서는 3심제를 실시하였다. 그러나 일제말기에 이르러서는 "조선에 있어서 재판간소화를 위한 국가보안법 및 치안유지법의 전시특례에 관한 법률"(1944, 법률 제20호)를 제정하여, 외국과 관련된 국방보호법 위반 사건에 대해서 항소심을 없애고 상고심을 2심으로 하였다. 그러다가 일제는 말기에 조선총독부재판소령전시특례(1944, 제령 제2호)를 제정하여 모든 민형사사건에 있어서 항소심을 없애고 상고심을 제2심으로 하였다(조선총독부재판소령전시특례 제3조).

그리고 통감부재판소령 제25조와 조선총독부재판소령 제25조에서 한국인으로서 판사 또는 검사가 된 자는 민사사건에 있어서는 원・피고 모두가 한국인 경우, 형사사건에 있어서는 피고인이 한국인인 경우에 한하여 그 직무를 행할 수 있도록 하였다. 그러므로 민사사건에 있어서 일방 또는 쌍방이 모두 일본인이면 일본판사가 재판을 하고, 형사사건에 있어서는 일본인을 분리하여 일본검사가 수사, 기소하고, 일본판사가 판결을 하였다. 따라서 일본인과 한국인 함께 범죄행위를 한 공범사건의 경우에 일본인과 한국인에 대한 수사, 기소, 재판기관이 달라지는 현상이 발생하였다.

물론 이와 같이 일제가 재일한국거류 일본인에 대해서는 일본인 검사가 수사・기소하고, 일본인 법관이 재판하도록 한 것은 1876년 강화도조약에서의 영사재판의 계속이라 할 수 있다.

이렇게 일본인과 한국인의 재판기관이 달랐을 뿐만 아니라, 법적용에 있어서도 다를 수밖에 없었다. 왜냐하면 일본법을 의용하면서 한국과 한국인에 대해서는 특례를 인정하는 경우가 적지 않았기 때문에, 자연히 일본인에게 적용되는 법과 한국인에게 적용되는 법이 달라질 수밖에 없었다.

이와 같이 적용되는 법률과 사법절차에 있어서 일본인과 한국인의 차별은 로마제국에서 서기 212년에 폐지된 로마인과 비로마인을 각각 시민법과 만민법으로 나누어 차별적으로 다루었던 방식과 같았다. 로마제국에서는 BC 367년에 로마시민들간의 소송을 담당하는 시민담당법무관(praetor urbanis: Stadtpraetor)을 설치하고, BC 242년에는 로마시민이외의 피정복민담당의 외인담당법무관(praetor peregrinus: Fremdenpraetor)을 설치하였다. 그리하여 로마시민에 대한 재판기관과 로마시민이외의 사람들에 대한 재판기관을 달리 하였다. 그러나 AD 212에는 로마시민이외의 사람들에게도 모두 로마시민권을 줌으로써 재판기관의 분리가 극복되고, 적용법률도 동일하게 되었다.[81] 그러나 로마제국에서 이미 오래전에 폐지된 로마시민과 비시민에 대한 차별적 법률적용과 재판기관의 분리제도와 유사한 차별적인 사법제도를 일제는 근대에 와서 이를 한국인과 일본인간에 적용하였던 것이다.

태형제도, 예심제도, 예비구금제도 등 문명국가의 사법제도로서는 도저히 인정될 수 없는 사법제도를 일제는 한국민에게 적용하였던 것이었다. 그리고 토지조사사업에서 살펴본 바와 같이 일제는 행정처분인 사정에 대해서 사법심사를 배제하여 행정편의주의 내지 행정만능주의를 실천하였다. 이러한 사법제도의 운용은 법치국가의 모습이 아니었다.

---

81) 이러한 로마제국에서의 로마시민과 비시민에 대한 재판기관의 분리 및 적용법률의 구별에 대해서는, 김상용, 법사와 법정책: 로마민법학사 중심(한국법제연구원, 2004), 40면, 62면 참조.

## 2. 한국법률가의 활동 모습들

일제의 한국식민지 지배의 법들은 그 내용이 인륜질서에 반하는 악법들이었다. 그러한 악법들을 제정하는 일은 조선총독부가 맡아서 담당을 하였다. 조선총독은 모두가 일본 육국장성이었으며 무소불위의 권력을 행사하였다. 한국인도 조선총독의 입법에 참여하였을 것이다. 무엇보다도 일제가 만든 조선총독의 자문기관이었으며, 식민지 입법을 위한 보조기관으로 만들어진 중추원에 한국인이 의원(즉, 參議)으로 참여하여 일제의 악법제정에 참여한 사람이 있었다. 특히 중추원은 한국의 관습과 제도를 조사하는 일을 할 수 있도록 하였다. 결국 이 중추원은 일제가 한국민들을 다스리기 위해 필요한 지식을 얻기 위하여 설치된 기관이었다.[82]

그리고 이러한 일제의 식민지 악법의 적용과 집행에도 일본인 법관과 검사와 함께 한국인이 법관 또는 검사로서 참여하였다. 결국 한국인 법관과 검사가 식민지 악법을 적용하여 한국민들을 억압하였던 것이었다. 이는 바로 한국지식계층이 한국민중을 억압하도록 하는 일제의 식민지 지배의 방식이었다.

한국인으로서 법관이나 검사로서의 권력행사를 포기하고 변호사[83]로서 악법에 의하여 억압받는 한국인을 위하여 일한 법률가도 있었다. 한국인 피고는 재판장의 인정심문에서 직업을 물으면 서슴지 않고 독립운동이라고 답변하기도 하였으며,[84] 한국인 변호사가 재판장에 대들기도 하면서 민족의식을 강조하여 재판장의 비위를 거스르기도 하였다.[85] 그러나 일반적으로 일제하의 한국인 법률가들은 친일파였다.[86]

민중들이었던 노동자들은 노동쟁의[87]로 일제에 저항하고, 소작농민들은 소작쟁의[88]를 통하여 일제에 저항하였다. 그러나 식자층에 속한 법률가들은 식민

---

82) 이기백, 전게 한국사신론, 360면.

83) 한국에 변호사제도가 실시된 과정을 살펴보면, 1895년에 법부령 제3호로 민형소송규정을 제정하여 그 제 3 조에서 대인(代人)제도를 규정하였다. 이는 소송에서 변호인과 유사한 역할을 담당하였다. 그 후 1905년 변호사법(법률 제5호)의 제정으로 한국에 변호사제도가 시작되었다. 변호사법에 따라서 변호사회가 조직되었다. 일본인 변호사도 한국에서 활동을 하고 있었으므로, 한국변호사회와 일본변호사회가 별도로 조직되어 각각 독자적으로 활동하였다(정긍식, 전게 한국근대법사고, 273면). 그리고 일제는 1936년에 조선변호사령(제령 제4호)을 제정하였다.

84) 최종고, 전게 한국법사상사, 254면.

85) 상게서, 254면.

86) 상게서, 254면.

87) 노동쟁의는 임금인상과 대우개선을 요구하는 것이었으나, 불성공으로 끝나는 경우가 많았으며, 이것은 일제에 대한 저항운동이었다(이기백, 전게 한국사신론, 385면).

지 악법의 부당성과 불법성을 주장하고 자연법으로써 일제의 악법에 대한 법적 저항을 하였다는 사례가 보이지 않는다. 자연법사상과 자연법 운동은 일제 식민지 시대에는 거의 숨을 쉬지 못하였다.

그리고 1922년에는 민사, 형사, 비송사건, 등기, 호적, 행형(行刑) 등의 일법 사법사무의 진보를 위하여 재단법인으로 사법협회(司法協會)가 설립되었다. 이 사법협회는 조선고등법원판결록을 발간하고, 사법협회잡지를 발행하였다. 그러나 이 사법협회는 식민지 사법의 형성을 위한 역할을 담당하였다. 즉, 조선총독부는 법령해석상 논란이 있는 것은 사법협회의 결의로 해결하였으며, 사법협회의 결의는 사실상 법원을 구속하여 식민지 사법정책을 결정하였다.[89] 그리고 사법협회는 조선총독부의 정책에 따라서 관습의 존재를 선언하거나 부정하기도 하였다.[90] 그리하여 사법협회는 일제의 식민지 지배의 법제정과 해석 및 집행에 기여를 하였다. 그리고 당시 일본의 최고의 법철학자이었으며 경성제국대학 교수였던 尾高朝雄은 내선일체(內鮮一體)를 위하여 한국에서의 징병제를 강변하였다.[91]

법률가 양성기관이었던 법관양성소는 법학교로 바뀐 후, 1917년에는 경성전수학교(京城專修學校)로 바뀌어 1922년까지 존속하였다. 그러나 경성전수학교의 교수는 거의 일본인이었다.[92] 1923년부터는 경성법학전문학교로 다시 개칭되어 1946년까지 존속하였다. 그리고 1924년에 경성제국대학이 설립되고, 1926년에는 거기에 법문학부가 설치되어 법학이 가르쳐졌다. 그러나 여기서도 역시 일본인 교수가 가르쳤고,[93] 일제시대의 법학교과서는 거의 모두가 일본어로 쓰여진 일본교과서였다. 그리고 보성전문학교는 매우 약화되었다.[94] 그러나 1934년부터 1937년까지 보전학회(普專學會)에서 보전논집을 출간하였다.

88) 소작쟁의의 원인은 전체 건수의 60%까지가 소작권 이동에 대한 반대였으며, 다음으로는 소작료의 감하(減下)였다. 이러한 소작쟁의는 단순한 경제적인 투쟁만이 아니라 일제에 대한 저항운동이었다(이기백, 전게 한국사신론, 384면).

89) 정긍식, 전게 한국근대법사고, 275면.

90) 상게서, 275면.

91) 최종고, 전게 한국법사상사, 254면.

92) 최종고, 전게 한국의 서양법수용사, 352면.

93) 상게서, 353면.

94) 최종고, 전게 한국법사상사, 252면.

## Ⅷ. 식민지시기의 기독교의 활동

일제의 가혹한 탄압과 수탈로 인하여 식민지 한국의 장래가 보이지 아니하고, 한국민들이 비참한 고통의 삶을 살고 있었지만, 한국의 독립과 한국민에게 내일의 소망을 가져다 준 것은 기독교였다. 기독교는 성서의 역사가 그러하듯이 피압박 민족의 해방의 역사로 구성되어 있다. 그리고 기독교가 로마에 전도되어 로마민중의 순수한 신앙과 사랑의 열정으로 기독교가 공인되고 끝내는 국교가 되었다. 그리하여 기독교가 로마법에 영향을 주어 로마법을 세계법으로 발전시켰다.

조선에 전래된 기독교(즉, 천주교)도 박해 속에서 자랐다. 개신교도 역시 순교를 통하여 전래되었다. 기독교는 박해에 대하여 무력이나 폭력으로 저항하지 않았다. 사랑으로 순수한 인간의 본성에 호소하였다. 악에 대하여 악으로 갚지 아니하고 악에 대하여 선으로 갚았다. 기독교는 인간본성[95]으로 돌아가 순수한 사랑의 열정으로 박해자를 사랑으로 감동시키고 변화를 도모하였다. 기독교의 역사는 사랑의 역사이었으며, 순수함이 승리하는 역사를 보여주었다. 기독교는 사랑과 순수가 가장 위대하며, 그것이 인간의 역사를 진행시키는 원동력이며, 개혁과 변화의 원천임을 보여주었다. 법에서의 기독교는 자연법을 낳았다. 기독교는 이상법인 인류보편의 가치를 담은 자연법으로 세속의 악법을 변화시키고 극복하도록 하였다.[96]

일제 식민지기에 한국에서의 기독교도 역시 일제의 폭압과 악법에 대해서 물리적인 힘으로 저항하지 않았다. 사랑으로 순수함으로 순교로 일제에 저항하였다. 다른 한편으로 기독교는 식민지의 한국민들에게 궁극적으로는 진리가 승리한다는 사상과 신념을 갖게 하고, 내일에 대한 믿음과 소망을 일깨워 주었다.

기독교는 학교를 설립하여 운영하고, 병원을 세워 병을 치료하였으며, 시민사회로의 의식개혁을 실천하였다. 기독교는 3·1독립운동을 주도하고, 임시정부헌법에서 한국은 신의 의사에 의하여 건국되었음을 천명(闡明)하고, 신사참배거부와 순교를 통하여 한국민의 진리에 대한 신념과 악에 지지 않는 강인한

---

95) 이를 하나님의 형상이라 할 수 있다.

96) 기독교에 의한 자연법으로 세속의 악법을 변화시킨 역사와 사례에 관하여는, 김상용, 법사와 법정책: 게르만법사, 교회법사 및 독일민법학사 중심(한국법제연구원, 2005), 125면 이하 및 258면 참조.

선(善)의 의지를 보여주고 실천하였다. 특히 한국인들을 위한 교육기관은 선교사들이 설립한 사립학교들이었다. 한국인들의 근대적인 사조(思潮)와 과학을 발전시킨 것은 기독교 사립학교가 이를 담당하여 수행하였다.[97]

일제는 그들의 천황을 신으로 받들도록 하였다. 그리고 일제는 그들의 신사를 참배하도록 강요하였다.[98] 한국의 기독교인들은 순교로써 신사참배를 거부하였다. 그러므로 일제시대에는 기독교의 종교활동이 가장 철저하게 탄압을 받았다.[99] 그리고 일제는 1925년에 포교규칙(총독부령 제83호)을 제정하여 포교자는 종교와 포교방법을 조선총독에게 신고하도록 하였다. 나아가 1939년에는 종교단체법(법률 제77호)을 제정하여 종교단체의 종교활동을 위하여 교단을 설립하고자 할 때에는 모두 주무대신의 인가를 받도록 하였다. 이와 같이 일제는 종교활동을 그들의 세속법으로 통제하였던 것이었다. 그러나 한국민의 진리에 대한 신념과 기독교 신앙을 법으로 막을 수는 없었다. 한국민들은 진리가 한국민을 자유케 하리라는 성서의 가르침을 확실히 믿고 그때를 기다리면서 식민지 지배의 고통과 고난의 시간을 극복해 나왔던 것이었다.

일제는 세속의 악법으로써 반문명적인 식민지 지배를 하였지만, 기독교는 한국민들로 하여금 이러한 식민지 지배의 상태에서도 인류보편의 자연법사상을 일깨웠으며, 한국민들로 하여금 자연법에 의한 자연권으로서의 저항권을 행사하도록 의식을 일깨웠으며, 궁극에서는 진리가 한국과 한국민들을 자유케 하였다. 그리하여 일제하의 기독교는 한국민에게 역사란 인류보편적인 가치의 실현에로 발전해 감을 확인하고 확신케 하였다.

## 제 3 절 일제 식민지지배시의 법의 모습에 대한 법정책적 평가

일제의 악법에 의한 한국식민지 지배과정으로부터 2가지의 진리를 발견할 수 있다. 그 첫째는 일제의 가혹한 세속의 물리적인 힘과 그것을 정당화하는 세속법으로써 한국을 영원히 지배하고, 한국민의 정신과 혼을 완전히 뺏으려고

97) 일제의 의한 교육은 식민지교육이었고, 한국에 있던 일본인을 위한 교육이었다(이기백, 전게 한국사신론, 373면).

98) 신사참배를 내용으로 하는 일본의 원시적인 종교가 바로 신도이다.

99) 鈴木敬夫, 전게 법을 통한 조선식민지 지배의 연구, 299면.

하였지만, 역사는 결국 인류보편의 가치의 실현으로 중단 없이 발전해 나간다는 법칙이다. 그리고 둘째는 일제시대에도 역시 조선왕조시대와 같이 적지 않은 식자층들은 그들의 세속의 지식으로 부일(附日)하면서 살고자 하였지만, 궁극적인 한국역사의 진행은 그들 지식인층의 지식에 의해서가 아니라 한국민중의 인류보편의 가치와 사상에 대한 순수한 믿음에 의하여 자유의 방향으로 이루어져왔다는 것이다. 그러므로 일제기를 통하여 역사는 민중에 의하여 인류보편의 가치실현에로 진행함을 입증해 보여주었다.

악법으로 민중의 지지를 얻어낼 수는 없다. 악법으로 일시적인 지배는 가능할 수는 있을지라도 영원히 지배할 수는 없다. 그것은 나치의 역사도 그러하였고, 일본의 식민지 지배도 그러하였다.

일본은 1876년 강화도 조약이래의 70년 동안 한국을 너무 탄압하고 수탈하고 지배하였다. 반문명적 행위를 저질렀다. 그러한 반문명적 행위의 결과는 지금도 완전히 청산되지 아니하였다. 반듯한 나라가 되기 위해서는 인류보편적인 내용의 고유문화를 이루어야 한다. 사랑과 자비와 평화의 문화를 이루어야 한다. 법은 이러한 사랑과 자비와 평화를 이룩할 수 있도록 그 내용이 구성되어야 한다.

일제가 식민지 한국의 지배과정을 통하여 저지른 반문명적인 행위들과 그것을 가능케 하였던 일제시의 법에 대하여는 학문적으로 더 깊이 연구·정리되어야 한다. 그러한 연구와 정리는 일본에 대하여는 이웃국가로서 인류보편의 가치를 존중하고 실천하면서 평화롭게 함께 더불어 살아가자는 제안이다. 그리고 한국민들에 대하여는 일제의 고통과 고난을 사랑으로 승화시키고, 한국법을 자연법으로 발전시켜 나가고 한국법의 독자성, 고유성, 정체성을 살려나가야 한다는 호소이다. 독일은 나치의 학정(虐政)을 경험하고 근본적으로 반성하고 과거를 청산하고자 하였다. 일본도 과거의 한국에 대한 식민지 지배의 실상을 제대로 알고서, 과거의 잘못을 인간의 선한 본성에 기초하여 청산하고 정리하여야 한다.

일제시의 실정법에 의한 불법을 통하여 법의 이상은 바로 인류보편의 가치를 담아 이를 실현하고자 하는 자연법임을 확인할 수 있다. 법은 자연법의 구체화와 그것의 실천에로 발전해 나가야 한다.

그리고 일제의 식민지 과정을 통하여 한국의 전통법과 근대법은 그 맥이 끊어지게 되었다. 유학에 기초한 국가법과 인륜에 부합한 한국의 민중법은 일제기를 거치면서 거의 모두 사라지게 되었다. 일본에 의해 왜곡되고 수정된 서양의 근대법이 한국에 이식되어 한국의 전통법은 한국의 법사(法史)에서 그 계속성이 유지되지 못하게 되었다. 이제부터는 한국의 전통법과 이식된 한국 근대법간의 역사적 계속성을 이어주는 일을 수행하여야 한다. 그것이 한국법의 독자성과 고유성과 정체성을 확립하는 길이다. 특히 일제가 식민지 지배에 맞게 왜곡한 관습조사의 결과에 대한 재평가와 극복을 위한 작업이 이루어져 한다.

이러한 일제시의 법에 대한 연구와 정리를 통하여 법은 평화의 도구임과 법이 나아가야 할 방향은 인류보편적인 자연법임을 재확인할 수 있다. 그리고 고통과 고난을 사랑으로 승화시켜나가는 것이 평화를 위한 길임을 재확인할 수 있다.

# 제 5 장
# 미군정기의 한국법의 발전

## Ⅰ. 한국의 해방과 미군에 의한 군정의 시작

한국은 연합국의 승리와 일본의 패망으로 해방을 맞았다. 한국의 해방은 연합국의 군사적인 힘의 뒷받침을 받은 법, 즉 국제법에 의하여 이루어졌다. 대한민국임시정부는 1942년에 일본에 대해 선전포고를 하였다. 그리고 여러 갈래로 나누어져 있던 독립군은 광복군으로 통합하고, 중국군과도 영국군과도 협동하여 일본에 대항하였다.

1943년 6월에 추축국(樞軸國)이었던 이태리가 항복하자 동년 12월에 미, 영, 중 3국은 카이로에서 회담을 열어 카이로 선언으로 한국의 독립을 약속하였다. 그리고 1945년 5월에 독일이 항복을 하자, 동년 7월에 미, 영, 중은 포츠담 회담을 열고[1] 역시 포츠담선언으로 한국의 독립을 약속하였다. 그리고 1945년 8월 15일에 일본이 항복을 하였다. 그러나 일본의 항복으로 인한 패망으로 바로 한국이 독립할 것으로 기대되었으나, 한국은 해방은 맞았지만 독립은 더 기다려야만 하였다.

해방이 되자 국내적으로는 임시정부가 해방된 한국의 정부를 조직하여야 한다는 민족주의자들과 인민공화국의 수립을 지지하는 좌익세력들이 대립을 하였다. 그리고 국제적으로는 소련이 일본의 패망이 거의 확실해진 1945년 8월 9일에 일본에 대해 선전포고를 하고 8월 22일에는 소련군이 평양에 진주한 후 북한지역을 점령하고, 미군은 동년 9월 8일이 되어서야 인천에 상륙하여 남한지역에 주둔을 하게 되었다. 미군이 한국에 진주하기 전인 1945년 9월 2일에 연합군최고사령부에서는 한국을 38도 선을 경계로 하여 분할 점령할 것임을 발표하였다.[2] 그리하여 미군과 소련군은 북위 38도선을 경계로 하여 각각 남한과

1) 1945년 8월부터는 구소련이 이 회담에 참가하였다.
2) 김병화, 한국사법사: 현세편(일조각, 1980), 3면.

북한을 점령하였다.

이렇게 국내적으로는 좌우익이 대립하고, 국제적으로는 공산주의 소련의 군대와 자유민주주의 미국의 군대가 38도선을 경계로 하여 진주하는 대립상태를 빚게 되었다. 북한지역에서는 소련군이 진주하자마자 소련군정을 실시하고 독립운동가를 중심으로 하여 소위 5도임시인민위원회를 조직하여 이 위원회로 하여금 소련군정하의 행정을 담당케 하였다. 곧이어 1946년 2월에는 소련군의 지원을 받아 공산주의자들이 1946년 2월에 북조선임시인민위원회를 조직하여 이 위원회가 임시정부와 같은 구실을 담당하였으며, 1947년 2월에는 북조선인민위원회를 구성하여 이 위원회가 단독정권이나 다름없었다.[3] 그러나 남한에서는 미군정이 시작되었다. 미군정청[4]은 1947년 2월 5일에 이르러서야 한국인을 군정청 민정장관에 임명하고, 1947년 5월 17일에는 재조선미국육국사령부군정청법령(이를 약하여 군정법령이라고 한다) 제141호로 "남조선과도정부의 명칭"을 공포하여, 조선과도입법의원에서 법률을 제정할 때까지 북위 38도 이남의 조선을 통치하는 입법, 사법, 행정부문등 미군정청한국인기관을 남조선과도정부라 호칭키로 하고,[5][6] 1947년 6월 3일에는 미군정청을 남조선과도정부로 개편하였다.[7][8]

미군정의 과정은, 먼저 1945년 9월 7일 "조선북위 38도선 이남의 지역과 동주민에 대한 모든 행정권은 당분간 맥아더 사령관의 권한하에 시행한다"고 하는 맥아더 사령부(즉, 태평양미국육군총사령부) 포고 제1호로 시작이 되었다.[9] 또한 맥아더 사령부 포고 제1호에 의해서 맥아더 사령부는 주민의 소유권(즉, 재산권)을 보장할 것과 질서유지를 강조하였다. 그리고 1945년 9월 12일 한국주둔군 사령관 하지(John R. Hodge) 중장은 조선총독을 해임하고 아놀드(A. V. Arnold) 소장을 군정장관에 임명함으로써 미군정의 업무가 시작되었다. 그리고

3) 이기백, 전게 한국사신론, 399면.

4) 미군정청의 정식명칭은 "재조선미국육군사령부군정청"이었다.

5) 김병화, 전게 한국사법사: 현세편, 11면.

6) "남조선과도정부"라는 호칭과 함께 미군정청 법령도 "남조선과도정부 법령"으로 그 호칭이 변경되었다.

7) 기구개편에 의하여 종래의 미국인 부처장은 고문이 되었으며, 한국인이 그 후임부처장으로 임명되었다.

8) 과도정부는 새로 독립을 획득한 국가가 완전한 자주적인 정부를 수립할 때까지 또는 혁명, 쿠데타 등의 정변으로 기존의 국가조직이 붕괴된 경우에 새로운 국가조직을 갖출 때까지 일시 과도적으로 성립·존속하는 정부를 말한다.

9) 김철수, 전게 한국헌법사, 24면.

1945년 9월 20일에는 미군정청의 조직에 관한 발표가 있었다. 1945년 10월 5일에는 군정장관의 한국인 고문을 임명하였다.[10]

이와 같이 남한에서는 미국이 임시정부의 법통(法統)도 북한의 인민공화국의 합법성도 인정치 아니하고 미국이 직접 미군정을 실시하였으며, 북한에서는 소련의 지원하에 외관상으로는 북조선인민위위회가 임시정부와 같은 구실을 담당하였으며, 북한에서의 단독정권이나 다름이 없었다.[11] 그리고 남한지역의 군정청은 38도선 이남의 한국지역을 통치, 지도, 지배하는 연합군총사령관 아래에서 미군에 의하여 설립된 임시정부였던 것이었다.[12][13]

이렇게 미소양국에 의해 분리 점령된 한국의 장래를 결정하기 위하여 1945년 12에는 미, 영, 소 3국의 외상이 모스크바에서 회합을 갖고 한국을 5년의 기간동안 신탁통치를 할 것과 임시정부 수립을 결의하였다. 이러한 신탁통치와 임시정부수립의 결의에 대해 국내의 민족진영에서는 이를 반대하였으나, 공산주의계열은 이를 찬성하여 다시 좌우익이 대립하였다. 한편으로 한국을 분리점령한 미・소 양국은 모스크바 삼상회의(三相會議)의 신탁통치 결정을 실천하기 위해 1946년 3월부터 미소공동위원회 회의를 개최하였으나, 소련이 신탁통치 결정을 반대하는 정당, 사회단체를 임시정부수립을 위한 협의대상에 제외할 것을 주장함으로써 1차 미소공동위원회는 결렬되었다. 그리고 1947년 5월에 다시 미소공동위원회가 열렸으나, 소련이 민주주의 정당의 참여를 여전히 거부하고, 인구비례의 입법의원 설치안도 거부함으로써 역시 결렬되고 말았다. 그러나 남한지역에서는 미군정의 지원 아래 1946년 10월 12일 군정법령 제118호에 의해서 입법의원이 설치되었다.[14] 입법기관으로서 군정청에 의하여 입법의원이 설치되기 전에는 1946년 2월에 한국민에 의하여 스스로 결성된 대한민국대표민주의원을 미군정청은 군정청의 자문기관으로 인정하였다.[15]

---

10) 한국인고문으로는 송진우, 김성수, 조만식 등 11명이었다.

11) 이기백, 전게 한국사신론, 399면.

12) 김철수, 전게 한국헌법사, 24면.

13) 임시정부는 국내헌법이 정한 절차에 따라서 성립한 적법한 정부가 아니며, 따라서 국제적으로 국가를 정당하게 대표할 자격이 없는 사실상의 정부이다. 그러므로 임시정부는 실질적인 정치권력을 확립하고 국제법을 준수할 의사와 능력을 지니는 등의 요건을 갖춘 뒤, 외국의 승인을 받음으로써 국제법상의 주체인 정당한 정부가 된다.

14) 동군정법령 제118호는 본래 1946년 8월 24일에 공포되었으나, 본래의 법령에 따라서 입법의원이 설치되지 못하고 동년 10월 12일에 개정되었다. 그리하여 개정된 법령에 따라서 입법의원이 설치되었다.

15) 구병삭, 전게논문, "우리 헌법사의 회고와 전망", 27면.

이렇게 남한이 미군정에 의하여 통치됨으로서, 남한지역의 법은 미군정법령으로 제정되었으며, 입법의원이 설치되고서는 미군정법령이외에 입법의원에 의해서 법률이 제정될 수 있었으나, 입법의원에서의 입법은 미군정장관이 서명날인하고 관보에 공포한 때에만 법률로서 효력을 발생할 수 있었다.[16] 그리고 군정장관이 동 입법의원을 해산하고 입법의원을 재선거할 수 있었다.[17]

미군정청은 1945년 11월 2일에 군정법령 제21호로서 "법률 제명령(諸命令)의 존속"을 공포하여 식민지기의 일제법규 중 계속 효력을 가지는 법규와 그 집행에 관하여 규정하였다. 그리하여 동 군정법령에서는 조선에 적용되었던 모든 일본법규 및 조선총독부가 발포하여 법률적 효력을 가졌던 규칙이나 명령 또는 고시(告示) 기타 문서로서 1945년 8월 9일 현재 실시중이던 것은 그간에 폐지된 것을 제외하고는 미군정청의 법령으로 폐지될 때까지 그 효력을 가지게 되었다.

이와 같이 해방이 되었으나 한국은 독립정부를 수립하지 못하고, 남한지역에서는 미군정청이 임시정부로서 역할을 담당하였으며, 북한지역에서는 북조선 임시인민위원회와 그것에 이은 북조선 인민위원회가 임시정부의 역할을 수행하였다. 그리고 남한지역에서는 미군정법령, 미군정법령에 의하여 폐기되지 아니한 식민시 시기의 일제에 의한 법, 입법의원에 의하여 제정된 법률 그리고 대한제국의 법령이 미군정기간동안 효력을 가졌다.[18]

## Ⅱ. 미군정기의 입법과 일제 악법의 부분적인 정리와 새로운 민주적인 입법조치들

미군정청은 일제시의 악법에 대해서는 일부 정리를 하였다. 그 첫 조치가 바로 1945년 10월 9일의 군정법령 제11호인 "일정(日政)법규일부개정폐기의 건"이었다. 동 군정법령에 의하여 일제가 한국인에게 차별과 압박을 가한 근거법들이었던 정치범처벌법, 예비검속법, 치안유지법, 출판법, 정치범보호관찰령,

16) 상게논문, 28면.

17) 상게논문, 28면.

18) 북한지역에서도 1945년 11월 16일 북조선사법국 포고 제2호, "북조선에 시행할 법령에 관한 건"에 의하여 1945년 8월 15일 북한지역에서 효력을 상실한 일본제국주의의 법령 가운데 그 성질상 정권수립과 조선인민들의 고유한 정서에 부합하지 않는 법령 및 조항을 제외한 나머지 법령은 새로운 법령의 제정, 공포 이전까지 그 효력을 존속시키는 조치를 취하였다.

신사(神社)법, 경찰의 사법권에 관한 규정 등을 폐지하였다. 그리고 법률적 효력을 가지는 법령 등 중 사법적, 행정적 적용으로 인하여 종족, 국적, 신조 또는 정치사상을 이유로 차별을 발생케 하는 것은 모두 이를 폐지하였다.[19] 그리고 동 군정법령 제3조 제1항에서는 죄형법정주의를 규정하였다.

그리고 1945년 10월 18일에는 경찰사법권폐지령에 의하여 경찰관의 사법권을 폐지하고, 즉결재판관할권도 폐지하였으며, 경찰이 범인을 체포한 경우에는 즉시 검사에게 인도하도록 하였다.[20]

그러나 1945년 11월 2일에는 미군정법령 제21호로서 식민지 일제의 법규중에서 군정법령에 의하여 폐지되는 법을 제외하고는 그 효력의 계속을 인정하였다. 그리고 1948년 4월 8일에는 남조선과도정부 법령 제183호로서 "필요없는 법령의 폐지"를 공포하여, 육군형법(1908, 일본법률 제46호), 해군형법(1908, 일본법률 제48호), 집회취체령(1910, 조선총독부령 제3호), 군정위반에 대한 범죄(1946, 군정청법령 제72호), 조선불온문서취체령(1936, 제령 제13호), 조선임시보안령(1941, 제령 제34호), 보안법(1907, 대한제국법률 제2호)을 폐지하였다.

미군정청은 1946년 4월 17일에는 군정법령 제79호로 부녀자의 매매 또는 그 매매계약을 금지하였다. 그리고 1946년 5월 29일 군정법령 제88호를 발포하여 신문 및 기타 정기간행물의 허가제도를 도입하였다.[21]

그리고 1946년 10월 23일에는 군정법령 제122호로서 "조선성명복구령"을 제정·공포하였다. 이 군정법령은 일제시의 창씨제도에 의하여 일본식 씨명으로 변경된 조선인성명의 무효를 선언하고 호적법상의 기재를 간이한 절차에 의하여 정정할 수 있도록 하였다.[22]

1946년 9월 18일에는 군정법령 제112호로 "아동노동법규"를 공포하여 미성년노동자를 연령별, 성별로 나누어 취업시킬 수 없는 업종을 법정하고, 미성년노동자의 취업에 있어서 안전조치를 취하도록 하여 미성년노동자 보호를 위한 법적조치를 취하였다. 그리고 1946년 11월 7일에는 군정법령 제121호로서 노동자의 건강, 능률 및 일반복지를 유지, 보호하기 위하여 상공업 및 공무의 최고노동시간을 규제, 제한하였다. 그리하여 주당 근로시간을 48시간을 원칙으로

---

19) 김병화, 한국사법사: 현세편(일조각, 1980), 5면.

20) 김철수, 전게 한국헌법사, 36면.

21) 이 군정법령 제88호는 자유당 시절 경향신문의 정간, 폐간의 근거법으로 활용되었다(김철수, 전게 한국헌법사, 36면).

22) 김병화, 전게 한국사법사: 현세편, 213-214면.

하고 주당 60시간이상을 근무하지 못하게 하였으며, 주당 48시간이 넘는 초과 근무시간에 대해서는 기본급료의 15할 이상을 지급하도록 하였다.

그리고 1946년 11월 15일 군정법령 제126호를 공포하여 남녀의 성별의 구분 없이 보통선거로써 관공리와 의회의원을 선거하도록 하여, 남녀구분 없이 선거권을 인정함으로써 선거권에 있어서의 남녀평등을 실현하였다.

또한 군정청은 지방행정에 있어서 주민자치를 위한 노력을 하였다. 군정청은 1946년 3월 14일 군정법령 제60호로 식민지기의 어용단체였던 도회, 부회, 읍회, 면협의회, 학교협의회를 해산하였다. 그리고 1946년 4월 27일에는 군정법령 제74호로 조선정부지방행정처를 폐지하고, 서울시를 경기도로부터 독립시키고, 읍을 시로 승격시키는 등의 지방기구를 개편하였다. 1946년 11월 15일에는 군정법령 제126호로 "도 및 기타 지방의 관공리, 회의원(會議員)의 선거"에 관한 법령을 제정·공포하여, 선거에 의한 민주주의적 지방자치의 실현을 지원하였다.

그리고 1948년 3월 20일에는 군정법령 제176호로서 형사소송법을 개정하여 구속영장제도와 구속이유통지, 변호사선임권, 피의자와 변호인의 접견교통권 보장, 국선변호제도, 구속적부심사제도, 보석에 관한 권리보장 등을 규정하였다.

또한 미군정청은 식민지 사법제도에서 벗어난 근대적인 사법제도의 조직에 관한 법령을 제정·공포하였다. 그 첫째로 1948년 4월 1일에는 남조선과도정부법령 제181호로 "전시특례에 관한 법령의 폐지와 관계법의 개정"을 공포하여, 2심제를 인정한 1944년 2월 15일 제령 제2호의 조선재판소령전시특례를 폐지하고 3심제를 부활하였다. 그리고 1945년 10월 11일에는 조선고등법원을 대법원으로, 복심법원을 공소원으로 호칭하고,[23] 1948년 5월 4일에는 군정법령 제192호로서 과도법원조직법을 제정하여 법원조직을 대법원, 고등법원, 지방법원으로 체계화하고 법관을 판사로 호칭하고, 법원행정을 사법부에서 대법원으로 이관하였다.[24] 이어서 1948년 8월 2일에는 군정법령 제213호로 과도검찰청법을 제정하여 검찰을 법원으로부터 분리하였다.[25] 검찰이 법원으로 분리되기 전에는, 검사국이 법원에 병치되어, 판사와 검사가 다 같이 재판소령의 규정에 의하여 같은 감독기관의 감독하에 있었으며, 법원과 검사국을 통틀어 사법기관이라

23) 상게서, 15-16면.
24) 상게서, 22면.
25) 상게서, 32면.

하였다.[26] 그리고 동군정법령에 의하여 검찰조직을 대검찰청, 고등검찰청, 지방검찰청으로 구성하였다. 이와 함께 변호사제도에 관해서도 정비하였다. 그리하여 1948년 7월 1일에는 군정법령 제207호로 과도변호사법을 제정하여, 변호사로서 업무를 개시하려면 소속변호사회를 경유하여 사법부장에게 제출하여 변호사명부에 등록하도록 하였다.[27]

그리고 1946년 10월 12일 군정법령 제118호로 설치된 입법의원도 중요한 법률을 제정하였다. 구체적으로는 남조선과도입법의원법(1946. 12. 30), 국립서울대학교설립에 관한 법령 제102호 제7조 개정(1947. 3. 20), 하곡집수(1947. 4. 4), 미성년자노동보호법(1947. 4. 8), 입법의원의원선거법(1947. 6. 27), 민족반역자, 부일협력자, 간상배(奸商輩)에 대한 특별입법조례(1947. 7. 2), 조선임시약헌(1947. 8. 6), 사찰재산임시보호법(1947. 8. 8), 공창제도폐지령(1947. 8. 8), 미곡수집법(1947. 8. 19), 미국인의 군령위반방조금지령(1947. 11. 12), 공창제도폐지령의 개정(1947. 12. 12), 식목일(1948. 3. 18), 국적에 관한 임시조례(1948. 3. 18), 조선과도입법의원의 해산(1948. 5. 19) 등을 통과시켰다. 그러나 군정장관의 인준유보로 조선임시약헌, 민족반역자, 부일협력자, 간상배에 대한 특별입법조례, 사찰재산임시보호법 등은 효력을 발생하지 못하였다.[28] 그러나 입법의원의원선거법에서는 민족반역자, 부일협력자, 간상배에게는 선거권과 피선거권을 박탈하였다.[29] 그리고 미군정은 1947년 5월 17일 남조선과도정부 법령 제141호로 "남조선과도정부의 명칭"을 공포하여 미군정청을 남조선과도정부로 개칭하였다.

군정기의 이러한 일제시의 악법의 부분적인 정리 및 새로운 입법과 함께 일제시의 구제도의 불합리성을 인정한 중요한 판결이 있었다. 즉, 처가 소송행위를 함에 있어서는 부의 허가를 받도록 한 의용민법 제14조의 규정에도 불구하고 처가 부의 허가 없이 소송행위를 할 수 있다고 판결하고(1947. 9. 2. 대법원 판결), 서양자제도는 사회질서에 위반하므로 당연무효이며 오로지 부부관계만이 존속한다고 판결하였다(1947. 3. 26. 대법원판결).

그리고 중요한 법제정비의 일을 수행하기 위하여 미군정청은 1947년 6월 30

---

26) 상게서, 32면.

27) 동 과도변호사법에서는 법률학과가 있는 대학의 법률학 전임교수로서 7년 이상 재직한 자는 사법부장의 인가를 받아 변호사의 자격을 취득할 수 있도록 하였다(상게서, 39면). 그리고 동법에서는 현직 판검사가 사직하고 변호사개업을 하고자 할 때에는 등록제가 아니라 사법부장의 허가를 얻도록 하였다(상게서, 39면).

28) 김철수, 전게 한국헌법사, 52면.

29) 상게서, 54면.

일 남조선과도정부행정명령 제3호로 남조선과도정부 사법부 내에 조선법전기초위원회를 설치하고, 그 법전기초위원회로 하여금 민권, 재산권, 친족관계, 상법관계, 범죄의 처벌, 법률의 시행 및 사법행정의 제절차에 관한 당시의 현행법에 대체하여 채용될 기초법전의 초안을 작성할 사명을 부여하였다.[30] 법전기초위원회에서 작성된 법전안은 군정장관이 과도입법의원에 회부하기 위하여 군정장관에게 제출하도록 하였다. 그리고 이 법전기초위원회는 나중에 법전편찬위원회로 개명되었으며,[31] 헌법초안을 만들고, 국회의원선거법, 법원조직법, 형사소송법 개정법률 등의 법안을 성안하였다.[32]

미군정청은 한국이 근대적인 독립국가로 수립될 수 있도록 하는 제반 법적 조치를 취하였다. 그러나 일제에 의하여 조선으로 변경된 국호를 본래의 국호였던 대한으로 원상회복하는 법적조치는 취하지 아니하고 조선을 그대로 사용하였다.

미군정기에는 서양인 법률가로 Ernst Fraenkel(1898-1974)이 군정청고문으로 한국에서 활동을 하였다. 그는 유태계 독일인으로서 법사회학자 Sinzheimer (Hugo: 1875-1945)의 제자이었으며 나치의 박해를 피해 미국으로 망명한 후, 1946에서 1950년까지 한국에 머물렀다. 군정청법률고문으로서 그가 구체적으로 어떠한 업무를 담당하였는지는 정확히 알려져 있지 아니하다. 그러나 한국정부가 수립된 후에 그는 한국의 선거법과 선거감시법의 작성에 참여하였다.[33][34]

## Ⅲ. 미군정기의 귀속농지의 매각

미군정 시기에 경제부문에서도 중요한 조치들을 취하였다. 그 첫째로 소작료 인하조치를 취하였다. 일제 식민지기에는 소작료가 수확량의 5할 내지 9할에 이르는 고율이었다.[35] 이러한 고율의 소작료를 인하하기 위한 조치로서 미군정청은 1945년 10월 5일 군정법령 제9호로 "최고소작료 결정의 건"을 공포하

---

30) 김병화, 전게 한국사법사: 현세편, 41면.

31) 김철수, 전게 한국헌법사, 55면.

32) 상게서, 56-57면.

33) 최종고, 전게 한국의 서양법수용사, 255면.

34) 대한민국 정부가 수립되고서 그는 한국에 나와 있던 마샬 플랜(Marshall Plan)의 법률고문으로 한국에서 활동을 하였다(상게서, 259면).

35) 윤철홍, "농지개혁의 법사적 고찰", 한국법사학논총: 박병호교수환갑기념(Ⅱ)(박영사, 1991), 494면.

여, 소작료를 당년 수확량의 3분의 1을 초과할 수 없도록 하고, 3분의 1을 넘는 소작료 계약을 불법으로 규정하였다. 그리고 당시의 현존 소작의 유효기간 내에는 지주의 일방적인 소작계약의 해제를 무효로 규정하였다.[36]

둘째로 미군정청은 1945년 10월 30일 군정법령 제19호에 의한 폭리행위의 금지였다. 즉, 민중들의 생활필수품을 공평하게 그리고 그들의 재력의 한도 내의 가격으로 구입할 수 있도록 보장하기 위하여 민중을 희생시키면서 폭리를 취하는 필수품의 비축 및 과도한 가격으로의 판매를 불법으로 규정하고 이에 위반하는 자는 군정재판소의 결정에 의하여 처벌하도록 하였다.

그리고 세번째로 미군정청은 귀속토지의 분배조치를 단행하였다. 귀속토지의 분배과정을 살펴보면, 먼저 1945년 9월 7일 맥아더 사령관의 포고 제1호 제4조에서 "다른 예외적 조치를 취하지 않는한 주민의 재산권은 보장한다"고 선언하여, 당시의 일본인 소유재산도 이를 인정하고 보호하는 조치를 취하였다. 그리고는 1945년 9월 25일에 군정법령 제2호로 "재산권이전금지"를 공포하여, 1945년 8월 9일 이후 일본정부, 그 대리기관 및 일본인이 소유하거나 관리하는 재산을 처분하지 말 것과 모든 적산(敵産)을 군정당국에 신고하도록 하였다.[37] 그러나 이처럼 일본인의 소유재산의 처분이 금지되었음에도 불구하고, 적산거래는 미군정에 신고하되 60일 이내에 금지명령이 내려지지 않으면 그 거래는 성립된 것으로 인정하여, 일본인의 소유재산거래가 용납되고 있었다.[38] 그렇지만 1945년 9월 28일 군정법령 제4호의 "일본육해군재산에 관한 건"에 의하여 일본의 육해군 재산만은 미국소유로 하였다.

이와 같이 광복 후부터 군정법령 제33호가 공포된 1945년 12월 6일까지의

---

36) 북한지역에서는 이미 1945년 9월 8일에 소작료 3.7제를 발표하였다(농지개혁사연구(한국농촌경제연구원, 1989), 177면).

37) 1945년 8월 9일 이후 일본정부, 그 대리기관 및 일본인이 소유하는 재산의 판정기준에 관하여 대법원 판례는, 그 재산이 부동산인 경우에는 등기를 기준으로 하여 1945년 8월 9일 00:00에 일본정부, 그 대리기관 및 일본인 명의로 등기되어 있었으면 그 재산의 처분이 금지되었다고 해석하고 있다(대판(전원합의체), 1989. 12. 26. 87다카2176). 그러나 당시의 구민법에서는 부동산물권변동에 관하여 의사주의를 취하고 있었으므로, 1945년 8월 9일 00:00이전에 일본인으로부터 한국인이 부동산을 취득하였으나, 1945년 8월 9일 00:00에 한국인 명의로 등기되지 아니하고 그 후에 한국인 명의로 등기된 부동산의 소유권은 구민법에 의하면 한국인 소유이나 대법원 판례는 등기를 기준으로 하여 적산에 해당되어 군정법령 제2호에 의하여 그 처분이 금지되었으며 군정법령 제33호에 의하여 미군정청 소유로 귀속되었다고 판결하였다. 그러나 이와 같은 구민법하의 한국인 부동산소유자는 1946년 8월 31일 군정법령 제103호로 제정된 "재산소청위원회의 설치"의 규정에 따라서 미군정장관에게 자기의 소유부동산임을 주장하여 그의 소유권을 확인하여 줄 것과 자기의 그 소유부동산을 적산에서 해제하여 줄 것을 소청할 수 있었다.

38) 전게 농지개혁사연구, 242면.

약 4개월 동안 일본인의 소유권이 인정되었으며, 일본인은 미군정당국의 용인에 의하여 동산은 물론 토지, 건물, 기업, 공장, 광산 등의 부동산을 매각할 수 있었다.[39] 그러나 1945년 12월 6일에 군정법령 제33호로 "조선 내에 있는 일본인재산취득에 관한 건"를 공포하여 식민지 기간 동안 일제가 남한에서 가졌던 경제적 이권을 백지화하고 1945년 9월 25일부로 미군정청이 그 재산의 소유권을 취득하도록 하였다. 그리하여 신고된 동양척식주식회사, 일본인 및 일본법인 소유의 재산은 미군정청의 소유로 전환이 되었다.

이러한 일본인소유재산을 미군정청이 접수한 후에, 미군정청은 1946년 2월 21일 군정법령 제52호로 신한공사를 설립하여, 이 신한공사에 동양척식주식회사 소유의 재산, 조선 내에 있던 일본법인 재산 및 일본인 개인소유재산을 귀속케 하였다.[40] 그리고 미군정청은 1948년 3월 22일 남조선과도정부 법령 제173호로 중앙토지행정처를 설립하고, 동일자의 남조선과도정부 법령 제174호로 신한공사를 해체하여, 신한공사(즉, 신한주식회사)가 관리하던 토지가 중앙토지행정처로 이관이 되었다. 신한공사는 동양척식주식회사를 계승한 상법상의 국책회사이었으나, 중앙토지행정처는 귀속농지를 매각하기 위한 미군정청의 직속기관이었다.[41]

미군정청은 1948년 3월 22일에 중앙토지행정처의 설립과 함께 중앙토지행정처가 관리하게 된 토지 중 농지를 매각하는 방법으로 농지분배를 실시하였다. 농지분배의 방법은 1948월 3월 1일 현재 자경지와 소작지를 합하여 총경작지가 2정보를 초과하지 아니하는 범위 내에서 이루어졌다. 그러므로 농지소유의 상한선을 2정보로 하였던 것이었다.[42] 그리고 농지분배를 받을 수 있는 농민은 귀속농지를 경작하는 현재의 소작인을 최우선 수배인으로 하였으며, 그 다음으로 제1순위자 이외의 농민, 농업노동자, 38이북에서 월남한 농민 및 해외로부터 귀국한 농민 및 귀속농지 소재지에 거주해 오던 농사경험자를 차순위 매수인으로 하였다.[43] 제 1 순위자인 당해 농지의 경작인도 중앙토지행정처가 분

39) 상게서, 244-245면.

40) 신한공사는 과거의 동척을 비롯한 일본인 토지회사가 소유하고 있었던 토지는 물론 대소 일본인 지주의 소유농지 전체를 관리한 미군정청 직속의 특수기관이었다(전게 농지개혁사(상), 339면). 신한공사는 1946년 5월 7일에 상법에 의한 주식회사로 개편되어 신한주식회사로 그 명칭이 바뀌었다. 그러나 그 조직과 업무내용은 신한공사 때와 마찬가지였다(전게 농지개혁사(상), 341면).

41) 전게 농지개혁사연구, 354면.

42) 전게 농지개혁사(상), 346면.

43) 상게서, 346면.

배를 결정한 후 30일 이내에 수배승락서를 제출하지 아니한 자에 대해서는 수배우선권을 박탈하였다. 그리고 차순위우선권자를 선정하기 위해서 자문위원회를 시, 읍, 면 단위로 설치하였으며, 위원회는 그 시, 읍, 면에 거주하는 농민으로 구성하되, 위원의 반수이상은 소작인으로 위촉하도록 하였다.[44]

분배농지의 대가는 당해 농지의 1년 생산량의 3배에 해당하는 양으로 정하였으며, 이 분배농지의 대가는 1년간 생산량의 100분의 20씩을 15년간 현물로 상환하도록 하였다.[45] 중앙토지행정처와 수배인간에 농지매매계약이 체결되면, 매수자에게 양도증서를 교부하고, 매수자명의로 소유권이전등기를 이행토록 하였다.[46] 그리고 수배매수인으로부터 농지대가의 징수를 확보하기 위하여 농지대가를 채권액으로 하고, 중앙토지행정처를 채권자로 하여 저당권설정계약을 체결하였다.[47]

그리고 귀속농지를 취득한 농민이 토지대금을 전액지급하거나, 매득시(買得時)로부터 10년이 경과하지 않고서는 매매, 저당권 설정, 지상권 설정을 할 수 없도록 하고, 선취특권을 인정할 수 없도록 하였으며, 자작하지 않거나 매매계약을 포기할 때에는 그 토지를 토지행정처가 회수하도록 하였다. 또한 지가가 전액 상환되지 않거나, 매득 후 10년이 경과하지 않고서는 어떠한 채권자로부터도 압류를 당하지 않도록 하였다.[48]

귀속농지의 매각에 관한 분쟁은 남조선과도정부 법령 제209호(1948. 7. 3. 제정·공포)와 동법령을 개정한 법령 제215호(1948. 8. 10 공포)에 의하여 1948년 8월 31일까지 당해 토지소재지를 관할하는 지방법원에 제소하도록 하였으며, 그 기한이 경과한 후에는 사유여하를 불문하고 일체의 소송을 제기할 수 없도록 하였다.[49]

이러한 미군정청의 귀속농지의 분배를 넘어서 한국인 지주의 농지에 대해서도 토지개혁을 할 필요가 인정되었다. 그리하여 남조선과도입법의원에서는 1947년 12월 23일에 토지개혁법안을 본회에 상정하였다.[50] 본 토지개혁법안에서는 농지의 소유상한을 3정보로 하였다. 그러나 이러한 토지개혁법안은, 입법

44) 상게서, 346면.
45) 상게서, 346면.
46) 이로써 조선농가의 28%이상이 소작농지를 매입할 수 있게 되었다(상게서, 342면).
47) 상게서, 347면.
48) 전게 농지개혁사연구, 361면.
49) 전게 농지개혁사(상), 351면.
50) 상게서, 357면.

의원은 과도적 군정기관에 불과하므로 항구적인 중대법안은 정부가 수립된 후에 해결하여야 한다는 여론에 따라서 법령으로 제정되지 못하였다.[51][52]

이와 같이 군정기에는 경제의 안정과 분배의 공정성 실현을 위한 노력을 하였다. 그러므로 군정기의 경제운용기조는 통제경제였다.[53][54] 군정청은 통제경제의 기조를 실천하기 위하여 1946년 5월 28일 군정법령 제90호로 "경제통제"를 제정 · 공포하여 이를 법적으로 뒷받침하였다. 그리고 경제통제에 따라서 생활용품의 최고가격제도 실시하였다.

귀속농지의 매각은 한국정부가 수립되고, 한국정부에 의한 농지개혁이 실시됨과 함께 변화가 초래되었다. 즉, 1949년 6월 21일에 농지개혁법이 공포되고, 1949년 12월 19일에는 법률 제74호로 귀속재산처리법이 제정되었다. 이 귀속재산처리법 제2조 단서에서 "농경지(귀속농지를 말함)는 따로 농지개혁법에 의하여 처리한다"고 규정하여, 귀속농지의 매각의 근거법인 군정법령 제173호는 필요가 없게 되었다. 그리하여 귀속농지의 상환대금을 별도로 관리하기 위하여 제정된 귀속농지특별회계법(1950. 2. 13, 법률 제93호) 부칙 제7조에 의하여 과정법령(過政法令) 제173호가 폐지되었다. 그리고 1951년 4월 5일에는 법률 제185호로 귀속농지특별조치법이 제정 · 공포되어, 이 법률에 의하여 귀속농지의 상환조건이 농지개혁에 의한 일반농지의 상환조건으로 통일되었다. 즉 매년 수확량의 20%씩 15년 동안 300%를 상환키로 된 귀속농지의 상환조건이 매년 수확량의 30%씩 5년 동안 150% 상환으로 변경된 것이다.[55] 그리하여 한국정부는 귀속농지의 매각조건을 소급하여 농지개혁에 의한 일반농지의 매각조건으로 변경하여 정산을 하여야만 하였다.

그리고 1952년 4월 2일에는 법률 제241호로 농지개혁사업특별회계법을 제정 · 공포하여, 귀속농지의 매각대금으로는 귀속농지관리계정을 설치하고 농지개혁에 의한 일반농지의 상환금으로써는 농지대가계정을 각각 분리설치하여 그 각각을 독립계정으로 하고, 귀속농지관리계정의 자금으로써는 농지개량사업과 농촌건설사업에 충당하도록 하고, 농지대가계정의 자금으로써는 지주에 대한 보상금으로 사용하도록 하였다.[56] 그 후 1958년 1월 2일에는 농지대가계정

---

51) 상게서, 358면.

52) 그러나 북한에서는 1946년 3월 5일에 무상몰수, 무상분배의 방식으로 토지개혁을 단행하였다.

53) 김철수, 전게 한국헌법사, 66면.

54) 이러한 미군정기의 통제경제의 원칙은 제헌헌법 제86조에 의하여 그대로 이어졌다.

55) 전게 농지개혁사연구, 390면.

과 귀속농지관리계정이 통합되어 양 계정의 잉여금을 모두 농촌에 재투자하였다.[57] 드디어 농지개혁사업특별회계법은 1961년 12월 31일 폐지되었으며, 통합된 계정의 농지개혁사업특별회계상의 일체의 채권과 채무는 일반회계로 귀속되었다.[58] 그리고 귀속농지특별조치법은 2005년 7월 21일에 와서야 비로소 폐지되었다.

## Ⅳ. 미군정기의 영미법과 기독교사상의 한국에의 영향

미군정기는 비록 그 기간은 길지 않았지만 오늘날 한국법의 기초가 될 수 있는 기본법의 내용을 담은 법을 발전시켰다. 특히 영미법의 기본적인 내용이 한국법에 이식될 수 있는 기회가 되었다. 이 기간 동안 영미의 헌법, 인권법 등이 한국법에 이식되었다. 따라서 영미법의 기초사상인 기독교사상도 역시 함께 한국에 수용될 수 있는 기회였다.

구체적으로 영미법이 우리 한국법에 미친 영향은 평등권의 신장과 인권과 인격에 관한 법의 고양이었다. 남녀평등의 실현, 보통선거제의 실시, 의회제도의 창설과 운영, 형사사법에 있어서 기본적 인권의 보장을 위한 법제도의 마련, 한국인의 정체성의 회복, 지방자치제도의 기초 정립, 인간적인 노동조건의 법정, 사법권의 독립과 3심제의 확립 등 근대시민사회로의 발전을 위하여 갖추어야할 기본적인 법치주의 내용의 틀을 마련하였다.[59]

그러나 경제부분에서는 당시의 무질서한 경제질서의 안정을 위하여 폭리행위를 금지하고, 통제경제를 실시하였던 것으로 파악된다. 통제경제는 미국의 경제원칙과는 배치되었지만, 북한의 사회주의 경제질서에 대항하면서 한국경제의 안정을 위한 불가피한 조치였던 것으로 짐작된다.

이렇게 미군정기 동안의 법의 발전은 신생한국이 자유민주국가로 발전해 나가는데 필요한 기본적인 법적토대를 마련해 주었다. 그러나 국호의 회복, 근본적인 토지개혁 등은 이루지 못하였다. 그러한 국가의 기본적인 문제와 과제는 독립한국정부가 실행하도록 하였다.

---

56) 상게서, 412면.
57) 상게서, 413면.
58) 상게서, 414면.
59) 이와 같이 미군정기의 영미법이 제헌헌법에 크게 영향을 미쳤다(구병삭, 전게논문 우리 헌법사의 회고와 전망, 140면).

이와 같이 미군정청은 한국이 자유민주적 국가로 발전함에 있어서 장애가 되는 일제시의 악법들에 대해서 부분적으로 정리를 하였다. 한국민을 인간으로서 보다는 지배와 착취의 대상으로 다루었던 일제의 악법인 실정법들을 폐기하였던 것이었다. 그러나 일제의 강제징용, 강제징집, 종군위안부 징발, 정신적, 경제적인의 탄압과 강탈 등의 문제에 대해서는 미군정이 다루지 아니하고 독립한국정부의 과제로 넘기었다. 그리고 미군정은 일제의 지배와 착취를 지휘하고 실행한 일본인에 대한 처벌이나 법적조치는 취하지 아니하였다. 이 문제도 역시 독립한국정부에 맡기었다.

일제에 의한 식민지기와 미군정기를 비교해 보면, 일제는 한국을 지배하고 한국민의 수탈하고 착취하였다. 그러나 미군정은 한국이 자유민주국가로 발전할 수 있는 기본적인 법적인 틀을 만들고, 한국민들로 하여금 인격을 가진 인간으로서 살아갈 수 있는 법적기초를 마련해 주었다. 그런데 일제가 악용한 법도 미군정이 선용(善用)한 법도 모두가 서양의 근대 시민사회의 법이었다. 다 같은 법을 가지고서도 일제는 지배와 착취와 수탈의 수단으로서 근대 시민사회의 법을 악용(惡用)하였으나, 미군정은 한국의 자유민주국가로의 발전과 한국민들을 인격적인 인간으로서의 존재가치를 인정하고 실현될 수 있도록 선용하였다. 그러한 차이는 어디에서 온 것일까? 생각건대 일본과 미국의 사회기초의 사상의 차이에서 그 원인을 찾을 후 있을 것으로 생각된다.

일본은 소위 신도주의(神道主義)를 기초로 하고 있었음에 반하여, 미국은 기독교의 청교도 사상과 기독교 신앙을 기초로 하고 있었다. 기독교는 인류보편의 가치를 추구하는 종교이다. 만민평등, 주권재민, 천부인권의 사상과 제도의 뿌리가 바로 기독교이다. 그러나 일본의 소위 신도에는 이러한 인류보편의 높은 가치를 추구하는 사상이 포함되어 있지 아니하며, 교전(教典)이 없으며 단순히 지방 또는 국가의 수호신이나 왕족능에 제사하는 의식에 불과하다. 이처럼 미국의 기독교 문화와 일본의 신도문화의 차이가, 결국 한국에 있어서, 미군정은 한국의 해방과 자유민주국가로의 발전과 한국민의 인격적 존재로서의 가치의 실현을 위해 기여하였음에 반하여, 일제는 한국을 침탈하여 끝내는 식민지로 만들고 한국민을 탄압하고 수탈하고 착취하였던 것이었다.

## Ⅴ. 미군정기법에 대한 법정책적 평가

미군정기의 법은 한국이 자유민주국가로서의 체제를 갖추는데 기본적인 틀을 제공하였다. 이는 기독교사상과 기독교 문화에 터잡은 영미법의 영향에 기한 것이다. 그러므로 독립한국의 헌법과 형사법은 영미법의 영향을 크게 받게 되었다. 그러나 사법분야는 일제의 대륙사법, 그 중에서도 독일사법 중심의 연구경향으로 인하여 한국에서도 독일법 및 독일법학의 영향을 크게 받게 되었다.

이와 같이 만민평등, 주권재민, 천부인권의 자연법적인 기초는 바로 기독교의 가르침으로부터 배태된 것이며, 법에서는 자연법의 내용이자 모습이다. 근대 한국에 있어서 이러한 자연법사상과 자연법적 제도의 실천은 서재필에 의한 독립협회와 만민공동회에서 주장되었다. 그러나 대한제국기와 일제시대는 지배계층과 식민지지배의 일본으로부터는 자연법의 실현과 실천을 전혀 기대할 수 없었다. 그러나 한국민중은 이러한 자연법의 사상을 간직하고 그 실현과 실천을 기다리고 있었다. 바로 한국기독교가 억압과 지배와 착취 속에서도 원수까지도 사랑하라는 기독교의 사랑의 정신과 이웃에 대한 배려로 이러한 자연법사상을 키우고 길러왔던 것이다. 이러한 한국기독교에 의한 근대시민사회에서의 덕목을 길러왔기 때문에 해방 이후 자유민주국가로 한국의 발전을 도모할 수 있었던 것이었다. 이러한 자연법사상은 지배계층으로부터는 배태되지 아니하였다. 민중의 순수한 마음으로부터 자연법과 자연법사상이 배태되고 지켜져 왔던 것이었다. 결국 한국에서의 자유민주주의와 자연법은 위로부터 구축되고 형성된 것이 아니라 아래로부터 소망되고 형성된 것이었다. 이로 미루어보면 역사의 발전과 역사의 변혁은 위로부터 이루어지는 것이 아니라 궁극적으로는 아래로부터, 즉 민중으로부터 이루어짐을 알 수 있다. 그리고 역사는 선의 방향으로 진행해 나감을 알 수 있다.

미군정기의 자연법과 자유민주주의로의 발전을 일제의 악법에 의한 탄압, 억압 및 수탈과 비교해 볼 때에, 결국 악법에 의한 통치는 일시적으로는 흥할지라도 궁극적으로 패망에 이르게 되며, 선법, 자연법으로의 통치는 비록 그 기간이 짧을지라도 그 영향은 영속됨을 알 수 있다. 그러므로 법의 발전을 위해서는 인류보편의 자연법으로 나아가야 함을 알 수 있다. 그리고 민중의 삶과 의식 속에 순수함과 자연법에로의 의지를 계속 키워나가야 한다.

그리고 일제의 악법을 학문적으로 청산하여야 하며, 미군정기의 짧은 기간 동안의 자연법의 실천이 한국에 미친 영향에 대해서도 학문적으로 상세하고도 깊은 연구가 이루어져야 한다. 양 시기의 법발전의 비교를 통하여 한국법이 나아가야할 방향과 그 토양에 대한 깊은 성찰이 필요하다. 그리고 이제부터는 외세에 의한 한국지배의 사건은 일어나지 않아야 하며, 한국 스스로가 독립, 자존의 나라로 영속할 수 있는 조건을 정립하고 실천하여야 한다. 가장 보편적인 가치가 인정되고 존중되는 자연법의 나라, 그리고 독자성과 고유성과 정체성이 확립된 법의 나라로 가꾸어나가는 것이 바로 법에서의 한국의 영속조건이다.

# 제 6 장
# 대한민국 정부의 수립과 법의 발전

## 제 1 절 대한민국 정부의 수립과정과 그 후의 발전

미군정의 기간 동안 미국과 소련은 모스크바 3상회의의 결과에 따라서 한국을 5년간 신탁통치를 하고 한국의 정식 독립정부를 수립하기 위한 전단계인 임시정부의 수립을 협의하기 위하여 1946년 3월에 미소공동위원회를 열었다. 소련은 신탁통치를 반대하는 정당이나 단체의 임시정부 수립협의에 참여시키는 것을 반대하였고, 미국은 참여시킬 것을 주장하였다. 그러므로 제1차 미소공동위원회는 결렬되었다. 다시 1947년 5월에 제 2 차 미소공동위원회가 열렸지만, 소련은 여전히 반탁의 정당 및 단체를 임시정부 수립협의에 참여시키는 것을 반대하였다. 이에 대해 미국은 한국문제를 미 · 영 · 중 · 소의 4개국 외상회의에 회부하자고 제안하였으나 이 제안 역시 소련이 거절하였다.

결국 미국은 1947년 9월에 한국의 독립문제를 국제연합에 제출하여, 유엔 감시하에 총선거를 실시하고, 한국의 새정부가 수립되면 미소양군은 철수할 것과 이러한 모든 절차를 감시하고 협의하기 위한 기구로 유엔한국위원단(UNCOK: United Nations Commission on Korea)을 설치할 것을 제안하였다. 이러한 미국의 제안이 유엔총회를 통과하고, 그 유엔의 결의에 따라서 유엔한국위원단이 1948년 1월부터 활동을 시작하였다. 그러나 소련은 유엔한국위원단의 활동에 반대하여 동위원단은 북한에서 활동을 할 수 없었다.

1948년 2월에 유엔은 한국의 가능한 지역에서 만이라도 선거에 의해 독립정부를 수립할 것을 결의하였다. 이 유엔결의에 기초하여 1948년 5월 10일에 남한지역만에서 총선거가 실시되고, 동년 5월 31일에는 국회(즉, 제헌국회)가 열렸다. 제헌국회는 즉시로 헌법의 제정에 착수하여 동년 7월 12일에는 이를 통과시키고 7월 17일에 공포하였다. 동년 7월 20일에는 국회에서 대통령을 선출하고, 이어 행정부가 조직되어 8월 15일에 대한민국 정부의 수립을 대내외에 선포하여, 대한민국 정부가 수립되었으며, 동년 12월에 유엔총회에서 국가승인을 받았다.

대한민국 정부는 헌법상으로는 자유민주적 국가였지만 실제의 정치과정은 비정상적인 독재적 정치였다. 내각제 제헌헌법안의 대통령제로의 전환(1948. 7. 12), 발췌개헌(1952. 7. 4), 사사오입 방식의 개헌(1954. 11. 17), 부정선거(1960. 3. 15), 등의 비정상적인 헌정질서가 형성되고, 북한에 의한 6 · 25 한국동란의 발발(1950. 6. 25), 친일과거청산의 미진, 정경유착 등으로 국가의 기강이 잡히지 아니하고 민중의 삶은 여전히 어려웠다.

이러한 비정상적인 헌정질서는 1960년 4월 19일의 4월혁명에 의하여 종결되고, 그 후 의원내각제에 의한 민주적인 정부가 수립되어, 정상적인 헌정질서가 기대되었다. 그러나 그것도 1961년 5월 16일 군사 쿠데타에 의하여 종식되고, 그 후 계속해서 비정상적인 기구와 비정상적인 절차에 의한 군부독재정부가 계속되게 되었다. 수많은 희생을 치룬 뒤 1993년에 비로소 문민정부가 들어섬으로서 비로소 정상적인 헌정질서가 실천될 수가 있게 되었다.

이러한 비정상적인 정치과정에서 한국에서의 법의 제정과 운용은 극히 변칙적으로 법실증주의적인 법으로 발전하였으며, 인류보편의 가치를 실현하려고 하는 자연법사상과 자연법제도의 운용주장은 핍박을 받지 않을 수 없었다. 그러한 핍박 속에서도 민중들의 시민정신은 굴하지 않고 독재권력에 저항하였다. 학생들의 순수함, 민주화를 위한 강력한 시민정신으로 민중은 끝내 독재권력을 무너뜨리고 대한민국을 시민사회로 이끌었다. 결국 대한민국의 역사는 민중의 순수함과 시민정신에 입각한 인류보편적인 자연법의 방향으로 진행하여 왔다.

## 제 2 절 대한민국의 법발전의 특징

대한민국 정부가 수립되어 대한민국의 법을 제정하고 집행하는 과정의 모습은 자연법적인 질서의 과정과는 거리가 있었다. 계엄하에서 헌법개정을 하고 법률을 제정하였으며, 법률(즉, 국가재건비상조치법(1961. 6. 6. 법률 제42호))에 의하여 헌법을 중단시키고, 위수령(衛守令)을 발동하여 법을 집행하기도 하였다. 그리고 변칙적인 입법기관이었던 국가재건최고회의(국가재건최고회의법, 1961. 6.

10. 법률 제618호), 비상국무회의(1972. 10. 17. 대통령특별선언(소위 10월유신)), 국가보위입법회의(국가보위입법회의법, 1980. 10. 28. 법률 제3260호) 등에서 국가의 기본이 되는 법률이 제정되었다. 그리고 수권법(授權法)을 제정하여 대통령에게 비상대권을 부여하기도 하고, 긴급조치로써 법률을 대신하기도 하였다. 국가보위에 관한 특별조치법(1971. 12. 27. 법률 제2312호)에서는 대통령에게 비상대권을 수권하여 대통령령으로써 국가동원령을 발할 수 있도록 하였으며, 경제에 관한 규제를 명할 수 있도록 하였다. 그리고 소위 유신헌법(1972. 12. 27. 헌법 제8호)에서는 대통령에게 긴급조치권을 발동할 수 있도록 수권을 하여, 이 긴급조치권에 의한 악법적 조치들이었던 긴급조치들을 발표하였다.[1] 대통령의 긴급조치는 법률에 갈음하는 효력을 가졌다. 또한 통일주체국민회의란 변칙적인 대통령선거기관을 설치하여(1972. 12. 27. 헌법 제8호) 그 기관에서 대통령을 선출하기도 하였다. 그리고 대통령이 있는데도 불구하고 국가보위비상대책위원회라는 초법적인 기관을 설치하여 그 위원회의 장이 대통령 권한이상의 권력을 행사하기도 하였다.

이와 같이 한국정부가 수립된 후의 헌법, 법률의 제정과 운영은 정상적이지 못하고 비정상적인 절차와 방법으로 행하여졌다. 그러므로 지극히 법실증주의적인 법사고가 지배하고 있었으며, 법은 독재정치권력의 수단으로 기능하였다.

공법적인 분야에서의 이러한 변칙적이고 비정상적인 법의 제정과 집행은 사법분야에 영향을 주었다. 원칙보다는 예외가 오히려 존중되는 법적용 현상이 일어났으며, 당사자의 합의에 의한 사법관계의 해결보다는 일방당사자의 일방적인 의사의 결정에 의한 사법관계의 해결을 인정하는 법학적 태도가 강하게 나타났다. 그리고 공법에 의한 사법의 간섭이 심화되고, 사회변화에 따른 사법(私法)의 적응에 관해서는 기본법의 개정보다는 특별법을 제정하여 임기응변적으로 대응하는 방법을 강구하였다.

이러한 구체적인 사례들로서는, 부동산물권변동에 관해서는 등기를 성립요건을 하는 대원칙(민법 제186조)에 대하여 대법원 판례는 이에 반하는 중간생략등기의 유효성을 일반적으로 인정하였다. 그리고 대법원 판례는 부동산투기의 가장 일반적인 방법으로 이용되던 명의신탁의 유효성을 넓게 인정하였다. 또한

---

1) 긴급조치에 관해서는 헌법재판소에 의해 부분적으로 위헌결정이 내려졌다. 최근에는 긴급조치 1호, 2호, 9호에 대한 위헌소원결정이 있었다(헌재결정 2013. 3. 21, 2010헌바132). 역사를 거슬러 살펴보면, 헌정질서가 한 번 그 궤도를 이탈하면 그것을 복원하여 정상화하는 데 긴 시간과 대가를 필요로 한다.

법상 청구권으로 규정되어 있는 경우에도 이를 형성권으로 해석하여 일방당사자의 일방적인 의사결정에 의하여 당사자간의 사법적 법률관계를 형성케 하였다. 그리고 사법적 법률관계에 대한 공법적 금지규정도 이를 효력규정으로 인정치 아니하고 단순한 단속규정으로 해석하여 비정상적인 사법적 법률행위에 대한 규제를 무력화시키기도 하였다. 무엇보다도 사회변화에 따른 법률의 적응은 기본법을 개정, 수정하여 이에 대처하여야 함이 정도(正道)임에도 불구하고, 특별법을 다수 제정하여 대처하는 임기응변적 방법을 널리 활용하였다. 그리고 특별법의 규정에는 행정편의적 내용이 적지 아니하였다.

사법적 법률행위는 국민들의 일상생활 속에서 자연히 실천되고 지켜지도록 제도적 정비를 하고, 판례는 이의 실현을 뒷받침하여야 함에도 불구하고, 사법적 법률행위에 대하여 공법적인 규제로만 대처하려는 법운용의 경향도 사라지지 않았다. 이에 관한 가장 대표적인 사례로서는, 부동산투기가 만연하고 있었음에도 불구하고 이에 대한 대책은 공법적 규제위주였다. 근본적으로 부동산등기의 원인증서를 공정증서(公正證書)로 작성하도록 하고, 그 공정증서에서 부동산거래내용이 투명하게 공시될 수 있도록 하고, 그 공정증서에 기해서 등기하도록 하면 부동산거래는 정상화될 수 있다. 그리고 이러한 부동산거래의 공정증서의 실효성을 대법원 판결이 뒷받침해 준다면, 부동산의 거래는 공법적인 규제를 하지 않고서도 국민들의 일상의 법생활 속에서 진실 그대로 투명하게 공시되고 부동산거래의 정상화는 생활 속에서 실천될 수 있는 것이다. 그러나 지금까지 정부는 생활 속에서 법치주의를 실현할 수 있는 이러한 원칙적인 방법을 활용하기보다는 민원과 탈법행위를 유발할 수 있는 공법적 규제방법을 일반적으로 택하였다.

이러한 변칙적인 법생활 속에서는 보편적이고 항구적인 자연법은 그 생명을 꽃피울 수 없었다. 원칙에 충실하고, 생활 속에서 자연스럽게 법을 실천할 수 있는 가장 보편적이고 일반적인 법의 제정과 집행이 요청되는 것이었다. 이에 반하는 변칙적인 법의 제정과 집행은 권력자들에 의해서 자기들의 이익을 위해 행하여졌다. 민중의 삶의 개선과 민중의 인격의 자유전개를 위해서 이러한 변칙적인 행위를 행한 것이 아니었다. 그러면서도 권력자들은 민중을 동원하여 이러한 변칙행위를 정당화하려고 하였다. 또한 권력자들은 비정상적 행위에 대해서 위헌 · 위법적 행위임을 인식하지 못하였다. 그러나 국민들은 그들의 변칙행위가 당시의 실정법상으로서는 타당했다고 하지만, 국민들의 피 속에 흐르는 자연법의 관념으로서는 용납되지 않았다. 그러한 사실은 고위공직자후보자들에 대한 인사청문회에서 확실히 나타나고 있다.

## 제 3 절 국가 기본법률의 제정과 구법의 정리

제헌헌법 제100조에서는 당시의 현행법령으로서 제헌헌법에 저촉되지 않는 한 그 효력이 지속되는 것으로 규정하였다. 그리하여 대한제국의 법률은 물론, 일제시대의 법률 및 미군정시대의 법령이 모두 독립한국에서도 계속 그 효력을 갖게 되었다. 이는 물론 법률생활의 계속성을 이어가기 위한 방법이기는 하였지만, 일제시대의 법령을 정비하여야만 하였다.

그리고 일제시대의 기본이 되는 법률들은 폐기하고 독립한국의 실정에 맞는 독자성이 인정되는 법률의 제정이 필요하였다. 이미 미군정시대에 남조선과도정부 행정명령에 의하여 법전기초위원회를 구성한 바 있었다. 그러나 동 위원회에서는 특히 민법전초안을 작성하도록 사명을 부여받았으나 민법전초안을 성안하지 못하였다.

새로운 한국정부가 수립되고서 바로 1948년 9월 15일에 대통령령 제4호로 "법전편찬위원회직제"를 공포하여 대한민국법전편찬위원회를 설치하였다. 이 법전편찬위원회는 대통령의 감독하에 있는 위원회로서, 민사, 상사 및 형사의 기초법전과 기타 소송, 행형 등 사법법규의 자료를 수집 · 조사하여 그 초안을 기초하고 심의하도록 사명을 부여받았다. 이 법전편찬위원회는 그 산하에 분과위원회를 둘 수 있도록 하여, 1948년 9월 25일에는 민법I 분과위원회[2], 민법II 분과위원회[3], 민사소송법 분과위원회, 상법 분과위원회, 민사부속법 분과위원회[4], 형법분과위원회, 형사소송법 분과위원회, 감옥법 분과위원회, 국제사법 분과위원회를 구성하고 각 분과의 기초위원과 일반위원을 임명하였다.[5]

법전편찬위원회는 한국동란으로 인하여 정부가 부산으로 옮겨간 피난시절에도 활동을 계속하여 이 법전편찬위원회가 기초한 법안들 중, 1953년에는 형

---

2) 민법총칙과 재산법을 다루었다.

3) 가족법을 다루었다.

4) 부동산등기법과 호적법을 다루었다.

5) 최종고, "해방 후 한국기본법제의 정비", 한국법사학논총: 박병호교수환갑기념(Ⅱ)(박영사, 1991), 448-449면.

법전이 국회를 통과하였으며, 1958년에는 민법전이 국회를 통과하였다.

특히 민법전의 제정과정을 살펴보면, 민법분과위원회가 민법전의 기초에 착수한 것은 1948년 12월 15일이었다. 그러나 바로 초안작성에 들어가지 아니하고 먼저 재산법편의 "민법전편찬요강"과 가족법편의 "민법친족상속법편찬요강"을 작성하였으며, 이것을 토대로 하여 초안작성을 시작하였다. 한국동란의 발발(勃發)로 편찬위원의 납북, 편찬위원의 교체, 입법자료의 소실 등으로 민법편찬사업이 일시적으로 중단되기도 하였으나, 사업은 계속되어 1953년 7월 4일에 초안의 기초를 끝마쳤다. 이 초안은 1954년 10월 26일에 정부제출법률안으로 국회에 제출되었다. 국회는 민법안을 1957년 12월 17일에 통과시키고, 정부는 이를 1958년 2월 22일 법률 제471호로 공포하였다. 이렇게 하여 법전편찬위원회가 민법전의 기초에 착수한 지 근 10년만에 우리 스스로의 힘으로 민법전을 제정하여, 1960년 1월 1일부터 시행하여 오늘에 이르고 있다.

민법전을 제정함에 있어서 가장 특징적인 것은, 독립국가로서 민법전을 새로 제정함에 있어서 의용민법과는 다른 민법전을 만들어야 한다는 강한 의식은 없었지만[6] 그래도 의용민법과는 다른 민법전을 만들고자 하였다. 그리하여 물권변동에 관하여 등기, 인도를 구민법인 의용민법에서는 대항요건으로 하였으나(의용민법 제177조, 제178조), 신민법에서는 성립요건으로 전환하였다(현행민법 제186조, 제188조). 이렇게 하여 한국법문화의 독자성과 정체성을 살려나가고자 하였다.

법전편찬위원회는 1960년 4·19혁명으로 제 2 공화국이 수립된 후에는 활동이 미진하다가 1961년 5·16군사쿠데타로 헌정(憲政)이 중단되고 모든 국가권력이 국가재건최고회의에 집중되면서 사실상 활동이 정지되어 폐지되고 말았다.[7]

법전편찬위원회가 폐지된 후에 기본법의 제정업무는 국가재건최고회의 내의 법제사법위원회가 담당하였다. 군사정부는 혁명적으로 구법령의 정리사업을 전개하였다. 그 결과로 1962년 1월 20일에 상법전을 제정하였다.

법전편찬위원회는 민법, 형법, 상법, 민·형사소송법 등의 기본법률의 제정을 위한 초안작성의 업무를 맡았다. 그러나 기본법률 이외에도 당시에 효력이 있었던 대한제국법령, 일본법령, 미군정법령 등의 구법령의 정비가 필요하였다. 그리하여 구법령의 유·무효를 조사·심의하여 이를 대체할 새 법령을 기초(起

---

6) 김상용, "한국민법의 사적 발전", 민사법연구(2)(법원사, 1997), 18면.
7) 최종고, 전게논문 한국기본법제의 정비, 453면.

草)하기 위하여 1951년 5월 12일 대통령령 제499호로 "법령정리간행위원회 규정"을 제정하여 법령정리간행위원회를 설치하였다. 동 간행위원회는 예산의 뒷받침이 없는 상태였기 때문에 구법정리를 위한 기본계획조차도 수립하지 못하였다.[8] 그러다가 1956년 7월 7일에 법령정리간행위원회 규정을 개정하여 동위원회를 법령정리위원회로 명칭을 바꾸고, 구법령정리 작업을 다시 추진하였다. 그 뒤 1961년 7월 15일 법률 제659호로 "구법령정리에 관한 특별조치법"을 제정하고, 1961년 7월 18일에는 각령 제48호로 "법령정리위원회 규정"을 전면적으로 개정하여, 동위원회가 구법령정비사업을 강력하게 추진하였다.

그리하여 법령정리위원회는 1962년 1월 20일까지 구일본법률 30건, 구제령 73건, 구칙령 25건, 구총독부령 218건, 기타 법규 20건, 미군정법령 46건, 기타 군정법규 5건, 총 400여건의 구법령을 정리하였다.[9]

## 제 4 절 대한민국의 법제정 및 법관리에 있어서의 문제점

### Ⅰ. 소급입법의 양산

우리나라에서는 소급입법을 유난히도 많이 제정하였다. 그것은 과거의 법들이 너무 법실증주의적인 악법들이 많았고, 그 악법들에 의하여 저질러진 불법을 사후에 청산하여야 하기 때문이었던 것으로 판단된다. 그러나 소급입법은 국민들로 하여금 장래에 대한 신뢰와 믿음을 깨뜨리는 일이며, 한탕주의 풍조를 낳는 원인이 될 수 있다. 과거의 불법의 청산은 자연법의 사상과 법리에 의해서 극복될 수 있는 부분이 적지 아니하다. 인류보편의 가치에 반하는 행위에 대한 법적인 부인은 항구불변의 자연법의 원리와 법리에 의해 근원적으로 해결함이 바람직하다. 그러한 자연법의 원리와 법리를 구체화해 나가는 법적 작업이 필요하다.

우리나라에서 소급입법의 대표적인 사례들을 정리해 보면, 친일파를 처단하기 위하여 미군정시절에 이미 남조선과도입법의원에서 1947년 7월 2일에 "민족반역자, 부일협력자(附日協力者), 간상배에 대한 특별법률조례"를 제정하였다.

---

8) 상게논문, 455면.
9) 상게논문, 456면.

그러나 동법령은 미군정장관이 인준을 하지 아니하여 법률로서 효력을 발생하지 못하였다.

그리고 제헌헌법(1948. 7. 17)에서는 그 제101조에서 1945년 8월 15일 이전의 악질적인 반민족행위자를 처벌할 수 있는 특별법을 제정할 수 있도록 하여 친일파 처벌을 위한 소급입법의 헌법적 근거를 제공하였다. 이 헌법규정을 근거로 하여 1949년 12월 22일에 법률 제3호로 "반민족행위처벌법"을 제정하여 친일반민족행위자를 처벌하고 선거권 및 피선거권을 박탈할 수 있도록 하고, 그들을 처벌하기 위한 특별법원의 설치를 위하여 1949년 12월 19일에는 법률 제78호로 "반민족행위재판기관임시조직법"을 제정하였다. 그리고 반민족행위자들이 불법적인 방법으로 취득한 재산의 몰수에 관해서는 특별법을 제정하지 아니하고, 반민족행위처벌법에 의하여 형사처벌을 하는 재판에서 자유형과 함께 불법적인 재산을 몰수하는 재산형으로서 몰수형을 병과(竝科)하는 방법으로 처리하였다. 그러나 반민족행위처벌법에 의한 친일파에 대한 처벌과 불법재산의 몰수는 제대로 집행되지 못한 채, 1951년 2월 14일 법률 제176호에 의한 "반민족행위처벌법 등 폐지에 관한 법률"에 의하여 종결되고 말았다. 그것은 친일파들이 새로 수립된 대한민국 정부의 중요한 직책을 맡아 일을 하고 있었기 때문이었다.[10]

제2공화국이 수립되고서는 다시 헌법을 개정(1960. 11. 29)하여 자유당시절의 반민주행위자의 공민권을 제한할 수 있도록 하고, 부정축재자에 대하여 처벌을 할 수 있는 소급입법을 제정할 수 있는 헌법적 근거를 마련하였다. 이러한 헌법적 근거를 가지고서, 소급입법으로 1960년 12월 31일에는 법률 제586호로서 부정선거관련자처벌법을 제정하고, 이를 실천하기 위하여 이 법률의 제정전인 1960년 12월 30일에 법률 제567호로 특별재판소 및 특별검찰부조직법을 제정하여 일반법원이 아닌 특별법원에서 부정선거관련자를 처벌할 수 있도록 하였다. 그리고 1960년 12월 31일에 법률 제567호로서 "반민주행위자공민권제한법"을 제정하여 소급입법에 의하여 자유당시절의 반민주행위자의 공민권을 제한할 수 있도록 하였다. 그리고 1961년 4월 17일에는 법률 제602호로서 부정축재특별처리법을 제정하여 부정한 방법으로 축재한 재산을 환수할 수 있도록

10) 친일파들이 대한민국 정부의 요직에 여전히 머물러 있고 재계 및 사회 각 방면에 여전히 활동을 하고 있었기 때문에, 친일의 과거청산이 제대로 이루어지지 못하였을 뿐만 아니라, 일제가 저지른 과거의 불법의 역사도 학교교육, 사회교육에서 진실 그대로 제대로 가르쳐 지지 못하였다. 그러므로 일제의 과거 청산이 제대로 이루어지지 못하고 말았다.

하였다.

군사정부에서는 헌법적 근거도 마련함이 없이 소급입법을 하기도 하였다. 구체적으로는 1962년 3월 16일에 법률 제1032호로서 "정치활동정화법"을 제정하고,[11] 1961년 6월 21일에는 법률 제630호로서 혁명재판소 및 혁명검찰부조직법을 제정하여[12] 5·16군사쿠데타 이전 및 이후의 반국가적, 반민주적 부정행위 및 반혁명적 행위자를 처벌하기 위한 특별법원과 특별검찰부를 설치할 수 있도록 하였다. 그리고 1961년 6월 14일에는 법률 제623호로서 부정축재처리법을 제정하여 부정축재특별처리법을 흡수하여 부정으로 축재한 재산을 환수할 수 있도록 하였다.[13]

제5공화국에 와서도 역시 소급입법을 제정하였다. 구체적으로는 1980년 11월 5일 법률 제3261호로서 "정치풍토쇄신을 위한 특별조치법"을 제정하여[14] 정치적 또는 사회적 부패나 혼란에 현저한 책임이 있는 자의 정치활동을 제한하였다.[15]

1993년 문민정부가 수립된 후에도 역시 소급입법을 제정하였다. 1995년 12월 21일에는 법률 제5029호로서 "5·18민주화운동 등에 관한 특별법"을 제정하여 광주민주화운동의 진압자들을 소급적으로 형사처벌할 수 있도록 하였다. 그리고 최근에 와서도 역시 소급입법을 제정하였다. 친일파 후손의 재산환수를 할 수 있도록 하는 소급입법으로서, 2005년 12월 29일에 법률 제7769호로 "친일반민족행위자 재산의 국가귀속에 관한 특별법"을 제정하였다.[16]

이러한 소급입법의 양산은 헌법에서 그 헌법적 근거가 마련되기도 하였으

---

11) 이 정치활동정화법에 대해서도 역시 헌법적 근거가 마련되었다. 즉 처음에는 국가재건비상조치법(1961. 6. 6. 법률 제42호) 제22조 제1항이었으나, 헌법을 개정하고서는 1962년 12월 26일의 헌법 제6호에 의한 대한민국 헌법 부칙 제4조 제2항이 헌법의 근거규정이었다.

12) 특별재판소 및 특별검찰부조직법은 혁명재판소 및 혁명검찰부조직법으로 흡수되었다.

13) 부정으로 축재한 재산의 환수와 관련하여, 부정축재한 재산의 환수를 위한 절차를 규정한 부정축재환수절차법(1961. 10. 26. 법률 제753호)을 제정하고, 더 나아가 부정축재한 재산의 환수와 함께 부정축재처리자금특별회계법을 제정하여(1961. 8. 7. 법률 제677호) 부정축재처리법에 의하여 환수된 재산의 관리와 처분을 위하여 부정축재자금특별회계를 설치하도록 하였다.

14) 이 소급입법은 당시의 헌법(1980. 10. 27. 헌법 제9호) 부칙 제6조 제4항을 헌법적 근거로 하였다.

15) 동법에 대해서는 당시의 헌법(1980. 10. 27. 헌법 제9호) 부칙 제6조 제4항의 헌법적 근거가 마련되었으며, 동법은 1988년 12월 31일 법률 제4039호로 폐지되었다.

16) 한편으로 2004년 3월 22일에는 법률 제7203호로 "일제강점기 친일반민족행위 진상규명에 관한 특별법"을 제정하였다. 그러나 동법은 과거사실의 진상규명을 내용으로 하는 법률이기 때문에 소급입법이 아니다. 그러나 진상규명 결과는 간접적으로 친일반민족행위자의 재산환수의 근거자료로 활용될 수 있다.

나 헌법적 근거 없이 제정되기도 하였다. 어떻든 소급입법은 국민들로 하여금 한탕주의의 심리를 갖게 하며, 법허무주의에 빠지게 한다. 반민족적 행위, 반민주적 행위, 부정축재 등의 범죄행위는 항구적으로 처벌할 수 있는 자연법적인 원리를 개발하여 적용함이 근본적인 해결방법이다. 그리고 소급입법이 많았다는 것은 정치적 굴곡이 심했다는 반증이며, 과거의 불법을 철저히 청산하지 못했다는 반증이기도 하며, 법의 운용에 있어서 법의 내용을 고려함이 없이 형식적인 법적 근거만 마련하면 족하다는 극히 법실증주의적 법사고에 입각해 있었다는 반증이기도 하다.

## Ⅱ. 법실증주의적 사고의 만연

변칙적인 비정상적 입법기관에서 입법을 하고, 비정상적인 독재권력, 군사권력의 유지를 위하여 법률을 제정하고, 비정상적인 절차로 입법을 하고 수권법의 형식을 빌어 통치를 하다보니, 법은 독재적 정치권력의 유지를 위한 수단 내지 도구로 이용될 수 밖에 없었다. 그러므로 한국사회에서는 법실증주의적인 법사고가 만연할 수 밖에 없었다. 형식적으로 법률을 제정하기만 하면 법이 될 수 있다는 법실증주의적인 사고가 널리 퍼지게 되었다. 그러므로 이러한 실증주의적인 법사고와 법제정 및 법집행에 대한 자연법적인 저항은 희생을 당할 수 밖에 없었다. 그러나 끝내는 자연법적인 법사고와 법제정 및 법집행의 민중의 요구가 무소불위의 독재권력을 넘어뜨리게 되었다.

이러한 법실증주의적 사고와 법제정 및 법집행은 법률만능주의적 사고를 낳게 하고, 독재권력의 집행기관인 행정부에 강력한 권한을 부여하고 행정편의적으로 법을 제정하고 집행하는 현상을 낳았다. 국민에 봉사하는 정부가 아니라 국민위에 군림하는 정부의 모습을 보이기도 하였다. 국민들은 주권자로서 국가권력의 조직과 행사를 결정한 것이 아니라 독재권력의 정당화를 위해 동원만 되었던 것이었다. 국민의 일상생활 속에서 법치주의가 실현되도록 하기 보다는 공법적 규제위주로 질서를 세우고 유지하려고 하였다. 항구적이고 근본적인 해결책보다는 임기응변적 위하적인 규제조치를 취하였다. 공법적 규제의 강화는 탈법행위를 유발하게 됨에도 불구하고, 원칙에 입각한 근본적이고 항구적인 법제도의 마련에 극히 소극적이었다.

이러한 법실증주의적인 법사고, 법제정 및 법집행의 문제점을 해결하기 위하여 헌법재판제도를 창설하여 법실증주의적 사고의 결과물들을 정리할 수 있는 장치를 마련하였다. 이와 함께 자연법적인 법사고와 법제정 및 법집행의 방향으로 국가권력의 조직과 행사가 요구되고 주장되고 있다.

변칙적인 국가권력의 조직과 행사는 원칙보다는 예외가 중요시되는 현상을 낳고, 사회변화에 따른 법관리에 있어서도 기본법률의 개정, 보완보다는 특별법을 제정하여 임기응변적으로 대처하는 모습을 보였다. 이와 같이 예외가 중시되고 특별법이 양산되는 법현상은 국민들로 하여금 기회주의적 사고와 태도를 낳게 하였다. 그리고 기본법률의 내용이 시대변화에 적응하지 못하여 사법(死法)이 되는 사례가 적지 아니하였다. 기본법률에서는 일상의 법생활에서 빈번히 이용되는 근저당, 근보증, 연대보증 등에 대해서는 거의 규율하지 못하고 있는 상태가 초래되었다.

그리고 법실증주의적 법사고, 법제정, 법집행은 일관성이 없고 지속성이 없었다. 법의 제정과 집행은 계속성과 일관성이 있어야 국민들의 사고에 침전되고 일상생활 속에서 실천될 수 있다. 그러기 위해서는 법의 내용이 보편적인 가치를 담고 이를 실현하도록 하여야 하며, 중단 없이 집행되어야 한다. 그러나 독재권력은 일관성 있는 법의 제정과 법의 집행을 실천하지 못하였을 뿐만 아니라 할 수도 없었다.

한편으로 이러한 독재권력에 의한 악법도 법이라는 법실증주의적 사고와 법제정 및 법집행에 대해서 법학교육은 그것의 부당성에 대한 비판을 충실히 하지 못하였다. 법에 대한 가치판단을 할 수 있는 법학교육이 이루어지지 못하고 주어진 법 그대로를 설명하는 것에 치중하였다. 그리하여 개념법학적인 형식논리의 법학교육이 이루어지고, 법의 이념, 법사상, 법정책 등의 자연법학적인 가치판단을 할 수 있는 법학교육이 극히 약하였다.

물론 판결에서도 주어진 악법을 그대로 적용하였다. 사회질서의 문란에 악용되고 있는 법제도들도 그 유효성을 그대로 인정하여 변칙적인 행위를 용인해주기도 하였다. 그 대표적인 예가 명의신탁과 중간생략등기의 유효성의 인정이었다. 부동산투기가 심각한 사회문제로 발전하고, 명의신탁과 중간생략등기가 부동산투기의 합법적인 수단으로 악용되고 있었음에도 불구하고 판례는 그 유효성을 널리 인정하였다.

법실증주의적 법사고는 자연법적 사고로 극복되어야 한다. 생활 속에서 자연히 지킬 수 있고 생활화될 수 있는 근본적이고 원칙적인 법제도가 마련되어야 한다. 원칙이 지켜지고 예외는 최소화되어야 한다. 그러기 위해서는 가장 보편적인 내용의 법이 제정되고 지속성이 있게 집행되어야 한다.

## Ⅲ. 법에서의 역사의 계속성 및 연속성의 부재

한국법 및 한국법학은 그 역사에 있어서 계속성이 이어지지 못하고 단절된 역사를 이루고 있다. 조선시대의 유학에 기초한 조선왕조의 법은 일제시기를 거치는 동안 일본에 의해서 수용되고 왜곡된 일본법과 일본법학으로 대체되어 우리법의 계속성이 단절되었다. 특히 일제는 조선시대의 관습까지 조사·왜곡하여 그 계속성을 단절시켰다.

그리고 조선왕조시대는 국가의 이념을 유학적 도덕국가에 두었다. 그러므로 법은 도덕의 실천을 위한 수단 내지 도구로 인식되었다. 일제시대는 한국에 대한 식민지 지배와 수탈과 착취가 그들의 목적이었다. 그러므로 일제시대의 법은 식민지 지배의 수단 내지 도구에 불과하였다. 이와 같이 조선왕조시대와 일제시대는 조선의 법과 조선의 법학의 계속성이 단절되었다.

미군정시대에는 일제의 악법을 부분적으로 정리하고 기독교사상에 기초한 미국법제도로 상당한 부분을 복구하였다. 특히 남녀평등, 인신의 보호, 민주적 질서의 회복을 위한 공법분야의 현저한 개선이 있었다. 이러한 미군정에 의한 민주적 질서의 확립을 위한 법제의 정비는 조선왕조시대의 법의 계속도 아니었으며, 일제시대의 법의 연속도 아니었다.

그리고 대한민국정부가 수립된 후의 한국법의 발전은 다시 독재권력, 군사권력의 남용에 의하여 극히 법실증주의적인 악법의 시대를 맞게 되었다.

이러한 국가법의 역사의 불연속성에도 불구하고 민중들의 법의식 속에는 자연법의 사상과 자연법 의식은 중단없이 흐르고 있었다. 실학의 자연법적인 법사상, 기독교의 영향을 받은 개화사상가들의 자연법사상, 일제의 식민지 지배에 대한 한국민중의 자연권인 저항권의 행사, 대한민국 정부가 수립된 후의 시민의 자유를 위한 독재권력에 대한 저항권의 행사는 연속적으로 이어져 왔다. 법실증주의적인 힘의 행사에 의해 자연법사상과 저항권의 행사가 일시적으로는 위축되고 시련을 겪었지만, 민중의 자연법적 법의식은 더욱 강해져왔으며 자연권으로서의 저항권의 행사는 중단 없이 이어져왔다. 한국법의 역사는 자연법으로 발전되어가야 하며, 발전되어갈 것이다. 그것이 법의 역사발전의 순리이다.

한국법학도 조선왕조시대에는 법학이 학문으로서 대접을 받지 못하고 발전하지도 못하였다. 일제시대는 식민지 법학으로서의 불법적인 힘의 행사를 정당화해준 법학이었다. 미군정시대에는 자연법학의 싹이 틀 수 있었던 기간이었으나, 대한민국 정부가 들어서고 나서는 다시 법실증주의적 법학으로 발전하게 되었다. 물론 이러한 주된 법학의 흐름에 저항한 법학의 흐름이 전혀 없었던 것은 아니었다. 이제는 다시 인류보편적 가치의 실현을 지향하고 구체화하는 자연법학이 한국법학의 주된 흐름을 이루어나가야 한다.

법학교육에 있어서도 계속성과 연속성이 유지되지 못하였다. 조선시대에는 법학교육이 천시되었다. 한말에는 자주적인 법학교육이 실시되기 시작하였으나, 곧이어 일제의 식민지법학교육으로 대체되고 말았다. 법실증주의에 입각한 법학교육이었다. 대한민국 정부가 수립된 후에도 법실증주의적 사고에 입각한 법학교육이 지배적이었다. 그리고 일제에 의하여 대륙의 법학, 그 중에서도 독일의 법학을 중심으로 한 법학교육이 주된 흐름을 이루었다. 이제는 다시 영미의 법학, 특히 미국법학의 방향으로 법학교육을 바꾸어 가고 있다.

독자성과 고유성과 정체성이 있는 한국법, 한국법학의 정립과 발전을 도모하여야 한다. 역사의 계속성과 연속성이 있는 한국법, 한국법학을 이루어야 한다. 불법적이고 비정상적인 과거의 법과 법학은 정리되고 청산되어야 하며, 자연법에 기초한 한국법, 한국법학이 중심을 이루어야 한다.

독자성과 고유성과 정체성이 있는 한국법, 한국법학의 구축을 위해서는 법과 법학에서 있어서 인류보편적인 가치를 추구하면서 이를 구체화하고, 동시에 한국법의 역사속에서 자연법의 요소들을 발굴하여 이를 현대화하여야 한다. 인류보편적인 가치는 기독교의 이웃사상과 사랑사상의 가르침으로부터 구체화할 수 있다. 그리고 고유성과 독자성이 있는 한국의 전통법은 한국민중의 삶속에서 생성, 발전된 민중법이다. 민중법이 바로 인간의 본성, 즉 인간의 선한 의지의 법이다. 보편성과 고유성이 어우러진 독자성과 정체성이 있는 한국법, 한국법학의 발전이 앞으로의 법적 과제이다.

# 제 5 절 농지개혁과 그 후 농지관련법의 변천

## Ⅰ. 농지개혁

대한민국 정부가 수립되고 실시한 첫 번째의 경제개혁조치가 바로 농지개혁이었다. 해방이 되고 북한에서는 1946년 3월에 무상몰수, 무상분배 방식의 토지개혁을 단행하였다. 남한에서는 미군정청에서 일본인 및 일본기업소유의 농지를 매각하는 방법으로 농지분배를 하였다. 그러나 미군정청의 귀속농지 매각은 근본적인 토지개혁이 되지 못하였다. 남한에서의 사회안정을 위해서는 농지개혁의 필요가 절실하였다.

그리하여 제헌헌법 제86조에서는 "농지는 농민에게 분배하며 그 분배의 방법, 소유의 한도, 소유권의 내용과 한계는 법률로써 정한다"고 규정하여 헌법에서 농지개혁을 할 것을 규정하였다. 남한에서 농지개혁이 실시될 수 있었던 역사적 배경은, 먼저 미군정 3년 동안에 농지개혁에 관한 국민적인 관심이 성숙되어 있었으며, 다음으로 1946년의 북한의 토지개혁 등이 함께 영향을 미치고, 제헌헌법 제86조에서 농지개혁의 헌법적 근거를 제공하고 있었기 때문이었다.

그리하여 대한민국 정부는 수립되자마자 바로 농지개혁에 착수하였다. 정부는 1948년 9월 7일에 농지개혁법 기초위원회를 발족시키고, 그 기초위원회는 미군정시의 과도입법의원에서 작성하였던 토지개혁법안 등을 기초로 하여 농지개혁에 관한 기초구상을 하였다. 그리고 1948년 11월 22일에는 정부에 의한 농지개혁법 초안이 발표되었다. 그 정부초안에 의하면, 1농가당 농지의 소유한도를 2정보로 하며, 수분배농지에 대한 상환액은 당해농지의 연평균생산량의 120%를 상한액으로 하여 6년간 상환하도록 하며, 분배농지에 대한 보상액은 당해 농지의 연평균생산량의 150%로 하도록 하였다.[17][18]

또 한편으로 농지개혁이 있을 것에 대비하여 지주들이 소작농민들로 하여금 소작지를 매수하도록 하는 강매행위가 자행되어 이것을 방지하기 위한 법안

---

17) 전게 농지개혁사(상), 371면.

18) 상환액 120%와 보상액 150%의 차액에 대한 보충방법에 대해서 농림부는 귀속농지에서 들어올 재원으로 30%의 부족보상재원을 충당할 수 있을 것으로 판단하였다(상게서, 371면).

인 "농지개혁에 관한 임시조치법안"을 1949년 3월 10일에 국회에서 심의하기로 되어 있었다.[19] 그러나 국회가 동일자로 농지개혁법안을 심의하기로 하여 농지개혁법안을 심의함에 따라서 동 임시조치법의 심의는 보류되었다.[20] 그러나 농지개혁에 관한 임시조치법안의 내용은 1949년 4월 27일 농지개혁법 제27조에서 규정하게 되었다. 그러나 동 농지개혁법 제27에서는 동법의 국회 통과일로부터 소작권의 변동 및 소작지의 매매를 금지하여 입법상의 문제가 발생하였다. 그 후 1950년 3월 10일 농지개혁법의 개정에서 동규정의 시행일을 동법의 국회 통과일에서 동법의 공포일로 변경하였다. 그러나 이때에는 이미 농지분배가 실시되고 있던 단계였으므로 동법 제27조는 있으나 마나한 규정이 되어 버렸다.[21] 농지개혁법안은 1949년 4월 27일에 국회를 통과하고, 동년 5월 2일에 정부로 이송되었다. 정부에 이송된 농지개혁법안에서는 농지에 대한 경자유전의 원칙과 소유상한제의 원칙하에서 유상매수, 유상분배의 방식으로 농지개혁을 단행하도록 규정하였다. 그리고 지주가 받게 될 보상금은 산업자금으로 유입되도록 계획되어 있었다.[22]

그리하여 농지는 농민만이 소유할 수 있으며 농지의 소유상한은 농가당 3정보로 하였다. 그리고 지주에 대한 보상액은 당해 농지의 연평균생량의 15할에 해당하는 금액으로 하고 수분배농지에 대한 상환액은 당해 농지 연평균생산량의 12할 5부의 금액으로 하도록 하여 2할 5부의 차액은 정부가 부담하도록 하였다. 또한 수분배농지에 대한 상환은 5년에 걸쳐 균분하여 이루어지도록 하였다. 그리고 동법 부칙에서 동 농지개혁법의 국회통과일로부터 지주의 소작농지에 대한 처분행위를 금지하였다.

이와 같은 내용의 국회를 통과하여 정부에 이송된 농지개혁법안에 대하여 정부는 이를 법률로 공포하지 아니하고 1949년 5월 9일에 국회로 환부하기로 하였다. 그 이유는, 첫째로 동법안의 매수대상농지에는 과수원, 종묘표, 상전(桑田)등 다년생식물재배농지의 소유상한을 3정보로 하면서, 동시에 동법안의 분배대상제외농지에는 이러한 다년생식물재배농지를 무제한 소유할 수 있도록 모순적으로 규정하고 있다는 것이었다.[23] 둘째로는 보상액과 상환액의 2할 5부

---

19) 농지개혁을 원활히 실시하기 위하여 동임시조치법에서는 일반농지에 대한 소작권의 이동, 소작권의 박탈 등의 행위를 일체 금지하였다.

20) 전게 농지개혁사(상), 393면.

21) 전게 농지개혁사연구, 590면.

22) 상게서, 402면.

의 차액을 정부가 감당할 재원을 마련할 수 없으며, 셋째로는 지주의 소작농지에 대한 처분금지는 동법안이 법률로 공포되기도 전인 국회를 통과한 날로부터 효력을 발생하도록 한 것은 위헌이라는 것이었다.[24] 그리하여 정부는 농지개혁법안을 국회에 환부한 것이 아니라 농지개혁법안의 소멸통고를 하였다.

이와 같이 정부가 농지개혁법안을 법률로 공포하지 아니하고 1949년 5월 16일에 국회에 동법안의 소멸통고를 해오자 국회는 1949년 6월 15일에 정부의 소멸통고가 위법임과 정부가 국회로부터 이송되어 온 법안을 20일 이내에 공포하지 않은 경우에는 법률로서 확정된다는 제헌헌법 제40조 제5항의 규정에 근거하여 농지개혁법이 법률로서 확정되었음을 결의하고 확정된 농지개혁법을 정부로 보내었다. 그러자 정부는 드디어 농지개혁법을 1949년 6월 21일 법률 제31호로 공포하였다.

그러나 정부에서는 농지개혁을 단행하기도 전에 농지개혁법을 개정하기로 하였다. 그 주된 이유는 보상액과 상환액의 차액 2할 5부를 정부가 부담하기 어렵다는 것에 있었다. 그리하여 정부는 보상액과 상환액을 동일하게 당해 농지의 연평균생산량의 15할로 하고자 하여 농지개혁법 개정안을 1949년 7월 1일에 국회에 제출하였다. 국회에서는 농지개혁법안을 개정하여 상환액을 15할로 하고 정부는 개정된 농지개혁법을 1950년 3월 10일 법률 제108호로 공포하였다.

이러한 농지개혁법이 제정되기까지는 농지를 소유한 지주층과 그들의 이익을 대변한 정당에 의하여 제정이 늦어지고, 그 내용도 지주에게 유리하게 수정되기도 하였다. 이러한 농지개혁을 둘러싼 지주층과 농민층의 이익대립과정에서 당시의 대법원은 지주층의 이익을 대변하는 결정을 하였다. 특히 당시의 농촌에서는 악덕지주의 농지방매가 성행하였다. 이러한 상황에서 당시 대법원은 1949년 8월 20일 대법관회의에서 농지개혁법이 국회를 통과한 다음 날인 1949년 4월 28일부터는 소작권의 변동을 내용으로 하는 농지소송사건 또는 조정사건의 접수를 않기로 결정하고, 4월 28일 이전에 접수한 소송 혹은 조정사건에 대해서도 1심이 끝나지 않은 사건에 대해서는 전부 기각하기로 결정하였다.[25]

---

23) 그러나 이러한 정부의 동법안에 대한 해석은 잘못된 것으로 이해된다. 왜냐하면 농지개혁법 제5조 2호 라목에서는, "果樹園, 種苗圃, 桑田等 宿根性 作物栽培土地를 3町步 이상 자영하는 자의 소유인 宿根性作物栽培以外의 農地"는 정부가 매수한다라고 규정하고, 동법안 제6조 2호에서는 "自營하는 果樹園, 種苗圃, 桑田 其他 宿根性 作物을 栽培하는 農地"는 정부가 매수하지 아니한다고 규정하고 있었기 때문이었다.

24) 전게 농지개혁사(상), 447면.

25) 전게 농지개혁사연구, 598면.

이와 같이 당시의 대법원은 농지개혁법의 국회통과 익일자인 4월 28일에 소급해서 일체의 소작쟁의심리를 중단했던 것이다. 이것이야말로 지주계급출신의 대법관들이 취했던 반개혁적인 지주옹호적 태도였다.[26]

이와 같은 우여곡절을 겪어서 제정된 농지개혁법에 따라서 비로소 정부는 세부적인 농지개혁의 절차규정을 마련하였다. 그리하여 1950년 3월 25일에 대통령령 제294호로 농지개혁법시행령을 만들고, 1950년 4월 28일에는 농림부령 제8호로 농지개혁법시행규칙을 각각 제정・공포하였다. 그리고 1950년 2월 10일에는 대통령령 제295호로 농지위원회규정을 제정하고, 1950년 6월 23일에는 대통령령 제375호로 농지분배점수제규정을 제정하여 농지개혁에 필요한 세부규정을 완료하였다.

이와 같이 농지개혁에 관한 세부규정을 마련 후에 농지개혁을 실시하여야 함이 법에 근거한 농지개혁이 될 수 있었다. 그러나 실제로는 농지개혁실행을 위한 법령도 제정하기 전에 법부재상태에서 농지개혁이 단행되었다.[27] 구체적인 농지개혁의 실행과정을 살펴보면, 1949년 5월 5일에 농림부는 농가실태조사를 지시하였으며, 1949년 6월 20일에 농림부는 농지개혁의 대상이 될 수 있는 매수대상농지를 파악하기 위해 전국적으로 농가실태조사에 착수하였으며,[28] 1949년 11월 21일에는 그 결과를 국회에 보고하고,[29] 그 조사결과에 따라서 농림부는 1949년 12월 21일에 매수대상농지의 면적이 601,097평이라고 발표하였다.[30] 그리고 1950년 2월 3일에 농림부는 매수대상농지에 대한 필지별 농지소표(農地小票)[31]를 작성하도록 지시하였으며, 1950년 2월 8일에는 토지등급별 임대가격과 평균수확량표를 배부하여 매수대상농지의 가격을 평가하도록 하였다. 그 후 농림부는 1950년 2월 24일에 동년 3월 10일까지 분배농지일람표를 작성하여 3월 15일부터 3월 24일까지 10일 동안 시, 읍, 면사무소에서 이를 공람(供覽)케 하였다. 그러니까 농지분배가 확정된 공식적인 날자는 1950년 3월 24일

26) 상게서, 599면.

27) 상게서, 602면.

28) 농가실태조사는 농가단위로 일정한 서식에 의해 1949년 6월 21일 현재의 상태를 신고하는 방식으로 진행되었다. 신고항목은 경작면적, 경작농지의 생산량, 가족수, 노동력, 경작가능면적, 농기구보유현황 및 가축사육현황 등이었다(상게서, 623면).

29) 북한법제개요: 법제자료 제157집(법제처, 1991), 421면.

30) 상게서, 601면.

31) 농지소표에는 地番, 地目, 地積, 等級, 賃貸價格, 主栽培物, 地主, 耕作者가 기재되었다. 그리고 수배농가별 농지소표로써 리, 동별로 농가별분배농지일람표를 만들었다.

이었다.[32] 그러므로 농지개혁은 농지개혁법시행령이 제정되기 전날 확정된 것이었다. 이와 같이 농지개혁은 농가별분배농지일람표를 작성, 열람시킨 후 이를 확정함으로써 사실상 확정되었던 것이었다.[33][34]

이러한 분배농지일람표의 종람이 끝난 후에 1950년 4월 10일까지 농지분배예정통지서를 수분배예정자에게 교부하였다. 그 후 정부는 1950년 4월 15일에 이르러 농지개혁의 완료를 발표하였다.[35] 이렇게 농지분배가 확정된 후 농림부는 1950년 5월 27일에 분배농지에 대한 분배농지상환대장의 작성을 지시하고, 1950년 6월 9일에는 하곡(즉, 보리)으로 밭에 대한 농지대가의 상환이 개시되었다.[36] 이러한 과정을 거쳐 다년생식물재배지 등의 특수농지를 제외한 일반농지인 전답(田畓)의 분배는 1950년 4월 15일에 완료된 셈이다.[37]

그런데 1949년에 농가실태조사에서 분배예정농지 60여만정보 중 실제로는 40만정보 정도만이 분배되고 나머지 20만정보는 농지개혁에서 분배되지 않았다. 그것은 1949년 6월부터 1950년 2월 사이에 지주에 의해서 방매(放賣)되었거나 은폐되었기 때문이었다. 그러므로 결국 농지개혁은 정부에 의한 농지분배와 지주에 의한 음성적인 매각의 두 가지 방법에 의해서 진행된 것이었다.[38]

분배받은 농지에 대한 농민들의 상환은 처음에는 현물 또는 현금으로 할 수 있도록 하였다. 그러나 1960년 10월 10일의 농지개혁법의 개정에 의하여 현금으로만 할 수 있도록 하였다. 그리고 농지를 매수당한 지주에 대해서는 그 보상으로 지가증권이 교부되었다. 농지를 국가에 매수당한 지주가 보상을 받으려면 보상신청서를 농지개혁법시행령 공포일인 1950년 3월 25일로부터 40일 이내에 거주지의 도지사에게 제출하여야 하였다(농지개혁법시행령 제13조). 그리하여 보상신청기간은 1950년 5월 3일까지였으며, 이에 대한 지가증권은 같은 해 5월말까지 교부를 마쳐야 했다. 그러므로 정부는 1950년 5월 31일 이내에 지가

32) 전게 농지개혁사연구, 601면.

33) 상게서, 648면.

34) 농지의 분배를 받을 수 있는 사람은 농가이었으며, 농가는 호주 또는 동거가족 중 한 명이라도 직접 농경에 종사하거나 또는 농사를 사실상 지도하여 가족의 생계를 유지하는 합법적인 사회단위이었다(농지개혁법 제3조). 그리하여 농지분배의 자격순위는, 분배대상농지에 대해 현재 당해 농지를 경작하고 있는 농가, 경작능력에 비해 과소한 농지를 경작하는 농가, 농업경영의 경험을 가진 순국열사의 유가족, 영농력을 가진 피고용농가, 국외에서 귀환한 농가의 순으로 하였다(농지개혁법 제11조).

35) 상게서, 602면.

36) 상게서, 602면.

37) 상게서, 603면.

38) 상게서, 659면.

증권을 지주에게 교부하도록 되어 있었다(농지개혁법시행령 제15조). 그러나 곧 이은 6·25한국동란의 발발, 1·4후퇴 등으로 보상신청과 지가증권의 교부는 법정시한을 넘겨서 부분적으로 더 계속되었다.[39]

지가증권은 보상액을 당해 농지의 주생산물 수량이 석(石), 두(斗), 승(升)으로 표시된 유가증권으로서, 귀속재산매수대금의 지급(귀속재산처리법 제19조 제2항), 귀속농지의 상환액의 지급(귀속재산처리법시행령 제24조)을 위해서 사용될 수 있었으며, 지가증권을 담보로 하여 기업자금을 융자할 수도 있었다(농지개혁법 제8조). 이러한 방법의 지가증권의 활용을 통하여 정부는 토지자본을 산업자본으로 전환하고자 하였다. 그러나 관계기관의 비협조와 지주들의 미온적인 태도로 토지자본의 산업자본화로의 사업은 크게 성공하지 못하였다.[40]

그리고 38도선 이북지역으로서 1946년 북한의 토지개혁에 의하여 농지분배가 이루어진 지역이었으나 6·25한국동란 후에 수복된 지역의 농지개혁이 필요하였다. 그리하여 정부는 1958년 4월 10일 대통령령 제1360호로 "수복지구에 대한 농지개혁법 시행에 관한 특례에 관한 건"을 제정, 공포하여 수복지역내의 농지에 대한 농지개혁을 단행하였다. 수복지역내의 농지개혁의 절차는 본래의 농지개혁절차와 동일하였으나 각종의 기간산정의 시기에 있어서 특례를 인정하였다.

이러한 내용과 과정의 농지개혁에 의하여 분배된 농지는 일단 정부소유로 되었다가 다시 농민에게 분배되는 과정을 밟았던 것이 아니라, 농지의 소유권이 지주에게서 바로 수분배농가로 이전되었다.[41] 이렇게 수분배된 농지에 대해서, 농지개혁법 제정 당시에는 분배받은 농지는 농가의 대표자의 명의로 등기하고 가산(家産)으로 상속한다(농지개혁법 제15조)라고만 규정하여 수분배농지의 소유권이전등기에 관하여는 특별규정을 두지 아니하였다. 그러나 1960년 10월 13일 농지개혁법의 개정에 의하여 그 상환을 완료하였을 때에 수분배자 명의로 소유권이전등기를 하도록 하였다(농지개혁법 제16조의 2). 그러나 등기실무상으로는 1951년 8월 31일 농림부와 대법원의 합의에 의하여 "분배농지소유권이전등기취급요령"을 제정하여 상환이 완료된 분배농지의 소유권이전등기는 읍·면장이 쌍방대리인이 되어, 읍·면장이 증명하는 상환완료증명서를 등기원

39) 상게서, 725면 이하.
40) 상게서, 776면.
41) 상게서, 623면.

인서면으로 하여 신청하도록 하고, 등기부에는 상환완료를 등기원인으로 하고, 상환완료일을 등기원인일자로 하여 소유권이전등기를 하도록 하였다.[42] 수많은 등기사무를 처리하기 위하여 농림부는 1955년 11월 20일에 당시의 한국사법서사회간에 등기사무위탁계약을 체결하여 분배농지에 대한 소유권이전등기는 한국사법서사회가 대행을 하였다.

농지개혁법에서는 수분배농지에 대한 매매 등의 처분은 상환이 완료된 후에만 가능하도록 하였다(농지개혁법 제16조). 그러나 실제로는 상환이 완료되기도 전에 매매가 이루어진 경우가 있었을 뿐만 아니라, 수분배자가 사망하였거나 행방불명된 경우가 발생하였다. 그러나 당시의 현재 농지를 경작하고 있으나 수분배자가 아니기 때문에 소유권이전등기를 받을 수 없는 농민으로 하여금 소유권이전등기를 경료받을 수 있도록 하기 위하여, 1961년 5월 5일에 법률 제613호로 "분배농지소유권이전등기에 관한 특별조치법"을 한시법으로 제정하여 간이한 절차에 의하여 현재의 경작자인 사실상의 소유자명의로 소유권이전등기를 할 수 있도록 하였다. 동 특별조치법은 2차례의 개정(1차 개정: 1963. 5. 2. 법률 제1340호; 2차 개정: 1964. 12. 31. 법률 제1671호)되어 1965년 6월 30일까지 그 효력이 계속되었다. 이러한 과정을 거친 농지개혁사업은 1968년 3월 13일 농지개혁사업정리에 관한 특별조치법의 제정, 공포에 의해서 그 1년 후인 1969년 3월 13일에 종결하도록 하였다.

## Ⅱ. 농지관련법의 변천

농지개혁법에서는 경자유전의 원칙을 관철하기 위하여 농지의 임대차를 금지하였다. 그러나 경제개발정책의 추진으로 농촌의 농민들이 도시의 근로자로 농촌을 떠나게 되고, 이로 인하여 유휴농지가 발생하였다. 유휴농지에 대한 경작이 가능하기 위해서는 농지의 임대차를 허용하지 아니할 수 없었다. 이러한 사회구조의 변화에 따라서 1986년에는 농지임대차보호법(1986. 12. 31. 법률 제3888호)을 제정하여, 농지의 임대차를 허용하였다.

그리고 1994년에는 농지법(1994. 12. 22. 법률 제4817호)을 제정하여 농업인의 농지소유상한제를 점진적으로 폐지하고, 비농민의 농지소유를 제한적으로 인정

---

42) 농지개혁사연구(한국농촌경제연구원, 1989), 824면.

하였다. 농지법의 시행과 동시에 농지개혁법, 농지임대차관리법은 폐지되었다. 그리고 농지의 임대차는 물론 농지의 위탁경영도 인정하였다.

이와 같이 농지법에서는 농업인의 농지소유상한제는 이를 폐지하였다. 그러나 경자유전의 원칙은 헌법 제121조 제1항에서 이를 지킬 것을 규정하고 있어서 유지되고 있다. 이처럼 농지개혁이후 경제의 발전과 운용이 변화됨으로써 농지에 대한 관리원칙이 변화하게 되고, 농지관련법도 역시 이러한 농지관리원칙의 변화를 반영하고 있다.

## 제 6 절 대한민국의 법발전의 과제

대한민국의 법이 가장 보편적이면서 동시에 한국적 특징이 있는 법, 즉 자연법이면서 동시에 한국의 독자성, 고유성 및 정체성이 확립된 법으로 발전하기 위해서는 어떻게 한국의 법을 관리해 나가야 할 것인가? 한국법은 인류보편적 가치를 그 내용으로 담고 그러한 방향으로 발전해 나가야 한다. 법실증주의적 사고에 입각한 권위주의적이고, 행정편의적이고, 비정상적이고 변칙적이었던 법제정 및 법운용의 과거의 법관리의 행태는 전적으로 극복되어야 한다. 인류보편적인 가치를 담은 자연법적인 내용의 법을 제정하고 일반인들이 이해할 수 있고 동의할 수 있는 방향으로 운용되어야 한다. 그리고 또 한편으로 한국의 전통과 특징이 있는 한국법으로 가꾸어 나가야 한다. 그리하여야 한국법의 독자성과 고유성 및 정체성을 확립할 수 있다.

이러한 한국법 관리의 사명은 법학자들이 담당하여야 한다. 그리고 인류보편적인 가치, 즉 자연법의 사상과 내용은 기독교사상과 성서의 가르침으로부터 도출할 수 있다. 그러므로 한국법의 발전에 있어서 한국기독교의 역할과 사명이 중대한 것이다. 이웃을 배려하고, 이웃에 대한 사랑을 실천하라는 성서의 가르침은 자연법의 사상적 근원이다. 이러한 자연법의 근원으로부터 법에서는 그 자연법을 구체화하여 규정하여야 한다. 자연법도 항구불변적인 내용도 있지만, 시대의 변화에 따라서 변할 수 있는 가변적인 자연법도 있는 것이다. 자연법을 구체화하고 그것을 법적으로 확인, 제정토록 하여야 한다. 그것이 법에서의 문화국가로 나아가는 길이다. 그리고 가장 한국적인 특징이 있는 법을 만들어 나가야 한다. 민중의 삶과 전통 속에서 자연적으로 생성된 가장 한국적인 법, 상부상조하는 공동체의 삶의 규범들을 현대화하여 오늘날의 실효성 있는 법규범으로 만들어 나가야 한다. 이러한 전통의 계승은 단절된 법의 역사의 계속성과 연속성을 이어가는 것이며, 한국민중의 법의식과 법감정에 부합하는 현재의 법을 만들어 나갈 수 있는 것이다.

지금까지는 법을 만들고 법으로 통치하는 계층의 입장에서 법을 일반적으로 고찰하였다. 그러나 법의 지배를 받는 민중의 입장에서 법을 고찰하고 법을 이해하는 인식의 전환이 필요하다. 역사의 진행은 법을 만들어 통치하는 계층의 이해와 이익을 따라서 이루어지는 것으로 파악되었지만, 보이지 않는 역사 진행의 궁극적인 동력(動力)은 시민의 순수함에 있었다. 역사의 진행은 시민의 순수함에 의하여 인류보편적인 가치실현의 방향으로 이루어지고 있다. 더욱이 시민의 지원이 없는 치자계층의 통치와 이익추구는 결국 종말을 고하게 되었음을 역사가 이를 증명해 주고 있다. 시민이 역사의 주체이며, 시민의 지원을 도출하고 시민의 순수함의 힘을 결집할 수 있는 법의 제정과 운용이 한국법 관리의 요체이다. 그것이 바로 한국법문화가 자연법적이며 독자성을 가지고서 항구적으로 유지・발전해 나갈 수 있는 방안이다.

# 제 7 장
# 북한의 사회주의법사

## 제 1 절 사회주의사상의 형성과 변화 및 사회주의법의 특징적 내용

### Ⅰ. 사회주의사상의 형성배경과 변화

사회주의사상은 생산수단에 대한 사소유권(Privateigentum)을 착취적인 소유권으로서 이해하고 그러한 착취적인 사소유권을 일시에 혁명적인 방법으로 제거하고 생산수단을 국가소유로 옮겨놓아야 한다는 사회경제사상이다. 이와 같은 사회주의 사상은 근대 산업자본주의하에서 생산수단을 소유한 자본가가 생산수단을 갖지 못한 노동자, 농민들을 합법적으로 지배한 사회적 모순현상으로부터 노동자·농민의 인간적인 해방을 위한 사회경제사상으로 배태되었다. 이러한 사회주의사상은 노동자, 농민들이 자본가와 지주에 대하여 저항한 사회주의운동의 사상적 기반이 되었으며, 그러한 사회주의운동은 끝내 폭력적인 사회주의 혁명에 의하여 사회주의 정권이 수립되는 과정으로 발전되었다.[1)]

이와 같이 사회주의사상은 자본주의의 모순을 해결하기 위한 대안으로 주장된 사회사상이었다. 근대의 산업자본주의는 자본가에게 생산수단의 사소유권을 인정하는 경제사상으로서, 사회 전체의 생산의 증대는 가져왔으나, 생산수단을 가진 자와 생산수단을 갖지 못한 자간의 빈부격차의 심화를 초래하여, 결국 생산수단을 가진 자가 생산수단을 갖지 못한 자를 지배하는 모순현상을 낳았다. 그러한 빈부의 격차는 산업혁명 후에 더욱 심화되고, 자본주의에 바탕을 두고 발전한 근대민법은 사소유권 절대의 원칙과 계약자유의 원칙에 의하여 생산수단을 가진 자가 생산수단을 갖지 못한 자를 합법적으로 지배하는 것을 인

1) 역사상 최초의 사회주의혁명은 1917년의 구소련에서의 볼셰비키 혁명이었다.

정하는 결과를 초래하였다. 즉, 자본가와 지주가 노동자와 농민을 합법적으로 지배하는 모순 현상이 초래되었다. 이로 인하여 노동자와 농민이 자본가와 지주에 합법적으로 예속되는 현상이 발생하고, 노동자, 농민의 해방이라는 사회적 과제를 낳았다.

이러한 자본주의의 고도화에 따라서 나타난 빈부격차, 자본가 계급과 노동자 계급간의 사회적 갈등의 문제를 해결하는 방안으로서는 두 가지의 사상이 제시되었다. 그 하나는 생산수단에 대한 사소유권의 인정에 의하여 발생한 자본주의의 모순을 생산수단에 대한 사소유권을 그대로 인정하면서 점진적 개량적으로 시정해 나가고자 하는 수정자본주의 사상이었으며, 다른 하나는 노농자, 농민의 해방을 위해서는 자본주의의 핵심내용인 생산수단에 대한 사소유권을 일시에 혁명적 방법으로 제거하여 생산수단에 대하여는 국가소유로 옮겨야 한다는 사회주의 사상이었다.[2]

이와 같은 역사적 배경하에서 배태된 사회주의사상은 인류의 역사를 계급투쟁의 역사(Geschichte von Klassenkämpfen)로 이해하고, 모든 법은 그 시대의 지배계급의 지배를 위한 수단으로 파악하였다.[3] 이러한 계급투쟁은 법, 즉 입법과 판결을 수단으로 하여 그때 그때의 지배계급에 의하여 수행되어 왔으며, 법은 그때 그때의 지배계급의 산물이며, 법을 권력(즉, 힘)의 도구로 이해하였다.[4]

칼 맑스(Karl Marx: 1818-1883)의 이론에 의하면, 국가와 법은 그 시대의 경제적, 사회적 조건하에서의 계급지배의 현상으로 이해된다. 그러므로 근대 자본주의사회 및 자본주의국가는 자본가가 지배하는 사회 내지 국가이었으며, 근대시민법은 자본가의 이익확보를 위한 수단으로 이해되었다. 그리하여 사회주의자들은 법을 지배계급이 자기계급의 이익의 확보와 유지를 위한 수단으로 파악하여, 사회주의법은 계급주의의 법이며, 이러한 사회주의하에서의 법학은 계급주의 법학으로 분류된다.

사회주의자들은, 이러한 자본주의가 낳은 가진 자가 갖지 못한 자를 합법적으로 지배하는 모순현상을 시정하기 위해서는, 이러한 시민적, 자본주의적 국가의 계급법을 개혁적인 입법에 의해서가 아니라, 전면적인 사회의 프롤레타리

2) 사회주의 사상의 역사적 발전에 관하여는, 김상용, 토지소유권 법사상: 대우학술총서, 인문사회과학 87(민음사, 1995), 125면 이하 참조.

3) Bernd Rüthers, Rechtstheorie: Begriff, Geltung und Anwendung des Rechts(Beck, 1999), Rn 496-497.

4) A. a. O., Rn 496.

아 혁명에 의해 제거하여야 한다고 하였다. 그리고 프롤레타리아 혁명은 자본주의하에서의 소유관계, 생산관계의 기초를 전복하고, 자본주의 생산관계에 기초한 상부구조로서의 근대 시민법 질서를 완전히 제거하여야 한다고 주장하였다. 이것이 노동자들의 유일하고도 실질적인 해방의 길이라고 하였다.[5)]

이와 같이 사회주의는 자본주의에 의한 인간지배의 사회적 모순을 시정하기 위한 혁명이론 내지 혁명사상이었으며, 인간의 역사를 계급투쟁의 역사로 파악하고, 법을 지배계급의 이익을 확보하고 유지하는 계급이익을 위한 수단으로 이해하였다. 다시 말하면 사회주의 사상은 노동자, 농민에 의한 국가전복, 자본주의 질서의 제거를 위한 사회주의 혁명이론이었다. 그리고 맑스에 의하면 정당이라는 것도 계급투쟁의 조직으로 이해되었다. 그러므로 사회주의하에서의 정당은 프롤레타리아 계급의 이익을 대변하는 계급정당으로 이해된다.[6)]

이러한 사회주의사상에 의한 사회주의운동과 사회주의혁명에 의하여 사회주의가 자본주의의 모순현상을 해결할 수 있는 대안으로 주장되었지만 사회주의사상의 근본적이고 구조적인 논리의 모순에 의하여 결국 사회주의계획경제는 그 발전을 정체하게 되었고, 1980년대 말부터는 사회주의정권의 몰락으로 이어졌다. 이처럼 사회주의는 70여년간 그 생명을 유지하였으나, 결국 자기모순으로 자멸로 빠지고 말았다.

사회주의가 자멸의 길로 들어서게 된 사회주의사상의 모순은, 무엇보다도 먼저 인간에 대한 이해와 인간과 인간간의 인간관계에 대한 이해의 오류였다. 사회주의사상에서는 인간을 독자적인 이성적 인격적 존재로 파악하지 아니하고, 집단 내지 단체의 구성원으로서의 존재가치만을 파악하였다. 그리하여 사회주의 국가에서는 인간을 자연인으로 파악하는 것이 아니라 단체의 구성원인 공민으로 파악한다. 이러한 인간관은 인간의 이성에 의한 자기발전의 추구를 인정하고 보호하는 것이 아니라, 당과 지도자 및 국가계획에의 추종과 복종만을 강요하는 것이다.

그리고 사회주의사상은 인간과 인간의 관계를 이웃으로서 서로 사랑하고 배려하는 관계가 아니라 서로 적대적인 관계로 파악하고, 특히 계층간의 대립투쟁을 강조하였다. 즉 노동자, 농민은 자본가에 대해서 적대감을 갖고 투쟁하

---

5) A. a. O., Rn 501.

6) 김영래, "북한의 당·국가체제와 선거제도", 북한의 법과 법이론(경남대학교 극동문제연구소, 1988), 145면.

도록 하였다.[7] 다시 말하면 사회주의사상에 기초한 사회주의국가에서는 사회주의정당의 조직적인 지도하에서 노동자, 농민들로 하여금 자본가에 대한 적대감을 부추긴 것이었다.

이와 같이 사회주의사상은 인간의 본성에 관하여 성악설을 취하고 있으며, 인간의 선성을 심화시키는 것이 아니라 인간의 악성을 더욱 표면화하고 강화하는 이론적 전제하에 있는 것이다. 그리하여 인간과 인간과의 관계를 투쟁의 관계로 파악하고 있으며, 그러한 투쟁을 소위 혁명이라는 이름으로 정당화하고 있는 것이다. 그러므로 사회주의 국가에서는 서로가 서로를 적으로 관념하고 있으며, 계층과 계층간에는 조직적으로 투쟁을 하도록 하고 있는 것이다. 그러한 조직적 투쟁은 사회주의정당에 의하여 지도된다.[8] 따라서 사회주의사상은 인간의 본성과 인간관계에 대하여 근본적이고도 본질적인 오인에서 출발하고 있는 것이다. 인간은 이성적인 존재이며, 인간관계는 사랑과 배려로 이어진 이웃인 것이다.

그리고 경제면에서의 사회주의사상은 시장을 통한 개인과 기업의 창의에 의한 자발적인 경제발전을 도모하는 것이 아니라, 국가의 계획적인 경제계획에 따라서 생산과 분배가 이루어지는 통제경제를 경제운용의 원리로 한다. 자본주의 시장경제는 과잉생산에 의한 공황의 초래, 생산수단을 가진 자본가가 생산수단을 갖지 못한 노동자, 농민을 합법적으로 지배하는 모순현상 등의 문제가 있다.

그러나 자본주의 시장경제의 모순을 국가의 계획에 의한 경제통제로는 근본적으로 해결될 수 없는 것이다. 왜냐하면 인간의 능력으로 거대한 국가경제를 계획적으로 운용할 수 없는 것이다. 근본적으로는 인간의 이성을 인정하고

---

7) 북한의 경우에는 증오심을 갖도록 하고 있다. 북한의 "농업근로자동맹규약"(1965.3.27) 제1장, 3에서는 동맹원의 의무로서, "1) 동맹원은 조국의 통일독립과 우리나라 농촌에서 사회주의·공산주의 건설을 위하여 적극 투쟁하여야 한다. 2) 동맹원은 당에 무한히 충실하며 당의 로선과 정책을 무조건 지지하고 그것을 정확히 관철하여야 한다. 4) 동맹원은 맑스-레닌주의와 당정책, 김일성 동지의 로작을 꾸준히 연구하고 자기의 사상의식 수준을 높이기 위하여 부단히 노력하여 노동계급의 혁명정신을 소유하고 공산주의사상으로 튼튼히 무장하여야 한다. 5) 동맹원은 미제와 일제를 비롯한 제국주의와 지주·자본가계급을 증오하고 착취제도를 반대하며, 사회주의제도를 견결히 옹호발전시키고 자기의 향토와 사회주의조국을 사랑하는 열렬한 애국주의정신을 소유하여야 한다"라고 규정하여 다른 사람에 대한 증오를 동맹원의 의무로 규정하고 있다(탈북자동지회 사이트 참조). 이러한 농업근로자동맹규약에 미루어보면, 농업근로자만이 아니라 북한주민 모두에게 이러한 증오를 주민의 의무로 규정하고 있을 것으로 추측된다.

8) 특히 북한에서 사회주의정당은 조선노동당에 의하여 투쟁이 지도되고, 조선노동당은 김일성에 의하여 지도되었고, 지금은 김정일에 의하여 지도되고 있다.

인간이성의 발현에 의한 창의로 시장기능을 통하여 사회경제가 운용되도록 함을 원칙으로 하고, 그로 인한 모순현상은 국가 내지 공동체의 개입을 통하여 수정하고 시정해 나가도록 하여야 하는 것이다. 사회주의가 그러하지 아니하고, 인간의 이성과 시장의 기능을 전적으로 무시하고, 국가의 계획에 의하여 사회와 경제를 운용하고자 하는 것은, 근본적으로 인간의 본성과 시장의 가능에 대한 이해가 잘못된 것이다.

## Ⅱ. 사회주의법의 특징

사회주의법은 사회주의사상에 기초한 법으로서 사회주의정당의 지도하에서 국가권력으로 성장한 노동자계급의 이익을 위한 수단으로서의 법이다.[9] 사회주의법에서는, 자본주의법은 자본가의 이익을 위한 수단이므로 그러한 자본주의와 자본주의 시민법은 제거되어야 한다고 한다. 사회주의법에서는 노동자, 농민의 해방이 이루어지고, 착취적인 생산수단에 대한 사소유권을 전면적, 혁명적으로 부인하여 인간적인 사회주의적 소유권(sozialistisches Eigentum)인 공동소유권, 즉 국가소유권과 협동단체소유권으로 이전하여야 한다고 한다. 이러한 사회주의하에서는 노동자, 농민의 결사체인 사회주의사상에 터잡은 사회주의정당에 의하여 지도되어야 한다고 한다. 그러므로 사회주의법은 사회주의정당의 결의(Pareibeschlüße)로 공식화되며, 사회주의로의 발전과 자본주의 사회의 개조에 이바지하게 된다고 한다.[10] 그리하여 사회주의에서는 법을 정치의 수단(Recht ist ein Instrument der Politik)으로 이해한다.[11]

이와 같이 사회주의에서는 법을 계급이익의 옹호수단으로 이해한다. 그러므로 사회주의법은 노동자 농민의 계급이익을 옹호하는 법이다. 그리고 근대시민법은 자본주의적 사소유권을 보호하며, 자본가로 하여금 노동자계급을 억압하고, 착취하는 법으로 이해한다.[12] 그러므로 사회주의법은 노동자, 농민의 해방과 자본주의와 자본주의법의 부인과 제거에 있다고 본다. 이와 같이 사회주의법이론에서는 법을 지배계급(ruling class)의 의사의 표현으로 이해하며, 칸트가

---

9) Rüthers, a. a. O., Rn 499.
10) A. a. O., Rn 499.
11) A. a. O., Rn 508.
12) A. a. O., Rn 498.

말한 법이란 일반의사 내지 공동의사(general or common will)의 표현이 아니라고 보는 것이다.[13]

사회주의법은 국가가 생산, 분배, 노동을 모두 규율하고, 인민들로 하여금 사회주의적 인격의 형성을 위해 기여하여야 한다고 한다.[14] 이와 같이 사회주의에서 지배계급인 노동자 농민으로 하여금, 당, 그것도 일당에 의한 지도를 받아야 한다고 주장하는 것은, 노동자 농민이 결속하여 내부적으로는 자본가계급인 착취계급으로부터의 반혁명세력과 외부로부터의 자본주의에 기초한 제국주의로부터의 적대적 공격에 대해서 사회주의를 보호하기 위한 것이다.

그리고 맑스의 이론에 따르면, 법은 그때 그때 사회의 물질적 구조, 즉 생산관계에 기초하고 있으며, 그 반대는 아니라고 하였다. 맑스는 생산관계의 전체는 사회의 경제구조를 형성하며, 그러한 하부구조인 생산관계의 기초위에서 법과 정치의 상부구조가 형성된다고 하였다.[15] 그리하여 법적인 당위는 생산관계의 경제적, 사회적 조건으로부터 생성된다고 한다.[16] 다시 말하면 국가와 법은 그때 그때의 계급상태의 반영이며, 그때 그때의 경제적 생산관계에 기초하여 법의 내용이 결정된다고 하였다. 따라서 사회주의법에서는 법은 정치의 수단이며, 법은 국가 및 사회목적에 이바지하면서 동시에 국가 및 사회목적을 실현한다고 하였다.[17] 그러므로 사회주의법은 계급주의법이며, 사회주의법학은 계급주의법학이다.

그리고 사회주의법에서는 착취적인 생산수단에 대한 사소유권의 폐지를 주장하고, 자본주의적 생산은 과잉생산을 유발하여 경제공황으로 발전되고, 그 과잉생산된 제품의 판매를 위하여 자본주의는 제국주의로 발전하므로, 경제는 계획에 의하여 수행하여야 하며, 따라서 사소유권은 사회주의적 공동소유로 전환되어야 하며, 계약은 경제계획의 실천수단으로 파악하였다. 또한 사회주의는 노동자, 농민이 사회의 지배계급이 되는 사회이며, 그러한 사회주의사회는 맑스 레닌주의 정당에 의하여 지도되므로, 사회주의는 자연히 군중노선 내지 대중노선에 의하여 집단주의 내지 단체주의를 표방하게 되고, 맑스 레닌주의 정

---

13) International Encyclopaedia of Comparative Law, Vol. II: The Legal System of the World(J.C.B. Mohr(Paul Siebeck), 1975), p. 49.

14) Rüthers, a. a. O., Rn 499.

15) A. a. O., Rn 500.

16) A. a. O., Rn 502.

17) A. a. O., Rn 508.

당에 의하여 지도되므로 실질적으로는 사회주의노동당 내지 공산당이 지배하게 된다. 이는 결국 정당의 최고지도자가 이끌어 가는 사회로 된다.

이와 같이 자본자 계급의 착취로부터 노동자 농민을 해방시키기 위한 사회주의 사상과 사회주의법은 결과에 있어서는 사회주의정당의 지도자에 의하여 노동자 농민이 지배되는 모순을 낳게 되었다. 그리고 사회주의는 집단주의에 의하여 개인의 존재가치가 부인되고, 개인의 이성과 자유가 부인되는 결과를 낳게 되었다. 생산수단에 대한 사소유권의 부인에 의해 국가소유 및 사회협동단체의 공동소유는 개인의 창의와 이기심을 억제하여 사회 전체의 생산의 증대를 가져오지 못하는 문제점을 노정(露呈)하고 말았다.

이와 같이 사회주의에서는 법을 당시의 지배계급의 지배수단으로 파악하는 계급법으로 파악하고 있으며, 사회주의법학에서는 사회주의법은 자본주의 시민법을 부인하고 노동자 농민이 사회의 지배계급인 그 사회의 계급법으로서, 생산수단에 대한 사소유권을 부인하고, 경제는 계획에 의하여 운영되며, 사회주의정당에 의하여 지도되는 집단주의 내지 단체주의를 취한다. 보이지 않는 손에 의하여 자원와 생산물의 분배가 이루어지는 자본주의 사회에서의 법적수단인 계약은 사회주의에서는 경제계획의 실천을 위한 수단에 불과하게 되었다.

이러한 사회주의계급법에서는 계급과 계급, 즉 인간의 인간에 대한 항구적인 투쟁만을 주장하며, 법을 정치의 도구로 전락케 하였으며, 개인의 이성을 부인하고, 개인의 창의와 이기심의 발현을 억제하며, 사회주의정당의 지도를 옹호하여 결과적으로 제도에 의한 정치보다는 사람에 의한 인치(人治)를 정당화하고 말았다. 이러한 사회주의사상과 사회주의계급법은 인간의 본성 및 사물의 이치에 반하며, 인류보편의 가치에 반하는 사상이자 법이론임이 분명하다.

그리고 사회주의법 내지 사회주의법학에서는 법실증주의적 사고에 입각하여 실정법만을 법원(法源)으로 이해하며, 관습법과 판례의 법원성을 인정하지 않는다.[18] 관습은 자본주의적 잔재로 파악하며, 법원(法院)의 기능은 국가가 제정한 법을 엄격히 적용하는데 있는 것이지 법을 제정하는 권한은 없다고 보는 사법관(司法觀)에 기초하고 있다. 그리하여 사회주의법에서는 제정법주의를 취하며, 제정법이 불비한 부분에 대해서는 사회주의법의식에 의하여 보충하도록 하고 있다. 사회주의법의식은 법에서의 사회주의사상에 불과하며, 그것은 사회

18) International Encyclopaedia of Comparative Law, Vol. II: The Legal System of the World(J.C.B. Mohr(Paul Siebeck), 1975), p. 70.

주의사회에서의 소위 우리의 조리에 비교될 수 있는 것이다.

또한 사회주의국가에서도 자유주의 국가에서의 법치주의 내지 법치행정에 대비해 볼 수 있는 사회주의적 적법성 내지 사회주의적 합법성(sozialistische Gesetzlichkeit)이라는 사회주의 법원칙이 인정되고 있다. 그런데 사회주의적 적법성 내지 사회주의적 합법성은 우리의 법치행정 내지 법치주의와는 다른 것이다. 이 사회주의적 합법성 내지 사회주의적 적법성이란, 법은 오로지 정치적 목적만을 추구하고, 그것에 이바지하여야 한다는 원칙으로서, 법의 내용과 과제, 즉 목표는 정치적 목적에 의하여 결정된다는 원칙이다.[19] 또한 이는 법에 대한 정치의 우위 인정, 정치에 대한 법적통제의 부인, 법관의 독립의 부인으로 표명된다.[20] 또한 사회주의적 합법성 내지 적법성은 모든 국가기관과 인민이 국가가 제정한 법률에 충실히 따르는 것을 그 내용으로 하고 있다. 그러므로 사회주의적 합법성 내지 적법성은 사회주의법을 철저히 지키는 것, 다시 말하면 사회주의 제정법을 철저히 관철시키는 것을 그 내용으로 하고 있다.

이러한 의미의 사회주의적 합법성 내지 사회주의적 적법성에 관하여는 구 사회주의 국가의 헌법에서 이를 헌법상의 원칙으로 규정하였다. 예컨대 1960년의 몽골인민공화국 헌법 제7조에서는 "모든 국가권력기관은 몽골인민공화국의 헌법, 기타 모든 법률을 엄격하게 실시하지 않으면 아니 된다"라고 규정하였으며, 1960년의 체코사회주의공화국 헌법도 역시 그 제17조 제1항에서, "모든 시민과 국가전체와 인민의 제조직은 사회주의국가의 합법적 명령에 따라 그들의 활동을 지지하며, 사회생활에서의 사회주의 합법성을 충실히 실천한다"라고 규정하고, 그 제2항에서는, "이러한 목적을 수행하는 제조직은 근로원칙과 사회주의적 지도원칙을 유지하는 법률을 지지하며 시민을 지도한다"라고 규정하였다. 그리고 1968년의 구동독 헌법 제87조에서도 "사회와 국가는 인민과 인민의 단체들을 사법과 사회주의 법준수를 위한 사회적 및 국가적 통제하에 둠으로써 합법성을 보장한다"라고 규정하였다.

그러므로 사회주의합법성 내지 적법성은 사회주의 제정법을 철저히 지키는 것을 그 내용으로 한다. 그러나 사회주의법은 사회주의사상이 인류보편의 가치

---

19) Rainer Schröder, "Das ZGB der DDR von 1976, verglichen mit dem Entwurf des Volksgesetzbuchs der Nationalsozialismus von 1942", in: Zivilgesetzbuch der DDR vom 19. Juni 1975 (hrsg. von Jörn Eckert und Hans Hattenhauer, Deutschland, Goldbach, Keip Verlag, 1995), S. 40.

20) A. a. O., S. 41.

에 반하며 인간의 본성에 반하는 사상이자 내용이기 때문에, 결국 사회주의적 법성 내지 합법성이라는 것은 인민들로 하여금 사회주의체제, 더 좁게는 사회주의정당의 지배, 더욱더 좁게는 사회주의지도자의 의사의 지배하에 묶어두고자 하는 용인할 수 없는 사회주의법이론에 불과하다.

이러한 사회주의적법성 내지 합법성이 북한에서는 사회주의법무생활이라는 것으로 변질되어 나타나고 있다. 북한에서의 사회주의법무생활은 모든 사회성원들이 사회주의국가가 제정한 법규범과 규정의 요구대로 일하며 생활하는 것을 의미한다. 북한은 이러한 사회주의법무생활을 헌법상의 법원칙으로 규정하고 있으며, 이는 북한주민으로 하여금 북한법을 철저히 따를 것을 요구하는 것이다. 북한은 사회주의법무생활을 통하여 사회주의사상으로 세뇌하고 무장하게 하여 북한주민을 사회주의체제의 볼모로 잡고 있는 것이다.

## 제 2 절 사회주의 사상의 한국 침투와 한국에서의 사회주의 운동의 전개과정

한국에서의 사회주의운동은 일제로부터의 한국의 독립을 위한 운동으로 출발하였다. 즉, 1919년 3·1독립운동이 그 목적한 바를 달성하지 못하자 새로운 독립운동의 방법을 모색하게 되었다. 또한 마침 그 당시에 볼셰비키 혁명에 성공한 레닌(Nikolai Lenin: 1870-1924)은 약소민족의 독립운동에 대한 지원을 선언하였다.[21] 그리고 중국에서는 중국공산당이 조직되어 활동을 하고 있었다. 이러한 대내외적 시대사정의 영향을 받아서 사회주의와 연계하여 독립운동을 전개하려는 경향이 생겨났다. 그 결과로 1920년에 상해에서 고려공산당이 조직되었다.

이러한 중국에서의 사회주의운동의 태동의 시기에 일본의 동경에서는 유학생들이 중심이 되어 무정부주의 운동이 일어났다. 무정부주의 운동은 절대적인 자유를 내세우고 일체의 권력을 부인하는 운동으로서 암살, 파괴 등의 과격한 방법을 취하였다.[22][23]

---

21) 이기백, 전게 한국사신론, 385면.
22) 상게서, 386면.
23) 1923년 박열의 일황(日皇) 암살계획이 그 하나의 예였다.

이러한 한국에서의 사회주의운동은 1924년에는 노동자 농민계급의 해방과 노동자농민계급의 복리추진이라는 사회주의이념을 내건 "조선노농총동맹"이 결성되고, 1925년에는 한국의 독립을 위하여서는 당시 일본의 자본주의를 타도해야 한다는 이론파들이 조선공산당을 조직하고 노동쟁의를 통한 조직적인 항일운동을 전개하였다. 또한 1925년에는 사회주의사상의 영향을 받은 학생들이 조선학생사회과학연구회를 조직하였다.

그리고 한국의 독립을 위하여 한국인들은 3·1운동을 고종의 장례일에 맞추어 일으킨 것과 마찬가지로, 순종의 장례일인 1926년 6월 10일을 기하여 다시 대규모 반일시위를 계획하였다. 사회주의자들도 6·10장례일에 전국적인 반일운동을 전개할 것을 계획하였으나 사전에 발각되고 말았다.[24] 그러나 순종의 장례일에 한국민의 반일시위가 일어나 상행(喪行)이 혼란에 빠졌다. 바로 이 반일제 시위운동이 6·10만세운동이었다. 이 6·10만세운동에서 사회주의운동가들이 작성한 반일격문에서 사회주의사상이 강하게 나타났다.[25] 그리고 1927년에는 반일노동운동의 원산제네스트가 일어났다. 원산제네스트는 원산의 노동자들이 파업을 일으킨 사건이었다. 이러한 사회주의사상은 1929년의 광주학생사건에서도 민족해방이라는 목적의식으로 강하게 나타났다.[26]

그리고 문학활동에 있어서도 사회주의 프로문학이 형성되었다. 1920년대 중엽에 나약한 감상적인 예술에 대한 반발로서 신경향파의 문학이 일어났다. 이들은 힘의 예술을 부르짖게 되었는데 그것은 당시에 일어났던 사회주의운동의 영향을 받았던 것이었다.[27] 신경향파의 문학은 뒤에 계급문학으로서 프로문학으로 진전하게 되었다. 프로문학은 분명한 정치의식을 가진 정치문학이었다.[28]

이와 같이 일제시대의 사회주의사상과 사회주의운동은 독립운동의 하나로서 전개되었다. 그러나 현재 북한의 사회주의체제는 일제의 독립을 위한 운동

---

24) 이기백, 전게 한국사신론, 386면.

25) 사회주의계열에 속하였던 권오설이 작성한 격고문(檄告文)에는, 1: 조선독립만세, 2: 조선은 조선인의 조선이다, 3: 횡포한 총독정치를 쫓아내고 일제를 타도하자, 4: 학교에서 사용하는 말은 조선어로, 5: 학교장은 조선인이어야 한다, 6: 일본인을 조선영역에서 쫓아내자, 7: 조선의 대학, 전문학교는 조선인이 운영하자, 8: 동양척식회사를 철폐하라, 9: 일본인은 식민지를 철폐하라, 10: 모든 납세를 거절하자, 11: 일본물품을 배격하자, 12: 조선인관리는 모두 퇴직하라, 13: 공장의 노동자는 파업하라, 14: 8시간 노동제를 실시하라, 15: 동일노동의 동일임금, 16: 소작제는 4·6제로 하고, 공과금은 지주가 부담하라, 17: 소작권은 이동될 수 없다, 18: 일본인 지주에게 소작료를 주지마라 등의 내용을 담고 있었다.

26) 鈴木敬夫, 전게 법을 통한 조선식민지 지배에 관한 연구, 239면.

27) 이기백, 전게 한국사신론, 390면.

28) 상게서, 390면.

으로서의 사회주의운동을 계승·발전시킨 사회주의가 아니라, 구소련군이 거의 패망에 이른 일본에 대해 선전포고를 하고 북한지역에 진주하면서 북한에 사회주의정권을 세우기 위해 내세운 구소련의 사회주의체제의 연장일 뿐이다. 그러므로 현재의 북한의 사회주의는 민족독립운동을 계승·발전시킨 사회주의운동의 계속이 아니다.

## 제3절 북한에서의 사회주의 체제의 조직과정

### Ⅰ. 사회주의자들에 의한 조선건국준비위원회의 구성과 조선인민공화국의 건립추진

북한에서의 사회주의정권의 수립의 과정을 살펴보면, 1945년 8월 9일 구소련은 일본에 대해 선전포고를 하고, 8월 22일에는 소련군이 평양에 진주한 후 북한지역을 점령하였다. 구소련군은 북한지역에 진주하여 실질적으로는 북한을 통치하면서도, 형식적으로는 군정을 실시하지 아니하고 행정권을 한국인들로 구성된 인민위원회가 갖는 모습을 취하였다.

8월 15일 해방이 되자 사회주의계열의 사람들은 해방과 동시에 조선건국준비위원회[29](소위 建準)를 서울에서 결성하고, 8월 16일부터 구체적인 방침과 정책을 연이어 발표하면서 각 지방에 지부를 결성하였다. 그리고 8월 28일에는 건국사업의 방향을 밝히는 선언과 강령을 발표하였다.[30] 그리고 1945년 9월 6일에 건준은 서울에서 전국인민대표자대회를 개최하여, 그 회의에서 국호를 조선인민공화국으로 결정하였다. 그리고 동회의는 임시정부조직법안을 가결하고, 조선인민공화국의 정부수립에 착수하였다.[31] 그러나 민족주의자들은 임시정부를 지지하고 국민총의의 집결을 위한 국민대회를 소집할 준비회의를 열어 건준에 맞서게 되었다.

이와 같이 해방된 한국에서 남북한 각각 미군과 구소련군이 진주하여 점령

---

29) 건준(建準)의 중앙위원장은 여운형이었다.

30) 고준석, 북한현대사입문(도서출판 함성, 1990), 25면.

31) 미군정은 조선인민공화국도 대한민국임시정부도 한국의 주권행사기관으로서의 정통성을 인정치 않았다.

해 있는 상태에서 민족주의자들과 사회주의자들은 대립된 상태로, 민족주의자들은 대한민국임시정부의 정통성을 인정하고 임시정부가 한국정부를 수립할 것을 지지하였으나, 사회주의자들은 건준을 중심으로 인민공화국을 수립하여 그 인민공화국이 한국정부를 수립할 것을 추진하였다.

## Ⅱ. 북한에서의 사회주의 정권의 건립과정

민족주의자들과 사회주의자들간의 대립상황 속에서 북한지역에서는 건준에 의한 인민공화국의 수립과는 별도로 소련점령군의 지도와 보호아래 1945년 8월 24일에 함경남도 인민위원회가 결성되고, 1945년 10월 8일에는 북조선 5도 임시인민위원회 연합회의가 개최되어, 그 회의에서 중앙행정기관의 설치가 합의되었다. 그 회의 결과로 임시중앙행정기관으로 북조선 5도행정국이 설치되었다. 이 북조선 5도행정국에는 조만식 등 민족주의자들도 참여하였으며, 그가 북조선 5도행정국위원회의 위원장이 되었다. 그리고 이 북조선 5도행정국의 설치는 1945년 11월 19일에 이르러 소련점령군 사령부의 승인을 받게 되었다.[32]

그리고 김일성이 북한주민들에게 처음으로 모습을 들어낸 것은 1945년 10월 14일 소련점령군 민정부의 지시에 의하여 평양에서 열린 조선인민해방축하대회에서였다. 이 조선인민해방축하대회를 북한에서는 김일성장군 환영시민대회라 칭하며, 이 대회에서 김일성은 소련점령군 사령관, 민족주의자 조만식과 함께 처음으로 대중앞에 나타났다.[33] 그는 북한지역에서의 소련의 사회주의통치의 한국인 대리인으로 나타난 것이었다고 평가된다.

1945년 12월 28일에는 모스크바삼상회의에서의 한국에 대한 신탁통치안이 발표되었다. 남한의 민족주의진영에서는 신탁통치를 반대하였다. 그러나 사회주의자들은 1946년 1월 2일에 신탁통치안을 찬성하였다. 사회주의자들이 신탁통치를 찬성함에 따라서 북조선 5도행정국에 참여하였던 민족주의자들은 북조선 5도행정국으로부터 사임하였다. 그러므로 북조선 5도행정국은 북한지역에서의 중앙행정기관으로의 기능이 마비되었다.

이와 같이 북조선 5도행정국의 기능이 마비되자, 이를 타개하기 위하여 1946년 2월 8일에 북조선임시인민위원회가 구성되어, 이 북조선임시인민위원회

32) 전게 북한법제 개요: 법제자료 제157집, 65면.
33) 고준석, 전게 북한현대사입문, 55면.

가 북한지역의 중앙행정기관으로서의 기능을 수행하였다. 이 북조선임시인민위원회의 위원장이 바로 김일성이었다.[34] 이들은 조만식 등 민족주의자들을 축출하고, 사회주의정치를 실시하였다.[35] 그리고 동년 2월 8일에 발표된 “북조선임시인민위원회에 관한 규정” 제3조에서는 북조선임시인민위원회에 북조선의 인민, 사회단체, 국가기관이 실행하여야할 임시명령을 제정, 공포할 수 있는 권한을 인정하였다.[36] 이와 같이 북한지역에서 김일성에 의하여 주도되는 북조선임시인민위원회에 의한 사회주의통치가 행하여짐으로써 북한주민들은 사회주의통치를 피해 남쪽으로 월남하기 시작하였다.[37]

북조선임시인위원회는 1946년 3월 5일에 20개의 정강을 발표하고, 1946년 11월 3일에는 도・시・군인민위원회 선거를 실시하고, 1947년 2월 17일에는 북조선 도・시・군 인민위원회를 개최하고, 1947년 2월 21일에는 북조선인민위원회 제1차회의를 개최하여, 북조선임시인민위원회는 북조선인민위원회로 변경되게 되었다. 그 북조선인민위원회의 위원장도 역시 김일성이었다.

북조선인민위원회는 1947년 11월 18일 임시헌법위원회를 설치하고, 그 임시헌법위원회로 하여금 북한지역에서의 조선임시헌법 초안을 기초하게 하였다. 그리하여 1948년 9월 8일에 헌법을 채택하고, 1948년 9월 9일에 북한지역에서 소위 조선민주주의인민공화국이 수립되었다.

이와 같이 건준과 그것에 의한 인민공화국에 의한 사회주의체제로의 해방한국의 정부수립 추진은 북조선임시인민위원회의 구성을 중심한 북한정권의 수립추진과는 그 사상적 계보가 다른 것이었다. 그리고 인민공화국은 여운형에 의하여 주도되었으며, 북조선임시인민위원회는 소련점령군의 지원과 보호하에 그들의 한국인 대리인격인 김일성에 의해 진행되었다.

## Ⅲ. 북한에서의 사회주의 정당의 조직과정

한국과 북한에서의 사회주의정당의 조직과 최종적으로 북한지역에서의 조

34) 이기백, 한국사신론, 394면.

35) 상게서, 394-395면.

36) 이 규정에 근거하여 북조선임시인민위원회가 1946년 3월 5일에 “토지개혁에 관한 법령”을 제정하여 북한지역에 토지개혁을 단행하였다. 그리고 1946년 6월 30일에는 노동법령을, 1947년 7월 30일에는 남녀평등에 관한 법령을, 1946년 8월 10일에는 중요산업국유화법령을 발포하였다.

37) 이기백, 전게 한국사신론, 395면.

선노동당의 출현과정을 살펴보면, 일제시대에 사회주의사상에 기초한 독립운동의 한 조직으로서 조선공산당이 조직되었으나, 일제의 탄압으로 조직적인 활동을 할 수가 없었다. 건준을 결성한 사회주의자들은 조선인민공화국 수립을 추진함과 함께 1945년 8월 15일과 16일에 걸쳐서 서울에서 조선공산당 재건에 착수하였다. 그들은 조선공산당을 재건은 하였으나, 중앙의 인적구성만을 조직하였을 뿐, 강령과 규약을 물론 투쟁목표도 설정하지 못한 상태에서 분파조직이라는 비판을 받고 해체되고 말았다.[38]

그러고 나서 다시 박헌영 등의 주도에 의하여 1945년 8월 20일 조선공산당 재건준비위원회가 결성되고, 1945년 9월 11일 동위원회는 조선공산당의 재건을 선언함과 동시에 조선공산당의 중앙당을 조직하고 투쟁목표와 슬로건을 발표하였다. 그러나 1945년 10월 10일에서 13일까지의 사이에 북한지역에서는 조선공산당 북조선 분국이 설치되었다.[39] 이 조선공산당 북조선 분국은 그 이름은 조선공산당의 하나의 조직인 것 같지만, 실질은 북한지역에서의 소련점령군의 지원과 보호아래 조직된 김일성을 북한지역의 지배자로 만들기 위한 사회주의 조직이었다. 그것은 1945년 10월 14일 평양에서 열린 조선인민해방축하대회에 김일성이 처음으로 그 모습을 드러내고, 조선공산당 북조선 분국의 간부들이 등장하였으며, 1945년 10월 23일에는 조선공산당 북조선 분국이 이미 조직된 조선공산당 중앙당으로부터 승인을 받게 된 것에 미루어보면 분명하다.

그리고 조선공산당 북조선 분국은 1945년 12월 17일에서 18일까지 그 제1차 확대중앙위원회를 평양에서 개최하고, 북조선공산당분국을 북조선공산당으로 그 명칭을 바꾸고 조직을 개편하였다. 북조선공산당은 1946년 7월 22일 조선신민당[40]과 합당하여 그 명칭을 북조선노동당으로 바꾸기로 하고, 1946년 8월 28일에서 30일까지 북조선노동당 창립대회를 개최하였다.[41] 그리고 1946년 9월 1일에는 북조선노동당 당강령이 발표되었다. 한편으로 조선공산당은 1946년 11월 24일에 조선인민당 및 남조선신민당과의 3당 합당에 의해 남조선노동당으로 그 명칭을 바꾸어 개편이 되었다.

그리고 다시 1949년 7월에는 남북조선노동당 연합준비대회가 조직, 진행되

38) 고준석, 전게 북한현대사입문, 29면.

39) 이 조선공산당 북조선 분국의 창설을 북한에서는 조선노동당의 실질적인 창당으로 삼고 있다. 그리하여 북한에서는 1945년 10월 10일을 조선노동당 창당일로 기념하고 있다.

40) 조선신민당은 1946년 2월 16일에 결성이 되었다.

41) 이 북조선노동당 창립대회를 북한에서는 조선노동당 제1차 대회로 삼는다.

고, 1949년 6월 30일에서 7월 1일까지 평양에서 남북조선노동당합동대회가 개최되고 이 합동대회가 바로 조선노동당의 결성대회였다. 이러한 과정을 거쳐 북한지역의 조선노동당이 창설된 것이었다. 조선노동당은 1946년 8월 30일 제1차 당대회에서 조선노동당 규약을 발표하였다. 그리고 조선노동당이 결성되자 남한지역에서의 사회주의 활동을 위하여 남한지역에서는 조선노동당 남반부당이 조직되었다. 이 조선노동당 남반부당은 사실상 남조선노동당의 명칭을 바꾼 것에 불과하였다.[42] 그들은 남한에서 파괴활동을 하였다.

조선노동당의 결성과정에 비추어 보면, 김일성 중심의 북조선공산당은 소련점령군의 지원과 보호아래 결성된 조직으로서 남한사회주의자들 중심의 조선공산당과는 그 출발이 같지 아니하였다. 해방 이후 남한지역에서는 사회주의자들에 의한 정부전복의 시도들이 자행되었기 때문에 사회주의자들에 의한 사회주의활동을 규제하였다.[43] 그리하여 남한지역에서는 사회주의활동이 위축될 수밖에 없었으므로 남한지역의 남조선공산당이 김일성 중심의 북한지역에서의 북조선공산당으로 흡수될 수밖에 없었다. 그리고 북한지역에서의 김일성 주도의 북한정권은 독립운동으로서의 사회주의운동을 계승한 한국사회주의의 정통성이 인정되는 사회주의정권이 아니며, 현재 북한의 조선노동당 역시 일제시대의 사회주의 독립운동조직이었던 조선공산당의 후계정당도 아니다. 그러므로 북한에서의 사회주의, 사회주의정권 및 사회주의정당인 조선노동당은 모두가 소련점령군에 의하여 주도된 것들이었으며, 한국에서의 사회주의사상과 사회주의운동의 정통성을 계승한 것들이 아니다. 한국사회주의 역사에 있어서 정통사회주의자와 한국사회주의의 정통성의 요소들은 북한에서 김일성에 의한 권력투쟁과정에서 모두 숙청되거나 배제되고 말았다. 그러므로 북한정권은 한국역사의 정통성을 이은 정부가 아니며, 북한에서의 사회주의 역시 한국사회주의의 계승이 아니다. 단지 북한정권은 소련점령군에 의하여 조직된 정권이며, 북한에서의 사회주의는 소련사회주의의 북한에서의 연장에 불과하다.

---

42) 고준석, 전게 북한현대사입문, 102면.

43) 이러한 사회주의자들에 의한 정부전복 시도와 사회혼란 및 파괴행위에 대처하기 위하여 대한민국정부는 1948년 12월 1일 법률 제10호로 국가보안법을 제정하였다.

# 제 4 절 북한의 사회주의정권의 형성과 변천과정

## Ⅰ. 북한정권의 수립과정

해방이 되자 해방한국의 장래문제에 관한 모스크바 3상회의에서 5년간의 신탁통치를 결의하자, 민족주의자들은 이를 반대하고 사회주의자들은 이를 찬성하여 서로 대립을 하고, 북한지역에는 소련군이 점령해 있고, 남한지역에는 미군이 점령해 있었다. 이러한 상황에서는 미소는 한국의 장래를 협의하기 위하여 미소공동위원회를 설치하였으며, 그 위원회에서는 합의가 이루어질 수 없었다. 소련은 한반도에 먼저 진주를 하였고, 제정러시아 시절부터 부동항(不凍港)을 얻기 위한 남진을 계속해 왔으며, 이미 노일전쟁전의 일본과의 대립과정에서도 북위 39도선을 경계로 분할하여 서로의 이익을 존중할 것을 제안하였으나 노일전쟁의 패배로 실패한 과거 역사를 갖고 있었기 때문에, 한반도에서 친소사회주의정권을 세워야겠다는 뜻을 갖고 있었던 것이었다.

이러한 상황 속에서 미국은 한국의 장래문제를 유엔에 상정하고, 1947년 11월 14일 유엔은 유엔감시하에 남북총선거를 실시할 것을 결의하였다. 그 결의에 기초하여 1948년 1월 8일에 유엔한국위원단이 한국에 파견되었다. 그러나 북한에서는 유엔의 결의를 존중하지 아니하고 유엔한국위원단의 북한지역출입을 불허하였으므로, 유엔은 1948년 2월 18일 남한지역에서만의 총선거를 실시할 것을 가결하였다. 그리하여 남한지역에서는 1948년 5월 10일 총선거를 실시하여 국회의원을 선출하여 국회를 구성하고, 그 국회에서 헌법을 제정하고 대통령을 선출하여 1948년 8월 15일 대한민국정부가 수립되었다.

이러한 남한에서의 대한민국정부의 수립에 대항하여 북한지역에서의 소련점령군의 지원을 받고 있던 사회주의자들은 형식적으로는 남북한 통일정권의 수립을 위하는 것처럼 표방하면서 김일성 주도의 북한의 사회주의정권의 수립을 추진하였다. 그 구체적인 과정을 살펴보면, 1948년 4월 19일에 평양에서 "남북조선 제정당, 사회단체 대표자 연석회의"(이를 남북정치협상회의라 한다) 준비회의가 개최되고, 이어서 1948년 4월 20일에서 30일까지 역시 평양에서 남북정치협상회의의 본회의가 개최되었다. 이 남북정치협상회의에는 한국독립당을 이끌던 김구, 우익진영이었던 민족자주동맹의 김규식도 참석하였다. 그들은 남북통일정부의 수립을 갈망하고 있었다.

이와 같이 남북정치협상회의에 참석하고 있던 김구는 1948년 6월 25일에 남한에서의 단독정부 수립을 비판하였다. 그리고 1948년 6월 29일에는 소련점령군과 미군의 한국에서의 철수를 요청하는 서한을 유엔한국위원단에 보냈다.[44] 그런데 미소양국의 점령군의 철수주장은 이미 미소공동위원회에서 소련점령군 사령관에 의하여 이미 주장된 바 있었다. 북한지역의 소련점령군 사령관이었던 스티코프(Terenty Fomich Shtykov: 1907-1964)는 1947년 9월 26일의 제3차 미소공동위원회에서 미소양군이 3개월 이내, 즉 1948년 초두까지 동시철군할 것을 제의하였다.[45] 그러나 이와 같은 철군주장 뒤에서 북한지역에서는 강력한 군대가 조직, 훈련되고 있었다.[46]

남북정치협상회의는 다시 1948년 6월 29일부터 7월 5일까지 평양에서 남북조선 제정당, 사회단체 지도자 협의회가 개최되었다. 이 협의회에서는 남한에서의 총선거에 의하여 선출된 국회의원들로 구성된 국회와 동국회에서의 정부수립 추진의 일에 대해서 비판하고, 남북한 전역에 걸쳐서 총선거를 실시할 것과 그 총선거에 기초하여 조선최고인민회의를 창설하고 남북한대표자들에 의하여 중앙정부를 수립할 것을 결정하고, 역시 미소양군이 즉각 철군할 것을 결의하였다. 그리고 다른 한편에서는 1948년 7월 9일에서 10일까지 북조선인민회의가 개최되어, 조선최고인민회의 대의원 선거를 1948년 8월 25일에 실시할 것과 조선민주주의인민공화국 헌법초안을 가결하였다. 그리하여 남조선인민대표자대회는 1948년 8월 21에서 26일까지 해주에서 개최되었으며, 이 대표자회의에서 남측지역을 대표하는 조선최고인민회의대표자를 선출하였다. 그리고 북한지역에서는 1948년 8월 25일 조선최고인민회의 대의원을 선거하였다.

이렇게 남북한지역을 대표하여 선출된 조선최고인민회의 대의원들은 1948년 9월 2일에서 8일까지 평양에서 조선최고인민회의 제1기 제1차회의를 개최하여, 조선민주주의인민공화국 창건안을 가결하여 1948년 9월 9일 조선민주주의인민공화국의 성립이 선포되었다. 그 조선민주주의인민공화국의 대표자인 수상은 역시 김일성이었다.

---

44) 고준석, 전게 북한현대사입문, 77면.
45) 상게서, 74면.
46) 이기백, 전게 한국사신론, 399면.

이와 같이 북한정권의 수립은 외관상으로는 남북의 정치, 사회단체가 최고인민회의대의원을 선출하고 그 최고인민회의의 결의로 성사된 것처럼 표방하여 북한정권이 남북한 전지역을 대표하는 정부인 것과 같이 가장하였다. 그러나 실제로는 소련점령군의 지원과 보호아래 김일성에 의하여 주도된 북한지역에서의 사회주의정권수립이었다. 이렇게 남북한을 대표하는 정권인 것처럼 가장한 김일성에 의한 사회주의정권은 그들의 사회주의정권이 수립되고서는 권력투쟁을 전개하여 김일성 추종세력이외의 북한사회주의정권의 수립에 참여하였던 사회주의자들을 모두 숙청하는 작업을 진행하였다. 그들의 숙청작업은 6·25한국전쟁이 끝나갈 무렵에 거의 완료되었다.

이처럼 김일성은 소련군의 지원과 보호아래 북한지역의 임시행정의 책임자, 조선노동당의 총비서, 그리고 수립된 북한정권의 최고책임자인 수상이 되어, 북한주민들을 지배하였다. 김일성파가 아니었던 남로당 출신의 사회주의자들은 물론, 연안파, 러시아파 등의 자기파가 아닌 사회주의자들을 모두 숙청하고 김일성 1인지배의 북한정권으로 만들어 나갔으며, 사회주의국가에서는 극히 이례적으로 그의 사후에는 그의 아들 김정일이 대를 이어 북한주민을 지배하고 있다.

## Ⅱ. 북한 사회주의 정권의 성격

북한의 김일성, 김정일에 의하여 지배되는 사회주의정권의 특징적 성격은, 첫째로 북한정권은 사회주의정권이다. 생산수단에 대한 사소유권을 전면적으로 부인하고 국가 또는 협동단체의 소유만을 인정하는 사회주의적 소유제도를 취하며, 시장경제를 부인하고 계획경제를 취하며, 인간을 자연인으로 보고 그의 인격과 이성을 존중하는 것이 아니라 단체의 구성원으로의 존재가치만을 인정하는 집단주의, 단체주의를 취한다. 둘째로는 주체사상에 의하여 지도되는 일종의 종교국가이다. 주체사상이란 역사의 주체와 사회발전의 동력은 인민대중이며, 혁명과 건설에서 자주적인 입장과 창조적인 입장을 견지한다는 주장으로서, 이를 위하여는 인민대중의 사상개조와 정치사업이 선행되어야 한다고 한다. 그러나 이러한 주체사상은 수령론과 결합하여 인민대중이 역사의 주체로서의 지위를 차지하고 역할을 다하려면 수령의 영도를 받아야 한다고 한다. 이러한 주체사상과 수령론은 다른 사회주의국가에서는 찾아보기 어려운 것으로서 북한사회 내지 북한체제의 유지를 위한 사상적 무기이며, 조선노동당이 이를 실천하는 최고의 권력기관이 되어 있다.

이와 같은 주체사상의 생성과정을 살펴보면, 주체사상은 1950년대 북한의 사회주의정권내의 권력투쟁과정에서 김일성이가 반대파를 숙청하는 과정에서 형성되기 시작하여 1955년 12월 28일 조선노동당 선동선전가 대회에서 김일성이가 처음으로 주체라는 용어를 사용하였다.[47] 그 후 1960년대에 들어와서 중소간의 이념분쟁의 시기에 북한은 1966년에 이르러서 독자노선을 선언하고 자주독립노선을 확립하는 과정에서 북한이 중소(中蘇) 어느 편에도 가담하지 않겠다는 의지의 표현으로 주체사상이 발전되었다. 그리하여 1967년 3월 조선노동당 중앙위원회 제4기 제15차 전원회의에서 주체사상이 유일사상체계로 제시되었다.[48] 그러나 주체사상이 조선노동당의 유일지도사상으로 공식적으로 채택된 것은 1970년 11월의 조선노동당 제5차대회에서 였다.[49] 그 후 주체사상은 정치에서는 자주, 경제에서는 자립, 국방에서는 자위라는 모토(motto)로 나타났으며, 1972년 사회주의헌법에서는 주체사상이 북한정권의 국가활동의 지도지침으로서 북한헌법에 규정되었다.[50]

셋째로 북한은 권력세습을 이어가는 봉건적인 독재국가이다. 사회주의국가에서 권력의 세습은 극히 이례적이다. 그러나 북한은 사회주의 대가정의 이념을 내세우면서, 북한을 거대한 하나의 가정으로 관념하도록 하고,[51] 그 가장이 바로 김일성, 김정일임을 내세우면서, 권력의 세습을 이어가고 있다.

넷째로 북한정권은 병영국가이다. 북한의 권력구조는 군의 최고통수권자인 군사위원회위원장이 실질적인 최고권력자이며, 이를 북한헌법에서 확인하고 있다. 북한은 그들의 정권을 수립하기 전에 이미 군대를 양성하였으며, 지금은 소위 선군정치(先軍政治)를 그들 북한정권의 국가목표로 내세우고 있다. 그리고 선군정치의 바탕위에서 사회주의 강성대국을 건설하는 것이 북한정권의 최고의 국가목표로 되어 있다. 그런데 군을 최고의 권력기관에 두고, 군대의 힘을 바탕으로 한 강성대국을 국가목표로 정한 것은 극히 잘못된 국가목표의 설정이라 아니할 수 없다. 군사력은 국가를 지키기 위한 수단일 뿐이며, 그것이 국가

47) 고준석, 전게 북한현대사입문, 240면.

48) 상게서, 239면.

49) 상게서, 240면.

50) 전게 북한법제 개요, 91-92면.

51) 김일성을 어버이 수령이라고 부르는 것은 바로 북한사회 전체를 하나의 가정으로, 그리고 북한주민을 가족으로 관념케 하고, 김일성을 북한의 대가정의 가장으로서의 지위를 인정하는 세뇌작업이라 할 수 있다.

의 최고의 목표일 수는 없다. 사회주의 강성대국이라는 것도 국가목표설정이 잘못된 것이다. 국가의 목표는 국가사회질서의 평화와 국민의 복지향상을 통한 인간다운 삶의 확보에 있는 것이지, 군사강국의 건설에 있는 것이 아니다. 북한이 선군정치를 국가목표로 제시한 것은 군의 우위를 국가체제로 인정한 것인데, 그것은 결국 북한 전체를 병영화하겠다는 것이다.

그리고 오늘날과 같은 국제화시대에는 사해동포주의로 나아가야 하는 것이다. 민족주의를 강조하는 것은 배외주의, 도발주의로 흐를 가능성이 있는 것이다. 그것이 민족주의가 군사우위와 그것에 계급투쟁을 본질적 속성으로 하는 사회주의와 결합하게 되면, 그것은 결국 배타주의, 도발주의, 호전주의로 발전하게 되며, 이는 국가사회의 평화와 국민의 복지와는 거리가 멀어지는 것이다.

이미 설명하였듯이 사회주의사상 그 자체가 인간의 본성에 반하며, 북한의 국가운영의 기본방향은 더욱더 인류보편의 가치와 인간의 본성에 반하는 내용으로 구성되어 있다. 특히 북한이 주장하는 주체사상은 김일성, 김정일의 지도노선을 강요하기 위한 수단에 불과하다. 그리고 주체사상은 인민대중이 역사의 주체라고 전제하면서, 그 인민대중은 수령에 의하여 사상개조가 이루어져야 한다고 하는 것은 논리적으로 모순일 뿐만 아니라, 인민대중은 김일성의 절대적인 지배하에 있어야 한다는 것을 전제로 하고 있다. 김일성이 신이 아니다. 유한한 인간존재일 뿐이다. 그럼에도 불구하고 북한주민들로 하여금 김일성을 절대자로 받아들이도록 함은 사상을 통한 인권침해이며, 이성적인 존재로서의 북한주민의 자유로운 사고를 봉쇄하고, 북한주민을 김일성의 교시와 김정일의 지도의 노예로 삼는 것일 뿐이다.[52]

주체사상의 주입은 그들의 소위 사회주의법무생활의 강화를 통하여 실천하고 있다. 인류의 보편질서에 반하는 사상과 그것에 기초한 법의 실천의 강요는 그것이 바로 인권침해행위이다.

사회주의는 극복되어야 할 사상이자 체제이다. 북한의 사회주의정권이 내세우는 주체사상, 선군정치, 사회주의 강성대국은 더욱더 인류의 보편질서에 반하는 것일 뿐만 아니라, 지극히 잘못된 국가지도관념이다. 북한정권의 지배계층이 그들의 지배를 계속하기 위하여 북한주민들을 볼모로 하는 주장에 불과하

52) 자유주의국가에서는 인간의 한계를 인정하고 전능자인 신의 섭리를 구하고 있는데, 북한에서는 주체사상에 의하여 김일성을 신의 위치로 높혀 놓은 것이다. 이러한 사고와 체제는 근본적으로 인류보편의 가치질서에 반하는 것이다.

다. 북한정권이 표방하고 있는 소위 그들의 국가이념은 인류의 보편질서에 반하며, 인간의 본성에도 반하는 극히 반인간적인 지배질서이다.

이러한 잘못된 국가지도지침을 고수하고 있는 북한은 끝내는 핵무기제조로 남북한관계는 물론 세계평화를 깨뜨리고 있다.

## 제 5 절 북한의 사회주의법의 전개과정과 변천

### Ⅰ. 북한정권 수립 전의 사회주의법

북한지역에서는 그들의 임시정행정기구였던 북조선임시인민위원회의 설치 후부터 중요한 사회주의법을 제정하여 시행하여 왔다. 북한정권이 수립된 1948년 이전의 북조선임시인민위원회와 북조선인민위원회에 의하여 제정된 중요한 법령들을 살펴보면, 먼저 1946년 11월 16일 북조선임시인민위원회내의 사법국(즉, 북조선사법국)은 포고 제 2 호로 "북조선에 시행할 법령에 관한 건"을 공포하여, 1945년 8월 15일 북한지역에서 효력을 상실한 일본제국주의의 법령 가운데 그 성질상 정권수립과 조선인민들의 고유한 정서에 부합하지 않는 법령 및 조항을 제외한 나머지 법령은 새로운 법령의 제정, 공포 이전까지는 그 효력을 존속시키는 조치를 취하였다. 이는 법령의 공백을 해소하려는데 그 목적을 두고 있었다.[53] 그리하여 북한지역에서도 일제시대의 법령이 전적으로 폐기된 것이 아니라 부분적으로 그 효력이 계속되었다.

이 기간중에 북한지역에서는 중요한 법령들이 제정되었다. 토지개혁법령(1946. 3. 5), 남녀평등권에 관한 법령(1946. 7. 30), 산업, 교통, 운수, 체신, 은행 등의 국유화에 관한 법령(1946. 8. 10) 등을 제정하였다. 그리고 1946년 8월 30일에는 조선노동당 규약이 발표되었다. 그 조선노동당 규약은 비록 당규약에 불과하지만, 실질적으로는 북한사회를 통치하는 최고규범이 되었다.[54]

---

53) 북한의 헌법개정과 입법동향(한국법제연구원 편, 1994), 9-10면.

54) 상게서, 12면.

## Ⅱ. 북한정권 수립(1948년 헌법) 후의 사회주의법

북한지역에서 1948년 9월 9일 조선민주주의인민공화국 헌법이 효력을 발생함으로써 북한에서는 북한정권이 수립되기 이전의 북조선임시인민위원회 및 북조선인민위원회에 의하여 이루어진 입법과 그 입법들에 의하여 취하여진 조치들에 대하여 헌법상의 추인이 이루어졌다. 사회주의 북한에서는 일단 조치를 취하고 그 다음에 법적으로 그리고 헌법적으로 추인을 하는 것이 일반적인 행태이었다.

1948년 9월 9일 북한지역에 수립된 조선민주주의인민공화국은 생산수단에 대한 사소유권을 완전히 폐지한 사회주의체제가 아니라 그 전단계인 인민민주주의 체제였다. 그것은 1946년에 북한에서 토지개혁을 단행하였으나, 생산수단인 토지에 대한 사소유권을 완전히 폐지한 것이 아니었다. 북한의 토지개혁법령 제3조에서는 5정보를 기준으로 하여 그 이상의 소유토지를 몰수대상으로 하였으나, 소유한도를 5정보로 정한 것은 아니었다. 소유토지가 5정보 이하이더라도 자경(自耕)하지 아니하고 소작을 준 토지는 몰수하였으며, 5정보를 초과하여 소유하더라도 소작을 주지 않고 자경한 경우는 몰수대상에서 제외하였다.[55] 이렇게 함으로써 농민들의 환심을 사면서 지주계층도 회유(懷柔)하였던 것이었다. 그리하여 이 당시에는 자본주의적 요소도 부분적으로 인정하는 상태였다.

그리고 1948년 북한헌법에서는 그 제14조에서 공민들에게 신앙의 자유와 종교의식거행의 자유를 인정하여, 기독교인들로 하여금 사회주의 체제에 대한 의심과 반감을 갖지 않게 하려고 하였다. 그리하여 기독교인들로 하여금 사회주의에로 회유하는 조치도 취하였던 것이었다.

북한의 사회주의정권은 그들이 정권을 수립하기 이전에 이미 군대를 조직하고 훈련하기 시작하여, 1948년 9월 9일 그들의 사회주의정권을 수립하고서는 그들의 군대는 더욱 강화되었다.[56][57] 이러한 강력한 군대조직을 기반으로 하여

---

55) 신영호, "북한의 제정 상속법의 동향과 평가", 북한법연구 제8호(북한법연구회 편, 2005), 65면.

56) 이기백, 전게 한국사신론, 399면.

57) 북한지역에서는 그들의 정권이 수립되기도 전인 1948년 2월에 조선인민군을 창설하였다.

북한의 사회주의정권은 1950년 6월 25일 남침을 감행하여 6·25한국동란을 일으켰다.[58] 전쟁을 도발하여 수행하는 중에도 김일성은 같은 사회주의자들임에도 불구하고 반대파의 숙청작업을 계속하여 한국동란이 끝날 즈음에는 반대파를 거의 다 제거하고 북한의 유일한 지배자로 남게 되었다. 그리고 나서 1955년 12월 2일부터 3일까지의 조선노동당중앙위원회 전원회의에서 남조선노동당사(史)를 조선노동당사(史)에서 제외하였다.[59]

그리고 6·25동란을 일으켜 남한지역을 부분적으로 지배한 북한의 사회주의정권은 1950년 7월 4일에 "공화국남반부 지역에 토지개혁을 실시함에 관하여"를 공포하여 그들이 지배하였던 남한지역에서의 토지개혁을 단행하였다.

이렇게 김일성 일파가 반대파를 모두 숙청하여 배제하고 난 다음에 북한지역에서는 철저한 사회주의로의 이행을 위한 농업의 집단화 작업을 1954년부터 본격적으로 진행하여 1958년에는 이를 완성하였다. 그리하여 1958년에 이르러서는 생산수단인 토지에 대한 사소유권을 완전히 없애고, 사회주의적 소유제도인 국가소유 및 협동단체소유를 확립하였다. 따라서 북한에서는 이때에 사회주의체제로 완전이행을 한 것이었다.

농업의 집단화에 의한 사회주의체제로의 이행도 먼저 실행한 다음에 이를 법적으로 추인하였다. 그리하여 1963년에 토지법을 제정하여 사회주의적 토지소유제도를 법적으로 추인하였다.[60] 그리고 헌법적 추인은 1972년 사회주의헌법에서 비로소 이루어졌다.

---

58) 6·25한국전쟁의 과정을 살펴보면, 1950년 6월 25일 북한은 조국해방전쟁이란 이름으로 6·25전쟁을 감행하고, 즉일 조선최고인민회의는 "군사위원회조직에 관한 정령"을 발표하여 북한 내의 주권은 군사위원회가 관장하도록 하였다. 1950년 6월 26일에 미국에 의해 소집된 유엔안전보장이사회가 북한의 남침을 규탄하는 결의를 하고, 6월 27일 유엔안전보장이사회는 한국방어를 결의하였다. 6월 28에는 북한군이 서울에 입성하였으며, 7월 7일 유엔안전보장이사회는 유엔군사령부를 구성하고, 7월 12일에 한국은 한국군의 지휘권을 유엔군사령관에게 이관하였다. 9월 15일에는 맥아더 장군에 의한 인천상륙작전을 전개하여 9월 28일에는 서울을 수복하였다. 10월 3일에는 한국군이 38선을 넘게 되고, 10월 19에는 평양이 연합군의 수중에 들어갔다. 10월 25일에는 중공군이 참전하고, 12월 5일에는 평양을 잃게 되었다. 1951년 유엔총회는 중국을 침략자로 규정하였다. 12월 26일에는 유명한 홍남철수작전이 전개되었으며, 1951년 1월 1일에 인민군은 38선을 돌파하고, 1월 4일에는 서울이 다시 인민군에 의해 점령되었다. 1951년 3월 24일 맥아더 장군이 38도선 이북 돌진을 명령하여 3월 25일에는 연합군이 38도선을 넘었다. 1951년 6월 11일에는 철의 삼각지대에서 대격전을 치루었다. 1950년 12월 14일 유엔총회에서는 한국정전위원단을 설치할 것을 결의하고, 1951년 1월 3일에는 유엔총회에서 정전에 관한 5원칙을 의결하였다. 이러한 정전을 위한 협의가 계속되다가 드디어 1953년 7월 27일에 전쟁당사국인 미국, 중국, 북한간에 정전협정이 체결되었다. 한국은 정전협정에 서명하지 않았다.

59) 고준석, 전게 북한현대사입문, 127면.

60) 북한의 1963년 토지법은 그 법을 공포하지 아니하여 그 내용을 알 수가 없다.

그리하여 1948년의 북한헌법은 사회주의 발전단계 중 초기단계를 그대로 반영하고 있었다. 그리하여 대표적으로 생산수단의 사적소유의 인정과 토지, 중소상공업의 소유 및 상속을 허용하였다. 따라서 1948년의 헌법은 사회주의 헌법으로 향하는 과도기적 헌법에 해당하며, 반봉건적, 반자본주의적, 반사회주의적 요소가 혼합된 헌법이었다.[61]

## Ⅲ. 1972년의 사회주의 헌법과 그 후의 사회주의법

북한에서 농업의 집단화 작업이 완료되어 생산수단에 대한 사소유권을 완전히 없애고 사회주의적 소유제도가 확립되어 사회주의 체제를 완성한 후에 이를 추인한 것이 바로 1972년의 사회주의 헌법이었다. 그리하여 1972년의 북한의 사회주의 헌법은 조선노동당의 초헌법적 지위부여의 명시화, 사회주의적 소유제도의 확립, 주체사상의 헌법규범화, 국가주석제의 도입, 집단주의 원칙을 강조하는 규정을 두었다.

그리고 1972년 북한의 사회주의헌법에서는 선거권을 17세로 하고, 특히 반종교선전의 자유를 규정하여(1972년 북한사회의주의 헌법 제54조) 종교말살정책을 헌법적으로 확인하였다. 이러한 종교말살정책은 기독교의 전수를 막고, 주체사상을 그들의 종교로 삼겠다는 의지의 표현으로 이해된다.

또한 생산수단에 대한 사회주의적 소유제도를 확립한 후에 이를 법적으로 확인하는 조치로 1977년에는 토지법을 제정하였다. 동 토지법에서는 토지를 혁명의 고귀한 전취물로 규정하고(북한토지법 제1조), 모든 토지는 국가 및 협동단체소유로 규정하고(북한토지법 제9조 제1항), 토지에 대한 매매를 금지하였다(북한토지법 제9조 제2항).

다른 한편으로 1971년 7월 16일에는 미국의 닉슨 대통령이 중국을 방문함으로써 냉전체제가 붕괴하기 시작한 역사적 사건이 일어났다. 그러한 세계적인 냉전체제의 붕괴현상의 시작은 한반도에도 나타나 1972년 7월 4일에는 남북공동성명이 발표되어 남북한간에도 공식적인 대화의 통로가 열리게 되었다. 그 결과 1972년 북한의 사회주의헌법에서는 남북통일문제에 관하여 직접적으로 언급하는 규정을 두게 되었다.

---

61) 북한의 헌법개정과 입법방향(한국법제연구원 편, 1994), 31-32면.

그리고 1980년 10월 10일에서 14일까지의 조선노동당 제6차 대회에서 북한은 통일방안으로 고려민주연방공화국 구상을 표명하였다.

이와 같이 북한이 주체사상으로 무장한 사회주의정권의 강화를 추구하였지만, 1975년부터는 그들에게 외채상환불능이라는 경제적 문제점이 발생하였다. 이는 바로 사회주의 계획경제의 모순에 그 원인이 있었던 것이었다. 북한은 이러한 외채상환의 곤란을 극복하기 위하여 외채상환의 부담을 지지 않는 외국으로부터의 투자유치를 위하여 1984년에 이르러서는 합영법을 제정하였다. 그리고 1985년에는 합영법시행세칙, 합영회사소득법 및 동법세칙, 외국인소득세법 및 동법세칙을 제정하였다.

북한이 이러한 외채상환불능의 문제를 겪는 중에 1980년대 말부터 일기 시작한 사회주의 형제국가이었던 구소련 및 동구사회주의국가의 체제붕괴는 북한으로 하여금 그들의 사회주의체제 붕괴의 위험성을 스스로 느끼게 하였다. 북한은 그들의 사회주의체제의 붕괴의 위험성을 핵무기 개발로 방어하고자 하였다.

## Ⅳ. 1992년의 우리식 사회주의헌법과 그 후의 사회주의법

세계적인 현상으로서 사회주의체제의 붕괴가 1980년대 말부터 일어나기 시작하였다. 구소련의 연방으로 강제편입되었던 발틱 3국의 이탈로 시작된 구소련의 붕괴조짐은 점차 중앙아시아 지역의 연방으로 확대되어 구소련의 사회주의정권이 붕괴되고, 동구사회주의국가들이 구소련중심의 사회주의체제로부터 이탈하고, 구동독이 붕괴되어 독일통일이 이루어졌다. 그리하여 사회주의체제가 동구에서는 붕괴되었다.

아시아지역에서도 사회주의중국이 1976년까지 문화대혁명을 끝내고 1978년부터 개혁과 개방의 길로 나아가게 되었다. 그리하여 사회주의 중국은 정치적으로는 사회주의를 고수하면서 경제적으로는 시장경제를 도입하여 사회주의시장경제로 나아갔다.

이러한 세계적인 사회주의 체제의 붕괴와 변화에 따라서 북한도 북한 스스로 사회주의정권의 유지에 위협을 느끼게 되었다. 정치적인 변화와 함께 북한은 극도의 경제적 곤란에 빠지게 되었다. 구동구사회주의 국가들로부터의 경제적 지원이 끊어지고, 합영기업에 의한 외채의 부담이 없는 외국투자의 유치도

별 성과가 없었다. 이러한 상황에서 북한은 사회주의 체제의 붕괴위협에 대비하여 극단적인 그들의 사회주의 정권의 유지방법을 모색하게 되었다. 그 극단적인 체제유지의 방법이 바로 핵무기개발 등의 군사우위의 국가체제의 유지방법으로의 전환이었다. 그러나 그러한 인류보편적인 방법이 아닌 극단적인 위험전략으로써 체제유지를 할 수는 없는 것이다. 세계인의 마음을 움직일 수 있는 가장 보편적인 방법, 즉 세계인과 이웃으로서 사랑하면서 함께 더불어 살아가고자 하는 방법이 최선의 위기극복의 방법인 것이다.

1992년 4월 9일 북한의 최고인민회의는 그들의 헌법을 개정하였다. 이렇게 개정된 1992년의 북한헌법은 구동구사회주의 정권의 몰락이후 국제환경의 급변에 대처하고, 대외정책의 이념과 원칙을 수정하여, 대외경제개방정책의 추진을 위한 법적토대를 마련하여 김정일에게로의 후계권력체계의 기반과 권력의 승계를 효율적으로 달성하기 위하여 권력구조를 부분적으로 다원화하기 위하여 이루어졌다.[62] 이와 같은 북한의 1992년의 헌법개정은 사회주의형제국가들의 몰락으로 더 이상 사회주의제국으로부터의 지원이 어렵고, 중국은 사회주의 시장경제로 발전해 나가고, 구동독의 서독에로의 사실상 흡수방식에 의한 독일통일이 한국통일에도 그대로 적용될지도 모른다는 위기의식이 고양되고, 경제의 어려움이 계속되는 상황에서 북한은 그들의 사회주의체제를 스스로 유지해 나갈 수 있는 방안의 모색으로 이루어졌던 것이다. 그리하여 북한이 내세운 이념이 바로 우리식 사회주의였다.

우리식 사회주의는 주체사상에 입각한 패쇄적인 자립정책에 불과하였다. 그러면서 한편으로는 대외개방을 위한 정책의 변화도 가미를 하였다. 그리하여 1993년 토지임대법을 제정하여 사회주의적 토지소유제도의 중대한 변화인 토지이용권을 외국의 투자기업, 외국의 개인투자자, 그리고 북한의 기관, 기업소 및 단체에게 설정해 줄 수 있도록 하였다.[63] 그리고 1991년에는 라진선봉경제무역지대를 설정하여[64] 경제특구 설정의 방식으로 경제회생을 도모하고자 하였으며, 1992년에는 외국인투자법을 제정하여 외국인의 북한에로의 투자를 유치하고자 하였다.

그리고 1972년의 사회주의헌법에서 규정하였던 반종교선전의 자유규정을

62) 전게 북한의 헌법개정과 입법방향, 200면.

63) 토지이용권의 설정에 관하여는 1992년의 외국인투자법 제15조에 최초로 그 근거규정을 입법하고, 1993년 토지임대법에서 토지이용권 설정에 관한 보다 상세한 규정을 입법하였다.

64) 1999년에는 이를 나선경제무역지대로 개칭하였다.

삭제하여 서양의 기독교국가 또는 기독기업가의 북한에 대한 투자저항감을 완화하고자 하였다. 이러한 반종교선전의 자유 규정의 삭제는 한편으로는 주체사상의 이념강화의 탈피로 이해하고자 하는 견해가 없지도 않지만[65] 인류보편적인 방향에로의 근본적인 변화를 위한 시도로 평가될 수는 없다.

## Ⅴ. 1998년의 개정헌법

김일성 사후에 권력을 승계한 김정일은 그의 체제에 맞는 권력구조와 자기의 지배체제의 확립을 위한 헌법개정을 하였다. 그것이 1998년 9월 5일의 헌법개정이었다. 1998년의 개정헌법은 김정일의 권력유지의 강화를 위한 제도적 장치의 마련과 사회주의계획경제의 어려움을 극복하기 위한 방법으로서의 실용주의적 경제정책의 실현을 위한 경제운용방식에 관하여 규정하였다. 먼저 김정일 정권의 체제유지를 위한 방법은 군사력의 강화를 내용으로 하는 소위 선군정치(先軍政治)를 표방하고, 그러한 선군정치를 실현할 수 있는 국방위원회의 지위격상과 국방위원회위원장을 실질적인 최고권력자로 하는 제도의 법제화였다. 그리고 실용주의적 경제정책의 실천을 위하여서는 실리와 효율을 추구하고, 독립채산제를 실시하며, 경제특구인 특수경제지대를 설정하며, 지적재산권을 보호하는 헌법규정을 두게 되었다.[66]

이와 같이 북한의 김정일 정권은 정치적으로는 선군정치를 표방하고, 경제적으로는 사회주의 계획경제를 원칙으로 하면서 실용주의적인 요소를 가미한 경제운용을 함으로써 북한을 사회주의 강성대국으로 키워나간다는 것이 1998년 헌법의 기본방향이자 기본내용이었다. 북한주민의 인격의 보호와 인간적인 삶을 위한 기본방향 내지 기본정책과는 거리가 있는 북한을 병영국가로 만들어 그들의 지배체제의 유지를 위한 내용으로 북한헌법은 개정되었다. 이미 설명하였듯이 근본적으로 북한이 국가의 목표를 군사우위의 선군정치에 둔 것은 국가목표 설정이 극히 잘못된 것이다. 군사력은 국가를 지키기 위한 수단일 뿐이며, 그것이 국가의 최고의 목표일 수는 없다. 사회주의강성대국이라는 것도 국가목표 설정이 잘못된 것이다. 국가의 목표는 국가사회질서의 평화와 국민의 복지

---

65) 전게 북한의 헌법개정과 입법방향, 207면.

66) 장명봉, "북한의 최근 법제정비의 동향과 평가", 북한법연구, 제8호(북한법연구회, 2005), 10-12면.

향상을 통한 인간다운 삶의 확보에 있는 것이지, 군사강국의 건설이 있는 것이 아니다.

그리고 북한은 민족주의를 극히 강조하고 있다. 그러나 오늘날과 같은 국제화시대에는 사해동포주의로 나아가야 하는 것이다. 민족주의를 강조하는 것은 배외주의, 도발주의로 흐를 가능성이 있는 것이다. 그것이 민족주의가 군사우위와 거기에다가 계급투쟁을 본질적 속성으로 하는 사회주의와 결합하게 되면, 그것은 결국 배타주의, 도발주의, 호전주의(好戰主義)로 발전하게 되며, 이는 국가사회의 평화와 국민의 복지와는 거리가 멀어지는 것이다.

북한은 선군정치에 의한 체제유지의 수단으로 핵무기를 개발하여 왔다. 그러나 군사우위의 정치제제, 핵무기 개발에 의한 체제유지의 방법은 지극히 잘못된 체제유지의 방법이다. 북한은 가장 인류보편적인 방향으로의 체제유지의 방법을 강구하여야 한다.

북한은 경제의 곤란을 해결하기 위하여 경제특구를 설정하여 외국의 자본과 기술을 유지하고자 하였으나, 안전에 대한 보장이 없는 북한에 외국기업이 투자할 수가 없는 것이다. 그리하여 북한은 한국의 투자 없이는 북한경제의 곤란을 극복할 수 없다는 것을 깨닫고 남한의 지원을 받을 수 있는 방향으로의 경제특구를 지정, 운용하였다. 구체적으로는 2000년 남북정상회담 이후에 북한은 한국기업의 투자유치를 위하여 2002년에 경제특구로서 금강산관광지구와 개성공업지구를 지정하여 남한기업이 북한에서 산업활동을 개시하였다. 그러나 동년의 신의주특별행정구 지정은 중국측의 개입으로 거의 정체된 상태에 있으며, 라선경제무역지대도 극히 지지부진한 것으로 알려져 있다. 그리하여 남한기업에 의한 북한투자가 유일한 북한경제의 회생의 길인 상태이다. 그러나 그것마저도 북한의 핵무기개발로 인하여 그 진행이 더딜 수밖에 없다. 핵무기개발에 대한 유엔의 제재에 반발하여 북한은 한반도의 불안을 최고수준으로 고조시킨 후 결국 2013년 4월 9일 개성공단에서 북한노동자를 완전히 철수함으로써 개성공단에서의 조업이 정지되고 말았다.

그리고 북한은 2002년 7월 1일 소위 "7 · 1경제관리개선조치"를 통하여, 원가개념의 도입을 통한 물가의 현실화 및 이에 상응하여 임금을 인상하고, 환율을 현실화하고, 관세를 조정하며, 독립채산제의 강화와 연계하여 기업의 경영자율권을 확대하고, 성과급제를 확대하고, 능력급제를 도입하며, 식량, 생필품 등의 배급제를 단계적으로 폐지하고, 개인경작지를 확대하고, 화폐통용범위를

확대하는 등의 실용적 내지 실리적으로 경제를 운용할 것을 발표하였다.[67]

## Ⅵ. 2009년, 2010년 및 2012년의 헌법개정

북한은 2009년에 다시 헌법을 개정하여 북한의 국가이념으로 주체사상에 덧붙여 선군사상(先軍思想)을 추가하였다. 사회주의와 계획경제 등 기본노선은 유지하는 대신 공산주의 용어를 삭제하고, 국방위원회위원장의 지위를 북한의 최고영도자와 조선인민군의 최고사령관으로 명문화하고 국방위원회[68] 중심의 국정운영조직을 구축하였으며, 국가의무에 "인권존중"을 추가하였다.

북한은 다시 2010년에 헌법을 개정하여 종래의 중앙재판소, 중앙검찰소의 명칭을 최고재판소, 최고검찰소로 수정을 하였다. 그리고 김정일의 사망(2011. 12. 17.) 후 김정은에게로 권력이 이양된 다음에 다시 2012년에 헌법을 개정하였다. 2012년의 개정헌법에서는 김정일을 영원한 국방위원회 위원장으로 하고 김정은을 국방위원회 제1위원장으로 하였다. 그리고 핵무력(核武力)과 경제건설의 병진노선(竝進路線)을 국가발전의 기본방향으로 하여 추진하고 있다.

이와 같이 북한은 지속적으로 군사노선을 국가의 최고이념으로 강화해 오고 있음을 알 수 있다. 선군사상을 주체사상에 덧붙여 국가이념으로 추가하고 헌법에서 규정하고, 국방업무를 담당하여야 할 국방위원회를 북한의 모든 권력에 군림하는 지위로 격상시켜 왔으며, 이제는 핵무기개발에 의하여 핵무장을 국가의 기본발전방향으로 채택하여 실천하고자 하고 있다. 이러한 군사위주의 국가운영은 국가가 취하여야 할 진정한 국가발전의 방향이 아니다. 이러한 군사위주의 국가발전전략은 인민의 인간다운 생활을 보장할 수 있는 인민복지의 실현으로 대전환을 하여야 한다. 그것이 인류보편의 가치를 실현하는 길이다. 북한은 인류보편의 가치실천과는 정반대의 방향으로 나아가고 있다.

---

67) 신현윤, "북한의 경제개혁: 개방 관련 조치와 법률을 중심으로", 6.15이후 북한법의 변화와 전망: 아시아학술포럼시리즈 2003-4(아시아사회과학연구원, 2003. 12), 6면.

68) 국방위원회는 김일성(1994년 사망)이 생존시에 김정일에게로의 후계체제를 실현하기 위하여 1992년의 북한 개정헌법에서 이미 이를 규정하였다. 그 후 2009년 헌법개정에 의하여 국방위원회가 국방은 물론 모든 국가권력의 정점에 있는 북한의 최고권력기관으로 격상되었다.

# 제 6 절 북한의 사회주의법의 사상적 기초와 특징적 내용 및 문제점

## Ⅰ. 사상적 기초

북한법의 사상적 기초는 사회주의와 주체사상이다. 사회주의에서의 법원리는 변증법적 원리에 의하여 모든 것은 가변적이며 고정불변의 것은 없다는 것을 전제하고, 법도 국가에 따라서 다를 수 있으며, 시대에 따라서도 변화한다고 전제한다. 그리고 사적 유물론(史的 唯物論)에 입각한 사회주의법이론에서는 법은 지배계급의 의사를 실현하는 무기로 이해한다. 즉, 법은 계급의사의 표현이며, 프롤레타리아의 독재를 표방하는 사회에서는 프롤레타리아 독재를 위한 무기인 것이다. 그러므로 법은 순수한 수단에 불과하기 때문에 법의 내재적 가치나 윤리의 문제 또는 법의 독자성 등은 고려의 대상이 되지 않는다. 그리고 법의 이념으로 삼는 정의는 정치에 의하여 실현될 것이지 법에 의하여 실현될 성질의 것이 아니다.[69]

또한 사회구조를 상부구조와 하부구조로 2분하는 맑스주의 이론에 의하면 법은 경제적인 토대인 하부구조에 의하여 규정되는 상부구조에 속한다. 그러나 법이 다른 상부구조와 다른 점은 국가권력을 매개로 하여 지배계급의 이익이나 의사를 표현하는 점이다. 따라서 사회주의법이론은 국가와의 관계를 떠나서는 논할 수 없으며, 양자를 포괄하여 국가와 법의 이론으로 다루어져 왔다.[70]

그리고 사회주의법은 관습법과 판례의 법원성을 부인하고 실정법 중심의 법실증주의적 사고에 기초하고 있으며, 집단주의 내지 단체주의에 의하여 공사법의 구분을 하지 아니하며, 법의 제1차적 목적이 사회주의체제를 유지하는 것이기 때문에 공법이 중심을 이룬다. 사회주의국가에서는 프롤레타리아 독재체제를 유지, 발전시키는 것이 국가의 임무이므로 공법가운데서도 형사법이 중요한 기능을 하게 된다.[71] 그리고 법은 국가권력에 의하여 그 집행이 보장되므로

69) 윤대규, "북한사회에서의 법의 성격", 북한법연구 제6호(북한법연구회 편, 2003), 21면.
70) 상게논문, 21면.
71) 상게논문, 22면.

사회주의 체제를 유지하는 가장 강력한 수단이다.[72]

북한법은 이러한 사회주의법원리에 입각하고 있다. 그리하여 성문법주의를 취하며, 법을 공사법(公私法)으로 구분되지 아니하며, 관습과 판례의 법원성을 부인한다. 북한에서는 기존의 사회질서를 모두 혁명의 이익에 반하는 것으로 파악하며, 사회주의혁명은 이러한 기존질서를 타파함으로써 이루어진다고 보기 때문에 종래의 연혁, 관례 및 관행은 그 법원성(法源性)이 부인되는 것이다. 그리고 법원(法院)은 법을 적용하는 기관이지 법을 제정하는 기관이 아니기 때문에 판례의 법원성이 부인된다. 또한 북한에서는 법원이 법률해석권을 갖는 것이 아니라, 법령제정기관인 최고인민회의가 이를 갖는다.

그리고 북한에서는 조리의 법원성을 강하게 인정한다. 북한에서의 조리는 이를 법의식, 민주법의식, 민주적 법의식 또는 민주주의 법의식 등으로 표현되며, 이 법의식이 북한에서는 중요한 법원으로 인정되고 있다. 북한과 같이 법률의 공백이 많은 사회에서는 법원(法源)으로서의 법의식이 차지하는 범위가 대단히 넓다.[73] 1946년 3월 6일의 "임시인민위원회사법국, 재판소, 검찰소의 구성과 직무에 관한 기본원칙" 제20조에서는, 재판할 때 판사는 민주주의적 법의식과 조선인민의 이익에 입각하여 재판하여야 한다고 하여, 민주주의적 법의식이 법원이 될 수 있음을 인정하고 있었다.

그리고 인간을 인격적 존재인 자연인으로 파악하지 아니하고 단체의 구성원으로서의 존재가치만을 인정하여 인간을 공민(公民)이라 칭한다. 그리하여 인간의 독립존재성과 그의 인격과 이성을 부인하는 것이다. 이는 북한이 집단주의, 단체주의의 사회조직 원리에 기초하고 있기 때문이다.

그리고 북한법은 사회주의법원리 이외에 북한만의 독특한 사상체계라고 주장되는 소위 주체사상에 기초하고 있다. 따라서 북한에서는 법을 소위 주체사상의 실천수단 내지 실천도구로 파악한다. 주체사상은 그 자체 모순성을 갖고 있는 사고로서 김일성, 김정일의 권력유지를 위한 그들의 이론체계이다. 주체사상은 인민대중이 역사발전의 원동력이라고 하여 인간의 가치를 최고도로 인정하는 것 같이 전제하면서, 이와는 모순되게 이러한 인민대중은 수령에 의하여 영도되어야 한다고 하는 수령의 지배를 정당화하기 위한 그들의 이론일 뿐이다. 그리고 수령의 혁명사상을 실천하기 위해서는 노동계급의 당이 계급의

72) 상게논문, 22면.
73) 북한법의 체계와 특색(세종연구소 편, 1994), 6면.

선봉대로서 기능하여야 한다고 한다. 그러므로 노동자계급의 당인 조선노동당은 수령의 혁명사상, 즉 주체사상을 실현하는 최고의 권력기관이 되는 것이다.

따라서 북한에서의 법이론은 주체사상에 바탕을 두고 있으며, 법은 수령과 조선노동당의 정책을 집행하는 수단에 불과하다. 그리하여 북한에서는 수령의 교시가 최고의 법원이며, 그 다음의 법원이 조선노동당의 규약, 정책, 지침, 방침, 원칙 등이며 조선노동당의 권유사항도 이러한 상위의 법원에 속한다.[74] 북한정권이 제정한 법률은 그 하위의 법원일 뿐이다. 그러므로 북한에서의 법제정비와 입법진행은 수령의 교시가 당정책화하고 그것이 다시 법화(法化)하는 메카니즘으로 작동하고 있다고 할 수 있다.[75] 이는 북한에서 국가기관은 노동당에 의하여 결정된 정책을 집행하는 기관에 불과한 것으로 보기 때문이며, 당과 국가기관의 관계도 주종의 관계에 있기 때문이다.[76] 그리하여 실제로 노동당은 입법, 사법, 행정의 3권을 장악하고 있는 최고권력기관인 것이다.[77]

특히 주체사상은 가족법과 같은 전통적 가치를 존중하는 분야에서 자연히 두드러지게 나타나고 있으며, 소송법과 같은 절차적이고 기술적인 분야에서도 적용되며, 국제성과 보편성이 강한 국제법 분야에서도 예외없이 적용된다.[78]

## Ⅱ. 특징적 내용

북한법의 특징은 먼저 그 사상적 기초가 일반적인 사회주의 사상에 기초하는 것 이외에 그들만의 독특한 주체사상이라는 인간에 대한 모순적인 이해에 기초하고 있는 것이 특징적이다. 주체사상은 동양의 유교주의적 사상에 터잡은 면이 없지 아니하다. 유교사상에 기초한 동양적 법문화는 지배자중심의 공법적 관계가 주류를 이루며, 지배자의 지배질서를 정당화하며, 법의 독자성을 부인하고 법을 도덕의 실천수단으로 이해한다. 주체사상은 유교사상에서 최고의 도덕적 존재였던 유학자 대신에 김일성을 앉혀 놓은 것이라 할 수도 있다.

그러나 유학자들은 도덕사회를 이상사회로 파악하고 그 이상사회인 도덕사회의 실현을 위한 도구로서 법을 이해하고 활용하였던 것이었다. 그러나 주체

---

74) 상게서, 5면.
75) 장명봉, 전게논문, 32면.
76) 김영래, 전게논문 북한의 당・국가체제와 선거제도, 157면.
77) 상게논문, 158면.
78) 전게 북한법의 체계와 특색, 23면.

사상에서의 김일성은 인간의 이성과 인간의 인격적 존재성을 부인하고, 사회주의혁명이라는 이름으로 끊임없이 인간과 인간간의 투쟁을 조장하고 투쟁을 계속할 것을 요구하면서, 그의 지배체제를 강화하려고 하는 인간의 본성에 반하는 극히 비인간적인 잘못된 이론이다. 그리고 법은 그들의 이상사회인 공산주의의 실현을 위하여 반대세력을 제압하기 위한 수단에 불과한 것으로 이해하고 활용한다. 인간은 이성을 가진 인격적 존재로서 자유롭게 자기의 인격을 전개할 수 있어야 한다. 이것이 가능할 수 있는 제조건을 마련해 주는 것이 법인 것이다. 그러한 제조건의 구성원리는 인간은 서로가 이웃이며, 이웃간에는 사랑으로 엮여져야 하는 것이다. 그러므로 법은 인간이 서로 이웃으로 사랑하면서 더불어 함께 살아갈 수 있는 조건을 마련해 주는 것이다.

그리고 북한법의 특징은 법을 가치의 실현을 위한 가치규범으로 이해하는 것이 아니라 법을 정치의 도구 내지 수단, 그것도 사회주의 혁명의 도구로 이해한다. 그러므로 사회주의 이념에 반하는 적대세력의 제거수단으로서의 기능이 강하게 나타나며, 그 내용이 가혹할 수밖에 없다. 그리고 사회주의법의 강력한 관철을 요구한다. 그러므로 사회주의 지배자들이 결정하고 형식적인 그들의 정치기관을 통하여 제정된 그들의 사회주의법은 예외 없이 강력하게 관철될 것을 요구한다.

북한에서 그들의 사회주의법의 강력한 관철을 그들은 사회주의법무생활이라는 슬로건으로 실천에 옮기고 있다. 북한에서는 사회주의법무생활을 사회주의 북한사회에 사는 모든 사회성원들이 사회주의법규범과 규정을 철저히 지키고 그 사회주의법의 요구대로 활동하는 사회생활이라고 한다.[79] 그러나 이러한 사회주의법무생활의 실체는 북한주민을 법적으로 통제하는 이데올로기로 변화된 현실에서 북한정치체제를 수호하기 위한 주민통제활동인 것이다.[80]

다시 말하면 사회주의 법무생활은 김일성의 교시를 조선노동당의 강령과 정책과 규약으로 정하고, 다시 조선노동당의 강령 등을 법으로 만들고, 북한주민들로 하여금 이를 예외 없이 무조선 따르게 하는 구호에 불과한 것이다. 이는 북한주민의 인격적이고 인간다운 삶을 위한 것이 아니라 김일성, 김정일의 지배를 강화하기 위한 것이다. 사회주의법무생활은 소위 법을 따르게 하는 형식을 취하여 북한주민을 김일성, 김정일의 볼모로 잡는 방법인 것이다. 그리고

79) 박정원, 북한 김정일 체제의 법제정비현황과 전망(한국법제연구원, 2002), 40면.
80) 상게서, 140면.

북한에서 법이라는 것은 김일성, 김정일의 생각을 표현하고 실행하는 형식에 불과하며, 사회주의법무생활은 김일성, 김정일의 생각으로 북한주민들을 세뇌하고 그들을 볼모로 잡아두는 방식인 것이다.

그리고 북한에서는 관습과 판례의 법원성을 부인하며, 그들의 조리인 소위 민주적 법의식이 중요한 법원으로서 성문법의 흠결을 보충하는 기능을 담당하고 있다. 또한 북한에서는 법의 보편적 가치의 실현과 그러한 가치의 계속성을 인정하지 아니하고 지속적인 혁명을 위하여 극히 가변적이며 수시로 바뀔 수 있음을 인정한다. 그러므로 북한법으로서는 장래의 예측가능성과 안전을 보장받을 수 없다.

북한법은 법실증주의에 입각하여 성문법주의를 취한다. 그리고 북한에서는 법의 단계성이 적용되지 않는다.[81] 그러므로 법령, 명령, 정령, 결정, 지시 등의 규범이 갖는 효력이 반드시 단계적이지 않다.[82] 그렇지만 모든 법규범은 헌법에는 저촉될 수 없다.

그리고 북한법은 그 분류를 공사법으로 분명히 구분되지 아니하고 규율대상에 따라 대체적으로 구분된다. 물론 북한에서도 민법과 가족법 및 상속법 등의 사법이 있다. 그러나 그러한 사법 내에서도 국가사회이익의 우선원칙이 적용되기 때문에 공법적 요소가 포함되어 있으며, 사법관계에도 국가의 개입이 광범위하게 허용되고 있다. 그러므로 자유주의국가법에서와 같이 사법의 원리와 공법의 원리를 달리하는 것이 아니라, 모든 법에서 집단과 단체를 위한 법원리가 작용할 뿐이다. 그리고 계약도 사적 자치의 수단이 아니라 계획의 실천수단일 뿐이다. 그러므로 민법에서도 공법상의 계약인 계획적 계약을 규정하고 있다.

그리고 북한민법의 기본원칙은 생산수단에 대한 사회주의적 소유의 원칙, 사회주의공공재산 보장의 원칙, 중앙집권제의 원칙, 및 국가사회이익 우선의 원칙들이다.[83] 이와 같이 북한에서는 형식적으로 민법이 제정되어 시행되고 있지만, 그 실질에 있어서는 개인의 이익을 보호하기 위한 것이 아니라 국가와 단체의 이익보호를 그 주된 내용으로 구성되어 있다.

81) 전게 북한법의 체계와 특색, 7면.
82) 상게논문, 7면.
83) 상게논문, 269-270면.

## Ⅲ. 문 제 점

북한법에서는 무엇보다도 인간과 인간관계에 대한 기본적인 이해가 잘못되어 있다. 인간은 자연인으로서 이성과 인격적 존재로 파악하지 아니하고 공동체 내지 단체의 구성원으로서의 존재로만 파악한다. 인간은 인격적 존재이며, 이성을 가진 존재로서, 이성에 의한 인격의 자유전개가 보장되어야 한다. 그것이 역사발전의 가장 기본적인 전제이다. 그리하여 인간을 공민이라고 칭하고 있다. 이처럼 사회주의, 그리고 북한에서는 그러한 이성적 인격적 존재인 인간을 자본주의적 착취적인 존재로 파악하여 그러한 이성적 인간을 부인하고, 단체구성원으로서의 인간으로 이해하고 그것을 전제로 하여 법과 제도를 만들고 있다.

그리고 인간의 본성을 성선(性善)이 아니라 성악(性惡)으로 파악한다. 그리하여 인간관계를 서로가 서로의 이웃으로서의 관계로 이해하는 것이 아니라 서로 적대적, 투쟁적 관계로 파악한다. 그것은 소위 계속적인 혁명이란 이념으로 정당화한다. 북한은 인간과 인간의 관계를 적대적 투쟁적 관계로 볼 뿐만아니라, 서로 증오할 것을 의무화하기도 하고 있다. 인간은 성선적인 면과 성악적인 면을 함께 갖고 있는 양면적 존재이다. 그러나 인간의 성선은 조장되어야 하며, 성악은 억제되어야 한다. 법은 성선을 조장하고, 성악을 억제할 수 있도록 그 내용이 구성되어야 한다.

또한 이러한 적대적 투쟁적 인간관계를 김일성, 김정일이가 앞장서서 부추기고 있다. 그들의 소위 주체사상이라는 것은 민중을 역사발전의 주체로 보면서도 그 민중은 무지한 존재이므로 수령의 지도아래 그들의 적대적 세력에 대해 계속적으로 투쟁할 것을 독려하는 이론이다. 더욱이 김정일 체제에서는 그들의 국가목표를 선군정치와 사회주의 강성대국에 두어 호전적, 도발적, 군사모험적인 방향으로 국가를 운영하고 북한주민들을 호도(糊塗)하고 있다. 인간관계를 투쟁적인 관계로 보면서 군사우위의 정치를 국가목표로 설정함으로써 극히 모험적이고 도발적인 방향으로의 국가운영이 이루어지고 있다. 그러므로 북한은 인간의 악성을 계속 키우는 방향으로 국가운영을 하고 있는 것이다.

그리고 북한법에서는 민족주의를 극히 강조하는 문제점이 있다. 오늘날은 세계화의 시대이다. 다른 외국과의 교류가 없이는 생존을 이어가기가 힘든 시대이다. 사해동포적인 사고를 가지고 세계의 국가들이 서로 이웃국가로서, 각국의 국민들이 서로 이웃이 되어 살아갈 수 있는 인식을 가져야 하고, 법은 그것이 가능할 수 있는 조건을 제시해 주어야 한다. 그러나 북한은 이러한 개방과 개혁과 세계화의 시대적 흐름과는 반대의 방향으로 가고 있다.

이와 같이 북한에서는 인간의 악성을 인간의 본성으로 파악하고, 그것을 기초로 하여 인간관계를 적대적 투쟁적인 관계로 파악하며, 그러한 기본적인 전제위에서 국가목표를 군사우위의 선국정치과 사회주의 강성대국으로 그 방향을 설정하고, 그것에 다시 민족주의를 가미함으로써 북한정권은 극히 배외적(排外的)이고, 호전적이고 군사모험적으로 나아가고 있다. 북한의 법은 바로 이러한 북한의 국가목표를 실현하는 수단으로 기능하고 있는 것이다. 이것이 북한법의 가장 심각한 문제점인 것이다.

그리고 북한은 그들의 사회주의법을 통하여 북한주민을 통제하고 있다. 그 방법이 바로 소위 그들의 사회주의법무생활이다. 사회주의법무생활은 북한주민들로 하여금 그들의 사회주의법을 무조건, 맹목적으로 따를 것을 강요하는 세뇌작업에 불과하다. 사회주의북한법이 인간의 본성에 반하는 법임에도 불구하고, 이를 무조건 지키고 관철할 것을 강요하는 것이 사회주의법무생활이다. 이러한 사회주의법무생활의 강행은 바로 북한주민의 자유로운 사고를 막는 행위이며, 이는 준법행위란 미명하의 인권침해행위이다. 국가가 비이성적인 법을 지키도록 강제하는 것은 인간의 양심과 자유로운 사고를 침해하는 인권침해행위로 다루어야 한다.

이러한 인간과 인관관계에 대한 잘못된 이해에 기초하여 북한의 사회주의법이 구성되어 있으므로 북한의 경제는 구조적으로 곤란에 처해 있는 것이다. 모험적이고 호전적인 핵위협으로 북한의 체제유지와 경제회생을 도모하고자 하는 국가운영의 방향은 그 자체 모순이다.

북한법은 인류보편적인 가치와 질서로 근본적인 전환을 하여야 한다. 인간의 이성과 인격을 인정하고 존중하여야 한다. 인간관계를 투쟁적인 관계에서 이웃으로의 관계로 전환하여야 한다. 증오가 아니라 사랑하는 인간관계로 근본적인 전환이 있어야 한다. 북한주민들에게 사고의 자유가 보장되어야 한다. 선군정치, 사회주의강성대국의 국가목표는 평화주의로 전환되어야 한다. 민족주의는 사해동포주의로 전환되어야 한다. 북한의 사회주의법은 인류보편적인 가치를 실현하는 방향으로 수정되고 대전환을 하여야 한다.

# 제 7 절 북한의 토지개혁조치의 과정과 토지법의 변화

## Ⅰ. 북한의 토지개혁

### 1. 사유토지의 몰수조치

#### (1) 토지개혁과 사회주의적 토지소유제도의 실행

북한은 토지개혁을 실시하기 전에 먼저 1945년 9월 8일에 소작료 3.7제를 발표하였다. 그리하여 고율의 소작료를 인하하는 조치를 취하였다. 그리고 1946년에 북한은 토지개혁에 의하여 사회주의적 토지제도를 실행하였다. 사회주의적 토지소유제도는 생산수단인 토지에 대한 사소유권을 부인하고 토지에 대한 소유권을 국가와 사회협동단체로 옮겨놓은 토지제도이다. 이러한 사회주의적 토지소유제도는 토지에 대한 자본주의적 사소유권 인정으로 인하여 발생하는 문제인, 생산수단인 토지를 소유한 자가 토지를 소유하지 못한 자를 합법적으로 지배함으로써 발생하는 사회적 모순을 해결하여, 토지를 소유하지 못한 계층의 해방을 위하여 주장된 토지에 대한 소유제도이다. 그러므로 사회주의적 토지소유제도는 생산수단인 토지에 대한 사소유권을 인정하는 자본주의의 모순을 해결하기 위하여 사회주의의 자본주의적 토지제도에 대한 대안이자, 사회주의의 핵심적인 내용이다.

이러한 사회주의에 의하면, 사회주의적 토지소유제도는 자본주의적 사소유권을 일시에 혁명적 방법으로 토지에 대한 사소유권을 부인하고, 토지를 전인민을 대표하여 국가의 소유로 옮겨놓은 것으로서, 사소유권이 착취적인 소유권인데 반하여, 사회주의적 토지소유제도는 지배와 착취가 없는 인간적인 토지소유제도라고 하였다.

북한은 북한지역에 북한정권이 수립되기도 전에 사회주의적 토지소유제도를 도입하여 이를 실행하였다. 그러나 1946년의 토지개혁시에는 토지에 대한 사소유권을 완전히 부인하지는 않고, 일정 면적(즉, 5정보)이상의 소유토지만을 무상으로 몰수하고 이를 무상으로 분배하였다. 그러나 소유토지가 5정보 미만이더라도 자경하지 아니하고 소작을 준 토지는 몰수하였으며, 5정보를 초과하여 소유하더라도 소작을 주지 않고 자경한 경우에는 몰수대상에서 제외하였다.

북한에서의 토지몰수 과정을 좀 더 상세히 살펴보면, 북한은 1946년 3월 5일 북조선임시인민위원회가 "토지개혁에 관한 법령"을 발표하여 즉시 토지개혁을 단행하고, 1946년 3월 8일에는 "토지개혁법령에 관한 세칙"을 발표하여 1946년 3월 말까지 토지개혁을 완료하도록 하였다. 그리하여 북한에서는 20여일 만에 무상몰수의 방법으로 토지개혁을 완료하였다.

그리고 북한이 토지개혁의 방법으로 무상몰수조치를 취하였으나 무상분배를 취하였느냐에 관하여는 자세한 검토가 필요하다. 형식상으로는 무상분배를 취하였다. 그러나 북한은 토지개혁 후에 곧바로 1946년 6월 27일 "농지현물세에 관한 결정서"를 제정, 시행하여 분배받은 농지에 대하여 수확량의 25%를 농지현물세로 징수하였다.[84][85] 그리하여 북한은 사실상 무상몰수 유상분배의 방식으로 토지개혁을 단행하였다. 이 농지현물세는 1966년 4월 29일 "농업현물세제를 완전히 폐지할 데 대하여"의 제정, 시행에 의하여 폐지되었다.

그리고 북한에서의 토지개혁에 의한 농지분배의 면적은 가족별점수제에 의한 토지분배였다. 즉, 토지개혁법령 제15조에서는 분배기준으로서, 남자는 만 18세 이상 60세까지는 1점, 61세 이상은 0.3점, 그리고 여자는 15세 이상 50세까지는 1점, 51세 이상은 0.3점을 부여하고, 남녀공통으로 15세 이상 17세까지는 0.7점, 10세 이상 14세까지는 0.1점으로 계산하였다. 그리하여 이를 모두 합치면 1호당 점수가 산출되며, 다시 농가별 점수를 합산하면 부락총점수가 된다. 그리고 부락별 농지면적을 부락총점수로 나누면 1점당 면적이 계산된다. 이렇게 점수당 면적을 호당 점수에 승(乘)한 면적인 호당분배면적이 되었다. 그리하여 북한에서의 토지개혁은 호별점수에 의한 배분이었기 때문에 남한에서처럼 일정한 분배상한이 존재한 것이 아니었다.[86]

그리고 북한에서는 토지개혁에 의해 분배받은 토지에 대하여 토지개혁법령 제5조에서는 "몰수한 토지 전부를 농민에게 무상으로 영원한 소유로 양여"한다고 하여 분배받은 농민에게 소유권을 부여하였다. 그러나 동법령 제10조에서는 "농민에게 분양된 토지는 매매하지 못하며, 소작주지 못하며, 저당하지 못한

84) 전게 북한법제 개요: 법제자료 제157집, 418면.

85) 이러한 농지현물세 제도는 일제 말기의 공출(供出)보다도 더 가혹한 식량수탈시책이었다고 평가되고 있다(최주환, 북한경제분석론(대왕사, 2006), 171면). 그리고 이러한 고율의 농지현물세의 징수에 의하여 북한은 1946년 3월부터 1950년 8월까지의 짧은 기간 내에 무력남침을 위한 군비축적이 가능해 졌고, 1960년대 후반까지의 초기 경제성장이 남한의 그것보다 빨랐던 것이다(전게 농지개혁사연구, 593면).

86) 전게 농지개혁사연구, 305면.

다"고 규정하였다. 이와 같이 분배농지에 대한 매매, 소작, 저당에 의한 소유권 행사를 금지하다가, 1954년부터 1958년까지의 기간 동안 진행된 농업의 협동화에 따라서 분배받은 농지는 완전히 국가소유 또는 현동단체소유로 되고 말았다. 따라서 북한에서는 한 번도 농민이 소유권을 행사해 보지 못한 채 경작권만을 보유하였을 뿐이었다.[87] 그러므로 북한에서의 토지개혁이란 모든 자작농과 개인지주의 소작인을 일괄해서 모두 국가지주의 소작인으로 재편성한 것에 불과하다.[88]

이와 같은 북한에서의 무상분배의 형식을 빌린 토지개혁에 관하여 북한에서 추방되거나 숙청된 경우를 제외하고서는 자작농이든 소작농이든 그 분배결과에 대하여 거의 만족해 했다고 한다.[89] 이러한 북한정권이 들어서기도 전의 토지개혁은 김일성의 대중적 기반을 구축하기 위한 조치이었으며,[90][91] 남북한의 사회적 체질을 이질화시킨 사건이었으며, 이로 인하여 남북분단이 고착화되었다.[92]

북한에서의 토지개혁의 주체가 누구인가에 관해서는 견해가 대립되고 있다. 북한은 북한정권이 수립되기 전인 1946년에 북조선임시인민위원회[93]의 이름으로 토지개혁을 단행하였다. 그러나 구소련점령군의 지휘하에서 토지개혁이 단행되었다. 이러한 북한에서의 토지개혁 과정은 구동독지역에서의 토지몰수과정과는 다르다. 구동독지역에서는 구소련군의 점령고권(占領高權)에 의하여 구소련점령군이 그의 이름으로 몰수조치를 취하였다.[94] 그러나 북한에서는 그 배후에 구소련군이 있었지만, 외관상 형식적으로는 북조선임시인민위원회가 몰수조치를 취하였다. 그리하여 북한에서의 사유토지 몰수조치의 주체가 북한정권이 아니라 구소련점령군이라고 보는 견해가 있다.[95] 이 견해에 의하면, 구소련군이

87) 상게서, 309면.

88) 상게서, 309면.

89) 상게서, 306면.

90) 상게서, 306면.

91) 무상몰수·무상분배에 의한 무상원칙의 토지개혁은 사회주의체제국가에서의 정권장악의 강력한 무기였다. 그렇기 때문에 레닌의 러시아 혁명, 구동구제국과 중국의 사회주의화는 모두 토지개혁에서 출발하였다(상게서, 306면).

92) 상게서, 308면.

93) 1946년 2월 8일에 조직되었다.

94) 구동독의 소련점령군은 전승국인 구소련이 나치(Nazi)전범 및 그 지지자들에 대하여 전쟁배상금을 부과하기 위하여 구소련점령고권에 기초한 법령에 의하여 재산을 몰수하였다.

95) 정영화, "통일 후 북한의 재산권문제에 관한 헌법적 연구", 서울대학교대학원 법학박사학위논문 (1995. 2), 252면 이하.

몰수조치에 따른 법적책임을 지지 않기 위하여 북한의 임시정권이었던 북조선 임시인민위원회의 이름으로 사유토지를 무상몰수하였으나, 구소련군이 북한에 진주하고 북한정권이 수립되기까지의 기간 동안(1945. 8. 9- 1948. 9. 8)의 몰수조치의 주체는 구소련점령군으로 파악한다.

이렇게 무상으로 몰수된 토지는 1954년부터 시작된 농업의 집단화 사업이 1958년에 완성됨으로써 비로소 북한에서 사소유권을 완전히 없애고 사회주의적 토지소유제도가 확립되었다.

그리고 북한은 남한에서 농지개혁법이 국회에 상정되던 시점인 1949년 3월에 각령 제46호로 "공화국남반부의 토지개혁실시를 위한 법령기초위원회 조직에 관한 결정서"를 공포하여, 남조선의 토지개혁을 실시하기 위한 특별기구로서 남조선토지개혁기초위원회를 발족시켰다.[96] 그러고 나서 1950년에 6·25한국동란을 일으켜 남한지역의 상당부분을 지배하고 있던 중인 1950년 7월 4일 "공화국남반부지역에 토지개혁을 실시함에 관하여"를 제정하여 그들이 지배하고 있던 남한지역에서도 토지개혁을 실시하였다.

이렇게 북한이 토지개혁에 의하여 확립하고자 한 사회주의적 토지소유제도는 토지에 대한 사소유권을 착취적인 소유권으로 이해하고, 토지를 국가소유권과 협동단체소유권으로 옮기고, 소비재에 한해서만 개인소유권을 인정하는 소유제도를 말한다. 국가소유권은 전인민을 대표하여 국가가 소유하는 소유형태이며, 사회주의적 토지소유제도에 있어서 이상적인 최고의 토지소유형태이다. 그리하여 사회주의적 토지소유제도에 있어서는 생산수단에 대한 소유권은 궁극적으로는 국가소유로 옮겨가야 한다고 한다. 협동단체소유권은 전협동단체(즉, 집단농장)구성원을 대표하여 협동단체가 소유하는 소유형태이다. 북한에서는 1998년 헌법개정에 의하여 협동농장이외에 사회단체도 토지를 소유할 수 있도록 하여 협동단체소유권을 사회협동단체소유권으로 전환하였다. 1999년에 개정된 북한민법에서도 역시 사회협동단체소유권으로 규정하였다(북한민법 제53조 내지 제57조).

이와 같이 토지에 대하여 사소유권을 부인하고, 국가소유권 및 사회협동단체소유권만을 인정하는 사회주의에서의 토지소유제도를 사회주의적 토지소유제도라 한다. 그리고 소비재와 텃밭에서 생산되는 농작물에 대해서 인정되는

96) 전게 농지개혁사연구, 540면.

개인소유권은 상속, 양도가 가능하여, 사소유권의 내용과 동일하지만, 사소유권을 착취적인 소유권으로 이해하고 있기 때문에 개인소유권이라 하고 있다.

(2) 사회주의적 토지소유제도의 확립

북한에서 사회주의적 토지소유제도를 확립한 것은 농업의 집단화가 완성됨으로써 실현되었다. 북한에서 토지개혁을 실행할 당시에는 5정보 이상의 사유토지에 대해서만 무상으로 몰수하고 무상으로 분배하였다. 그리하여 토지에 대한 사소유권을 부분적으로 인정하였다. 그리하여 북한에서의 토지개혁은 정치적으로는 지주계급의 지배력을 타파하고 농민의 지지를 획득하여 정권수립을 위한 지지기반을 확보하고자 하는 목적이 있었고, 또 한편으로는 토지의 사소유권을 인정하여 지주계급의 회유를 위한 목적이 있었다고 평가된다.

북한은 토지개혁 후 사회주의국가에서 일반적으로 취한 방법으로 농업을 집단화하여 토지에 대한 사회주의적 토지소유제도를 확립하였다. 토지개혁에서 제외된 토지에 대하여는 그 소유자로 하여금 소유권을 포기하게 하거나 협동농장에 기부하게 하거나, 강제로 몰수하는 방법으로 토지에 대한 사소유권을 전면적으로 폐지하여 이룩한 것이었다. 이와 같이 1954년부터 1958년까지의 농업의 집단화작업이 끝남으로써 생산수단에 대한 사소유권을 전면적으로 폐지하고 사회주의적 소유제도를 확립하였다. 그리하여 북한은 1958년 8월에 농업의 집단화와 개인상공업의 협동화를 통한 생산수단의 국유화와 사회화가 완료되었음을 선포하였다.

북한은 이러한 토지에 대한 사회주의적 토지소유제도를 확립함에 있어서 먼저 실행하고 나중에 추인하는 방법으로 법적으로 규율하였다. 그러한 예는 토지개혁에 있어서도 그러하고, 사회주의적 토지소유제도의 확립과정에 있어서도 먼저 실행하고, 1963년에 토지법을 제정하여 이를 추인하고, 1972년에는 북한의 사회주의헌법에서 이를 다시 한번 헌법적으로 추인을 하였다.

다시 북한은 1977년에 토지법을 제정하여, 토지를 혁명의 고귀한 전취물로 규정하고(북한토지법 제1조), 모든 토지는 국가 및 협동단체소유로 규정하고(북한토지법 제9조 제1항), 토지에 대한 매매를 금지하였다(북한토지법 제9조 제2항). 그리고 북한민법에서는 토지에 대한 국가소유권과 사회협동단체소유권만을 규정하고 토지의 용익 및 담보로서의 활용에 관해서는 전혀 규정을 두고 있지 아니하다. 그것은 토지에 대한 개인소유권 내지 사소유권이 전면적으로 부인되고, 토지법에서 토지의 매매를 금지하고 있으므로, 토지에 대한 용익적 권리 및 담보권의 설정은 허용될 수 없는 것이다.

## 2. 사유기업의 무상몰수

사유기업의 무상몰수조치는, 역시 북조선임시인민위원회에 의하여, 1946년 8월 10일 "산업, 교통, 운수, 통신, 은행의 국유화에 관한 법령"에 의하여 이루어졌다. 그리하여 1,034개의 대기업이 무상으로 몰수되었다.

이러한 무상몰수조치에 의하여 몰수된 기업에 대해서는 생산수단에 대한 사회주의적 소유제도에 입각하여 국유기업으로 만들고, 인민경제계획에 따라서 계획적 생산을 하는 체제로 옮겨갔다.

그리고 1947년 9월에는 개인상공업을 생산협동조합화하는 한편, 1947년 12월 21일에는 지하자원, 산림 그리고 수역(水域)의 국유화를 단행하여 모든 생산수단에 대한 국유화, 사회화하였다.

## 3. 북한의 사유재산 몰수조치에 대한 법적 평가

북한은 그들의 정부가 수립되기도 전에 사유재산이었던 북한지역의 토지와 기업을 무상으로 몰수하였다. 이러한 몰수조치를 취한 당시에는 북한에 헌법이 제정되기 전이었다. 물론 남한에서도 헌법이 제정되기 이전의 일이었다.

통일 후, 이러한 북한의 사유재산의 무상몰수조치에 대한 합헌성 여부의 판단이 문제되었을 때에, 어떠한 법적근거, 구체적으로는 어떠한 헌법적 근거에 의하여 위헌성 여부를 판단할 것인가가 문제로 될 수 있다. 왜냐하면 무상몰수조치에 대한 위헌성 여부를 판단할 수 있는 헌법이 당시에는 남한에도 북한에도 제정되어 있지 아니하였기 때문이다.

통일 후 북한정권이 무상으로 몰수한 토지와 기업, 기타 재산권의 처리에 있어서는, 먼저 몰수조치에 대한 법적평가가 선행되어야 한다. 무상몰수조치의 법적성격은 통일의 방식에 따라서 달리 판단될 수도 있을 것이다. 합의에 의한 통일의 경우에는 정치적 고려에 의하여 그 적법성을 인정하고 몰수조치의 계속을 인정할 수도 있을 것이다. 그러나 흡수통일의 경우에는 무상몰수는 불법일 수밖에는 없을 것이다.

그러나 사견으로는 통일의 방식에 구애됨이 없이 사유재산의 무상몰수조치는 불법행위라 평가된다. 그러나 무상몰수조치의 불법성 여부의 평가근거법이 문제될 수 있다. 왜냐하면 북한정권이 무상몰수조치를 취한 것은 북한정권이 수립되기 전이었으며, 그 당시에는 북한이 헌법을 제정하기 전이었으며, 남한에도 정부가 수립되기 전이었기 때문에 남한에도 헌법이 제정되기 전이었다. 그리하여 무상몰수조치의 불법성 여부의 판단근거법으로 우리의 제헌헌법을 소급적으로 적용할 수 있다는 견해[97]가 있다. 그러나 우리 헌법을 소급적용할 것이 아니라, 법의 일반원칙, 즉 자연법에 따라서 판단함이 타당하다고 생각된다. 적법성 여부에 관한 헌법이 존재하지 아니할 때에는, 법의 일반원칙(allgemeine Grundsätze des Rechts), 즉, 사유재산은 그 재산권자의 생존의 기초이기 때문에 그것은 무상으로 몰수할 수 있는 것이 아니라 정당한 사유가 있을 때에 정당한 보상을 하고 수용할 수 있을 뿐이라는 자연법인 법의 일반원칙에 비추어 불법성과 위헌성을 인정할 수 있을 것이다. 따라서 북한정권이 취한 사유재산의 무상몰수조치는 법의 일반원칙에 비추어 볼 때에 불법행위이자 동시에 위헌적 행위라고 판단된다.

그러므로 불법행위에 의하여 몰수된 사유재산은 원상으로 회복하여야 함이 원칙이다. 그러나 현실적으로는 북한주민이 토지를 이용하고 있고, 북한주민의 생활안정을 이루어야 할 정치적, 사회적, 경제적 상황을 고려하여, 원상회복보다는 금전에 의한 보상을 하는 방법이 보다 타당하다.

## Ⅱ. 북한토지법의 변화

### 1. 사회주의적 토지소유제도의 변화: 토지이용권의 인정

#### (1) 사회주의적 토지소유제도 변화의 원인: 토지이용권 인정의 원인

북한이 사회주의적 토지소유제도를 확립하였지만, 구사회주의국가들이 존속하고 있었던 기간 동안은, 북한도 구사회주의국가들로 부터의 물자지원과 교역으로 사회주의 계획경제를 유지할 수가 있었다. 그러나 구사회주의국가들의 경제가 어려워짐에 따라서, 북한은 그들 구사회주의 국가들로부터의 지원을 받을 수 없게 되었다. 그리하여 북한은 북한의 채무변제의 부담이 없는 외국으로부터의 직접투자를 유치하여 북한의 사회주의 계획경제를 유지할 수 있는 방안의 마련이 필요하였다.

그리하여 북한은 외국인, 외국기업의 북한에의 직접투자를 유치하기 위하여

97) 정영화, 전게 논문, 262면.

1984년에 합영법을 제정하고, 1985년에는 합영법시행세칙, 합영회사소득법 및 동법세칙, 외국인소득세법 및 동법세칙을 제정하였다. 그리고 1991년에는 나진, 선봉지역을 자유경제무역지대[98]로 지정하고, 나진, 선봉, 청진을 자유항으로 지정하였다. 그리고 1992년에는 외국인투자법(1999년 재개정)을 제정하였다.

북한은 외국인투자법 제15조에서 외국투자가와 외국투자기업의 설립에 필요한 토지를 최고 50년간 임대하여 준다는 규정을 입법하였다. 그리고 임대받은 토지는 임차기간 동안 해당기관의 승인을 받아 양도하거나 상속할 수 있도록 규정하였다.

이 외국인투자법 제15조에 근거하여 북한은 1993년 10월 27일에 토지임대법을 제정하였다.[99] 동 토지임대법은 사회주의적 토지소유제도를 유지하면서 외국의 북한에의 직접투자를 유치하기 위하여 토지이용권을 설정하여 줄 수 있는 근거법이 되었다. 북한에서는 토지이용권의 설정을 토지임대라고 명명하였지만, 실질은 토지임대가 아니고 토지이용권의 설정이다. 토지임대는 이용권이 설정된 토지에 대한 임대이다. 북한에서는 국가가 토지이용권을 설정해 주고 받게되는 반대급부를 토지임대료라 하고, 토지이용권자가 토지이용권을 임대하고 받게되는 반대급부를 토지사용료라 한다.

이와 같은 북한에서의 토지이용권의 설정은 나진선봉경제무역지대에서 먼저 실행하고, 금강산관광지구, 개성공업지구 그리고 황금평 · 위화도경제지대에서 실행을 하였다. 중국에서는 도시토지에 대한 토지사용권의 설정을 일반화하여 개인이나 기업이 국가로부터 토지사용권을 설정받아 주택을 건축하고 있다. 그리고 주택용지의 토지사용권은 70년으로 장기로 하였다. 그 이외에 상업용지에 대한 토지사용권은 40년, 공업용지, 기타의 토지에 대한 사용권은 50년간 설정받을 수 있도록 하였다. 그러나 북한에서는 토지의 용도에 관계없이 획일적으로 토지이용권의 설정기간을 50년으로 하고 있다.

그리고 중국에서는 토지사용권을 설정함에 있어서 협의, 입찰, 경매 등의 다양한 방법을 활용하고 있으나, 북한에서는 협의방식 하나만 활용하고 있는 것으로 파악된다. 경매의 방법으로 토지이용권을 설정해 준다면, 토지이용권의 설정시 받게 되는 토지임대료를 보다 높게 정할 수 있음에도 불구하고 그러하지 못하고 있는 것 같다.

---

98) 1999년에는 이를 나선경제무역지대로 개칭하였다.

99) 중국은 1986년에 토지관리법을 제정하여 토지사용권을 설정할 수 있도록 하였다.

(2) 토지이용권 인정 근거법과 인정범위

북한의 토지이용권의 설정 및 양도, 임대, 저당 등의 토지이용권의 처분에 관한 일반법은 토지임대법이다. 그러나 신의주특별행정구, 개성공업지구, 금강산관광지구에서의 토지이용권 설정의 근거법은 신의주특별행정구기본법, 개성공업지구법, 금강산관광지구법, 황금평 · 위화도경제지대법(2011)이다. 그러나 라선경제무역지대에서의 토지이용권 설정의 근거법은 토지임대법이다. 이와 같이 북한에서는 토지이용권 설정의 근거법이 각각 다르다.

그리고 토지이용권의 양도, 임대, 저당에 관한 세부적인 법규정도, 라선경제무역지대에서의 토지이용권의 처분에 대해서는 토지임대법시행규정(1994년 제정)이, 그리고 건물의 처분에 관해서는 자유경제무역지대 건물양도 및 저당규정(1995년 제정)이 적용되고, 금강산관광지구에서의 토지이용권 및 건물의 처분에 관해서는 금강산관광지구부동산규정(2004년 제정)이 적용되며, 개성공업지구에서의 토지이용권 및 건물의 처분에 관해서는 개성공업지구부동산규정(2004년 제정)이 적용된다. 이와 같이 토지이용권의 설정근거법이 각각 다를 뿐만 아니라, 토지이용권과 건물의 처분에 관한 근거규정도 각각 다르다.

과연 북한이 동일한 내용의 토지이용권의 설정과 그 처분에 관하여 특별지구마다 별도의 근거법을 제정하는 것이 바람직한 지는 의문이다. 또 한편으로 중앙집권적 체제인 북한이 특별지구마다 동일 내용을 별도의 법률을 제정하여 규율하고자 하는 이유가 무엇인지 의문이다. 아마도 특구관할의 중앙행정기관이 각각 다르기 때문인 것으로 판단된다. 그러나 관할기관이 다르고 각 특구마다 토지이용권의 설정 및 처분에 있어서 약간의 차이가 있기는 하지만, 동일내용을 특별지구마다 별도의 법률을 제정하여 규율하는 것은 경제적이지 못한 것으로 판단된다. 분명히 북한의 변경에 특별지대 내지 특별지구를 지정한 것은 중국의 경제특구를 모범으로 한 것으로 짐작되나, 각 지대(地帶) 내지 지구(地區)에서의 토지이용권의 설정 및 토지이용권과 건물의 처분에 관한 규정을 각각 달리 할 필요가 있는지에 관해서는 의문이다.

북한에서 토지이용권의 설정을 중국의 경제특구에 비교될 수 있는 변방의 자유경제무역지대, 개성공업지구, 금강산관광지구, 신의주특별행정구, 황금평 · 위화도경제지대를 지정하여 그러한 지역에서만 토지이용권을 설정해 주고 있다. 중국의 경제특구에서 그 초기에는 특구법으로서 토지사용권을 설정하였음에 반하여, 북한에서는 처음부터 중앙에서 관련지구법을 제정하여 그 법률에 의하여 토지이용권을 설정하도록 하고 있는 것이 중국에서와는 다르다.

그리고 중국에서는 경제특구에서 개별적으로 토지사용권의 설정을 하다가 중국전역에 중국의 통일적인 법률에 의하여 토지사용권을 설정할 수 있도록 발전하였다. 또한 중국에서는 기업뿐만 아니라 개인에게도 토지사용권의 설정이 인정되고 있다. 그러나 북한에서는 외국투자기업 및 외국의 개인투자자에게 토이지용권의 설정이 인정되며, 북한의 기업에 대해서는 외국투자자와의 합영, 합작기업에 출자로서 토지이용권의 설정이 인정되고 있을 뿐이며, 북한주민 개인에게는 토지이용권의 설정이 허용되고 있지 아니하다. 그리고 현재 토이이용권의 설정이 이루어지고 있는 지역은 북한의 변방이다.

(3) 토지이용권의 법적 성질

토지이용권의 법적성질에 관하여 북한의 토지임대법과 토지임대법시행규정에서는 이를 임차자의 재산권으로 규정하고 있음에 반하여(토지임대법 제7조, 토지임대법시행규정 제7조 전문), 금강산관광지구부동산규정과 개성공업지구부동산규정에서는 이를 부동산으로 규정하고 있다(금강산관광지구부동산규정 제3조 제3호, 개성공업지구부동산규정 제3조 제3호). 이와 같이 토지이용권을 부동산으로 파악하기 때문에 토지이용권자를 토지이용권소유자로 규정하고 있다(개성공업지구부동산규정 제14조). 그러나 금강산관광지구부동산규정에서는 토지이용권취득자로 규정하고 있다(금강산관광지구부동산규정 제12조). 한편으로 북한민법에서는 사회주의적 소유제도에 관해서만 규정하고 있고 다른 물권에 관해서는 아무런 규정을 두고 있지 아니하다.

중국에서는 이러한 토지사용권을 용익물권으로 중국민법전의 물권법에서 규정하고 있다. 이러한 중국에서의 토지이용권은 우리 민법에서의 지상권 또는 독일의 세습건축권(Erbbaurecht)에 해당되는 권리이다. 다른 한편으로 토지이용권은 영미부동산법에서의 생애부동산권(life estate)과도 유사하다. 생애부동산권은 그 실질은 토지소유권이지만 존속기간의 제한이 있는 토지소유권이다. 그러나 중국물권법에서는 토지사용권을 용익물권으로 규정하고 있다.

북한에서는 아직까지 농지에 대한 이용권에 관하여 설정할 수 있는 법적근거가 마련되어 있지 아니하나, 중국에서는 농지에 대한 사용권을 토지승포경영권(土地承包經營權)이라 하고 중국물권법에서는 이것도 용익물권으로 규정하고 있으며, 그 실질은 일본민법상의 영소작권(永小作權)과 유사하다. 그러나 우리나라에서는 영소작권이 인정되지 아니하고, 농지에 대한 지상권 설정이 허용되지 아니하는 것으로 해석되기 때문에,[100] 앞으로 북한이 농지에 대한 이용권 설정을 인정할 때에는 그 이용권은 농지임차권으로 이론정립할 수밖에 없다.

(4) 토지이용권의 내용: 토지이용권의 설정과 처분

토지이용권의 설정을 북한에서는 이를 토지임대차라 하고 있다. 그러나 남한의 토지임대차에 비교해 보면, 북한에서의 토지이용권의 임대가 바로 우리의 토지임대차이다. 북한에서 토지이용권을 설정함에 있어서 그 토지임대기관이 각각 다르다. 라선경제무역지대에서의 토지이용권의 설정은 중앙국토환경보호지도기관이 담당하고, 구체적인 토지임대차계약은 라진선봉시인민위원회 국토환경보호부서가 이를 체결한다(토지임대법 제5조)고 규정하고 있으나, 토지임대법시행규정에는 토지이용권의 설정은 국토관리기관이 담당하도록 규정하고 있어서(토지임대법시행규정 제4조) 토지이용권 설정업무 담당기관을 통일적으로 규정하고 있지 못하다. 그리고 금강산관광지구의 토지이용권의 설정은 중앙관광지구지도기관이 이를 담당하며(금강산관광지구부동산규정 제6조 제1항), 개성공업지구의 토지이용권의 설정은 중앙공업지도기관이 이를 담당한다(개성공업지구부동산규정 제6조 제1항). 또한 황금평 · 위화도경제지대에서는 국토관리기관이 토지이용권설정기관이다. 이와 같이 북한에서는 토지이용권 설정권한과 설정업무의 담당기관이 각각 다른 것이 특징이다.

토지이용권의 존속기간은 획일적으로 최장 50년으로 하며(토지임대법 제6조, 토지임대법시행규정 제6조 후문, 개성공업지구법 제12조), 토지이용권의 설정을 내용으로 하는 토지임대차 계약은 서면으로 작성하여야 하고, 토지임대차계약이 체결되면 임차인은 토지이용증을 발급받게 되고, 그 토지이용증을 관할기관에 등록하여야 한다. 토지이용권은 토지이용증을 발급받아 이를 관할기관에 등록한 때로부터 임차자에게 이전된다(토지법시행규정 제37조, 금강산관광지구부동산규정 제7조 제2항, 개성공업지구부동산규정 제7조 제2항). 토지이용권의 설정방식은 협의에 의하지만 입찰과 경매의 방법으로도 설정이 가능하다. 그러나 아직까지는 협의에 의한 설정방법만을 활용하고 있다. 이는 북한에서 토지이용권의 적정가격이 형성되어 있지 아니할 뿐만 아니라 경매, 입찰절차에 관한 법규정 및 세부적인 관리제도가 제대로 갖추어져 있지 아니하기 때문인 것으로 이해된다.

100) 농작물의 소유를 목적으로 농지에 대해 지상권을 설정할 수 있느냐에 관하여는, 이를 허용하여야 한다는 견해가 있기는 하지만, 농지에 대한 전세권 설정을 금지하고 있는 우리 민법의 규정(민법 제303조 제2항)에 비추어 농지에 대한 지상권 설정은 금지된다고 해석된다(김상용, 물권법(전정판 증보, 2006), 470면).

토지이용권자는 임차료, 즉 토지이용권설정료를 지급하여야 한다(토지임대법 제28조 1문). 특히 북한이 수도, 전기, 도로건설 등 토지개발을 한 경우에 임차인은 그 개발비를 임차료로 지급하여야 한다(토지임대법 제29조). 지상건축물 및 부대시설은 임차인 자신의 비용부담으로 건축하여야 한다. 임차기간이 만료되면 토지는 무상으로 자동 반환되며 건축물도 함께 반환된다. 그러나 40년이상 임차하고 임대기간 만료 10년 이내에 준공한 건축물에 대해서는 잔존가치의 보상을 받을 수 있도록 하고 있다(토지임대법 제34조).

그리고 토지이용권은 이를 양도할 수 있고, 임대할 수 있고, 저당권을 설정할 수 있다. 그리하여 토지이용권의 처분을 인정하고 있다. 그런데 북한민법에서는 매매[101](북한민법에서는 이를 사고팔기계약이라 한다)의 대상은 오로지 물건만을 그 대상으로 하고 있음에 반하여(북한민법 제149조), 토지이용권은 권리임에도 불구하고 이를 매매의 대상으로 하고 있다. 이는 중국에 있어서도 마찬가지이다. 중국의 계약법에서는 매매의 목적물을 오로지 물건에 한정하고 있다(중국계약법 제137조). 그럼에도 불구하고 중국에서는 토지사용권의 매매를 허용하고 있다.

토지이용권 양도의 개념에 관해서도, 토지임대법에서는 양도를 판매, 재임대, 증여, 상속을 포괄하는 개념으로 규정으로 하고 있으나(토지임대법 제15조, 토지임대법시행규정 제40조 후문), 개성공업지구부동산규정 및 금강산관광지구부동산규정에서는 양도를 매매, 교환, 증여, 상속을 포괄하는 개념으로 사용하고 있다(개성공업지구부동산규정 제3조 제6호, 금강산관광지구부동산규정 제3조 제6호). 그리하여 토지임대법에서의 임대를 양도의 개념에서 제외하고 있다.

토지이용권의 양도의 경우에는 서면에 의하여 양도계약서를 작성하여야 하며 그 계약서에 공증을 받아야 한다(토지임대법 제18조 제1호). 그리고 토지이용권 설정기관의 승인을 받아 관할기관에 양도에 기한 토지이용권 명의변경 등록을 하여야 한다(토지임대법 제18조 제2호, 제3호).

그리고 토지이용권은 이를 임대할 수 있다. 북한민법에서는 물건의 임대차(북한민법에서는 이를 빌리기 계약이라 한다)에 관해서만 규정하고 있고(북한민법 제177조 이하), 권리에 임대차에 관해서는 이를 규정하고 있지 아니하다. 그러나 토지이용권의 임대는 권리의 임대차이며, 토지이용권 설정기관의 승인을 받아

101) 북한의 자유경제무역지대 건물양도 및 저당규정 제23조 이하, 개성공업지구부동산규정 제3조 제7호 및 금강산관광지구부동산규정 제3조 제7호에서는 건물의 매매라는 용어를 사용하고 있다.

야 하며, 이를 등록할 수도 있고 등록을 하지 아니할 수도 있다. 등록을 한 등록임차권은 저당권의 목적으로 할 수 있다(금강산관광지구부동산규정 제22조 제2항, 개성공업지구부동산규정 제23조 제2항). 그러나 등록하지 아니한 토지임차권은 저당권의 객체로 할 수 없다.

그리고 토지이용권은 이를 저당권의 객체로 할 수 있다. 토지이용권을 객체로 하여 저당권 설정의 합의를 하였을 때에는 이를 토지이용권 설정기관에 토지이용권저당설정등록을 하여야 한다(토지임대법 제23조, 토지임대법시행규정 제74조, 금강산관광지구부동산규정 제24조, 개성공업지구부동산규정 제25조).

이와 같은 토지이용권을 양도, 임대, 저당할 때에는 지상의 건축물도 토지이용권과 함께 양도, 임대, 저당하여야 함이 원칙이다[102](토지임대법 제17조, 토지임대법시행규정 제44조, 자유경제무역지대 건물양도 및 저당규정 제2조 제3항, 금강산관광지구부동산규정 제26조, 개성공업지구부동산규정 제27조). 그러나 예외적으로 토지이용권자와 건물소유자가 다를 경우에는 건물만의 양도, 임대, 저당이 가능하고, 이때에는 토지이용권자의 동의를 받도록 하고 있다(금강산관광지구부동산규정 제26조 제2항, 개성공업지구부동산법 제27조 제2항).

### 2. 북한에서의 텃밭이용에 관한 변화

북한에서는 협동농장의 구성원에게 20 내지 30평의 텃밭을 배분하여 그 텃밭으로 부터의 생산물에 대해서는 개인소유권을 인정하고 있다. 이렇게 텃밭을 개인에게 배분하여 주었다 하더라도 그 텃밭에 대한 사소유권을 인정한 것은 아니고, 오로지 경작이용권을 구성원에게 주었을 뿐이다.

그런데 근자에는 이러한 배분된 텃밭의 면적이 300 내지 400평 정도로 확대된 것으로 알려져 있다. 이는 사적 이니셔티브에 의한 농업생산의 증대를 위한 조치로 이해된다.

그리고 북한에서는 식량부족으로 인하여 개간이 가능한 산지에 대해서 개인이 불법적으로 개간을 하여 경작을 하는 뙈기밭이라는 특이한 현상이 생겼다. 이렇게 불법적으로 개간, 경작함으로 인하여 비가 조금만 와도 홍수가 발생하는 문제가 발생하였다. 이 뙈기밭으로부터의 생산물도 개인소유권이 인정되

102) 이와 같이 토지이용권과 건물을 일체로써 처분하도록 하는 법리는 1995년 중국의 담보법에서 처음으로 입법이 되었다(노정석, "중국의 토지소유권과 사용권", 한・중토지법국제학술회의 발표(중국 청도, 2005. 10. 10), 3면 참조).

는 것으로 이해된다.

이와 같은 뙈기밭은 1970년대 초의 전국토 다락밭만들기 운동으로 시작되어 형성되었다.[103] 1970년대 초부터 북한정권은 식량증산의 열쇠가 되는 것은 경지면적 확대에 있다고 보고, 산지(山地)를 개간하는 데 전인민을 동원하였다. 이렇게 산지개간으로 시작된 것이 차츰 전국토의 다락밭만들기 운동으로 발전하였던 것이다. 이러한 과정을 거쳐 만들어진 뙈기밭은 식량증산을 위한 그 처음의 의도와는 달리 비가 조금만 와도 홍수가 나는 문제점을 낳았다. 2002년 7월에 북한은 이러한 뙈기밭의 경작에 대해 토지사용료를 납부하도록 하는 조례를 제정하였다.[104]

그리고 협동농장구성원들이 집단적으로 불법 개간한 토지를 부대기밭이라 하고 역시 토지사용료를 납부하여 공동경작하고 그 생산물은 공동으로 경작한 협동농장구성원들이 분배받을 수 있도록 하였다.

그리고 이와 같이 텃밭이나 뙈기밭에서 생산되는 농업생산물은 개인소유권이 인정되고 농민시장에서 사적인 거래가 이루어지고 있다. 그리하여 북한은 사회주의경제체제를 유지하기 위하여, 1996년에는 사회주의재산관리법을, 1997년에는 가격법을 그리고 1999년에는 인민경제계획법을을 제정하여 자본주의적 시장경제질서의 침투에 대항하는 조치를 취하였다. 사회주의재산관리법은 자본주의적 시장경제의 침투로부터 북한의 사회주의경제체제의 유지를 위한 법이며, 가격법은 사회주의계획경제하에서의 국가지도가격을 관철하여 사회주의경제체제를 유지하기 위한 법률이다. 그리고 인민경제계획법은 인민경제계획의 제도와 질서를 엄격히 세워 북한의 계획경제제체를 발전, 유지시키기 위한 법률이다.

### 3. 기업형태의 변화

이러한 무상몰수조치에 의하여 몰수된 기업에 대해서는 생산수단에 대한 사회주의적 소유제도에 입각하여 국유기업으로 만들고, 인민경제계획에 따라서 계획적 생산을 하는 체제로 옮겨갔다.

북한은 기업을 무상으로 몰수한 후, 그 기업들은 기관, 기업소, 단체 등으로 분해하여 운영하여 왔다. 그러다가 동구권의 구사회주의국가의 몰락과 함께 형

103) 최주찬, 북한경제분석론(대왕사, 2006), 54면.
104) 상게서, 179면.

제국이었던 구소련 및 구동구 사회주의국가들로부터의 지원이 끊어지자, 상환의 부담이 없는 외국자본과 외국기술의 유치를 위하여 합영기업,[105] 합자기업,[106] 외국인기업[107]을 설립할 수 있는 법적 근거를 마련하고, 끝내는 남한으로부터의 투자도 받을 수 있는 법적 조치를 취하였다. 그리고 개성공단이 남한의 기업에 의하여 개발, 운영되고 있다.

그 간의 세월의 흐름과 북한의 변화에 비추어 볼 때, 몰수된 기업은 그 형태에 있어서나 운영에 있어서 몰수 당시의 모습은 거의 찾기 어렵게 되었다. 그러므로 몰수기업의 계속성과 동일성을 인정하기는 곤란하다.

## 제 8 절 남북한법의 만남으로 인한 남한법의 북한에로의 침투: 개성공단에서의 남북한법의 만남

### Ⅰ. 개성공단개발로 인한 남북한법의 만남

남한의 주도로 개발되고 있는 개성공단에의 남한기업의 입주와 경영에 의하여 북한사회에도 남한의 자본주의법이 알게 모르게 전해지고, 제도화되어 가고 있다. 그러므로 남한기업에 의한 개성공단의 개발은 통일로 가는 과정의 하나의 사업이지만, 남북한법의 상호접근과 동화의 중요한 계기가 되고 있다. 이러한 변화를 남북한의 상호이해와 상호접근 및 궁극적으로는 통일대업의 달성을 위한 계기로 활용하여야 한다.

남북한 관계에 있어서 이렇게 중요한 역사적 의미를 갖는 남한기업에 의한 북한지역의 개성공단의 개발과 그곳에서의 남한기업의 생산활동은 북한의 경제사정의 변화와 외국기업의 북한에의 투자유치조치의 실질적인 성과이다. 북한은 1975년 이후 외채상환의 불능을 해결하기 위하여 1984년에는 합영법을 제정하여 외채상환의 부담이 없는 외국기업의 북한 투자를 유도하기 위한 조치를 취하였다.[108]

---

105) 합영기업은 북한측과 외국측이 공동으로 투자하고, 공동으로 운영하며, 투자비율에 따라서 이윤을 분배하는 기업형태이다. 1984년에 합영법을 제정하여 그 법적근거를 제공하였다.

106) 합자기업은 북한측과 외국측이 공동으로 투자하지만, 운영은 북한측이 맡고 외국측은 투자의 상환과 이윤분배만을 받는 기업형태이다.

107) 외국인기업은 외국측이 전적으로 투자와 경영을 하고 이윤을 전적으로 취하는 기업이다.

그러나 북한이 외국기업의 북한 투자를 유도할 수 있는 조치를 취하기는 하였어도 남한기업이외의 다른 외국기업으로부터는 가시적인 성과를 거두지 못하였다. 그러므로 개성공단은 금강산관광지구 개발과 함께 북한이 취한 대외개방과 개혁의 최대의 결실이었다고 평가할 수 있다. 그리고 다른 한편으로는 북한의 개방과 개혁은 남한의 지원과 참여로써만 가능할 수 있음을 입증한 사례이다. 남한기업 이외의 다른 외국기업의 북한투자는 순수하게 자본주의 경제원리인 이윤획득의 계산에 의해서만 이루어지지만, 남한기업의 북한투자에는 이윤획득이외에 남한의 북한의 사회주의 계획경제 체제의 변화를 위한 지원이 있기 때문에 가능할 수 있었던 것이다. 따라서 북한도 경제회생을 도모하려면 그들의 사회주의 계획경제 체제의 수정을 하여야 한다는 것과 남한기업의 대북투자에 의해서 비로소 가능할 수 있다는 사실을 깊이 인식하여야 한다. 그러한 북한의 변화가 입증되었을 때에 비로소 다른 외국기업의 북한에의 투자를 기대할 수 있을 것이다.

그러나 북한은 남북한간의 경제협력을 제대로 활용하지 못하고 있다. 신포에서의 경수로건설사업, 금강산관광지구, 개성공업지구가 모두 본래의 뜻을 살리지 못하고 사업이 중단되었다. 북한은 금강산관광시설을 모두 몰수하고, 개성공업지구는 조업이 중단되었다가 2013년 9월 16일부터 다시 가동되고 있다.

## Ⅱ. 개성공단 내의 법적용에 관한 법리구성

개성공단에 적용된 법과 그 법적용의 법리구성에 대해서는 자세히 검토할 필요가 있다. 먼저 대한민국의 헌법에서는 북한지역도 대한민국의 영토로 규정하고 있기 때문에(대한민국헌법 제3조) 한국의 법률이 모두 북한에도 효력이 있다. 그리고 북한 헌법에서는 북한의 영토에 관하여 명시적인 규정을 두고 있지는 않지만 북한헌법의 해석으로는 그들의 헌법도 한반도 전체에 미침을 전제하고 있다.[109] 그리하여 개성공단에는 남한의 법도 북한의 법도 그 효력이 있는

108) 북한의 대외경제정책의 변화를 살펴보면, 1960년대까지는 사회주의 형제국가들과의 소극적인 무역정책을, 1970년대에는 선진 자본주의국가로부터의 차관도입정책을, 1980년대에는 합영법에 의한 외국인투자유치정책을, 1990년대에는 경제특구에 의한 외자유치정책을 실시하여 왔다.

109) 1948년의 북한헌법에서는 그 제7조에서, 토지개혁이 실시되지 아니한 조선 안의 지역에 있어서는 최고인민회의가 규정하는 시일에 이를 실시한다고 규정하고 그 제103조에는 수도를 서울로 규정하여 한반도에 그 헌법의 효력이 미침을 인정하였으며, 1972년 사회주의헌법에서는 그 제5조에서 "전국적 범위에서 외세를 물리치고"라던가, 그 제15조에서의 해외에 있는 조선동포들의 규

지역이다. 그러나 북한의 법은 실효적으로 적용되지만 남한의 법은 형식적 효력이 미칠 뿐 실질적인 효력은 미치지 못하고 있다.

그러나 개성공단 설정의 근거법인 북한의 개성공업지구법에 의하면, 그 제1조에서는 "개성공업지구는 공화국의 법에 따라 관리운영하는 국제적인 공업, 무역, 상업, 금융, 관광지역이다. 조선민주주의인민공화국 개성공업지구법은 공업지구의 개발과 관리운영에서 제도와 질서를 세워 민족경제를 발전시키는데 이바지한다"라고 규정하여 개성공업지구에도 북한법이 그대로 적용됨을 전제로 하고 있다. 그러나 동법 제9조에서는 "공업지구에서 경제활동은 이 법과 그 시행을 위한 규정에 따라 한다. 법규로 정하지 않은 사항은 중앙공업지구지도기관과 공업지구관리기관이 협의하여 처리한다"라고 규정하여, 개성공단관련 경제활동에 있어서는 북한법이 적용되지 않은 것으로 규정하고 있다.

이러한 서로 충돌되는 개성공업기구법의 제1조와 제9조간의 해석에 있어서, 이를 개성공단에는 북한법이 적용되지 아니하는 법의 진공상태의 지역으로 이해하는 견해가 있다.[110] 그러나 그렇게 해석할 것은 아니다. 개성공단지역에도 북한법 모두가 여전히 효력이 있다. 그러나 개성공단지역에 적용되는 특별법이 있거나 특별법이 제정되면 그 특별법이 기존의 북한법보다는 특별법이 우선적으로 적용된다고 해석함이 타당하다. 생각건대 국가가 자기 국가의 일부지역에 대해 자국법의 적용배제를 선언할 수 있는 지 의문이다. 다만 특별법을 제정하여 일반법의 적용을 배제할 수는 있지만, 자국법의 적용배제는 주권배제를 선언하는 것이 되는데, 법률로 그렇게 할 수는 없다고 판단된다.

그리하여 개성공단에는 경제활동에 관한 개성공단관련 특별법이 북한법에 우선하여 적용된다고 해석된다. 그러나 북한에서의 법률이라도 남북관계에 관한 법률은 개성공단에도 그대로 적용된다고 해석된다. 예컨대 북한의 "조선민주주의인민공화국 북남경제협력법"(2005. 7. 6. 최고인민회의 상임위원회 정령 제1182호)은 그대로 개성공단에 적용된다고 해석된다.

따라서 개성공단에서는 개성공업지구법과 그 하위규정 및 개성업지구관리위원회가 제정한 준칙들이 적용되고, 남북간의 개성공단관련 합의서, 남북한간

---

정으로 미루어보면 역시 한반도 전체에 그 헌법의 효력이 미침을 전제하고 있었다. 현재의 1998년 헌법은 그 제9조에서 "조선민주주의인민공화국은 북반부에서 인민정권을 강화하고"라고 규정하여 북한정권의 관할지역이 북한지역에만 미치지 아니함을 전제로 하고 있다. 따라서 북한정권은 그들의 관할지역이 한반도 전체임을 전제로 하고 있다고 해석된다.

110) 개성공업지구 법규 및 제도해설(법무법인 태평양 편, (주)로앤비, 2005), 5면.

의 4대 경제협력합의서, 그리고 남북한의 경제협력관련 합의서가 성문법으로서 개성공단에서 효력이 있다. 때로는 남한법이 적용되기도 한다. 대표적으로 개성공단 입주기업의 상속에 관하여는 남한법이 적용된다. 또한 개성공단 입주업체가 설정한 저당권의 실행에 대해서는 개성공업지구관리위원회가 제정한 부동산집행준칙이 1차적으로 적용되지만 실행에 관한 분쟁이 남한법원에 제기된 경우에는 관련 남한법이 적용될 수 있는 것이다.

이와 같이 개성공단에서의 법적용에 관해서는 특수한 상황이 전개된다. 그러므로 개성공단에서는 개성공업지구법과 그 하위규정, 그리고 개성공업지구관리위원회의 각종 준칙이 가장 우선적으로 적용되고, 구체적인 사안에 따라서 관련 남한법도 적용되며, 남북한간의 각종의 합의서도 적용된다. 그리고 최종적으로는 개성공단에서의 법적문제가 북한지역에서 다루어질 때에는 북한법을 적용하여 해결하고, 남한지역에서 다루어질 때에는 남한법을 적용하여 해결하여야 할 것이다.

그러나 개성공단에서의 법적문제가 한국과 북한이외의 제3국에서 문제로 다루어질 때에는 남북한이 대외적 관계에는 대등한 주권국가이기 때문에 국제사법에 의하여 준거법이 결정되어야 한다.

이러한 법적용은 남북한의 관계가 대내적으로는 국가간의 관계가 아닌 잠정적 특수관계이며, 대외적으로는 국제적인 관계이기 때문이다. 그리하여 대외적인 섭외적 관계는 국제사법에 의하여 해결되지만, 남북한간의 대내적인 사법적인 거래는 개성공단에 적용되는 특별법과 남북한간의 합의서가 1차적으로 적용되고, 2차적으로는 북한지역에서는 북한법이 남한지역에서는 남한법이 적용된다고 해석된다. 물론 이러한 법적용에 관한 해석과는 다른 해석도 있을 수 있을 것이다.

## Ⅲ. 개성공단 내의 법제의 상황과 남한법의 침투의 모습

개성공단의 근거법령인 개성공업지구법은 2002년 11월 20일에 제정되었으며, 동법 제11조 및 제12조에 의하여 북한의 중앙공업지구지도기관과의 토지임대차계약에 의하여 50년의 기간으로 남한의 기업이 토지이용권을 설정받아 개발을 하고 남한기업이 입주하고 있다.[111] 개성공법지구에서는 북한측이 제정한 개성공법지구법을 상위법으로 하여, 최고인민회의가 채택한 그 하위의 개성공업지구개발규정, 개성공업지구부동산규정 등의 각종의 규정, 그리고 중앙공업지구지도기관이 제정한 시행세칙이 시행되고 있으며, 그리고 개성공업지구관리위원회가 제정한 각종의 준칙이 구체적인 공단관리에 관련된 내용을 규율하고 있다. 그런데 이 개성공업지구관리위원회가 제정한 준칙은 그 내용이 남한의 관련법률의 내용을 거의 그대로 옮겨놓고 있다.

개성공단내에서의 부동산관련준칙을 살펴보면, 저당권의 실행절차에 관하여는 개성공업지구부동산집행준칙(2005. 9. 1 제정, 시행)이, 토지이용권의 설정등록, 건물소유권의 등록, 토지이용권 및 건물소유권의 양도, 임대, 저당의 등록에 관한 절차는 부동산등록준칙(2004. 10. 20. 제정)에 의하여 이루어지고 있다.[112] 이러한 부동산관련 준칙이외에도 개성공업지구관리위원회는 지적준칙(2005. 3 제정, 2005. 9. 7 개정), 토지계획 및 이용에 관한 준칙(2006. 2. 6 제정), 개성공업지구건축준칙(2004. 11. 1 제정)을 제정하여 시행하고 있다.

이와 같은 부동산관련 준칙의 내용은 모두가 남한의 관련법률의 내용과 거의 동일하다. 부동산등록준칙은 부동산등기법의 내용으로 구성되어 있으며, 부동산집행준칙은 민사집행법 중 담보권 등의 실행에 관련된 규정의 내용으로 구성되어 있다. 그리고 지적준칙은 구지적법의 내용으로, 토지계획 및 이용에 관한 준칙은 국토의 계획 및 이용에 관한 법률의 내용으로, 건축준칙은 건축법의 내용으로 구성되어 있다.

그리고 개성공단에서는 개성공업지구법과 그 하위규정 및 개성업지구관리위원회가 제정한 준칙들이 적용될 뿐만 아니라, 남북간의 개성공단관련 합의서, 남북한간의 4대 경제협력합의서, 그리고 남북한의 경제협력관련 합의서가 성문법으로서 개성공단에서 효력이 있다. 때로는 남한법이 적용되기도 한다. 대표적으로 개성공단 입주기업의 상속에 관하여는 남한법이 적용된다. 또한 개성공단 입주업체가 설정한 저당권의 실행에 대해서는 개성공업지구관리위원회가 제정한 부동산집행준칙이 1차적으로 적용되지만 실행에 관한 분쟁이 남한법원에 제기된 경우에는 관련 남한법이 적용될 수 있는 것이다.

이와 같이 개성공단에서의 법적용에 관해서는 특수한 상황이 전개된다. 그

---

111) 2002년 12월 23일에 현대아산이 토지이용권을 설정받았으며, 그 토지이용권의 취득시점은 2002년 12월 1일로 하고, 그 기간은 50년간으로 합의하였다.

112) 김기혁, 김광길, "개성공업지구 법제정비사업의 현황, 의의 및 과제", 이화여자대학교 통일학연구원, 법학연구소 공동주최, "남북한 통일법제 및 그 과도기적 과정"에 관한 학술대회 자료집(2005. 9.28), 54, 57면.

러므로 개성공단에서는 개성공업지구법과 그 하위규정, 그리고 개성공업지구관리위원회의 각종 준칙이 가장 우선적으로 적용되고, 구체적인 사안에 따라서 관련 남한법도 적용되며, 남북한간의 각종의 합의서도 적용된다. 그리고 최종적으로는 개성공단에서의 법적문제가 북한지역에서 다루어질 때에는 북한법을 적용하여 해결하고, 남한지역에서 다루어질 때에는 남한법을 적용하여 해결하여야 할 것이다.

그러나 개성공단에서의 법적문제가 한국과 북한 이외의 제3국에서 문제로 다루어질 때에는 남북한이 대외적 관계에는 대등한 주권국가이기 때문에 국제사법에 의하여 준거법이 결정되어야 한다. 이러한 법적용은 남북한의 관계가 대내적으로는 국가간의 관계가 아닌 잠정적 특수한 관계이며, 대외적으로는 국제적인 관계이기 때문이다.

그리고 개성공단 내의 공장건물은 입주기업의 개인 소유물이나, 그 소유권이 어떠한 소유권이냐에 관해서는 아무런 규정이 없는 상태이다. 공장건물이 북한 내에 있기 때문에 소재지법인 북한의 법률에 의하여 그 소유권의 법적성질이 결정되어야 할 것이지만, 어떠한 종류의 소유권도 공장건물에 대한 소유권에는 적절하지 아니하다. 그러나 개성공단내의 법률적용의 법리에 따라서 공장건물에 대해서는 사소유권이 인정된다고 해석된다. 왜냐하면 공장건물은 입주기업이 스스로 건축하여 입주기업의 공장건물에 대한 소유권이 인정되고 있으나, 북한에서는 생산수단에 대해서 개인소유권이 인정되지 아니하기 때문이다. 이와 같이 개성공단을 통한 남북한법의 만남을 통해서 북한법에서는 용인되지 않는 생산수단에 대한 사소유권이 생성되고 있다.

법이란 어느 한 나라 또는 어느 한 지역에 고정되어 있지 못하고 항상 움직인다. 이러한 법의 유동현상을 법의 돌아다님, 즉 법의 산보(散步, Wanderung des Rechts)라고도 한다.[113] 그러한 법의 유동현상은 개성공단을 중심으로 한 남북한법의 만남으로 나타나고 있다. 이러한 남북한법의 만남을 통하여 남북한법의 동화 내지 접근이 이루어지게 된다. 법의 동화와 접근에 의한 법의 통합과정은 결국 그 내용이 인류보편적인 가치를 추구하고 사물의 이치와 인간의 본성에 합치되는 방향으로 이루어진다. 개성공단에서의 남북한법의 만남을 통해서 가장 인류보편적이고 가장 자연법적인 제3의 법으로 발전해 나갈 것이 기대된다.

113) 김상용, 비교계약법(법영사, 2003), 5면.

그리고 남북한간에 합의된, "남북사이의 화해와 불가침 및 교류협력에 관한 합의서"(1991. 12. 13 체결; 1992. 9. 17 발효)에 기초하여 체결된 "남북화해부문 부속합의서"(1992. 9. 17 체결, 발효) 제26조에서는 남북간의 남북화해공동위원회 산하에 남북법률실무협의회를 설치하여 운영하도록 하고 있다. 지금까지 이 남북법률실무협의회가 구성되고 있지 아니하나, 이를 구성하여 남북한간의 법의 만남과 전수(Übernahme des Rechts)가 원만히 이루어지도록 함이 바람직한 방향이다.

## Ⅳ. 개성공단에 대한 남북한의 인식과 접근방식의 차이

개성공단은 북한 지역에 위치하고 있지만 그 관리는 개성공업지구관리위원회에 의하여 관리되고, 동 관리위원회의 구성원은 남한측 사람들이며, 적용법률도 그 형식은 북한법 및 관리위원회의 준칙으로 구성되어 있지만 그 내용은 남한의 관련법의 내용으로 구성되어 있다. 따라서 개성공단은 그 성격이나 법률적용에 있어서 특수성이 인정된다.

그러나 개성공단의 개발과 남한기업의 입주로 인한 북한경제의 회생이라는 측면에서 남북한의 이해와 접근태도가 아직도 거리가 멀다. 남한은 개성공단을 통하여 북한의 현재의 경제적 어려움의 해결에 도움을 주고, 개성공단을 통한 남북한간의 신뢰와 화해와 교류를 통하여 남북한이 통일로 가는 하나의 과정으로 삼으려고 하고 있다. 그러나 북한은 그러하지 아니한 것으로 이해된다. 북한은 오로지 현재의 경제상태의 어려움을 극복해 보려는 것으로만 개성공단의 개발을 이해하고 있으며, 개성공단 개발은 어디까지나 북한이 추구하는 선군정치를 통한 사회주의 강성대국을 건설하는데 하나의 수단으로 보고 있을 뿐이다. 그리고 개성공단개발을 민족경제의 발전을 위해 남한측이 북한측에 받치는 것 같은 이해를 하고 있는 것으로 추론된다. 그러한 이해는 바로 북한의 조선민주주의인민공화국 북남경제협력법 제1조에서, "조선민주주의인민공화국 북남경제협력법은 남측과의 경제협력에서 제도와 질서를 엄격히 세워 민족경제를 발전시키는데 있다"고 규정한 데서 추론해 볼 수 있다. 개성공단에서의 만남과 교류와 협력을 통하여 보다 발전된 남북한간의 관계로의 성숙을 도모하려는 의지가 보이지 아니한다.

개성공단을 통한 남북한간의 교류와 협력을 통해서만은 북한의 사회주의

계획경제체제하에서의 북한경제의 회생은 어렵다는 인식을 하여야 할 것이며, 개인의 인격의 존중과 사적 이니셔티브의 인정에 의해 북한주민이 자발적 그리고 창의적으로 경제활동을 하도록 함으로써만 북한경제는 구조적 모순에서 탈출할 수 있는 것이다. 개성공단은 바로 이러한 사적 이니셔티브 인정에 의한 북한경제회생의 모델을 제시해 주는 것임을 북한은 이해하고 받아드려야 한다. 남한측도 북한이 이러한 이해위에서 북한의 사회주의계획경제체제의 변화를 가져올 수 있는 방법을 전수해 주고, 변화를 중단 없이 추진하도록 인내를 갖고 추구해 나가야할 것이다. 우리 한민족은 인류보편적 가치를 추구하면서 동시에 한민족의 독자성과 고유성과 정체성을 나타낼 수 있도록 개방적, 사해동포적, 자연법적인 방향으로 발전해 나가도록 부단히 노력하여야 한다. 그러므로 개성공단에서의 남북한법의 만남을 통해서 남북분단의 고통을 가장 보편적이면서도 한국적 특색이 있는 법의 창조와 생성으로 승화시켜 나가야 한다.

## 제 9 절 북한사회주의법의 과제

북한법에서는 무엇보다도 인간과 인간관계의 이해에 대한 인식의 근본적인 전환이 이루어져야 한다. 인간은 이성적이고도 인격적인 존재로서 인격을 자유로이 전개할 할 수 있어야 한다. 인간을 단체의 구성원으로서의 공민으로 이해하는 북한법에서의 인간에 대한 이해는 극복되어야 한다. 그리고 인간과 인간간의 인관관계는 이웃으로서의 사랑의 관계이지 결코 투쟁적, 적대적인 관계가 아니다. 투쟁적, 적대적 관계로 파악하는 북한법에서의 인간관계에 대한 이해는 근본적으로 극복되어야 한다. 이와 같은 사회주의에서의 인간과 인간관계에 대한 이해는 폐기되어야 한다.

모순적인 주체사상도 폐기되어야 한다. 인간을 역사발전의 주체로 보면서도 그 인간은 수령에 지도를 받아야만 한다는 주체사상의 논리는 북한주민은 모두가 무지하며, 오로지 지배자인 김일성만이 모든 것을 다 알고 있는 유일자라는 것이다. 이는 북한주민을 무시하는 주장에 불과하다. 이러한 주체사상을 실천하는 수단이 바로 법이라는 극히 비인간적인 주장을 북한법에서는 이를 정당화하고자 하고 있다.

그리고 북한은 이러한 사회주의사상과 주체사상에 입각한 북한법을 무조건

강력하게 집행하기 위한 수단으로 소위 사회주의법무생활이라는 슬로건을 내세우고 헌법상의 생활원칙으로 규정하고 있다. 이는 사회주의법을 통하여 북한주민의 자유로운 사고를 통제하는 것이다. 이는 바로 법을 통한 인권침해행위이다. 이는 바로 입법에 의한 불법이다.

또한 북한은 선군정치, 사회주의 강성대국을 표방하고 이를 실천하는 수단으로서 법을 활용하고 있다. 군사력이 결코 국가가 추구해 나가야할 목표가 아니다. 사회주의는 극복되어야한 사상이지 실천해 나가야할 사상이 아니다. 국가는 국민들의 인격을 자유로이 전개할 수 있는 제조건을 마련해 주어, 국민들이 인간다운 삶을 살 수 있도록 배려하고 지원하는 것이 국가의 목표이자 또한 국가의 의무이다. 그것이 바로 인류보편의 가치이자 질서이며, 국가는 그러한 방향으로 중단 없이 발전해 나가야 한다. 북한은 그들의 군사우위의 국가목표를 폐기하고 보편적인 가치질서로 국가를 운영하여야 한다. 군사우위에 기초한 모험주의, 도발주의, 호전주의로의 발전은 스스로의 파멸을 초래한다는 진리를 깨달아야 한다.

북한은 민족주의를 수정하여야 한다. 민족주의는 쇼비니즘(chauvinism)으로 발전할 가능성을 내포하고 있다. 이성적이지 못한 편협하고 배타적인 민족주의의 폐해는 나치를 통하여 역사적으로 입증되고 있다. 사해동포주의로 나아가야 한다. 신뢰를 줄 수 있는 법과 제도를 마련하고 실천해야만 북한경제의 회생을 위한 외국으로부터의 투자를 유치할 수 있다. 지금은 폐쇄적인 자립경제의 시대가 아니라, 국제적인 개방경제의 시대이다. 북한은 이러한 시대적 변화에 반대방향으로 나아가고자 하고 있다. 북한이 보편적인 질서로 돌아와야 한다. 법은 바로 그러한 보편질서를 제도화하여야 한다.

북한의 사회주의 계획경제는 수정되어야 한다. 시장경제로 나아가야 한다. 그 과도기적 단계로는 중국과 같이 사회주의 시장경제로 북한경제의 운용방향을 바꾸어야 한다. 구조적으로 모순적인 사회주의계획경제의 이론에 기초해서는 북한경제를 회생시킬 수 없다. 유한한 인간의 두뇌로 한 나라의 경제를 정상적으로 운용한다는 것은 불가능하다. 북한주민 각자가 이성에 의하여 자기의 삶을 스스로 꾸려 나가도록 북한 주민에게 사적 이니셔티브를 인정하고 북한법은 이를 제도적으로 뒷받침하여야 한다.

그리고 법은 결코 도구나 수단이 아니다. 법은 그 자체 독자적인 가치를 가지고 또한 이를 실천하는 가치규범이다. 법은 인류보편적인 가치를 실천하면서 동시에 자국의 고유가치도 실천하는 규범이다. 북한법은 사회주의법을 극복하고 보편적인 가치질서의 법으로 전환되어야 한다. 그 보편적인 가치질서는 바로 인간은 서로 이웃이며, 이웃간은 서로 사랑의 관계로 맺어진 질서체계이다. 그러므로 법이란 인간과 인간이 서로 이웃으로서 서로 사랑하며 살 수 있도록 만들어 주는 조건의 총체이다.

# 찾아보기

[ㄴ]

[ ㅊ ]

[저자 약력]

## 김 상 용(金 相 容)

서울대학교 법과대학 법학과 졸업(법학사)
서울대학교 대학원 법학과 졸업(법학박사)
독일, 훔볼트 학술상(Humboldt Forschungspreis) 수상(2006), 한국토지법학회 학술상 수상(2013)
독일, Max-Planck-Institut für Ausländisches und Internationales Privatrecht에서 비교사법 연구
독일, Max-Planck-Institut für Europäische Rechtsgeschichte에서 법사학 연구
독일, Trier대학교에서 토지법 비교연구
독일, Köln대학교에서 주택법 연구
독일, München대학교 가톨릭신학대학에서 교회법 연구
미국, School of Law(Boalt Hall), University of California, Berkeley에서 영미사법 연구
중화민국, 토지개혁훈련소에서 토지사상 연구
Hong Kong, 중문대학교에서 아시아문화와 기독교와의 관계 연구
일본 早稻田대학에서 담보법 연구
한양대학교 법과대학 교수 역임
한국민사법학회 회장, 한국토지법학회 회장 역임, 현재 한독법률학회 회장
민법개정 위원, 신탁법개정 위원장, 남북주민 사이의 가족관계와 상속 등에 관한 특례법 제정 위원장 역임
현재: 연세대학교 법학전문대학원 교수
대한민국 학술원 회원

### 주요저서

민법총칙, 제3판, 화산미디어, 2014
물권법, 제2판, 화산미디어, 2013
채권총론, 화산미디어, 2010
채권각론, 화산미디어, 2011
비교계약법, 법영사, 2002
비교동산담보법, 법원사, 2011.
근저당권비교연구, 화산미디어, 2013
불법행위법, 법문사, 1997
법사와 법정책: 로마민법학사 중심, 한국법제연구원, 2004
법사와 법정책: 게르만법사, 교회법사, 독일민법학사 중심, 한국법제연구원, 2005
법사와 법정책: 한국법사 중심, 한국법제연구원, 2006
민사판례평석(1), 법원사, 1995
민사법연구(2), 법원사, 1997; (3), 2000; (4), 2000; (5), 2004; (6), 2007; (7), 2010; (8), 2013.
토지소유권 법사상(대우학술총서: 인문사회과학 87), 민음사, 1995
미국부동산법론, 삼지원, 1986
부동산담보법(개정판), 법원사, 1996
토지법, 증보판, 법원사, 2004
부동산거래의 공증과 부동산등기의 공신력 연구, 법원사, 2008
물권법, 서울대학교 출판부, 1991
주석민법(Ⅱ): 물권법, 개정판, 법원사, 1992(공저)
민법주해[V]: 물권(2), 박영사, 1992(공저)
물권법해설(圖解,판례중심), 청림출판, 1994(공저)
민법총칙, 법원사, 2004(공저)
주석민법 제3판: 채권각칙(2), 한국사법행정학회, 1999(공저)
바다와의 대화(여행기), 법원사, 2001

**한국법사와 법정책**

초판인쇄 2014년 3월 5일
초판발행 2014년 3월 15일

지은이 김상용
펴낸이 박노일

총괄기획 김중용
편 집 심성보 · 김인숙

펴낸곳 피엔씨미디어
경기도 고양시 일산동구 강송로 153 310-1501
등록 제396-2012-000203호
전 화 070)7550-3758 팩 스 02)718-8554
홈페이지 www.pncmedia.co.kr 이메일 pnc@pncmedia.co.kr
ISBN 978-89-98786-96-0 93360



정 가 25,000원